D1985182

Deininger (Hrsg.)

Wegzug aus steuerlichen Gründen

Wegzug aus steuerlichen Gründen

Einkommen-, erbschaft- und schenkungsteuerliche Auswirkungen des Wegzugs natürlicher Personen von Deutschland in die Schweiz, nach Österreich und Italien

herausgegeben von

Dr. Rainer Deininger, LL.M.
Rechtsanwalt und Fachanwalt für Steuerrecht,
Schondorf

3. Auflage

zerb verlag

Hinweis:
Die Formulierungsbeispiele in diesem Buch wurden mit Sorgfalt und nach bestem Wissen erstellt, sie stellen jedoch lediglich Anregungen für die Lösung typischer Fallgestaltungen dar. Autoren und Verlag übernehmen keine Haftung für die Richtigkeit und Vollständigkeit der in dem Buch enthaltenen Ausführungen und Formulierungsmuster.

Bibliografische Information der Deutschen Nationalbibliothek

Die Deutsche Nationalbibliothek verzeichnet diese Publikation in der Deutschen Nationalbibliografie; detaillierte bibliografische Daten sind im Internet über http://dnb.d-nb.de abrufbar.

Die Deutsche Bibliothek – CIP Einheitsaufnahme

Deininger (Hrsg.)
Wegzug aus steuerlichen Gründen, 3. Auflage 2023
zerb verlag, Bonn

ISBN 978-3-95661-140-7

Juristische Fachmedien Bonn GmbH
Rochusstr. 2–4
53123 Bonn

Satz: Cicero Computer GmbH, Bonn
Druck: Hans Soldan Druck GmbH, Essen

Das Werk erscheint auch als Lizenzausgabe im
Helbing Lichtenhahn Verlag, Basel, ISBN 978-3-7190-4721-4

Vorwort

In den letzten Jahren haben die Anfragen für die Beratung hinsichtlich des Wegzugs aus steuerlichen Gründen stark zugenommen und es ist zu erwarten, dass sich diese Entwicklung fortsetzten wird. Insbesondere die deutsche Erbschaftsteuer wird oft als Grund für Wegzugswünsche genannt. Dies gilt umso mehr, als es für Übertragungen bebauter Grundstücke ab dem 1.1.2023 zu starken Erhöhungen in der Bewertung kommen wird.

In den Nachbarländern Schweiz, Österreich und Italien gibt es dagegen in vielerlei Hinsicht günstigere steuerliche Bedingungen, insbesondere hinsichtlich der Erbschaft- und Schenkungsteuer, es können aber u.U. auch weitergehende Privilegien für bestimmte Gruppen unter den Zuziehenden, wie etwa für sehr Wohlhabende, Selbständige, Rentner oder Sportler, nutzbar gemacht werden.

Dieses Buch soll dem Auswanderungswilligen und dessen steuerlichen und rechtlichen Beratern eine erste Orientierungshilfe sein und ihm bei der Beantwortung seiner ersten Fragen in steuerlicher Hinsicht dienen. Eine weitergehende Beratung durch den auf diesem Gebiet versierten Berater kann es freilich nicht ersetzen.

In Fortentwicklung der Vorauflagen konnten wir nun für die 3. Auflage Mitautoren gewinnen, die im Recht des jeweiligen Zielstaats besonders bewandert sind. Für die Schweiz sind das RA Dr. Michael Nordin, LL.M., Dipl. Steuerexperte, und RA Roland Wild, Dipl. Steuerexperte. Österreich wurde bearbeitet von RAin Maja Mayrhuber, LL.M., und RA DDr. Clemens Philipp Schindler, LL.M. Italien, wo sich durch den Regierungswechsel quasi in letzter Minute noch Änderungen der rechtlichen Lage ergeben haben, wurde übernommen von RA Salvatore Barba.

Ihnen gilt mein besonderer Dank.

Schondorf, im Februar 2023

Dr. Rainer Deininger

Inhaltsübersicht

Autorenverzeichnis

Salvatore Barba
Rechtsanwalt, München

Dr. Rainer Deininger, LL.M.
Rechtsanwalt, Fachanwalt für Steuerrecht, Schondorf

Maja Mayrhuber, LL.M.
Rechtsanwältin, Wien

Dr. Michael Nordin, LL.M.
Rechtsanwalt, dipl. Steuerexperte, Zürich

DDr. Clemens Philipp Schindler, LL.M.
Rechtsanwalt, Steuerberater, Wien

Roland Wild, M.A. (HSG)
Rechtsanwalt, dipl. Steuerexperte, Zürich

§ 1 Einleitung

Die Unternehmer *Theo Müller*[1] und *Otto Beisheim*,[2] die (Ex-) Sportler *Boris Becker, Franz Beckenbauer, Günther Netzer, Rainer Schüttler, Michael und Ralf Schumacher, Anni Friesinger, Jan Ullrich* sowie der Autor *Johannes Mario Simmel*[3] haben sämtlich eines gemeinsam: Sie alle haben die im internationalen Vergleich **hohen Steuersätze in Deutschland**[4] nicht mehr toleriert und verlegten ihren Wohnsitz aus Deutschland heraus nach Österreich oder in die Schweiz in der Hoffnung, dort auf günstigere steuerliche Rahmenbedingungen zu treffen.[5] 1

Zwar wurde der Spitzensteuersatz in der Einkommensteuer in den vergangenen Jahren mehrfach gesenkt.[6] Dennoch herrscht in Deutschland eine Steuerbelastung, die über dem Durchschnitt der EU liegt.[7]

Aber nicht nur wegzugswilige Prominente und Superreiche ziehen das Ausland deutschen Landen vor. Die Zahl der Wegzügler steigt stark an und sie wird es voraussichtlich auch in den kommenden Jahren tun. Wurde in 2005 mit insgesamt **145.000 Wegzüglern** bereits ein Rekord[8] in dieser Kategorie aufgestellt, erreichten die Zahlen für 2019 ein ganz anderes, viel höheres Niveau: 1,232 Millionen Menschen zogen von Deutschland in das Ausland.[9] 2

1 Gründer des Molkerei-Unternehmens *Müller-Milch* aus Aretsried bei Augsburg.

2 Gründer der Metro AG.

3 Die Sängerin Shakira muss sich vor einem Gericht in Barcelona zurzeit dazu verantworten, ob sich ihr Wohnsitz in Spanien oder auf den Bahamas befand. Die spanische Staatsanwaltschaft hat eine Freiheitsstrafe von 8 Jahren und 2 Monaten zzgl. einer Geldstrafe von EUR 23,8 Mio. gefordert, vgl. Süddeutsche Zeitung v. 1./2./3.10.2022, S. 12.

4 Siehe hierzu die Studie des Bundesamts für Finanzen „Die wichtigsten Steuern im internationalen Vergleich", Ausgabe 2022, Stand 31.12.2021. abrufbar unter https://www.bundesfinanzministerium.de/Content/DE/Downloads/Broschueren_Bestellservice/die-wichtigsten-steuern-im-internationalen-vergleich-2021.pdf.

5 *Landsittel*, Gestaltungsmöglichkeiten, S. 53 zur zivilrechtlichen Rechtslage, falls ein in der Schweiz ansässiger deutscher Staatsangehöriger in der Schweiz verstirbt.

6 Senkungen des Spitzensteuersatzes seit der Steuerreform 2000 von zuvor 53 % auf 51 % für den VZ 2000, auf 48,5 % ab dem VZ 2001, auf 42 % ab dem VZ 2005; Anhebung auf 47 % (sog. Reichensteuer) ab dem VZ 2008. In 2022 beträgt der Spitzensteuersatz in Deutschland 42% und gilt ab einem Einkommen von 58.597 EUR bis 277.826 EUR.

7 Siehe hierzu die Studie des BMF „Die wichtigsten Steuern im internationalen Vergleich", Ausgabe 2022, abrufbar unter https://www.bundesfinanzministerium.de/Content/DE/Downloads/Broschueren_Bestellservice/die-wichtigsten-steuern-im-internationalen-vergleich-2021.pdf.

8 *Schraufl*, Praxis Internationale Steuerberatung 2007, 122.

9 Https://www.welt.de/politik/deutschland/article210579441/Migration-in-Deutschland-Statistik-fuer-2019-zeigt-Wanderungsueberschuss.html.

Wanderten im Jahr 1998 lediglich 6.174 deutsche Staatsbürger[10] in die Schweiz aus, was die Schweiz auf Platz vier der beliebtesten Auswanderungsziele der Deutschen hievte,[11] hat sich die Zahl bereits in 2006 nahezu verdreifacht: 18.007 Deutsche[12] zog es in die Schweiz, womit die Schweiz beliebtester Zielstaat wurde. Daneben zog es 10.345 deutsche Staatsbürger in 2006 nach Österreich, womit Österreich nach der Schweiz und den USA auf der Rangliste der beliebtesten Zielstaaten auf Rang drei liegt.[13] Die USA verlieren derweil an Attraktivität für deutsche Auswanderer. In 2019 erreichte die Auswanderung in die Vereinigten Staaten das niedrigste Niveau seit 1991, teilte das Statistische Bundesamt mit. Es seien nur 10.000 Deutsche mehr in die USA ausgewandert, als von dort zurückkehrten. Nachdem die USA von 1991 bis 2004 noch das beliebteste Auswanderungsziel waren, liegen sie mittlerweile hinter der Schweiz und Österreich.[14]

Angesichts von zunehmend in Talkrunden geäußerten Ansichten, wie z.B. „Wohlhabende werden zu wenig zur Kasse gebeten“,[15] wird sich der Trend zum Wegzug für wirtschaftlich Bessergestellte fortsetzen.

3 Dabei wird oft übersehen, dass der Wegzug aus steuerlicher Sicht sehr gut vorbereitet werden muss, um die gewünschten Folgen herbeizuführen. Dieses Buch soll dem Auswanderungswilligen, für den die Schweiz, Österreich oder Italien potentielle Ziele sind, eine **erste Orientierungshilfe** sein und ihm bei der Beantwortung seiner ersten Fragen in steuerlicher Hinsicht dienlich sein. Es kann aber nicht die Beratung im Einzelfall ersetzen.

4 Lagen bereits in 2004 für Deutschland mit ca. 370.000 Menschen, die jeweils über 1 Mio. EUR ihr eigen nennen, sowie mit fast 10.000 Einkommensmillionären, die im Durchschnitt 2,7 Mio. EUR verdienten,[16] bereits stattliche Zahlen vor, ist die Zahl der Millionäre in Deutschland (und weltweit) trotz Corona weiter angestie-

10 In diesem Buch beinhaltet die Verwendung der maskuline Form („Staatsbürger“, „Steuerpflichtiger“, etc.) der Einfachheit halber auch die feminine Form, ohne damit eine Wertung zum Ausdruck bringen zu wollen.

11 Statistisches Jahrbuch 2000, Hrsg. Statistischen Bundesamt, Stuttgart 2000, S. 80; zitiert nach *Bischoff/Kotyrba*, BB 2002, 382 (Fn 1).

12 Quelle: Statistisches Bundesamt.

13 Quelle: Statistisches Bundesamt.

14 Https://www.welt.de/politik/deutschland/article210579441/Migration-in-Deutschland-Statistik-fuer-2019-zeigt-Wanderungsueberschuss.html.

15 So etwa die ehemalige Bundesfamilienministerin Renate Schmidt in der „Münchner Runde“ im BR Fernsehen vom 19.10.2022.

16 Quelle: Statistisches Bundesamt Wiesbaden für das Jahr 2004, Augsburger Allgemeine v. 26.8.2008, S. 1.

gen. In Deutschland gibt es jetzt 1,535 Millionen Millionäre, nach 1,466 Millionen im Vorjahr.[17]

Die bis ca. Anfang 2022 anhaltende Wachstumsphase mit niedrigen Inflationsraten und hohen Zinssätzen hat dazu geführt, dass beachtliches Vermögen gebildet wurde, das jetzt vor dem Zugriff des deutschen Fiskus geschützt werden soll.

Insbesondere die deutsche Erbschaftsteuer wird schon seit langem als Wegzugs- 5
grund angeführt.[18] Das Deutsche Institut für Wirtschaftsforschung (DIW) nimmt an, dass die gesamte Höhe der jährlichen Erbschaften und Schenkungen in Deutschland ca. 300 bis 400 Milliarden EUR beträgt, was ca. 10% der deutschen Wirtschaftsleistung entspricht.[19] Der Fiskus partizipiert hieran über die Erbschaft-/Schenkungsteuer laut DIW-Schätzungen mit etwa sechs bis sieben Milliarden EUR.[20]

Die aktuelle Diskussion um die Erhöhung der Erbschaft-/Schenkungsteuer und deren indirekte Erhöhung durch die im Rahmen des Jahressteuergesetzes 2022 beschlossenen Änderungen des Bewertungsgesetzes, die sich auf bebaute Grundstücke auswirken können und für Bewertungsstichtage ab dem 1.1.2023 anzuwenden sind, wird die Wegzugswilligkeit derer, die dazu wirtschaftlich in der Lage sind, daher weiter erhöhen.

Aussagen wie „Ökonomisch gesehen gibt es kaum ein Land in der Welt, das Arbeit stärker besteuert und gleichzeitig Vermögen inklusive der Erbschaft- und Schenkungssteuer weniger besteuert als Deutschland",[21] lassen erahnen, dass es in den nächsten Jahren beim Vermögenstransfer in die nächsten Generationen zu Mehrbelastungen kommen kann.

In Deutschland gibt es **so viele reiche Menschen wie nie zuvor.**[22] Der Spitzen- 6
steuersatz in Deutschland beträgt 42 % und gilt 2022 ab einem zu versteuernden Einkommen von 58.597 bis 277.826 EUR. Die Grenze für den Spitzensteuersatz liegt bei 117.194 EUR. Der Höchststeuersatz von 45 % greift ab einem zu versteuernden Einkommen von mehr als 277.826 EUR. Für Ehepaare oder Lebenspartner gelten bei Zusammenveranlagung jeweils die doppelten Beträge. Ca. 4

---

17 Quelle faz.nethttps://www.faz.net/aktuell/finanzen/die-zahl-der-millionaere-in-deutschland-steigt-auf-1-5-millionen-17411789.html?service=printPreview.

18 So *Theo Müller*, der die Erbschaftsteuer in Deutschland als „nicht mehr hinnehmbar" bezeichnet, Der Spiegel Heft 39/2003, S. 130.

19 Https://www.br.de/nachrichten/bayern/gerecht-oder-ungerecht-diskussion-um-die-erbschaftsteuer,TOb6sOv.

20 Https://www.br.de/nachrichten/bayern/gerecht-oder-ungerecht-diskussion-um-die-erbschaftsteuer,TOb6sOv.

21 *Fratzscher*. Leiter des DIW https://www.br.de/nachrichten/deutschland-welt/erbschaftssteuer-finanzminister-lindner-fuer-hoehere-freibetraege,TPD78qR

22 So bereits: Fuchsbriefe November 2002, S. 5. Nach Einschätzung von Finanzexperten werden bis zum Jahr 2010 2 Billionen EUR vererbt, Süddeutsche Zeitung v. 26.9.2003, S. 19.

Millionen in Deutschland unbeschränkt Steuerpflichtige zahlen aktuell diesen Spitzensteuersatz.[23]

7 Im europäischen Vergleich liegt Deutschland mit einem Spitzensteuersatz von 42 % im unteren Mittelfeld. Finnland (56,95 %), Dänemark (56 %) und Schweden (52,85 %) rufen die höchsten Spitzensteuersätze auf, sog. „Nordisches Modell".[24] In Österreich, Belgien und Portugal liegt der Spitzensteuersatz ebenfalls deutlich höher als in Deutschland. Den niedrigsten Spitzensteuersatz (max. 15 %) in Europa erhebt Ungarn.

8 Jedoch sind Überlegungen in Deutschland im Gange, den Spitzensteuersatz anzuheben. So hat Bundeswirtschaftsminister Robert Habeck im Mai 2022 in einem Interview den Vorschlag vorgebracht, die Steuern für Besserverdiener zu erhöhen. Ziel ist, Steuerentlastungen bei der Einkommensteuer für weniger Verdienende zu finanzieren.[25] Nach einer Berechnung des BMF müsste ein modifizierter Spitzensteuersatz bei 57,4 % liegen, der ab einem zu versteuernden Einkommen von 80.000 EUR im Jahr anzuwenden wäre. Das würde einen neuen Höchstwert für den Spitzensteuersatz in Deutschland bedeuten.[26]

9 Die Regierungsparteien sind sich hierzu aber uneins. Insbesondere die FDP, die 2021 mit dem Wahlversprechen angetreten ist, (zumindest) die Verkehrssteuern während ihrer Regierungsbeteiligung nicht anzuheben, sieht keinen Raum für die Erhöhung des Spitzensteuersatzes. Die FDP will eher versuchen, steuerliche Entlastungen für untere und mittlere Einkommensschichten durch Einsparungen am Bundeshaushalt zu finanzieren.[27] Angesichts der voranschreitenden Inflation dürfte allerdings auch dieser Vorschlag ins Leere laufen.

10 Die Erwartung auf ein günstigeres steuerliches Umfeld in der **Schweiz** im Vergleich zu Deutschland ist insbesondere im Hinblick auf die **niedrigere Erbschaft- und Schenkungsteuer** begründet (vgl. § 3 Rdn 29 ff.). Daneben werden von potentiellen Immigranten in die Schweiz der Wunsch nach politischer und wirtschaftlicher Stabilität, ein erhöhtes Bedürfnis nach Diskretion, stabile regulatorische Rahmenbedingungen, direkter Marktzugang und hohe Expertise in der Vermögensverwaltung sowie die Verfügbarkeit von innovativen Spezialprodukten als Motivation zur Vermögensverlagerung in die Schweiz genannt.[28] Da in steuerlicher Hinsicht große Unterschiede zwischen den Kantonen herrschen (vgl. § 3 Rdn 83 ff.) lohnt es sich, ausreichend Zeit und Recherche im Hinblick auf den geeigneten Zielkanton zu verwenden.

---

23 Vgl. https://www.smartsteuer.de/online/steuerwissen/spitzensteuersatz/.
24 Vgl. https://www.smartsteuer.de/online/steuerwissen/spitzensteuersatz/.
25 Vgl. https://www.smartsteuer.de/online/steuerwissen/spitzensteuersatz/.
26 Vgl. https://www.smartsteuer.de/online/steuerwissen/spitzensteuersatz/.
27 Vgl. https://www.smartsteuer.de/online/steuerwissen/spitzensteuersatz/.
28 Credit Suisse (Deutschland) AG, Broschüre Vermögensanlage in der Schweiz, Stand: Februar 2008.

Vorteilhaft für Zuzügler wirkt sich in diesem Zusammenhang aus, dass am 1.6.2002 das Freizügigkeitsabkommen zwischen der Schweiz und der Europäischen Gemeinschaft[29] in Kraft getreten ist. Dieses Abkommen hat sowohl die Einreise und den Aufenthalt der Angehörigen der EU in der Schweiz als auch der Schweizer in der EU zum Inhalt. Voraussetzung für eine Wohnsitznahme (ohne Erwerbstätigkeit in der Schweiz) ist nur noch die finanzielle Unabhängigkeit und der Nachweis einer Krankenversicherung.[30] Nach Art. 7 Buchst. f des Freizügigkeitsabkommens sind EU-Bürger beim Immobilienerwerb in der Schweiz den Schweizer Bürgern gleichgestellt. 11

Aber auch **Österreich** steht auf der Wunschliste der deutschen Emigranten sehr weit oben. Im Hinblick auf eine Verlagerung des Wohnsitzes nach Österreich liegt ein Vorteil gegenüber der Schweiz darin, dass Österreich ein Mitgliedstaat der EU ist. Zwar existiert in Österreich ein etwas höherer Spitzensteuersatz bei der Einkommensteuer als in Deutschland. Jedoch können die österreichische Endbesteuerung (vgl. § 4 Rdn 3), das Fehlen eines Solidaritätszuschlags und der sog. Sportler-Erlass (vgl. § 4 Rdn 16) an einem Wegzug aus Deutschland Interessierte zu einem Zuzug nach Österreich motivieren. Auch die zum 31.8.2008 außer Kraft getretene Erbschaft- und Schenkungsteuer (vgl. § 4 Rdn 33 ff.) mag ein gewichtiges Kriterium für einen Zuzug nach Österreich darstellen. 12

Nachdem der Immobilienmarkt in Italien dreigeteilt ist (hohe Preise in den großen Städten wie Rom oder Mailand, sehr hohe Preise in den touristisch interessanten Gebieten wie Gardasee, Venedig und Sardinien, vergleichsweise niedrige Preise im Rest des Landes), ist es für Wegzugswillige nach Italien ggf. interessant, etwas weiter entfernt von den klassischen Feriengebieten oder Metropolen nach Immobilen zu suchen.[31] 13

Italien hält zahlreiche Vergünstigungen und Privilegierungen für Zuzügler bereit (vgl. § 5 Rdn 65 ff.; u.a. über steuerliche Vorteile für Selbstständige und Rentner bis zum Ein-Euro Haus), die einen Umzug steuerlich attraktiv machen. Hier stechen besonders die Flat Tax von 100.000 EUR auf ausländische Einkünfte pro Veranlagungszeitraum für wohlhabende Zuzügler (vgl. § 5 Rdn 66) und die Flat Tax i.H.v. 7% auf Einkünfte, mit denen ein Rentenzweck verfolgt wird, für Rentner (vgl. § 5 Rdn 98) ins Auge. Auch im Bereich der Erbschaft- und Schenkungsteuer bestehen u.U. Vorteile im Vergleich zu den deutschen Regelungen (vgl. § 5 Rdn 113 ff.). 14

29 Abkommen zwischen der Schweizerischen Eidgenossenschaft einerseits und der Europäischen Gemeinschaft und ihren Mitgliedstaaten andererseits über die Freizügigkeit, abrufbar unter *http://www.europa.admin.ch/ba/off/abkommen/d/personen/pdf*.

30 *Gehrig*, IWB Nr. 6 v. 26.3.2003, Gruppe 2, S. 531.

31 Süddeutsche Zeitung v. 12./13.11.2022, S. 46.

§ 2 Deutschland als Wegzugsstaat

Übersicht: Rdn

Literaturhinweise

Aigner, Die verdeckte Gewinnausschüttung im DBA-Recht, IStR 2003, 154; *Bader*, Wohnsitzverlegung ins Ausland, INF 2002, 523; *Baßler*, Wer ist Steuerpflichtiger in § 6 Abs. 1 Satz 2 Nr. 1 AStG?, IStR 2013, 22; *Bischoff/Kotyrba*, Wohnsitzverlegung in die Schweiz – Steuerfolgen und Steuerplanung, BB 2002, 382; *Blumenberg/Schäfer*, Das SEStEG: Steuer- und gesellschaftsrechtliche Erläuterungen und Gestaltungshinweise, 2007; *Daragan*, Grundstücksschenkung unter Nießbrauchsvorbehalt, ZErb 2000, 38; *Dautzenberg*, Kein Verstoß von § 6 Abs. 1 AStG gegen Grundgesetz und EGV, IStR 1998, 301; *Deininger*, Wegzug natürlicher Personen von Deutschland nach Österreich unter Berücksichtigung der de Lasteyrie-Entscheidung des EuGH, INF 2004, 460; *Deininger*, Sitzverlegung von Kapitalgesellschaften in Europa, 2001; *Flick/Wassermeyer/Baumhoff/Schönfeld*, Außensteuerrecht Kommentar, 101. Aktualisierung 2022; *Haag*, Steuerliche Aspekte der Vermögensnachfolge in Zuzugs- und Wegzugsfällen, ZErb 2018, 262; *Hahn*, Von Spartanern und Athenern – zum Beschluss des BFH vom 17.12.1997 zur Vereinbarkeit des § 6 AStG mit dem EGV, zu seinen Kritikern und zugleich ein Beitrag zur Dogmatik der Grundfreiheiten des EGV, DStZ 2000, 14; *Hörger/Stephan/Pohl*, Unternehmens- und Vermögensnachfolge, 3. Auflage 2011; *Jahn*, Praxis Internationale Steuerberatung, 2008; *Jülicher*, Internationales Erbschaftsteuerrecht am Beispiel des ErbStG, ZErb 2003, 204; *Jülicher*, Die anrechenbare Steuer i.S.d. § 21 ErbStG, ZEV 1996, 285; *Kahlenberg*, Aktuelle Entwicklungen im Bereich der Wegzugsbesteuerung (§ 6 AStG), IStR 2020, 378; *Kapp/Ebeling*, Erbschaftsteuer- und Schenkungsteuergesetz, 92. Aktualisierung 2022; *Linn*, Das EuGH-Urteil in der Rs. DMC und der Vorlagebeschluss des FG Düsseldorf – Ende der Diskussionen um die Wegzugssteuer?, IStR 2014, 136; *Meincke/Hannes/Holtz*, Erbschaftsteuer- und Schenkungsteuergesetz: ErbStG, 18. Auflage 2021; *Plewka/Watrin*, Steuerliche Strukturierung internationaler Vermögensnachfolgen, ZEV 2002, 253; *Rödder*, Steuerfreier Exit von stillen Reserven beim Wegzug von Unternehmen aus Deutschland? IStR 2005, 297; *Saß*, Zur Rechtsprechung des EuGH und einigen Folgerungen für das deutsche Steuerrecht, FR 1998, 1; *Schauhoff/Idler*, Änderung der BFH-Rechtsprechung zur Besteuerung von Werbeverträgen mit beschränkt Steuerpflichtigen, IStR 2008, 341; *Schindler*, Neuregelung der österreichischen Wegzugsbesteuerung – Ein Vorbild für andere Mitgliedstaaten?, IStR 2004, 711; *Schmidt*, Einkommensteuergesetz, Kommentar, hrsg. v. Weber-Grellet, 41. Auflage 2022; *Schnitger*, Verstoß der Wegzugsbesteuerung (§ 6 AStG) und weiterer Entstrickungsnormen des deutschen Ertragsteuerrechts gegen die Grundfreiheiten des EG-Vertrags – Auswirkungen der Rs. Lasteyrie du Saillant auf den deutschen Rechtskreis, BB 2004, 804; *Troll/Gebel/Jülicher/Gottschalk*, Erbschaftsteuer- und Schenkungsteuergesetz: ErbStG, Kommentar, 63. Auflage 2022; *von Oertzen/Bärsch/Kühn/Lindermann*, Der Wegzug von Unternehmer und Unternehmensholding ins Ausland zur Begrenzung deutscher Ertrags- und zukünftig deutscher Substanzsteuern in Form einer deutschen Vermögensteuer, IStR 2021, 1841; *Wachter*, Abschaffung der Erbschaft- und Schenkungsteuer in Portugal, ErbStB 2004, 88; *Wacker*, Hat der EuGH seine Rechtsprechung zu den unionsrechtlichen

Grenzen der Wegzugsbesteuerung geändert?, IStR 2017, 926; *Wassermayer*, Der Meinungsstreit um die Wegzugsbesteuerung i.S. des § 6 AStG, IStR 2013, 1; *Wassermeyer*, Merkwürdigkeiten bei der Wegzugsbesteuerung, IStR 2007, 833; *Wassermeyer*, Die Denkfehler des Gesetzgebers in § 6 AStG-Entwurf, DB 2006, 1390; *Wassermeyer*, Steuerliche Konsequenzen aus dem EuGH-Urteil Hughes des Lasteyrie du Saillant, GmbHR 2004, 613; *Weigell/Brand/Safarik*, Investitions- und Steuerstandort Schweiz, 3. Auflage 2012; *Wilde*, Das kanadische Erbschaft- und Schenkungsteuerrecht, 1996; *Wöhrle/Schelle/Gross*, Außensteuerrecht – Grundwerk mit Fortsetzungsbezug, Kommentar, 48. Ergänzungslieferung. Stand 10/2022

A. Steuerliche Rahmenbedingungen in Deutschland

I. Einkommensteuer

1. Einführung

Neben der progressiv ansteigenden Einkommensteuer mit den sieben Einkunftsarten des § 2 Abs. 1 S. 1 EStG erhebt der Fiskus in Deutschland weiterhin, aber wenigstens sehr stark eingeschränkt, den Solidaritätszuschlag i.H.v. 5,5 %. Jede natürliche Person ist mit ihren sämtlichen in- und ausländischen Einkünften nach dem sog. **Welteinkommensprinzip** unbeschränkt einkommensteuerpflichtig nach § 1 Abs. 1 EStG, falls sie in Deutschland ihren Wohnsitz oder gewöhnlichen Aufenthalt (§§ 8, 9 AO) hat. Daneben besteht eine sog. beschränkte Einkommensteuerpflicht gem. § 1 Abs. 4 EStG, der natürliche Personen unterliegen, die weder einen Wohnsitz noch ihren gewöhnlichen Aufenthalt in Deutschland, jedoch inländische Einkünfte i.S.v. § 49 EStG (etwa gewerbliche Einkünfte, für die eine Betriebsstätte in Deutschland unterhalten wird oder ein ständiger Vertreter bestellt ist, oder Einkünfte aus Vermietung und Verpachtung aus einem in Deutschland belegenen Grundstück) haben. Gewerbliche Einkünfte werden zudem mit der Gewerbesteuer belastet. 1

Mit der Einführung der Abgeltungssteuer zum 1.1.2009 durchbrach der deutsche Gesetzgeber die Systematik eines einheitlichen persönlichen Steuersatzes und schuf für die Einkunftsart der Kapitaleinkünfte zum Teil einen speziellen Steuersatz. Dabei ist die Gleichstellung mit der österreichischen Abgeltungssteuer (§§ 93 ff. ÖstEStG) nicht vollständig gerechtfertigt. Zwar beläuft sich der Steuersatz bei beiden Abgeltungssteuern auf 25 %, jedoch kommen bei der deutschen Variante noch Solidaritätszuschlag und Kirchensteuer dazu. Daneben wird zum anderen in Deutschland ab 1.1.2009 die Veräußerung von Wertpapieren ebenfalls generell von der Abgeltungssteuer erfasst, wogegen es in Österreich bei der Spekulationsbesteuerung bleibt, womit Verkäufe von Wertpapieren nach über einjähriger Haltefrist steuerfrei sind. 2

2. Wohnsitz/gewöhnlicher Aufenthalt

3 Natürliche Personen sind in Deutschland **nicht mehr unbeschränkt einkommensteuerpflichtig**, sobald sie in Deutschland weder Wohnsitz (§ 8 AO) noch ihren gewöhnlichen Aufenthalt (§ 9 AO) haben. Die Finanzrechtsprechung stellt jedoch nur geringe Anforderungen an die Erfüllung der beiden Begriffe, so dass ein Wohnsitz oder ein gewöhnlicher Aufenthalt im steuerlichen Sinne sehr schnell errichtet ist. Insbesondere bei starker Bindung an Deutschland, sei es aus unternehmerischen oder familiären Gründen, droht die Gefahr eines gescheiterten Wohnsitzwechsels mit ggf. für den Steuerpflichtigen sehr nachteiligen Folgen.

4 Nach Auffassung des BFH liegt bereits ein **Wohnsitz** vor, wenn der Steuerpflichtige ein möbliertes Zimmer zur Benutzung bereithält, in dem sich persönliche Gegenstände befinden.[1] Der wegzugswillige Steuerpflichtige ist daher gehalten, die selbst genutzte Immobilie zu verkaufen oder sehr langfristig zu vermieten, um einen steuerlichen Wohnsitz in Deutschland zu vermeiden. Hierbei reicht die Vermietung an volljährige Familienangehörige zwar grundsätzlich aus, solange sie nicht nur zum Schein erfolgt.[2] Jedoch muss die Vermietung von langer Dauer sein. So reichten nach Ansicht des FG Hamburg 10 Monate Vermietungsdauer nicht aus, um eine Aufgabe des Wohnsitzes anzunehmen.[3] Demgegenüber hat der BFH bei einer Vermietungsdauer von 27 Monaten die Aufgabe des Wohnsitzes bejaht.[4] Nicht erforderlich ist, dass der Mittelpunkt der Lebensinteressen in Deutschland liegt.[5]

5 Der BFH hat in seiner Entscheidung vom 23.10.2018[6] festgehalten, dass die unbeschränkte Steuerpflicht in Deutschland unabhängig davon verwirklicht sein kann, ob Tätigkeiten im In- oder Ausland ausgeübt werden. Selbst ein Lebensmittelpunkt im Ausland schließe die Annahme eines Wohnsitzes und damit eine unbeschränkte Steuerpflicht in Deutschland nicht aus.

Nach § 8 AO hat jemand seinen Wohnsitz dort, wo er eine Wohnung unter Umständen innehat, die darauf schließen lassen, dass er die Wohnung beibehalten und benutzen wird. Kennzeichnend für eine Wohnung ist, dass diese zum Wohnen geeignet sei, wobei auch eine bescheidene Bleibe ausreiche. Dabei ist es für das Vorliegen eines Wohnsitzes im Inland ohne Bedeutung, ob dieser den Mittelpunkt der Lebensinteressen der betreffenden Person bildet.[7] Nach ständiger Rechtsprechung müsse die Wohnung dem Steuerpflichtigen objektiv jeder-

1 BFH v. 22.4.1994 – III R 22/92, BStBl II 1994, 887.
2 *Bader*, INF 2002, 523 (524).
3 FG Hamburg v. 12.9.1991 – III 47/90, EFG 1992, 277.
4 BFH v. 12.11.1986 – I R 25/84, n.v., Juris-Dokumentnummer 141283.
5 BFH v. 19.3.2002 – I R 15/01, DStRE 2003, 346.
6 BFH v. 23.10.2018 – I R 74/16, BFH/NV 2019, 388.
7 So auch BFH v. 13.11.2013 – I R 38/13, BFH/NV 2014, 1046.

zeit, immer wenn er dies wünsche, als Bleibe zur Verfügung stehen und subjektiv von ihm zu einem jederzeitigen Wohnaufenthalt bestimmt sein.

Damit kann nach § 8 AO ein Steuerpflichtiger gleichzeitig mehrere Wohnsitze 6
im In- und/oder Ausland innehaben. Weder das Einkommensteuerrecht noch Grundsätze des internationalen Steuerrechts geben nach Ansicht des BFH Anhaltspunkte für Differenzierungen, nach denen etwa nur der Wohnsitz, der als Lebensmittelpunkt genutzt wird, zur Begründung einer unbeschränkten Steuerpflicht führen könnte.[8] Kennzeichnend für eine Wohnung ist, dass es sich – i.S. einer bescheidenen Bleibe – um Räume handelt, die zum Bewohnen geeignet sind. Die Frage der **unbeschränkten Steuerpflicht im Inland** sei von der Frage der **DBA-Ansässigkeit** eines Steuerpflichtigen zu trennen. Wenn im vorliegenden Fall zwei Wohnsitze vorliegen, gelte der Steuerpflichtige zwar i.S.d. DBA als nur in Rumänien ansässig, da sich dort der Mittelpunkt seiner Lebensinteressen befinde. Auf die DBA-Ansässigkeit komme es aber für die Beurteilung der inländischen unbeschränkten Steuerpflicht nicht an.

Aus der unbeschränkten Steuerpflicht folgt das Welteinkommensprinzip, nach 7
dem sämtliche in- und ausländischen Einkünfte grundsätzlich und zunächst einmal der deutschen Besteuerung unterliegen. Erst im zweiten Schritt ist zu beurteilen, ob und wie im Zusammenspiel mit einem anwendbaren DBA Besteuerungsrechte zugewiesen oder eingeschränkt werden, um Doppelbesteuerungen zu vermeiden. Unterhält eine natürliche Person mehrere Wohnsitze in verschiedenen Staaten, so sind daher im ersten Schritt die nationalen Steuergesetze der beteiligten Wohnsitzstaaten zu prüfen. Diese definieren die Anknüpfungspunkte für eine unbeschränkte oder nur beschränkte Steuerpflicht und damit die Art der einzureichenden Steuererklärung.

Unterliegen bei unbeschränkter Steuerpflicht ausländische Einkünfte dem Progressionsvorbehalt und sind sonst freigestellt, führt dies zu einem Anstieg des anzuwendenden Steuersatzes, was die Steuerlast für die inländischen Einkünfte erhöht. Das kann bei der Steuerberechnung durchaus zu Unterschieden im Vergleich zur beschränkten Steuerpflicht führen, die ausschließlich inländische Einkünfte betrifft.

Nach Ansicht der Finanzverwaltung[9] genügt es, dass die Wohnung z.B. über 8
Jahre hinweg jährlich regelmäßig zweimal zu bestimmten Zeiten über einige Wochen benutzt wird.[10] Anhaltspunkte dafür können die Ausstattung und Einrichtung sein; nicht erforderlich ist, dass sich der Steuerpflichtige während einer Mindestanzahl von Tagen oder Wochen im Jahr in der Wohnung aufhält.[11] Wer eine Wohnung von vornherein in der Absicht nimmt, sie nur vorübergehend

8 BFH v. 23.10.2018 – I R 74/16, BFH/NV 2019, 388.

9 AEAO zu § 8 AO.

10 Verweis auf BFH, Urt. v. 23.11.1988 – II R 139/87, BStBl 1989 II, 182.

11 Verweis auf BFH, Urt. v. 19.3.1997 – I R 69/96, BStBl 1997 II, 447.

(weniger als sechs Monate) beizubehalten und zu benutzen, begründet dort keinen Wohnsitz.[12] Auch gelegentliches Übernachten auf einem inländischen Betriebsgelände, in einem Büro u.Ä. (sog. Schlafstelle) kann dort keinen Wohnsitz begründen.[13] Wer sich – auch in regelmäßigen Abständen – in der Wohnung eines Angehörigen oder eines Bekannten aufhält, begründet dort ebenfalls keinen Wohnsitz,[14] sofern es nicht wie im Fall einer Familienwohnung oder der Wohnung einer Wohngemeinschaft gleichzeitig die eigene Wohnung ist.

9 Wer einen Wohnsitz im Ausland begründet und seine Wohnung im Inland beibehält, hat nach Ansicht der Finanzverwaltung[15] auch im Inland einen Wohnsitz i.S.v. § 8 AO.[16] Bei einem ins Ausland versetzten Arbeitnehmer ist ein inländischer Wohnsitz widerlegbar zu vermuten, wenn er seine Wohnung im Inland beibehält, deren Benutzung ihm möglich ist und die nach ihrer Ausstattung jederzeit als Bleibe dienen kann.[17] Das Innehaben der inländischen Wohnung kann nach den Umständen des Einzelfalls auch dann anzunehmen sein, wenn der Steuerpflichtige sie während eines Auslandsaufenthalts kurzfristig (bis zu sechs Monaten) vermietet oder untervermietet, um sie alsbald nach seiner Rückkehr im Inland wieder zu benutzen.

10 Ein **gewöhnlicher Aufenthalt** ist grundsätzlich bereits bei einem Aufenthalt von mehr als sechs Monaten begründet (§ 9 S. 2 AO).

3. Mitteilungspflicht

11 Nach §§ 138d–138k AO[18] besteht bei Vorliegen bestimmter Voraussetzungen eine Mitteilungspflicht bezüglich „grenzüberschreitender Steuergestaltungen“. Ein sehr ausführliches BMF-Schreiben vom 29.3.2021[19] hat dazu Stellung genommen. Die Grundzüge dieses grundsätzlich auch für Wegzüge relevanten BMF-Schreibens werden nachfolgend dargestellt.

12 Die Richtlinie (EU) 2018/822 sieht vor, dass die EU-Mitgliedstaaten bis zum 31.12.2019 eine Pflicht zur Mitteilung grenzüberschreitender Steuergestaltungen sowie einen diesbezüglichen zwischenstaatlichen Informationsaustausch einführen mussten. Deutschland hat zu diesem Zweck mit dem Gesetz zur Einführung einer Pflicht zur Mitteilung grenzüberschreitender Steuergestaltungen vom

---

12 Verweis auf BFH, Urt. v. 30.8.1989 – I R 215/85, BStBl 1989 II, 956.

13 Verweis auf BFH, Urt. v. 6.2.1985 – I R 23/82, BStBl 1985 II, 331.

14 Verweis auf BFH, Urt. v. 24.10.1969 – IV 290/64, BStBl 1970 II, 109.

15 AEAO zu § 8 AO.

16 Verweis auf BFH, Urt. v. 4.6.1975 – I R 250/73, BStBl 1975 II, 708.

17 Verweis auf BFH, Urt. v. 17.5.1995 – I R 8/94, BStBl 1996 II, 2.

18 Eingefügt durch Gesetz vom 21.12.2019, BGBl I 2019, 1682.

19 BMF v. 29.3.2021 – IV A 3 – S 0304/10/10006 :010/IV B 1 – S 1317/19/10058 :11 (nachfolgend auch „BMF-Schreiben v. 29.3.2021“) mit 276 Rn.

21.12.2019[20] die AO, das EGAO, das EU-Amtshilfegesetz (EUAHiG) und FVG zum 1.1.2020 modifiziert. Das Ziel der Richtlinie (EU) 2018/822 besteht zum einen darin, „die nationalen Gesetzgeber in die Lage zu versetzen, im Interesse einer gerechten Besteuerung im Binnenmarkt auf unerwünschte Steuergestaltungen früher als bisher reagieren zu können (rechtspolitische Auswertung). Zum anderen sollen die Finanzverwaltungen der EU-Mitgliedstaaten die mit den Mitteilungen erlangten Informationen im Veranlagungsverfahren der Nutzer grenzüberschreitender Steuergestaltungen verwenden können, sei es durch allgemeine Verwaltungsanweisungen oder durch individuelle Ermittlungsmaßnahmen bei den Nutzern (veranlagungsunterstützende Auswertung).“[21]

Die §§ 138d–138k AO sowie die Regelungen des EUAHiG sind dabei „auf alle Steuern anzuwenden, die von einem oder für einen EU-Mitgliedstaat bzw. von oder für gebiets- oder verwaltungsmäßige Gliederungseinheiten eines EU-Mitgliedstaats, einschließlich der lokalen Behörden, erhoben werden“[22] – mit Ausnahme der Kirchensteuer. 13

In den Anwendungsbereich der §§ 138d–138k AO sowie des EUAHiG fallen insbesondere die
- Einkommensteuer
- Körperschaftsteuer
- Gewerbesteuer
- Grunderwerbsteuer
- Kraftfahrzeugsteuer
- Versicherungsteuer
- Grundsteuer
- Erbschaft- und Schenkungsteuer
- Luftverkehrsteuer und
- nicht-harmonisierten Verbrauchsteuern (z.B. Kaffeesteuer).

Erfasst werden aber auch Steuern anderer EU-Mitgliedstaaten, die in den Anwendungsbereich der EU-Amtshilferichtlinie fallen.[23]

4. Steuergestaltung

a) Defintion

Unter Steuergestaltung versteht das BMF sehr weitgehend „einen bewussten, das (reale und/oder rechtliche) Geschehen mit steuerlicher Bedeutung verändernden Schaffensprozess durch Transaktionen, Regelungen, Handlungen, Vorgänge, Vereinbarungen, Zusagen, Verpflichtungen oder ähnliche Ereignisse. Durch den 14

20 BGBl 2019 I, 2875.
21 Rn 3 des BMF-Schreibens v. 29.3.2021.
22 Rn 7 des BMF-Schreibens v. 29.3.2021.
23 Rn 8 des BMF-Schreibens v. 29.3.2021.

Nutzer oder für den Nutzer wird dabei eine bestimmte Struktur, ein bestimmter Prozess oder eine bestimmte Situation bewusst und aktiv herbeigeführt oder verändert. Diese Struktur, dieser Prozess oder diese Situation bekommt dadurch eine steuerrechtliche Bedeutung, die ansonsten nicht eintreten würde. Eine Steuergestaltung liegt **nicht** vor, wenn ein Steuerpflichtiger lediglich den Ablauf einer gesetzlichen Frist oder eines gesetzlichen Zeitraums abwartet, nach welchem er eine Transaktion steuerfrei oder nicht steuerbar realisieren kann. Unerheblich ist, ob die Gestaltung modellhaft angelegt ist."[24]

M.E. fallen nach dieser sehr extensiven Definition auch Wegzüge von Deutschland in einen anderen Staat unter den Begriff der Steuergestaltung.

15 Das BMF nennt als Beispiele für „Gestaltungen mit steuerlicher Bedeutung", die nur unter Berücksichtigung der weiteren Tatbestandsvoraussetzungen des § 138d AO eine Mitteilungspflicht auslösen:
- die Schaffung, die Zuordnung, der Erwerb oder die Übertragung von Einkünften oder deren Quellen auf einen anderen Rechtsträger;
- die Gründung oder der Erwerb einer die Einkünfte erzielenden juristischen Person;
- Anpassung vertraglicher Konditionen nicht ausschließlich unter Fremdvergleichsgrundsätzen.[25]

Beteiligte einer „Gestaltung mit steuerlicher Bedeutung" können der Nutzer, andere Beteiligte sowie ggf. der sog. Intermediär (Rechtsanwälte, Steuerberater etc.[26]) sein.[27]

b) Grenzüberschreitender Bezug

16 Eine Steuergestaltung ist nach Ansicht des BMF dann „grenzüberschreitend, wenn sie mehr als einen EU-Mitgliedstaat oder mindestens einen EU-Mitgliedstaat und einen oder mehrere Drittstaaten betrifft (§ 138d Abs. 2 S. 1 Nr. 2 AO). Der Begriff der Betroffenheit ist weit auszulegen und setzt keine steuerliche Auswirkung voraus. Ob die Steuergestaltung grenzüberschreitend ist, richtet sich darüber hinaus grundsätzlich nach der Ansässigkeit oder der Tätigkeit der Beteiligten, d.h. des Nutzers, der anderen an der Gestaltung Beteiligten und ausnahmsweise des Intermediärs (wenn er über die Tätigkeiten i.S.d. § 138d Abs. 1 AO hinaus an der Steuergestaltung beteiligt ist)."[28]

---

24 Rn 9 des BMF-Schreibens v. 29.3.2021.

25 Rn 10 des BMF-Schreibens v. 29.3.2021.

26 Zur Mitteilungspflicht der Intermediäre – abhängig von der Entbindung von der Verschwiegenheitspflicht durch den Nutzer – siehe Rn 74 ff. des BMF-Schreibens v. 29.3.2021.

27 Rn 11 ff. des BMF-Schreibens v. 29.3.2021.

28 Rn 31 des BMF-Schreibens v. 29.3.2021.

Hierzu muss nach Einschätzung des BMF mindestens einer der folgenden Konstellationen vorliegen:

- nicht alle an der Gestaltung Beteiligten sind im selben Steuerhoheitsgebiet ansässig;
- einer oder mehrere der an der Gestaltung Beteiligten sind gleichzeitig in mehreren Steuerhoheitsgebieten ansässig;
- einer oder mehrere der an der Gestaltung Beteiligten gehen in einem anderen Steuerhoheitsgebiet über eine dort gelegene Betriebstätte einer Geschäftstätigkeit nach und die Gestaltung ist Teil der Geschäftstätigkeit der Betriebstätte oder macht deren gesamte Geschäftstätigkeit aus;
- einer oder mehrere der an der Gestaltung Beteiligten gehen in einem anderen Steuerhoheitsgebiet einer Tätigkeit nach, ohne dort ansässig zu sein oder eine Betriebstätte zu begründen.[29]

Die steuerliche Ansässigkeit i.S.v. § 138d Abs. 2 S. 1 Nr. 2 Buchst. a und b AO bestimmt sich nach Auffassung des BMF „nach dem nationalen Recht der jeweils beteiligten Steuerhoheitsgebiete. Anknüpfungspunkte für eine Ansässigkeit einer natürlichen oder juristischen Person sowie einer Personengesellschaft, Gemeinschaft oder Vermögensmasse können Wohnsitz (vgl. § 8 AO), gewöhnlicher Aufenthalt (vgl. § 9 AO), Ort der Geschäftsleitung (vgl. § 10 AO), Sitz (vgl. § 11 AO) oder Staatsangehörigkeit sein."[30] Letzteres überrascht, da die Staatsangehörigkeit als Anknüpfungskriterium in den deutschen Steuergesetzen eher selten vorkommt.[31] 17

Darüber hinaus gelten gem. § 138d Abs. 2 S. 1 Nr. 2 Buchst. e AO auch solche Steuergestaltungen als grenzüberschreitend, die Auswirkungen auf den automatischen Informationsaustausch über Finanzkonten in Steuersachen nach dem gemeinsamen Meldestandard oder die Identifizierung der wirtschaftlichen Eigentümer haben können.[32] 18

Eine grenzüberschreitende Steuergestaltung setzt zudem voraus, dass die Gestaltung ein sog. „bedingtes Kennzeichen" i.S.d. § 138e Abs. 1 AO oder ein „unbedingtes Kennzeichen" i.S.d. § 138e Abs. 2 AO aufweist.[33] Zu den bedingten Kennzeichen des § 138e Abs. 1 AO führt das BMF aus, dass weitere Voraussetzung für das Vorliegen einer grenzüberschreitenden Steuergestaltung sei, dass ein verständiger Dritter unter Berücksichtigung aller wesentlichen Fakten und Umstände vernünftigerweise erwarten kann, dass der Hauptvorteil oder einer 19

---

29 Rn 31 des BMF-Schreibens v. 29.3.2021.

30 Rn 32 des BMF-Schreibens v. 29.3.2021.

31 Eine der wenigen Ausnahmen ist § 2 Abs. 1 S. 2 lit. b ErbStG.

32 Rn 37 des BMF-Schreibens v. 29.3.2021.

33 Vgl. hierzu Rn 40 ff. des BMF-Schreibens v. 29.3.2021.

der Hauptvorteile der Gestaltung die Erlangung eines steuerlichen Vorteils i.S.d. § 138d Abs. 3 AO ist. Wird dies bejaht, sei der Relevanztest erfüllt.[34]

Der Mitteilungspflichtige kann zwar die Nachrangigkeit eines steuerlichen Vorteils dadurch hinreichend dokumentieren, dass er derart überwiegende außersteuerliche (insbesondere wirtschaftliche) Gründe für die konkrete Strukturierung einer Transaktion nachweist, durch die der (vermeintliche) steuerliche Vorteil in den Hintergrund rückt. Das wird in der Praxis bei Wegzügen ins Ausland m.E. schwerfallen.

Anders als bzgl. § 42 Abs. 2 S. 2 AO reiche es laut BMF auch nicht aus, dass lediglich beachtliche außersteuerliche Vorteile aufgezeichnet werden. „Es muss vielmehr hinreichend dokumentiert werden, dass der steuerliche Vorteil kein Hauptvorteil der Gestaltung ist. Der steuerliche Vorteil ist insbesondere kein Hauptvorteil der Steuergestaltung, wenn der Steuervorteil nur ein Reflex oder eine Randerscheinung ist. Zur Dokumentation können entsprechende Nachweise insbesondere durch die Unternehmenskorrespondenz, Memos oder Beschlüsse erbracht werden."[35]

c) Steuerlicher Vorteil

20 Ein steuerlicher Vorteil nach § 138d Abs. 3 S. 1 AO soll vorliegen, wenn durch die Steuergestaltung
- Steuern erstattet werden sollen,
- Steuervergütungen gewährt oder erhöht werden sollen,
- Steueransprüche entfallen oder verringert werden sollen,
- die Entstehung von Steueransprüchen verhindert werden soll,
- die Entstehung von Steueransprüchen in andere Besteuerungszeiträume oder auf andere Besteuerungszeitpunkte verschoben werden soll.[36]

Der Umstand, dass Steueransprüche entfallen oder verringert werden sollen, wird auch bei den meisten Wegzügen ins Ausland vorliegen.

21 **Kein** steuerlicher Vorteil liegt in den in der Anlage zu diesem BMF-Schreiben **abschließend** aufgezählten Fällen vor, bei:[37]
- Nutzung von Freigrenzen und **Freibeträgen**,[38]
- Ausübung steuerlicher Wahlrechte,

---

34 Rn 107 des BMF-Schreibens v. 29.3.2021.

35 Rn 108 des BMF-Schreibens v. 29.3.2021.

36 Rn 109 des BMF-Schreibens v. 29.3.2021.

37 Hervorhebungen durch den Autor.

38 Ein Wegzug in einen Staat, der bei der Erbschaftsteuer/Schenkungsteuer höhere Freibeträge als Deutschland vorsieht, dürfte hiervon gedeckt sein. Erhebt der Zielstaat eines Wegzugs aber gar keine Erbschaftsteuer/Schenkungsteuer, scheint das nicht mehr so klar zu sein.

- Erfüllung der Voraussetzungen für eine Steuerbefreiung nach § 5 KStG oder § 3 GewStG,
- Vorgänge, die dem Gesetz zur steuerlichen Förderung von Forschung und Entwicklung (Forschungszulagengesetz – FZulG) unterfallen,
- Abschluss von Altersvorsorgeverträgen und Basisrentenverträgen, die nach den §§ 5, 5a des Altersvorsorgeverträge-Zertifizierungsgesetzes (AltZertG) zertifiziert sind,
- **Güterstandsklauseln** unter Nutzung von § 5 ErbStG,
- **Änderung des Gesellschaftsvertrags**, um die Voraussetzungen des § 13a Abs. 9 ErbStG zu erfüllen,
- **Abschluss von Poolverträgen** i.S.d. § 13b Abs. 1 Nr. 3 ErbStG zur Herbeiführung einer Begünstigung von Anteilen an Kapitalgesellschaften,
- Renten, Entschädigungen und Leistungen i.S.d. § 3 Nr. 8 und 8a EStG,
- Betriebliche Altersversorgung für Arbeitnehmer i.R.d. § 3 Nr. 55, 55c, 63 und 66; §§ 4d Abs. 3 und 4e Abs. 3 sowie §§ 10a, 79 ff. und 100 EStG,
- Übertragung von Anrechten gem. § 3 Nr. 55c und 55d EStG,
- Abschluss von Verträgen, bei denen die geleisteten Beiträge als Vorsorgeaufwendungen nach § 10 Abs. 1 Nr. 2, 3 oder 3a EStG anerkannt werden können,
- Ansatz des hälftigen Unterschiedsbetrags nach § 20 Abs. 1 Nr. 6 S. 2 EStG bei kapitalbildenden Lebensversicherungen,
- Versicherungen, die im Rahmen des Kontrollmeldeverfahrens nach § 50d Abs. 6 i.V.m. Abs. 5 EStG gemeldet werden,
- langfristige Auf- oder Abstockung von Beteiligungen, die darauf abzielen, eine abweichende steuerliche Rechtsfolge auszulösen (z.B. Vermeidung von § 8b Abs. 4 S. 1 KStG, Erfüllung der Anlagebedingung nach § 26 Nr. 6 S. 1 InvStG),
- Errichtung einer ertragsteuerlichen Organschaft gemäß den §§ 14–19 KStG sowie §§ 2 Abs. 2 S. 2 und 7a GewStG,
- **Wohnsitzverlegung** zur Inanspruchnahme oder Vermeidung der Grenzgängerregelung nach den DBA,[39]
- **zusätzlicher (privater) Aufenthalt im ausländischen Tätigkeitsstaat** zur Überschreitung der abkommensrechtlichen 183-Tages-Frist.

Jedoch kann sich nach Ansicht des BMF bereits schon wieder eine andere Beurteilung ergeben, wenn Vertragsklauseln oder weitere (Teil-)Schritte im Zusammenhang mit den vorstehend genannten Konstellationen „in einer zusammenhängenden Betrachtung zu einem gesetzlich nicht ausdrücklich vorgesehenen steuerlichen Vorteil führen, der insbesondere im rein nationalen Kontext nicht erzielt 22

39 Das dürfte im Gegenschluss bedeuten, dass Wohnsitzverlegungen in das Ausland, die nicht nur zur Inanspruchnahme oder Vermeidung der Grenzgängerregelung nach den DBA unternommen werden, grundsätzlich als grenzüberschreitende Steuergestaltungen zu verstehen sind.

werden würde."[40] Daher seien z.B. Auf- und Abstockungen von Beteiligungen nicht von der Mitteilungspflicht ausgenommen, wenn bereits im Zeitpunkt der Auf- bzw. Abstockung beabsichtigt ist, die Beteiligung nach Erlangung des steuerlichen Vorteils wieder ab- bzw. aufzustocken.

Auch die sog. Atomisierung zum Zweck der mehrfachen Inanspruchnahme von Freigrenzen oder Freibeträgen gehe über die reine Nutzung von Freibeträgen hinaus und sei daher nicht nach § 138d Abs. 3 S. 3 AO von der Mitteilungspflicht ausgenommen.[41]

d) Struktur

23 Eine Struktur i.S.d. § 138e Abs. 1 Nr. 2 AO ist nach Ansicht des BMF „ein steuerlicher, geplanter Zusammenhang mehrerer rechtlicher oder tatsächlicher Schritte, die eine bestimmte steuerliche Rechtsfolge bewirken sollen."[42] Das sei regelmäßig dann anzunehmen, „wenn ein bewusstes Hintereinanderschalten oder Zusammenwirken von rechtlichen Teilschritten zur Zielerreichung gewählt wird. So beispielsweise, wenn eine Transaktion durch eine Mehrzahl hintereinander geschalteter Schritte strukturiert wird, ohne dass dies im Ergebnis eine Änderung des wirtschaftlichen Gehalts der Transaktion zur Folge hat. Eine Struktur kann auch dann vorliegen, wenn kein eigenständiger wirtschaftlicher Zweck verfolgt wird, sondern allein der Steuervorteil im Vordergrund steht."[43]

24 Die Struktur einer Steuergestaltung i.S.d. § 138e Abs. 1 Nr. 2 AO sei nach Auffassung des BMF standardisiert, „wenn sie ungeachtet ihrer äußeren Form inhaltlich so aufgebaut ist, dass sie ohne wesentliche Anpassung der Struktur in einer Vielzahl weiterer Fälle in gleicher Weise eingesetzt werden kann. Wesentlich sind solche Anpassungen der Struktur, die die betreffende Steuergestaltung inhaltlich ändern."[44] Als Beispiel hierfür nennt das BMF das Goldfinger-Modell.[45] Man kann sich des Eindrucks nicht erwehren, dass es die Finanzverwaltung nicht verwunden hat, dass die Angeklagten in dem Goldfinger-Modell vom Vorwurf der Steuerhinterziehung/Beihilfe zur Steuerhinterziehung freigesprochen wurden.

25 **Kein** steuerlicher Bezug liegt vor bei der formularmäßigen
- Gründung von Gesellschaften oder Gemeinschaften,
- Vergabe von Darlehen,
- Vergabe von Lizenzen,
- Entsendung von Mitarbeitern,

40 Anlage 1 des BMF-Schreibens v. 29.3.2021.
41 Anlage 1 a.E. des BMF-Schreibens v. 29.3.2021.
42 Rn 128 des BMF-Schreibens v. 29.3.2021.
43 Rn 128 des BMF-Schreibens v. 29.3.2021.
44 Rn 129 des BMF-Schreibens v. 29.3.2021.
45 Bsp. a.E. der Rn 129 des BMF-Schreibens v. 29.3.2021.

- Vereinbarung von Dienstleistungen, z.B. zur Abwicklung des Zahlungs- und Wertpapierverkehrs,
- Anpassung von Dauerschuldverhältnissen, die ausschließlich zur Erhaltung der Fremdüblichkeit erfolgen,
- Standardleasingverträge (z.B. Finanzierungsleasingverträge über Wirtschaftsgüter des Anlagevermögens),
- Vornahme der sonstigen in § 1 Abs. 1, 1a und 3 KWG genannten Geschäfte, Dienstleistungen und Tätigkeiten oder der
- Vornahme der sonstigen in § 2 Abs. 8 und 9 WpHG genannten Geschäfte, Dienstleistungen und Tätigkeiten.[46]

Jedoch schränkt das BMF auch hier sofort wieder ein, indem es bestimmt, dass sich eine andere Beurteilung ergeben kann, „wenn zu den vorgenannten Vorgängen weitere (Teil-)Schritte hinzutreten und sich in einer zusammenhängenden Betrachtung ein steuerlicher Bezug des Standardvorgangs ergibt."[47]

e) Verfahren

§ 138f Abs. 1 S. 1 AO bestimmt für die Mitteilung von grenzüberschreitenden Steuergestaltungen i.S.v. § 138d Abs. 2 AO, dass diese „nach amtlich vorgeschriebenem Datensatz über die amtlich bestimmte Schnittstelle" an das Bundeszentralamt für Steuern zu erfolgen haben. Für weitere Informationen zur Art der Übermittlung und der Datenformate verweist das BMF auf die Kommunikationshandbücher und die im Internetauftritt des Bundeszentralamts für Steuern bereitgestellten Dokumente.[48] 26

Hinweis

Intermediäre und Nutzer müssen für die Mitteilung der Angaben nach § 138f Abs. 3 AO an das Bundeszentralamt für Steuern das sog. DAC6 XML-Schema verwenden.[49] Nach §§ 87a, 87b AO muss die Übermittlung des Datensatzes elektronisch erfolgen.[50]

§ 138f Abs. 2 AO legt eine 30-tägige Frist fest, innerhalb derer die Mitteilung an das Bundeszentralamt für Steuern erfolgen muss. Hierbei sei es nicht von Bedeutung, ob die Mitteilungspflicht dem Intermediär oder dem Nutzer obliegt. Die Frist beginnt nach Ablauf des Tages, an dem das erste der in § 138f Abs. 2 Nr. 1–3 AO genannten Ereignisse (sog. „maßgebendes Ereignis") eingetreten ist.[51] 27

46 Rn 130 des BMF-Schreibens v. 29.3.2021.

47 Rn 131 des BMF-Schreibens v. 29.3.2021.

48 Rn 191 des BMF-Schreibens v. 29.3.2021.

49 Rn 192 des BMF-Schreibens v. 29.3.2021. Zur Beschreibung des amtlich vorgeschriebenen Datensatzes siehe BMF-Schreiben v. 29.4.2020, BStBl 2020 I, 519.

50 Rn 193 des BMF-Schreibens v. 29.3.2021.

51 Rn 195 des BMF-Schreibens v. 29.3.2021.

28 Nach § 138f Abs. 2 Nr. 1–3 AO lösen die nachfolgend definierten, sog. maßgebenden Ereignisse, die an die Stellung des Nutzers anknüpfen, die Mitteilungspflicht einer grenzüberschreitenden Steuergestaltung aus:
- die grenzüberschreitende Steuergestaltung wird zur Umsetzung bereitgestellt (§ 138f Abs. 2 Nr. 1 AO),
- der Nutzer der grenzüberschreitenden Steuergestaltung ist zu deren Umsetzung bereit (§ 138f Abs. 2 Nr. 2 AO) oder
- mindestens ein Nutzer der grenzüberschreitenden Steuergestaltung hat den ersten Schritt der Umsetzung dieser Steuergestaltung gemacht (§ 138f Abs. 2 Nr. 3 AO).[52]

29 § 138f Abs. 6 S. 4 AO bestimmt bei der Einschaltung von Intermediären, die als Berufsgeheimnisträger einer gesetzlichen Pflicht zur Verschwiegenheit unterliegen, aber vom Nutzer der Steuergestaltung hiervon nicht entbunden werden, eine Anlaufhemmung der Mitteilungsfrist. Danach beginnt die 30-tägige Mitteilungsfrist des Nutzers für die Mitteilung der in § 138f Abs. 3 S. 1 Nr. 2, 3 und 10 AO genannten Angaben erst mit Ablauf des Tages, an dem der Nutzer vom Intermediär die erforderlichen Angaben erlangt hat, § 138f Abs. 6 S. 4 AO.[53]

30 Jedoch geht trotz des Bestehens einer Verschwiegenheitspflicht die Mitteilungspflicht des Intermediärs bzgl. der in § 138f Abs. 3 S. 1 Nr. 2, 3 und 10 AO genannten Angaben erst auf den Nutzer über, wenn der Intermediär seiner Aufklärungspflicht nachgekommen ist und dem Nutzer die Registriernummer und die Offenlegungsnummer seiner Meldung sowie – soweit dem Nutzer nicht bekannt – die Angaben nach § 138f Abs. 3 S. 1 Nr. 2, 3 und 10 AO zur Verfügung gestellt hat. Der Fristbeginn für die Ergänzungsmitteilung durch den Nutzer bei partiellem Übergang der Mitteilungspflicht auf den Nutzer unterscheidet sich daher in der Regel vom Fristbeginn für die Mitteilung des Intermediärs.[54]

31 Zum Inhalt der Mitteilung, die sich danach unterscheidet, ob Intermediäre oder Nutzer die Erklärung abgeben (§ 138f AO für die Intermediäre, § 138g AO für Nutzer) regeln die Rn 205 ff. des BMF-Schreibens vom 29.3.2021 die über den Gesetzeswortlaut hinausgehenden Einzelheiten.

f) Steuererklärung

32 Nach § 138k S. 1 AO ist ein Nutzer nach Realisierung einer grenzüberschreitenden Steuergestaltung dazu verpflichtet, diese in der Steuererklärung für die Steuerart und den Besteuerungszeitraum oder den Besteuerungszeitpunkt anzugeben, in der sich der steuerliche Vorteil der grenzüberschreitenden Steuergestaltung erstmals auswirken soll. Diese Verpflichtung gilt für alle Steuererklärungen, die

52 Rn 196 des BMF-Schreibens v. 29.3.2021.
53 Rn 198 des BMF-Schreibens v. 29.3.2021.
54 Rn 199 des BMF-Schreibens v. 29.3.2021.

freiwillig oder aufgrund gesetzlicher Verpflichtung ab dem 1.7.2020 den Finanzbehörden übermittelt werden.[55]

§ 138k AO begründet jedoch keine eigene Steuererklärungspflicht. Nach § 138k S. 2 AO genügen vielmehr die Angabe von Registriernummer und Offenlegungsnummer. Liegen dem Nutzer einer grenzüberschreitenden Steuergestaltung im Zeitpunkt der Übermittlung der maßgeblichen Steuererklärung aber noch keine Registriernummer und/oder Offenlegungsnummer für die grenzüberschreitende Steuergestaltung vor, muss er hierauf in seiner Steuererklärung hinweisen. Die Mitteilungspflicht nach den §§ 138d ff. AO bleibt hiervon unberührt.[56]

Zum Zeitpunkt, zu dem sich „der steuerliche Vorteil der grenzüberschreitenden Steuergestaltung erstmals auswirken soll“, knüpft das BMF an die Definition des steuerlichen Vorteils in § 138d Abs. 3 S. 1 AO und sieht ihn in: 33
- einer Steuererstattung,
- der Gewährung oder Erhöhung einer Steuervergütung,
- dem Entfallen oder der Verringerung eines Steueranspruchs,
- der Verhinderung der Entstehung eines Steueranspruchs oder
- der zeitlichen Verschiebung der Entstehung eines Steueranspruchs in einen anderen Besteuerungszeitraum oder auf einen anderen Besteuerungszeitpunkt.[57]

g) Mitteilungspflicht

Vorsätzliche oder leichtfertige Verstöße gegen die nachfolgenden Mitteilungspflichten stellen Ordnungswidrigkeiten dar, die gem. § 379 Abs. 2 und 7 AO mit einem Bußgeld von bis zu 25.000 EUR bestraft werden können.[58] 34

Nach § 379 Abs. 2 Nr. 1e AO handelt ein **Intermediär** ordnungswidrig, wenn er vorsätzlich oder leichtfertig entgegen einer bestehenden Verpflichtung aus
- § 138d Abs. 1 AO
- § 138f Abs. 1, 2, 3 S. 1 Nr. 1 bis 7 sowie 9 und 10 AO oder
- § 138h Abs. 2 AO

eine Mitteilung über eine grenzüberschreitende Steuergestaltung nicht oder nicht rechtzeitig abgibt oder zur Verfügung stehende Angaben nicht vollständig übermittelt.[59]

---

55 Rn 262 des BMF-Schreibens v. 29.3.2021 mit Verweis auf Art. 97 § 33 Abs. 1, 2 EGAO.
56 Rn 265 des BMF-Schreibens v. 29.3.2021.
57 Rn 263 des BMF-Schreibens v. 29.3.2021.
58 Rn 267 des BMF-Schreibens v. 29.3.2021.
59 Rn 268 des BMF-Schreibens v. 29.3.2021.

35 Nach § 379 Abs. 2 Nr. 1f AO handelt ein **Nutzer** ordnungswidrig, der vorsätzlich oder leichtfertig entgegen einer bestehenden Verpflichtung aus

- § 138g Abs. 1 S. 1 AO die Angaben nach § 138f Abs. 3 S. 1 Nr. 2 bis 7 sowie 9 und 10 AO oder
- § 138h Abs. 2 AO

die Angaben nach § 138f Abs. 3 S. 1 Nr. 2, 6, 9 und 10 AO nicht, nicht richtig, nicht vollständig oder nicht rechtzeitig mitteilt.[60]

> **Hinweis**
>
> Die Pflicht zur Mitteilung grenzüberschreitender Steuergestaltungen besteht ab dem 1.7.2020.[61] Danach sind auch solche Fälle mitzuteilen, bei denen der erste Schritt der Umsetzung nach dem 24.6.2018 erfolgt ist.

II. Erbschaft- und Schenkungsteuer

36 Auch nach Inkrafttreten der letzten großen Erbschaftsteuerreform zum 1.1.2009 kann die **erbschaft- und schenkungsteuerliche Situation** in Deutschland nicht als günstig beschrieben werden. Zwar liegt sie im internationalen Vergleich im Bereich des unteren Mittelfelds.[62] Dennoch kann man am Schweizer Erbschaftsteuerrecht und am Wegfall etwa des österreichischen[63] und portugiesischen[64] Erbschaftsteuerrechts erkennen, dass die Vorteile für den Steuerpflichtigen weitaus umfassender sein könnten.

1. Status Quo durch die Erbschaftsteuerreform

37 Die **unbeschränkte Erbschaftsteuerpflicht** knüpft an den Wohnsitz oder gewöhnlichen Aufenthalt des Erblassers **oder** des Begünstigten an, § 2 Abs. 1 Nr. 1 i.V.m. § 2 Abs. 1 Nr. 1 S. 2a ErbStG. Auf die Inländereigenschaft des Erwerbers kommt es nur an, wenn sich die unbeschränkte Steuerpflicht nicht bereits aus der Person des Erblassers ergibt. Wenn nur der Erwerber Inländereigenschaft hat, unterliegt nur der Teil des Vermögens der unbeschränkten Steuerpflicht, der auf den Erwerber übergeht. Das auf andere Erwerber übergehende Vermögen

---

60 Rn 269 des BMF-Schreibens v. 29.3.2021.

61 Rn 275 des BMF-Schreibens v. 29.3.2021.

62 *Plewka/Watrin*, ZEV 2002, 253 (257).

63 Der österreichische Verfassungsgerichtshof hatte am 7.3.2007 die Verfassungswidrigkeit von § 1 Abs. 1 Nr. 1 ÖErbStG festgestellt und dem Gesetzgeber eine Reparaturfrist bis 31.7.2008 zur Herstellung der Verfassungsmäßigkeit gewährt. Am 22.6.2007 hielt der österreichische Verfassungsgerichtshof ebenfalls die Verfassungswidrigkeit der Schenkungsteuer fest und gewährte ebenso eine Reparaturfrist bis 31.7.2008. In beiden Fällen blieb der Gesetzgeber untätig, so dass Erbschaft- und Schenkungsteuer in Österreich ab 1.8.2008 entfallen sind.

64 Zum 1.1.2004 per Gesetz Nr. 287/2003 vom 12.11.2003. Siehe hierzu *Wachter*, ErbStB 2004, 88.

wird von der unbeschränkten Steuerpflicht nicht erfasst, wenn weder Erblasser noch Schenker Inländer sind.[65] Auch die **unbeschränkte Erbschaft- und Schenkungsteuerpflicht** nach § 2 Abs. 1 Nr. 1 i.V.m. § 2 Abs. 1 Nr. 1 S. 2a ErbStG **endet**, wenn der Erblasser zur Zeit des Todes oder der Schenker zur Zeit der Ausführung der Schenkung oder der Erwerber zur Zeit der Entstehung der Steuer weder seinen Wohnsitz noch seinen gewöhnlichen Aufenthalt in Deutschland hat. Zu beachten ist hierbei, dass die Steuerpflicht sowohl an den Erblasser/Schenker als auch an den Erwerber geknüpft ist. D.h. dass der Wegzug allein des Erblassers/Schenkers noch nicht dazu führt, dass die Erbschaft/Schenkung nicht mehr der deutschen Erbschaft- oder Schenkungsteuer unterliegt. Vielmehr muss zu diesem Zweck auch der Begünstigte seinen Wohnsitz und gewöhnlichen Aufenthalt aus Deutschland heraus verlegen.

Dabei ist Vorsicht geboten. Denn für die Verwirklichung der unbeschränkten Erbschaft- und Schenkungsteuerpflicht reicht es bereits aus, dass ein Schenker oder Beschenkter einen Wohnsitz i.S.d. § 8 AO im Inland innehat. Es ist nicht entscheidend, ob dies der Erstwohnsitz, ein Nebenwohnsitz oder eine eigene, regelmäßig genutzte Ferienwohnung ist. Ein Wohnsitz des Erblassers im Inland führt dazu, dass im Erbfall das Weltvermögen der deutschen Erbschaftsteuer unterliegt. Analog unterliegen empfangene und getätigte Schenkungen der deutschen Schenkungsteuer. Es kommt hinzu, dass nur wenige DBA auf dem Gebiet der Erbschaft- und Schenkungsteuer bestehen und nationale Vorschriften zur Vermeidung von Doppelbesteuerungen diese nicht immer vollständig beseitigen können. Die erbschaft- und schenkungsteuerlichen Folgen können daher sehr schwerwiegend sein, wenn die unbeschränkte Steuerpflicht nicht erkannt wird. 38

Daneben existieren noch eine erweitert unbeschränkte Erbschaftsteuerpflicht, eine beschränkte Erbschaftsteuerpflicht sowie eine erweitert beschränkte Erbschaftsteuerpflicht, die nachfolgend beleuchtet werden (siehe Rdn 133 ff.). 39

Von besonderer Bedeutung im internationalen Kontext ist die **Meldepflicht** nach § 33 ErbStG. Der BFH hat ausdrücklich festgehalten, dass ein inländischer Vermögensverwahrer oder -verwalter, bspw. ein Kreditinstitut, nach dieser Vorschrift auch verpflichtet ist, Vermögensgegenstände anzuzeigen, die von einer Zweigniederlassung im Ausland verwahrt oder verwaltet werden.[66] 40

65 *Kapp/Ebeling*, § 2 ErbStG Rn 4.
66 BFH v. 31.5.2006 – II R 66/04, BStBl II 2007, 49.

2. EuGH-Rechtsprechung

a) EuGH, Urt. v. 21.12.2021 – C-394/20

aa) Sachverhalt

41 Der deutsche Gesetzgeber hat als Reaktion auf das Urteil des EuGH v. 8.6.2016 in der Rechtssache C-479/14 (*Hünnebeck*) im Zuge des Steuerumgehungsbekämpfungsgesetzes (StUmgBG) in § 16 Abs. 2 ErbStG (beschränkte Erbschaftsteuerpflicht) eine Neuregelung aufgenommen, wonach für Erwerbe, für welche die Steuer nach dem 24.6.2017 entsteht (vgl. § 37 Abs. 14 ErbStG), der persönliche Freibetrag nach § 16 Abs. 1 ErbStG zu verringern ist.

Im zur Entscheidung vorliegenden Fall hatten weder der Erblasser noch die Alleinerbin einen Wohnsitz in Deutschland (sondern in Österreich). Der Erbfall fand im Jahr 2018 statt. Die Alleinerbin hatte zwei Pflichtteilsansprüche zu erfüllen, deren Abzug als Nachlassverbindlichkeiten das Finanzamt verwehrte.

bb) Vorlagefragen

42 Als Erstes weist das vorlegende FG Düsseldorf darauf hin, dass nach der vom deutschen Gesetzgeber wie vorstehend beschrieben vorgenommenen Änderung des § 16 Abs. 2 ErbStG Erwerbe, für welche die Steuer nach dem 24.6.2017 entsteht (vgl. § 37 Abs. 14 ErbStG), der persönliche Freibetrag nach § 16 Abs. 1 ErbStG zu verringern ist. Nach dieser neuen Bestimmung sei der Freibetrag nach § 16 Abs. 1 ErbStG um einen nach Maßgabe des § 16 Abs. 2 ErbStG zu berechnenden Betrag zu mindern. Das vorlegende Gericht hat allerdings Zweifel an der Vereinbarkeit dieser Neuregelung mit Art. 63 Abs. 1 und Art. 65 AEUV in ihrer Auslegung durch den Gerichtshof.

Als Zweites fragt sich das vorlegende Gericht auch, ob § 10 Abs. 6 S. 2 ErbStG mit diesen Bestimmungen vereinbar sei.

cc) Entscheidung des EuGH

43 Der EuGH entschied im Hinblick auf die erste Vorlagefrage, dass in der unterschiedlichen Freibetragsregelung zwar eine Beschränkung des Kapitalverkehrs zu erkennen sei, diese jedoch durch einen zwingenden Grund des Allgemeininteresses, der Wahrung der Kohärenz des Steuersystems, gerechtfertigt sei. Die deutsche Regelung stelle den für eine Rechtfertigung notwendigen unmittelbaren Zusammenhang zwischen dem Freibetrag, den der Erbe geltend machen kann, und dem Umfang der Steuerhoheit in Bezug auf die sich für ihn aus dem Erwerb ergebende Bereicherung her. Diese Regelung vermeide daher, dass die Steuerkraft eines beschränkt steuerpflichtigen Erben dadurch, dass es ihm gestattet wird, den Freibetrag in voller Höhe in Anspruch zu nehmen, obwohl sich dieser Freibetrag nicht auf eine steuerliche Belastung bezöge, die auf die gesamte aus der Erbüber-

tragung resultierende Bereicherung erhoben wird, systematisch zu niedrig angesetzt wird.

Im Hinblick auf die zweite Vorlagefrage kam der EuGH zu dem Ergebnis, dass durch die Verweigerung der Anerkennung der Pflichtteilsansprüche als Nachlassverbindlichkeiten eine Beschränkung des Kapitalverkehrs vorliege. Im Gegensatz zur Freibetragsregelung ist diese Beschränkung jedoch weder mit der Notwendigkeit, die Kohärenz des deutschen Steuersystems zu wahren, noch mit dem Territorialitätsprinzip und der Notwendigkeit der Gewährleistung einer ausgewogenen Aufteilung der Besteuerungsbefugnis zwischen den Mitgliedstaaten zu rechtfertigen. Der EuGH führt dazu aus, dass sich die Ungleichbehandlung in Bezug auf die Abzugsfähigkeit der Verbindlichkeiten aus Pflichtteilen allein aus der Anwendung der betreffenden deutschen Regelung ergibt. Außerdem habe die deutsche Regierung nicht dargelegt, weshalb die Berücksichtigung der Verpflichtungen aus Pflichtteilen, wenn diese mit Immobilien in Zusammenhang stehen, über die Deutschland ihre Steuerhoheit im Rahmen einer Teilbesteuerung ausübt, diesen Mitgliedstaat dazu bringen würde, auf einen Teil dieser Steuerhoheit zugunsten anderer Mitgliedstaaten zu verzichten, oder die Besteuerungsbefugnis dieses Mitgliedstaats beeinträchtigen würde. 44

Der EuGH sieht in der Versagung des Abzugs von Pflichtteilen im Bereich der Nachlassverbindlichkeiten bei beschränkter Erbschaftsteuerpflicht eine nicht gerechtfertigte Beschränkung der Kapitalverkehrsfreiheit. Die grundsätzlich unterschiedliche Ausgestaltung der erbschaftsteuerlichen Freibeträge bei unbeschränkter und beschränkter Steuerpflicht ist dem EuGH zufolge jedoch europarechtskonform. 45

Wird in Deutschland Vermögen i.S.v. § 121 BewG vererbt, sind Erblasser und Erbe aber nicht in Deutschland ansässig, greift in Deutschland die beschränkte Erbschaftsteuerpflicht nach § 2 Abs. 1 Nr. 3 ErbStG. Mit Beschluss vom 20.7.2020 meldete das FG Düsseldorf[67] Zweifel an der Unionsrechtsvereinbarkeit der Freibetragsregelung für beschränkt Steuerpflichte und an der (Nicht-) Abzugsfähigkeit von Verbindlichkeiten aus Pflichtteilen als Nachlassverbindlichkeiten an.

In der ersten Vorlagefrage erkundigte sich das FG Düsseldorf, ob § 16 Abs. 2 ErbStG, nachdem beschränkt Steuerpflichtigen ein Freibetrag lediglich im Verhältnis des in Deutschland steuerpflichtigen Erwerbs zum Gesamterwerb zusteht, mit Europarecht vereinbar ist. Der EuGH sieht in der Regelung zwar eine Beschränkung des Kapitalverkehrs, diese sei jedoch durch einen zwingenden Grund des Allgemeininteresses, nämlich der Wahrung der Kohärenz des Steuersystems, gerechtfertigt und folglich unionsrechtlich nicht zu beanstanden.

67 FG Düsseldorf v. 20.7.2020 – 4 K 1095/20 Erb, https://openjur.de/u/2270126.html.

Die zweite Vorlagefrage betraf § 10 Abs. 6 S. 2 ErbStG, wonach nur die mit dem in Deutschland steuerpflichtigen Vermögen in wirtschaftlichem Zusammenhang stehenden Schulden und Lasten abzugsfähig sind. Dies führt im Ergebnis dazu, dass Pflichtteile bei beschränkt Steuerpflichtigen nicht mindernd berücksichtigt werden, während unbeschränkt Steuerpflichtige diese als Nachlassverbindlichkeiten nach § 10 Abs. 5 Nr. 2 ErbStG abziehen können. Hierin sieht der EuGH eine nicht gerechtfertigte Beschränkung des freien Kapitalverkehrs. Im Gegensatz zur Freibetragsregelung könne diese Beschränkung weder mit der Wahrung der Kohärenz des deutschen Steuersystems noch mit dem Territorialitätsprinzip und der Notwendigkeit der Gewährleistung einer ausgewogenen Aufteilung der Besteuerungsbefugnis zwischen den Mitgliedstaaten gerechtfertigt werden.

b) EuGH, Urt. v. 3.9.2014, C-127/12

aa) Sachverhalt

46 Gegenstand des Verfahrens vor dem EuGH[68] war die steuerliche Ungleichbehandlung, die sich bei Anwendung der spanischen Rechtsvorschriften für in Spanien nichtansässige und damit beschränkt steuerpflichtige Erben oder Beschenkte, die in Spanien belegene Wirtschaftsgüter durch Erbschaft oder Schenkung erwerben, ergaben. Ähnliches galt für in Spanien ansässige und damit unbeschränkt steuerpflichtige Erben oder Beschenkte, die im Ausland belegene Wirtschaftsgüter durch Erbschaft oder Schenkung erwerben.

bb) Entscheidung des EuGH

47 Der EuGH hat durch Urt. v. 3.9.2014 die im spanischen Erbschaftsteuer- und Schenkungsteuergesetz enthaltene Ungleichbehandlung zwischen in Spanien Ansässigen, die der unbeschränkten Steuerpflicht unterliegen, und Nichtansässigen, die der beschränkten Steuerpflicht unterliegen, für unionsrechtswidrig erklärt.

Erbschafts- oder Schenkungsteuerpflichtige, die sich in einer der beiden genannten Situationen befanden, erlitten durch eine maßgeblich höhere Erbschafts- oder Schenkungsteuerbelastung eine Ungleichbehandlung. Denn in der Kombination „in Spanien ansässig" und „Vermögenserwerb spanischer Wirtschaftsgüter" war die steuerliche Belastung deutlich günstiger für die Steuerpflichtigen.

Die höhere Steuerbelastung in den beiden genannten ungünstigen Situationen resultierte hauptsächlich aus der Versagung von Freibeträgen auf kommunaler Ebene, die in der Kombination „in Spanien ansässig" und „Vermögenserwerb spanischer Wirtschaftsgüter" sehr wohl nutzbar waren.

Der EuGH folgt in seinem Urteil den Anträgen der Europäischen Kommission und erkannte, dass das spanische Erbschaftsteuer- und Schenkungsteuergesetz

68 EuGH v. 12.9.2014 – C-127/12, https://curia.europa.eu/juris/document/document.jsf?text=&docid=157285&pageIndex=0&doclang=FR&mode=req&dir=&occ=first&part=1.

insbesondere wegen der nicht gerechtfertigten Verletzung der Kapitalverkehrsfreiheit aus Art. 63 AEUV europarechtswidrig ist.

c) EuGH, Urt. v. 17.10.2013 – C-181/12 (Welte)

aa) Sachverhalt

Die in Deutschland geborene Erblasserin, die nach ihrer Heirat schweizerische Staatsangehörige wurde, verstarb am 27.3.2009 in der Schweiz, wo sie mit ihrem Ehemann (Alleinerbe) wohnte.[69] Die Erblasserin war Eigentümerin eines Grundstücks in Düsseldorf, dessen Wert das Finanzamt Düsseldorf-Süd zum Tag ihres Todes mit 329.200 EUR feststellte. Nach den dem Gerichtshof vorgelegten Angaben stand auf diesem Grundstück das Haus der Eltern der Erblasserin, das sie beim Tod ihrer Mutter geerbt hatte. Ferner war die Erblasserin Inhaberin von Konten bei zwei Banken in Deutschland (insgesamt 33.689,72 EUR) und von Konten bei Schweizer Banken (insgesamt 169.508,04 EUR). 48

Mit Bescheid per 31.10.2011 setzte das Finanzamt gegen den Alleinerben Erbschaftsteuer i.H.v. 41.450 EUR fest. Dieser Betrag wurde ermittelt, indem von der Bemessungsgrundlage, die allein anhand des Werts des in Düsseldorf belegenen Grundstücks abzüglich einer Pauschale von 10.300 EUR für Erbfallkosten gebildet wurde, ein Freibetrag nach § 16 Abs. 2 ErbStG von 2.000 EUR abgezogen wurde.

Der vom Alleinerben hiergegen eingelegte Einspruch, der darauf abhob, dass der in § 16 Abs. 1 ErbStG vorgesehen Freibetrag von 500.00 EUR bei Beteiligung zumindest eines Gebietsansässigen an der Erbschaft zugunsten des Ehegatten anzuwenden ist, wurde zurückgewiesen.

bb) Entscheidung des EuGH

Nach dem EuGH sind die Art. 56 EG und 58 EG dahingehend auszulegen, dass sie einer Regelung eines Mitgliedstaats über die Berechnung von Erbschaftsteuern entgegenstehen, die für den Fall des Erwerbs eines im Gebiet dieses Staates belegenen Grundstücks durch Erbanfall vorsieht, dass der Freibetrag auf die Steuerbemessungsgrundlage dann, wenn der Erblasser und der Erwerber – wie unter den Umständen des Ausgangsverfahrens – zum Zeitpunkt des Erbfalls ihren Wohnsitz in einem Drittland wie der Schweizerischen Eidgenossenschaft hatten, niedriger ist als der Freibetrag, der zur Anwendung gekommen wäre, wenn zumindest eine dieser beiden Personen zu diesem Zeitpunkt ihren Wohnsitz in dem genannten Mitgliedstaat gehabt hätte. 49

Dem Umstand, dass die Schweiz einen Drittstaat darstellt und die Einschränkung des freien Kapitalverkehrs daher nach Art. 57 Abs. 1 EG zulässig sein könnte,

69 EuGH v. 17.10.2013 – C-181/12, DB 2013, 19, Nr. 43.

erteilt der EuGH eine Absage. Die Grundfreiheiten seien weit auszulegen, Beschränkungen dagegen eng. Da Erbschaften in der Liste des Art. 57 Abs. 1 EG nicht auftauchen, sei hier keine Erweiterung des Anwendungsbereichs angezeigt.

III. Abgabenordnung

50 **Hinweis**

Hingewiesen sei an dieser Stelle auf ein Urteil des BFH[70] zur Anordnung einer Außenprüfung gegenüber einem sog. Einkunftsmillionär mit Wohnsitz im Ausland. Vermögende Wegzügler haben hiernach zukünftig verstärkt mit Außenprüfungen zu rechnen, wobei mangels inländischen Geschäfts- oder Wohnsitzes die Prüfung in den Amtsräumen des Finanzamts stattfinden kann.

1. Sachverhalt

51 Der Kläger wohnte in den Jahren 1998–2000 in Deutschland und erzielte dort als angestellter Geschäftsführer einen hohen jährlichen Bruttoarbeitslohn. Das Finanzamt ordnete am 5.9.2001 bei dem inzwischen in das Ausland verzogenen Kläger eine Außenprüfung für den Prüfungszeitraum 1998–2000 an, die mangels inländischen Wohnsitzes des Klägers in den Amtsräumen des Finanzamts stattfinden sollte. Die auf § 193 Abs. 2 Nr. 2 AO gestützte Prüfungsanordnung begründete das Finanzamt mit der Einstufung des Klägers als sog. „Einkunftsmillionär“ aufgrund der hohen Geschäftsführerbezüge. Einspruch und Klage gegen die Prüfungsanordnung und die Festlegung des Prüfungsorts blieben erfolglos.

2. Entscheidung des BFH

52 Nach Ansicht des BFH liegt die für eine Außenprüfung nach § 193 Abs. 2 Nr. 2 AO erforderliche Aufklärungsbedürfnis vor, wenn dem Steuerpflichtigen im Prüfungszeitraum aufgrund außerordentlich hoher Einkünfte erhebliche Beträge zu Anlagezwecken zur Verfügung standen und der Steuerpflichtige nur Kapitaleinkünfte in geringer Höhe erklärt sowie keine substantiierten und nachprüfbaren Angaben zur Verwendung der verfügbaren Geldmittel erteilte.

Dabei kann die Außenprüfung nach § 193 Abs. 2 Nr. 2 AO auch in den Räumen des Finanzamts stattfinden. Die dahingehende Entscheidung des Finanzamts ist nach Auffassung des BFH ermessensfehlerfrei, wenn der Steuerpflichtige weder über Geschäftsräume noch über einen inländischen Wohnsitz verfügt. Eine Wohnung des Steuerpflichtigen im Ausland muss das Finanzamt dabei nicht berücksichtigen.

70 BFH v. 26.7.2007, VI R 68/04, DStR 2008, 1478.

B. Konsequenzen des Wegzugs nach deutschem Steuerrecht

I. Allgemeines

Im deutschen Steuerrecht gibt es mehrere über zahlreiche Steuergesetze verteilte Vorschriften, die bei einem Wegzug einer natürlichen Person greifen können (siehe Rdn 56 ff.). 53

Vollzieht sich der **Wechsel von der unbeschränkten zur beschränkten Einkommensteuerpflicht** dabei innerhalb eines Veranlagungszeitraums,[71] sind nach § 2 Abs. 7 S. 3 EStG die während der beschränkten Steuerpflicht generierten Einkünfte in eine Veranlagung zur unbeschränkten Steuerpflicht einzubeziehen. Das hat insbesondere die für den Steuerpflichtigen nachteilige Folge, dass in dem entsprechenden Veranlagungszeitraum ausländische Einkünfte, die nach dem Wechsel zur beschränkten Steuerpflicht erzielt werden, nach § 32b Abs. 1 Nr. 2, Abs. 2 Nr. 2 EStG im Rahmen des Progressionsvorbehalts einbezogen werden. Die Einbeziehung in die Veranlagung nach den für unbeschränkt Steuerpflichtige geltenden Vorschriften schließt auch die ansonsten nach § 50 Abs. 5 S. 1 EStG vorgesehene Abgeltungswirkung bei den dem Steuerabzug unterliegenden Einkünften (z.B. Kapitaleinkünfte) aus. Aufgrund dieser negativen Auswirkungen ist ein Wohnsitzwechsel zum Ende des Kalenderjahrs anzuraten.

Im Hinblick auf die Wegzugsbesteuerung ist dabei zwischen einer persönlichen und einer gegenständlichen Entstrickung zu unterscheiden.[72] 54

Die **persönliche Entstrickungsbesteuerung** knüpft an den Wegzug natürlicher Personen an. Hierunter fallen etwa § 6 AStG (siehe nachfolgend Rdn 67 ff.) und § 1 Abs. 4 EStG (siehe nachfolgend Rdn 56 ff.). Insbesondere § 6 AStG ist hier von Belang. Diese 1972 auf den Wegzug des Kaufhaus-Milliardärs Helmut Horten in die Schweiz im Rahmen der Neuschaffung des AStG eingeführte Norm ist die am deutlichsten auf eine Besteuerung natürlicher Personen anlässlich deren Wegzugs zielende Vorschrift, die jedoch insbesondere aufgrund europarechtlicher Erfordernisse einem stetigen Wandel unterliegt.

Die **gegenständliche Entstrickungsbesteuerung** knüpft dagegen an den grenzüberschreitenden Transfer von Wirtschaftsgütern oder Betrieben an. Hierunter fallen etwa § 4 Abs. 1 S. 4 EStG i.V.m. § 4g EStG und § 12 Abs. 1 KStG. 55

71 Nach § 25 Abs. 1 EStG entspricht der Veranlagungszeitraum dem Kalenderjahr.

72 Vgl. *Wacker*, IStR 2017, 926.

Durch das SEStEG vom 13.12.2006[73] wurde mit § 4 Abs. 1 S. 3 EStG[74] und § 12 Abs. 1 KStG[75] erstmals eine allgemeine gegenständliche Entstrickungsbesteuerung im Hinblick auf stille Reserven eines Wirtschaftsguts, das aus der Gewinnermittlung ausscheidet, eingeführt, was einem Paradigmenwechsel gleichkommt. Die von *Schaumburg* bereits 2003[76] vorhergesagte Einführung eines allgemeinen Entstrickungsgrundsatzes durch den Gesetzgeber (im Hinblick auf Betriebsvermögen) ist somit eingetreten. Lediglich im Bereich des Privatvermögens besteht daher (noch) keine allgemeine Entstrickungsbesteuerung.[77]

II. Beschränkte Einkommensteuerpflicht, § 1 Abs. 4 EStG

56 Natürliche Personen sind nach ihrem Wegzug und dem damit verbundenen Verlust ihres steuerlichen Wohnsitzes oder ihres gewöhnlichen Aufenthalts in Deutschland gem. § 1 Abs. 4 EStG **beschränkt steuerpflichtig**, wenn Sie sog. inländische Einkünfte im Sinne von § 49 EStG erzielen. Anknüpfungspunkt der Steuerpflicht ist hier weniger die Person des Steuerpflichtigen als vielmehr die Quelle, aus der er seine Einkünfte bezieht.[78]

57 Die für Wegziehende wohl **wichtigsten Fälle** der beschränkten Steuerpflicht sind:
- Einkünfte aus Gewerbebetrieb, für den in Deutschland eine Betriebsstätte besteht oder ein ständiger Vertreter bestellt ist (§ 49 Abs. 1 Nr. 2 Buchst. a EStG);
- Einkünfte aus selbstständiger Arbeit, die im Inland ausgeübt oder verwertet wird (§ 49 Abs. 1 Nr. 3 EStG);
- Einkünfte aus unselbstständiger Arbeit, die im Inland ausgeübt oder verwertet wird, oder die als Vergütung für eine Tätigkeit als Geschäftsführer, Prokurist oder Vorstandsmitglied einer Gesellschaft mit Geschäftsleitung im Inland bezogen werden (§ 49 Abs. 1 Nr. 4 Buchst. a, c EStG);
- Einkünfte aus Kapitalvermögen i.S.v. § 20 Abs. 1 Nr. 1 EStG, wenn der Schuldner Wohnsitz, Geschäftsleitung oder Sitz (z.B. die dividendenzahlende AG) in Deutschland hat (§ 49 Abs. 1 Nr. 5 Buchst. a EStG); sowie

---

73 BGBl I 2006, 2786.

74 Zum Konkurrenzverhältnis der beiden Vorschriften siehe *Wassermeyer*, IStR 2007, 833. Die gegenständliche Entstrickung soll im Rahmen dieser auf den Wegzug natürlicher Personen zugeschnittenen Arbeit nur am Rande behandelt werden, siehe nachfolgend Rdn 121.

75 Die Entstrickung bei Körperschaften soll im Rahmen dieser auf natürliche Personen zugeschnittenen Arbeit nicht weiter vertieft werden, siehe stattdessen *Blumenberg/Schäfer*, Das SEStEG, S. 65 ff.

76 *Aigner*, IStR 2003, 154, der hierbei *Schaumburg* zitiert.

77 Die Beteiligung inländischer Gesellschafter an ausländischen Zwischengesellschaften nach §§ 5, 7 ff. AStG soll hier außer Betracht bleiben.

78 *Schmidt/Loschelder*, § 49 EStG Rn 1.

- Einkünfte aus Vermietung und Verpachtung, wenn das unbewegliche Vermögen mit dem Inland verknüpft ist, z.B. im Inland belegen ist, und soweit diese Einkünfte nicht zu den Einkünften im Sinne der Nummern 1–5 des § 49 Abs. 1 EStG gehören (§ 49 Abs. 1 Nr. 6 EStG).

Betriebsausgaben und **Werbungskosten** sind nach § 50 Abs. 1 S. 1 EStG bei 58
beschränkter Steuerpflicht ebenfalls grundsätzlich abziehbar, soweit sie mit den inländischen Einkünften nach § 49 EStG in wirtschaftlichem Zusammenhang stehen. Ein unmittelbarer Zusammenhang ist also nicht vonnöten.[79]

Da die Zielstaaten Österreich und Schweiz die unbeschränkte Steuerpflicht eben- 59
falls am Wohnsitz anknüpfen und damit das Welteinkommensprinzip verfolgen, entstehen **Besteuerungskonflikte** im Zusammenhang mit der deutschen beschränkten Steuerpflicht. Denn die Einkünfte eines aus Deutschland nach Österreich gezogenen Steuerpflichtigen aus Vermietung und Verpachtung einer in Deutschland belegenen Immobilie unterliegen einesteils der unbeschränkten Steuerpflicht in Österreich, anderenteils der beschränkten Steuerpflicht in Deutschland. Diese Art von Besteuerungskonflikten wird in der Regel, zumindest im Bereich der Ertragsteuern, durch **DBA** gelöst.

Begründen etwa §§ 1 Abs. 4, 49 EStG ein Besteuerungsrecht Deutschlands, ist 60
zu prüfen, ob jenes nicht durch ein DBA wieder ausgeschlossen oder beschränkt wird. Dabei ist zu beachten, dass ein DBA keine Steuerpflichten begründen kann, sondern lediglich Besteuerungsrechte zuweist. Schließen also beispielsweise die DBA mit Österreich und der Schweiz das Besteuerungsrecht Deutschlands aus beschränkter Steuerpflicht aus, gelten diese Einkünfte als nicht vorhanden, so dass aus diesen Einkünften keine deutsche Einkommensteuer zu entrichten ist.[80]

III. Erweitert beschränkte Einkommensteuerpflicht, § 2 AStG

Nach § 2 AStG sind natürliche Personen, die in den letzten zehn Jahren vor dem 61
Ende ihrer unbeschränkten Steuerpflicht als Deutsche insgesamt mindestens fünf Jahre unbeschränkt steuerpflichtig waren, die in einem sog. Niedrigsteuerland ansässig sind oder in keinem ausländischen Gebiet ansässig sind und im Inland wesentliche wirtschaftliche Interessen haben, **erweitert beschränkt einkommensteuerpflichtig**. Diese erweitert beschränkte Einkommensteuerpflicht besteht nach § 2 Abs. 1 S. 1 AStG bis zum Ablauf von zehn Jahren nach Ende des Jahres, in dem der Wegzug erfolgte. Dabei entsteht die erweitert beschränkte Einkommensteuerpflicht nach § 2 Abs. 1 S. 2 AStG nur für Veranlagungszeiträume, in welchen die entsprechenden Einkünfte 16.500 EUR übersteigen.

79 *Schmidt/Loschelder*, § 50 EStG Rn 7.
80 *Schmidt/Loschelder*, § 49 EStG Rn 6.

Hinweis

§ 2 Abs. 2 AStG definiert ein **Niedrigsteuerland** als Land, in dem die Steuer entweder im Rahmen eines abstrakten Steuerbelastungsvergleichs bei einem steuerpflichtigen Einkommen von 77.000 EUR um ein Drittel niedriger als im Inland ist oder eine Vorzugsbesteuerung gewährt wird.

62 Die erweitert beschränkte Einkommensteuerpflicht erstreckt sich über die beschränkte Einkommensteuerpflicht nach § 49 Abs. 1 EStG hinaus auf alle Einkünfte, die bei unbeschränkter Einkommensteuerpflicht **nicht ausländische Einkünfte** i.S.v. §§ 34c Abs. 1, 34d EStG (sog. erweiterte Inlandseinkünfte) sind.[81]

63 Die für Emigranten **wichtigsten Fälle** erweiterter Inlandseinkünfte dürften sein:

- Einkünfte aus Gewerbebetrieb, die weder einer inländischen noch ausländischen Betriebsstätte zuzurechnen sind;
- Einkünfte aus Kapitalvermögen i.S.v. § 20 Abs. 1 Nr. 7 EStG, wenn der Schuldner (z.B. die zinszahlende Bank) unbeschränkt steuerpflichtig ist;
- Einkünfte aus der Vermietung und Verpachtung beweglichen Vermögens im Inland (sofern nicht zu einem im Ausland belegenen Sachinbegriff gehörend) sowie
- Einkünfte aus Spekulationsgeschäften i.S.v. § 22 Nr. 2 EStG, wenn die veräußerten Wirtschaftsgüter nicht im Ausland belegen sind.

64 Die erweiterten Inlandseinkünfte werden nach § 2 Abs. 5 AStG einer sog. Vollprogression unterworfen, d.h. es wird der Steuersatz erhoben, der sich für *sämtliche* Einkünfte des Steuerpflichtigen ergibt. Durch planerische Maßnahmen vor dem Wegzug kann jedoch eine Minimierung der Einkünfte, die der erweitert beschränkten Einkommensteuerpflicht unterliegen, erreicht werden.

65 Zudem hat der BFH[82] seine Rechtsprechung zur Besteuerung von **Werbeverträgen mit beschränkt Steuerpflichtigen** dahingehend geändert,[83] dass § 2 AStG nur eingeschränkt tauglich ist, das Besteuerungsrecht Deutschlands beim Wegzug vermögender Steuerpflichtiger durchzusetzen. Dabei hatte ein Berufssportler, der in ein Niedrigsteuerland verzogen war, in den Jahren nach dem Wegzug umfangreiche Werbeeinkünfte in Deutschland erzielt.[84] Der Kläger lebte bis März 1993 in Deutschland, daraufhin im Ausland, ab Februar 1994 in einem Niedrig-

81 Vgl. nur BFH v. 19.12.2007 – I R 19/06, IStR 2008, 367. Mindermeinung: *Baßler*, in: Flick/Wassermeyer/Baumhoff u.a., Außensteuerrecht Kommentar, § 2 AStG Rn 22 ff., nach dessen Ansicht Einkünfte, die sowohl inländisch i.S.v. § 49 Abs. 1 EStG als auch solche i.S.v. § 34d EStG darstellen, nicht unter § 2 Abs. 1 AStG zu subsumieren sind.

82 BFH v. 19.12.2007 – I R 19/06, LEXinform 0587439.

83 Zur Chronologie der Rechtsprechungspraxis und zur Verwaltungsansicht siehe *Schauhoff/Idler*, IStR 2008, 341. Siehe auch BMF v. 20.3.2008 – IV C 8-S 2303/07/0009, IStR 2008, 376 zu beschränkt Steuerpflichtigen im Zusammenhang mit inländischen Spielen europäischer Vereinswettbewerbe von Mannschaftssportarten.

84 Sachverhalt nach *Jahn*, Praxis Internationale Steuerberatung, S. 117.

steuerland. In den Streitjahren 1994 und 1995 erwirtschaftete der Kläger als Berufssportler Einkünfte aus nichtselbstständiger Arbeit. Darüber hinaus erzielte er von seinem ausländischen Wohnsitz aus Einnahmen aus Werbeverträgen. In der Steuererklärung behandelte er einen Großteil des Einkommens als nichtsteuerpflichtige Auslandseinkünfte. Das Finanzamt sah den Tatbestand des § 2 AStG als verwirklicht an. Die Klage hiergegen basiert vor allem auf der Argumentation, der Kläger habe in den Streitjahren neben seiner nichtselbstständigen Tätigkeit als Sportler ausschließlich gewerbliche Einkünfte erzielt, die in Deutschland grundsätzlich nicht der Besteuerung unterliegen. Lediglich Werbeeinnahmen, die einen unmittelbaren sachlichen Bezug zu einer Sportveranstaltung im Inland hätten, wären zu berücksichtigen. Allgemeine Werbeleistungen würden hiervon nicht erfasst.

Die Klage des Steuerpflichtigen vor dem FG Düsseldorf[85] war erfolgreich, die Revision des Finanzamts zum BFH blieb ohne Erfolg.

Die zentrale Frage, mit der sich der BFH zu beschäftigen hatte, war jene nach der Qualifikation von Werbeeinkünften eines im Ausland lebenden Berufssportlers nach deutschem Steuerrecht. Dabei hat der BFH festgehalten, dass die Wohnung des Steuerpflichtigen im Ausland eine Betriebsstätte darstellt. Einkünfte einer Auslandsbetriebsstätte aus Werbeverträgen werden jedoch von § 2 AStG nicht erfasst, da sie keine „nicht ausländischen Einkünfte“ i.S.d. Vorschrift darstellen. Denn diese Einkünfte sind weder inländische Einkünfte i.S.v. § 49 Abs. 1 EStG noch (kumulativ) Einkünfte, die nicht nach § 34d EStG ausländisch sind. Eine Ausnahme besteht nach Auffassung des BFH allerdings in dem Fall, in dem die Einkünfte aus einer lediglich passiven Überlassung von Persönlichkeitsrechten stammen, ohne dass aktive Dienstleistungen erbracht werden. Dieser Umstand wäre etwa bei Überlassung des Rechts am eigenen Bild oder des Namensrechts gegeben. 66

IV. Besteuerung des Vermögenszuwachses an Kapitalgesellschaften, § 6 AStG n.F.

1. Allgemeines

Bis Ende 2006 war die Steuer auf die stillen Reserven nach § 6 AStG a.F. unmittelbar bei Wegzug fällig. Nachdem der EuGH in dem nachstehend besprochenen Urteil in Sachen *de Lasteyrie* die dem § 6 AStG a.F. in etwa entsprechende französische Regelung zur Wegzugsbesteuerung für europarechtswidrig erklärt hat, wurde im Rahmen des SEStEG die Vorschrift des § 6 AStG neu gefasst. Die damalige Gesetzesänderung ist zum 1.1.2007 in Kraft getreten. 67

85 FG Düsseldorf v. 9.2.2006 – 14 K 7144/02 E, EFG 2006, 1065.

68 Die Wegzugsbesteuerung in Deutschland befindet sich nunmehr in einer neuen Umbruchphase hin zu einer weiteren Erschwerung für Wegzugswillige. Ähnlich wie nach dem Urteil des EuGH in Sachen *de Lasteyrie* war der deutsche Gesetzgeber nach Erlass des Urteils des EuGH in Sachen *Wächtler* zu gesetzgeberischem Tun gezwungen. Bereits im Urteil des EuGH i.S. *Kommission/Portugal* ließ der EuGH erkennen, dass er die bis dahin praktizierte Unterscheidung zwischen gegenständlicher und persönlicher Entstrickung hinsichtlich der Rechtsfolgen aufgeben will.

69 § 6 AStG wurde nunmehr völlig neu gestaltet. Am 21.5.2021 hat der Bundestag das Gesetz zur Umsetzung der Antisteuervermeidungsrichtlinie (ATAD-Umsetzungsgesetz) beschlossen, am 25.6.2021 im Bundesrat verabschiedet und am 30.6.2021 verkündet.[86] Nach Darstellung des BMF[87] verpflichtet die zugrundeliegende Richtlinie (EU) 2016/1164 des Rates vom 12.7.2016 die EU-Mitgliedstaaten zur Anpassung insbesondere ihrer steuerlichen Regelungen zur Entstrickungs- und Wegzugsbesteuerung (Art. 5 ATAD), zur Hinzurechnungsbesteuerung (Art. 7 und 8 ATAD) sowie zur Neutralisierung von Besteuerungsinkongruenzen im Zusammenhang mit Hybriden Gestaltungen (Art. 9 und 9b ATAD), soweit diese nicht bereits dem von der ATAD vorgegebenen Mindeststandard entsprechen. Ob mit der neuen Fassung des § 6 AStG allerdings die Bedenken im Schrifttum,[88] der Gesetzgeber hätte § 6 AStG „konzeptionell nicht zu Ende gedacht" und „unzureichend formuliert", ausgeräumt sind, darf bezweifelt werden.

Hinweis

Zeitlich anzuwenden ist die neue Regelung auf Wegzüge und gleichgestellte Vorgänge, die seit dem 1.1.2022 erfolgen.

2. § 6 AStG n.F. durch das ATAD-Umsetzungsgesetz

a) ATAD-Umsetzungsgesetz

70 Im Hinblick auf den **persönlichen Anwendungsbereich** der Norm hat sich im Vergleich zur alten Fassung die Dauer der unbeschränkten Einkommensteuerpflicht geändert: Erfasst werden nach § 6 Abs. 1 S. 1 AStG n.F. natürliche Personen, die insgesamt mindestens sieben Jahre in den letzten 12 Jahren nach § 1 Abs. 1 EStG unbeschränkt steuerpflichtig waren. Die bisherige starre Zehnjahresfrist wurde also stark modifiziert. Insbesondere bei Entsendungsfällen mit Aufenthaltszeiten in Deutschland zwischen den Auslandsaufenthalten ist nun Vor-

---

86 BGBl I 2021, 2035.

87 https://www.bundesfinanzministerium.de/Content/DE/Gesetzestexte/Gesetze_Gesetzesvorhaben/Abteilungeoder n/Abteilung_IV/19_Legislaturperiode/Gesetze_Verordnungen/2021-06-30-ATADUmsG/0-Gesetz.html.

88 So etwa *Wassermayer*, IStR 2013, 1, und *Baßler*, IStR 2013, 22.

sicht geboten, da in diesen Fällen typischerweise sieben Jahre unbeschränkter Einkommensteuerpflicht in 12 Jahren insgesamt eher verwirklicht werden als zehn Jahre unbeschränkter Einkommensteuerpflicht am Stück.

Bei Anteilserwerb durch zumindest teilweise unentgeltliches Rechtsgeschäft wird 71
nach § 6 Abs. 2 S. 1 AStG n.F. weiterhin auch die Dauer der unbeschränkten Steuerpflicht des Rechtsvorgängers in die Zehnjahresfrist miteinbezogen. Perioden, in welchen der Rechtsvorgänger sowie sein Nachfolger gleichzeitig unbeschränkt steuerpflichtig sind, werden nur einmal berechnet, § 6 Abs. 2 S. 3 AStG n.F.

Im Hinblick auf die im Schrifttum[89] aufgegriffene Frage, wer denn in Todesfällen 72
Steuerpflichtiger in den Fällen des § 6 Abs. 1 S. 2 Nr. 1 AStG a.F. bei Beendigung der unbeschränkten Steuerpflicht „durch Übertragung der Anteile durch ganz oder teilweise unentgeltliches Rechtsgeschäft durch Erwerb von Todes wegen auf nicht unbeschränkt steuerpflichtige Personen" ist, hat sich der Gesetzgeber nun in der Nachfolgevorschrift § 6 Abs. 1 Nr. 2 AStG n.F. etwas anders ausgedrückt. Nunmehr steht „bei unbeschränkt Steuerpflichtigen der Veräußerung von Anteilen" i.S.v. § 17 Abs. 1 S. 1 EStG zum gemeinen Wert „die unentgeltliche Übertragung auf eine nicht unbeschränkt steuerpflichtige Person" gleich. War bei § 6 Abs. 1 S. 2 Nr. 1 AStG a.F. etwas kryptisch formuliert die „Beendigung der unbeschränkten Steuerpflicht durch Übertragung der Anteile durch ganz oder teilweise unentgeltliches Rechtsgeschäft" Tatbestandsmerkmal, ist es nach § 6 Abs. 1 Nr. 2 AStG n.F. nun die tatsächliche „unentgeltliche Übertragung auf eine nicht unbeschränkt steuerpflichtige Person". Es darf auch hier bezweifelt werden, ob die Neufassung in der Rechtsanwendung handhabbarer geworden ist.

Sachlich setzt die Norm das Halten von Anteilen i.S.v. § 17 Abs. 1 S. 1 EStG 73
(Anteile i.H.v. mindestens 1 % am Kapital von in- oder ausländischen Kapitalgesellschaften innerhalb der letzten fünf Jahre) voraus. Noch nicht geklärt scheint, ob auch Anteile an zur Körperschaftsteuerbesteuerung optierenden Personengesellschaften aufgrund der Fiktion des § 1a KStG 2022 in den sachlichen Anwendungsbereich von § 6 AStG fallen.

Besteuerungstatbestände sind nach § 6 Abs. 1 S. 2 Nr. 1–4 AStG n.F. neben der 74
Beendigung der unbeschränkten Steuerpflicht durch Aufgabe des Wohnsitzes oder gewöhnlichen Aufenthalts die Folgenden:

- (weiterhin) Schenkung (auch gemischt) oder Vererbung der Anteile auf eine nicht unbeschränkt steuerpflichtige Person;[90]

89 *Wassermayer*, IStR 2013, 1; *Baßler*, IStR 2013, 22.

90 Zu den Bedenken im Hinblick auf diesen Teil der Norm siehe *Wassermeyer*, DB 2006, 1390; *Blumenberg/Schäfer*, Das SEStEG, S. 225.

– (subsidiär zu den vorgenannten Gründen) Ausschluss oder Beschränkung des Besteuerungsrechts Deutschlands hinsichtlich des Gewinns aus der Veräußerung der Anteile.

75 **Besteuerungszeitpunkte**, d.h. die Zeitpunkte, zu denen die Veräußerung fingiert wird, sind

– im Falle der Beendigung der unbeschränkten Steuerpflicht durch Aufgabe des Wohnsitzes oder gewöhnlichen Aufenthalts die tatsächliche Beendigung der unbeschränkten Steuerpflicht;
– im Falle der Schenkung (auch gemischt) oder Vererbung der Anteile auf eine nicht unbeschränkt steuerpflichtige Person der Zeitpunkt der Übertragung;
– im Falle des sonstigen Ausschlusses oder der Beschränkung des Besteuerungsrechts Deutschlands hinsichtlich des Gewinns aus der Veräußerung der Anteile der Zeitpunkt, zu dem der Ausschluss oder die Beschränkung des Besteuerungsrechts eintritt.

76 **Rechtsfolge** der Wegzugsbesteuerung ist nach § 6 Abs. 1 S. 1 AStG n.F. die Anwendung von § 17 EStG,[91] d.h. der Ansatz eines fiktiven Veräußerungsgewinns zum zuvor erläuterten Besteuerungszeitpunkt. Nach § 6 Abs. 1 S. 1 AStG n.F. ist der fiktive Veräußerungspreis dabei am gemeinen Wert der Anteile zu orientieren. Mangels tatsächlich realisierten Veräußerungsgewinns ist der Veräußerungsgewinn daher aus der Differenz zwischen dem gemeinen Wert der Anteile und den Anschaffungskosten zu berechnen.

77 Kommt es nach dem Wegzug tatsächlich zu einer Veräußerung der Anteile, erfolgt zwar gem. § 6 Abs. 1 S. 3 AStG n.F. zusätzlich zur Wegzugssteuer eine Besteuerung nach §§ 17, 49 Abs. 1 Nr. 2 Buchst. e EStG. Jedoch wird die Bemessungsgrundlage dieser Besteuerung um den bereits nach § 6 Abs. 1 S. 3 AStG n.F. erfassten Vermögenszuwachs gekürzt, soweit die auf den Veräußerungsgewinn entfallende Steuer entrichtet worden ist; andernfalls gelten diese weiterhin als zu den ursprünglichen Anschaffungskosten erworben.

78 Nach § 6 Abs. 3 AStG n.F. entfällt der Steueranspruch gem. § 6 Abs. 1 AStG n.F., wenn die unbeschränkte Steuerpflicht auf nur vorübergehender Abwesenheit beruht und der Steuerpflichtige innerhalb von sieben (zuvor: fünf) Jahren nach Wegzug wieder unbeschränkt steuerpflichtig wird. Dies kann im Fall der unentgeltlichen Übertragung durch den Steuerpflichtigen auf eine natürliche Person von Todes wegen gem. § 6 Abs. 3 S. 2 AStG n.F. auch durch den Rückzug/Zuzug nach Deutschland der betreffenden Person oder, infolge aufeinanderfolgender unentgeltlicher Weiterübertragung zwischen natürlichen Personen von Todes wegen, der unmittelbaren oder mittelbaren Rechtsnachfolger erfolgen.

91 Zur Natur der Verweisung auf § 17 EStG (sowohl Rechtsgrund- als auch Rechtsfolgenverweisung) siehe *Blumenberg/Schäfer*, Das SEStEG, S. 226.

Die **Rückkehrabsicht** muss nach Ansicht des FG Münster[92] schon bei Wegzug vorliegen. Für das Entfallen der Wegzugsbesteuerung sei neben der tatsächlichen Rückkehr in Form der (Wieder-)Begründung der unbeschränkten Steuerpflicht auch zu verlangen, dass bereits bei Wegzug der Wille des Steuerpflichtigen zur (Wieder-)Begründung der unbeschränkten Steuerpflicht innerhalb eines Zeitraums von längstens fünf Jahren bestand. Denn § 6 Abs. 3 AStG gelte nicht für gescheiterte oder „abgebrochene" Auswanderungen und sei keine „Reparaturvorschrift" für steuerlich „missglückte" Wegzüge. Da sich diese Voraussetzung nicht aus dem Gesetz, sondern lediglich aus dem Anwendungserlass zum AStG[93] ergibt, darf m.E. nach dem Gesetzesvorbehalt aus Art. 20 Abs. 3 GG die Erfüllung dieser Voraussetzung nicht zu Lasten des Steuerpflichtigen gefordert werden. 79

Nach § 6 Abs. 3 Nr. 1–3 AStG n.F. gilt die Privilegierung bei vorliegender Rückkehrabsicht aber nur, soweit der Steuerpflichtige die Anteile in der Zwischenzeit weder veräußert oder übertragen noch in ein Betriebsvermögen eingelegt hat, keine Gewinnausschüttungen oder keine Einlagenrückgewähr erfolgt sind, deren gemeiner Wert insgesamt mehr als 25 % des gemeinen Werts der Anteile im Besteuerungszeitpunkt beträgt und das Besteuerungsrecht der Bundesrepublik Deutschland hinsichtlich des Gewinns aus der Veräußerung der Anteile mindestens in dem Umfang wieder begründet wird, wie es im Zeitpunkt der Beendigung der Steuerpflicht bestand. 80

Das bedeutet eine „drastische Verschärfung"[94] gegenüber der Vorgängernorm, die eine solche Regelung, die (steuerfreie oder mit geringer Steuer belegte) Ausschüttungen während des Auslandsaufenthalts des Steuerpflichtigen pönalisieren soll, nicht kannte.

Hinweis

Das nach § 19 AO zuständige Finanzamt kann die Siebenjahresfrist nach § 6 Abs. 3 S. 2 AStG n.F. auf Antrag um maximal weitere fünf Jahre verlängern, falls die Rückkehrabsicht weiterhin besteht. Auf eine Glaubhaftmachung beruflicher Gründe kommt es im Gegensatz zur Vorgängerregelung nicht mehr an.

b) Stundung und ratierliche Zahlung der Wegzugssteuer

Hinsichtlich der Wegzugssteuer ist im Unterschied zur Vorgängerregelung nicht mehr zu unterscheiden, ob es sich bei dem wegziehenden Steuerpflichtigen um 81

92 FG Münster v. 31.10.2019 – 1 K 3447/17 E, DStR 2020 S. 6 Nr. 6; Rev. beim BFH unter Az. I R 55/19 anhängig.

93 Tz. 6.4.1 des Anwendungserlasses zum AStG, BMF-Schreiben v. 14.5.2004, IV B 4 – S 1340 – 11/04.

94 *Von Oertzen/Bärsch/Kühn/Lindermann*, DStR 2021, 1841.

einen EU-/EWR-Staatsangehörigen oder um einen Staatsangehörigen eines Drittstaates handelt und ob der Steuerpflichtige in einen EU-Staat verzieht oder in einen Drittstaat.

Es wird auch in den Fällen, in denen ein EU-/EWR-Staatsangehöriger in einen EU-/EWR-Staat verzieht, die festgesetzte Steuer seit dem 1.1.2022 nicht mehr **ohne Sicherheitsleistung unbefristet** gestundet. Vielmehr muss nun nach § 6 Abs. 4 S. 1 AStG n.F. die festgesetzte Steuer, die auf die nach Abs. 1 realisierten Einkünfte entfällt, auf Antrag des Steuerpflichtigen in sieben gleichen Jahresraten – zinslos – entrichtet werden. In der Rechtssache *DMC* hat der EuGH[95] die ratierliche Zahlung einer durch einen Einbringungsvorgang ausgelösten Steuer (nach § 20 Abs. 6 UmwStG 1995 i.V.m. § 21 Abs. 2 UmwStG 1995) über einen Zeitraum von fünf Jahren als europarechtskonform betrachtet.

82 Erforderlich für die Stundung ist hierbei nach § 6 Abs. 4 S. 2 AStG n.F. i.d.R. eine Sicherheitsleistung. Dabei ist die noch nicht entrichtete Steuer jedoch innerhalb eines Monats fällig, falls eine Jahresrate nicht fristgemäß bedient wird, der Steuerpflichtige seinen Mitwirkungspflichten nach Abs. 5 nicht nachkommt, er Insolvenz anmeldet, soweit die Anteile veräußert oder übertragen werden, oder soweit Gewinnausschüttungen oder eine Einlagenrückgewähr erfolgen und soweit deren gemeiner Wert insgesamt mehr als 25 % des gemein Werts im Besteuerungszeitpunkt beträgt. In der Rechtssache *DMC* hat der EuGH[96] eine Sicherheitsleistung als nur dann als verhältnismäßig angesehen, falls ein konkretes „Nichteinbringungsrisiko" besteht. Dieser Terminus ist auf unter § 6 AStG fallende Gestaltungen nur schwer übertragbar, zeigt aber, dass nicht jedwede Verpflichtung zu einer Sicherheitsleitung als europarechtskonform betrachtet wird. Erforderlich ist vielmehr eine Verhältnismäßigkeitsprüfung. Ob die Sicherheitsleistung nach § 6 Abs. 4 S. 2 AStG n.F. daher europarechtlich standhalten wird, bleibt abzuwarten.

83 Gemäß § 6 AStG Abs. 4 S. 6 AStG n.F. ist jedoch eine unentgeltliche Übertragung auf eine natürliche Person von Todes wegen unschädlich. Es wird hierbei auf die betreffende Person oder, infolge aufeinanderfolgender unentgeltlicher Weiterübertragung zwischen natürlichen Personen von Todes wegen, auf deren unmittelbaren oder mittelbaren Rechtsnachfolger abgestellt.

84 In den Fällen der Rückkehrabsicht nach § 6 Abs. 3 AStG n.F. gelten die vorstehenden Regelungen entsprechend, d.h. der Stundungszeitraum richtet sich nach der vom Finanzamt eingeräumten Frist und die Erhebung von Jahresraten entfällt auf Antrag des Steuerpflichtigen. Über § 6 AStG Abs. 4 S. 5 AStG n.F. hinaus wird die noch nicht entrichtete Steuer auch innerhalb eines Monats nach Eintritt des Ereignisses fällig, womit der Steueranspruch nicht mehr nach § 6 Abs. 3 AStG n.F. entfallen kann oder der Wegfall der Rückkehrabsicht gegenüber dem

95 EuGH v. 23.1.2014 – Rs. C-164/12, Rn 62 ff.
96 EuGH v. 23.1.2014 – Rs. C-164/12, Rn 67 f.

Finanzamt mitgeteilt wird. Soweit die Steuer nicht nach § 6 Abs. 3 AStG n.F. entfällt und der Steuerpflichtige auf die Leistung von Jahresraten verzichtet hat, sind für die Dauer des gewährten Zahlungsaufschubs Zinsen nach § 234 AO zu erheben.

Das FG Düsseldorf[97] hatte bereits 2013 in einem Wegzugsfall von Deutschland nach Österreich entschieden, dass auf die nach § 6 Abs. 5 AStG a.F. zinslos zu stundende Steuer weder Stundungszinsen nach § 234 AO noch Nachzahlungszinsen nach § 233a AO zu erheben sind. Im Jahr 2021 bestätigte das FG Köln[98] diese Rechtsfolgen auch für einen Wegzug von Deutschland in die Schweiz. 85

c) Vergleichbare Steuerpflicht im Zuzugsstaat

Auf eine im Zuzugsstaat einer der deutschen unbeschränkten Einkommensteuerpflicht vergleichbaren Steuer kommt es im Gegensatz zur Vorgängerregelung (§ 6 Abs. 5 S. 1 AStG a.F.) nicht mehr an. 86

d) Gewährleistung des Steueranspruchs

Auch auf die in der Vorgängerregelung enthaltene Voraussetzung, dass der deutsche Steueranspruch auf die Wegzugssteuer durch Amtshilfe und die gegenseitige Unterstützung bei der Beitreibung von Steuerschulden zwischen Deutschland und dem Zuzugsstaat gewährleistet sein muss (§ 6 Abs. 5 S. 2 AStG a.F.), wurde in der Neufassung verzichtet. Nach der Gesetzesbegründung zur Vorgängerregelung wurde die Erfüllung dieser Bedingung im Verhältnis zu den EU-Mitgliedstaaten aufgrund der geltenden EG-Amtshilferichtlinie vom 19.12.1977 und der EG-Beitreibungsrichtlinie vom 15.3.1976 bereits im Rahmen der Vorgängerregelung angenommen.[99] 87

e) Melde- bzw. Mitteilungspflichten

Zur Sicherung des Steueranspruchs Deutschlands werden dem wegziehenden Steuerpflichtigen und seinen Rechtsnachfolgern erhöhte Mitwirkungspflichten auferlegt. Gemäß § 6 Abs. 5 S. 1, 2 AStG n.F. hat der Steuerpflichtige – oder sein Rechtsnachfolger – dem in den Besteuerungszeitpunkten nach § 6 Abs. 1 AStG n.F., § 19 AO zuletzt für ihn zuständigen Finanzamt innerhalb eines Monats nach Verwirklichung die Realisierung eines der schädlichen Tatbestände nach § 6 Abs. 4 S. 5, 7 AStG n.F. mitzuteilen. 88

Daneben hat der Steuerpflichtige – oder sein Rechtsnachfolger – gem. § 6 Abs. 5 S. 3 AStG n.F. jährlich bis zum 31. Juli schriftlich seine aktuelle Anschrift mitzu- 89

97 FG Düsseldorf v. 27.9.2013 – 1 K 3233/11 AO, rkr., in einem Wegzugsfall von Deutschland nach Österreich.

98 FG Köln v. 11.5.2021 – 2 V 1929/20.

99 BT-Drucks. 16/2710 v. 25.9.2006, 53.

teilen und zu bestätigen, dass ihm, oder im Fall der unentgeltlichen Rechtsnachfolge unter Lebenden (Schenkung) seinem Rechtsnachfolger, die Anteile (in der bisherigen Beteiligungshöhe) weiterhin zuzurechnen sind.

f) Berücksichtigung von verlustbedingten Wertminderungen

90 Eine Berücksichtigung verlustbedingter Wertminderungen für den Fall, dass der Steuerpflichtige seine Anteile nach dem Wegzug veräußert und der erzielte Veräußerungserlös unter dem beim Wegzug angesetzten Vermögenszuwachs liegt (§ 6 Abs. 6 AStG a.F.), sieht die Neufassung des § 6 AStG nicht mehr vor.

91 Trotz der Änderungen durch das SEStEG hatte der BFH[100] bereits in einem Urteil aus 2017 festgehalten, dass § 6 Abs. 1 S. 1 AStG a.F. dahingehend auszulegen ist, dass die Vorschrift nur für die Fälle auf § 17 EStG verweist, in denen der gemeine Wert der Anteile zu dem für die Besteuerung maßgeblichen Zeitpunkt die Anschaffungskosten übersteigt. § 6 Abs. 6 AStG a.F. ändert hieran nichts, bezieht sich diese Vorschrift doch lediglich auf den Zeitpunkt der Beendigung der Stundung.

Hinweis

Im Unterschied zur Vorgängerregelung ist es im Hinblick auf die Neuregelung des § 6 AStG ohne Belang, ob es sich bei dem Zuzugsstaat um einen EU-/EWR-Mitgliedsstaat oder einen Drittstaat (z.B. die Schweiz) handelt.

g) Verstoß gegen Europarecht?

92 Interessant zu beobachten wird sein, ob die neue, von der Qualität des Zielstaats (EU/EWR-Staat oder nicht) unabhängige Ratenlösung europarechtlichen Anforderungen standhalten wird. Denn der Gesetzgeber begründet den Wegfall der Stundungsmöglichkeit hin zur ratierlichen Lösung mit der Rechtsprechung des EuGH.[101] Negiert wird hierbei jedoch überraschenderweise[102] ausgerechnet die neueste EuGH-Rechtsprechung zu § 6 AStG, die Rechtssache *Wächtler* (siehe Rdn 98).

93 Zwar hat das BMF[103] in einem Schreiben als Reaktion auf das Urteil i.S. *Wächtler* die ratierliche Lösung (unabhängig vom Vorliegen einer erheblichen Härte bei alsbaldiger Einziehung der Steuer und grundsätzlich ohne Sicherheitsleistung) wohl als die europarechtlich konforme Lösung des Problems eruiert. Dem ist aber entgegenzuhalten, dass der EuGH in der Sache *Wächtler* gerade der ratierli-

---

100 BFH v. 26.4.2017 – I R 27/15.

101 Vgl. den kritischen Hinweis von *Kahlenberg*, IStR 2020, 378, mit Verweis auf EuGH v. 23.1.2014 – C-164/12, DMC, IStR 2014, 106.

102 Siehe hierzu *Kahlenberg*, IStR 2020, 378, mit weiteren Nachweisen zu kritischen Stimmen im Schrifttum.

103 BMF v. 13.11.2019 – IV B 5 – S 1325/18/10001:001, BStBl I 2019, 1212.

chen Lösung nach § 6 Abs. 4 AStG a.F. als unverhältnismäßig eine Abfuhr erteilt hat (siehe Rdn 102).

h) Wegzug oder anderes schädliches Handeln in Bezug auf einen Drittstaat

Die Besteuerung stiller Reserven anlässlich des Wegzugs in einen Drittstaat verstößt nicht gegen die in Art. 56 Abs. 1 EG verankerte Kapitalverkehrsfreiheit. Im Gegensatz zu den anderen Grundfreiheiten ist Art. 56 Abs. 1 EG zwar nicht nur zwischen den Mitgliedstaaten anwendbar; die Vorschrift verbietet vielmehr auch sämtliche Beschränkungen von Kapitalbewegungen zwischen Mitgliedstaaten und Drittstaaten. 94

Der EuGH hat jedoch im Jahr 2006 in der Rechtssache *van Hilten*[104] – ohne dass dies für die Beantwortung der Vorlagefrage relevant gewesen ist – die Auffassung vertreten, dass die bloße Verlegung des Wohnsitzes von einem Staat in den anderen nicht unter die Kapitalverkehrsfreiheit falle. Die Verlegung des Wohnsitzes umfasse für sich genommen keine finanziellen Transaktionen oder die Übertragung von Eigentum und weise auch keine anderen Merkmale einer Bewegung von Kapital auf, wie sie sich aus dem Anhang der Richtlinie 88/361 ergebe. 95

Nach dieser Stellungnahme des EuGH wird bei Wegzügen in Drittstaaten das Vorbringen, die nach § 6 AStG anfallende Vermögenszuwachsbesteuerung verstoße gegen die Kapitalverkehrsfreiheit, keinen Erfolg versprechen, und der hierzu entbrannte Streit in der Literatur[105] scheint gegenstandslos geworden zu sein. 96

In einem Urteil aus Ende 2021 hält der BFH[106] in einem noch zu § 6 AStG a.F. ergangenen Urteil fest, dass bei der teilunentgeltlichen Übertragung von Geschäftsanteilen an einer GmbH mit Sitz in Deutschland von einem in Deutschland unbeschränkt Steuerpflichtigen auf einen in den USA ansässigen, in Deutschland beschrankt Steuerpflichtigen das Recht Deutschlands zur Besteuerung der in den Anteilen ruhenden stillen Reserven weder ausgeschlossen noch beschränkt ist. Denn § 6 Abs. 1 S. 2 Nr. 1 AStG a.F. sei weder aus teleologisch-historischen noch aus systematischen Gründen einschränkend dahingehend auszulegen, dass durch die unentgeltliche Übertragung auf einen beschränkt Steuerpflichtigen (zusätzlich) das Recht Deutschlands zur Besteuerung stiller Reserven ausgeschlossen oder beschränkt sein müsse. Da sich die Neuregelung in § 6 Abs. 1 S. 1 Nr. 2 AStG n.F. nicht von der diesbezüglichen Vorgängerregelung in § 6 Abs. 1 S. 2 Nr. 1 AStG a.F. unterscheidet, ist dieses Urteil auch zukünftig von Bedeutung. 97

---

104 EuGH v. 23.2.2006, IStR 2006, 309.

105 *Hahn*, DStZ 2000, 14; *Dautzenberg*, IStR 1998, 301; *Saß*, FR 1998, 1; *Schnitger*, BB 2004, 804.

106 BFH v. 8.12.2021, I R 30/19, IWW-Abrufnummer 225545. Siehe hierzu auch *Kahlenberg*, IStR 2020, 378.

3. EuGH-Rechtsprechung: Das Urteil in Sachen Wächtler

a) Sachverhalt

98 Der Kläger (deutscher Staatsangehöriger) war seit dem 1.2.2008 Geschäftsführer und Gesellschafter (50 %) einer Gesellschaft schweizerischen Rechts, die IT-Beratung als Gesellschaftszweck hat. Zum 1.3.2011 verlegte der Kläger seinen Wohnsitz in die Schweiz. Das Finanzamt unterwarf ihn nach § 6 AStG i.V.m. § 17 EStG der Einkommensteuer auf die latenten Wertzuwächse an seinen Kapitalgesellschaftsanteilen ohne Stundungsmöglichkeit. Der Kläger wehrte sich gegen diese Veranlagung ohne Stundungsmöglichkeit mit der Klage zum FG Baden-Württemberg, da er für sich insbesondere den Schutzbereich des Freizügigkeitsabkommens zwischen der EU und der Schweiz[107] als eröffnet sah.

Das FG Baden-Württemberg legte im Rahmen eines Vorabentscheidungsverfahrens[108] dem EuGH die Frage vor, ob das FZA, insbesondere dessen Präambel sowie die Art. 1, 2, 4, 6, 7, 16 und 21 und Anhang I Art. 9 dahin auszulegen ist, dass sie der Regelung eines Mitgliedstaats entgegenstehen, nach der – damit kein Besteuerungssubstrat entgeht – latente, noch nicht realisierte Wertsteigerungen von Gesellschaftsrechten (ohne Aufschub) besteuert werden, wenn ein in diesem Staat zunächst unbeschränkt steuerpflichtiger Staatsangehöriger dieses Mitgliedstaats seinen Wohnsitz von diesem Staat in die Schweiz und nicht in einen Mitgliedstaat oder in einen Staat verlegt, auf den das EWR-Abkommen Anwendung findet.

b) Entscheidung des EuGH

99 Der EuGH[109] führt in seinem Urteil aus, dass das FZA dahingehend auszulegen ist, dass es einem Steuersystem eines Mitgliedstaats entgegensteht, das in einer Situation, in der ein Angehöriger eines Mitgliedstaats, der im Hoheitsgebiet der Schweiz eine Erwerbstätigkeit ausübt, seinen Wohnsitz von dem Mitgliedstaat, dessen Steuersystem in Frage steht, in die Schweiz verlegt, vorsieht, dass die für die latenten Wertzuwächse von Gesellschaftsanteilen dieses Staatsangehörigen geschuldete Steuer im Zeitpunkt dieser Wohnsitzverlegung erhoben wird, während im Fall der Beibehaltung des Wohnsitzes im selben Mitgliedstaat die Erhebung erst im Zeitpunkt der Realisierung der Wertzuwächse, d.h. bei der Veräußerung der betreffenden Gesellschaftsanteile, erfolgt.

Vereinfacht zusammengefasst verstößt nach Auffassung des EuGH die Besteuerung nach § 6 AStG a.F. ohne Aufschub der Zahlung der geschuldeten Steuer bei

107 Abkommen zwischen der Europäischen Gemeinschaft und ihren Mitgliedstaaten einerseits und der Schweizerischen Eidgenossenschaft andererseits über die Freizügigkeit, unterzeichnet in Luxemburg am 21.6.1999 (ABl 2002, L 114, S. 6, im Folgenden: FZA).

108 FG Baden-Württemberg v. 14.6.2017 – 2 K 2413/15.

109 EuGH v. 26.2.2019 – C-581/17.

einem Wegzug in die Schweiz gegen das vom FZA vorhergesehene Niederlassungsrecht. Eine Rechtfertigung – etwa durch die altbekannten Argumente Wirksamkeit der steuerlichen Kontrolle und die Notwendigkeit einer wirksamen Steuererhebung – kommt nicht in Betracht, eine Stundung des vollständigen Steuerbetrags bis zur Veräußerung der Anteile wäre im Streitfall das adäquate und verhältnismäßige Mittel gewesen.

Im Unterschied zur nachfolgend besprochenen Entscheidung des EuGH i.S. *Kommission/Portugal* (siehe Rdn 105) verändert der EuGH in der Sache *Wächtler* seine Rechtsprechung zur persönlichen Entstrickung und begibt sich wieder ein Stück in Richtung der in der Entscheidung i.S. *de Lasteyrie du Saillant* verwendeten Argumentation. So schränkt der EuGH insbesondere die in der Entscheidung i.S. *Kommission/Portugal* eröffnete Möglichkeit, die auf die stillen Reserven entfallende Steuer gestreckt auf fünf Jahre zu zahlen, wieder ein. 100

c) Entscheidung des FG Baden-Württemberg

Das FG Baden-Württemberg[110] entschied nach der Antwort des EuGH auf die Vorlagefrage zugunsten des Steuerpflichtigen. Die Revision ist beim BFH[111] anhängig. 101

d) Reaktion des BMF

Das BMF hat in einem Schreiben[112] von Ende 2019 zum EuGH-Urteil i.S. *Wächtler* Stellung genommen und verfügt, dass das Urteil abweichend von § 6 Abs. 4 S. 1 AStG a.F. so anzuwenden ist, dass auf Antrag des Steuerpflichtigen eine Stundung in fünf gleichen Jahresraten vorzunehmen ist, die zwar nach § 234 AO zu verzinsen sind. Dabei komme es aber nicht darauf an, ob die alsbaldige Einziehung eine erhebliche Härte darstellen würde. Auch eine Sicherheitsleistung sei nicht erforderlich, außer wenn der Steueranspruch gefährdet erscheint (z.B. mangels Beitreibungshilfe). Diese vom BMF gezogenen Konsequenzen überraschen doch sehr, liest man das EuGH-Urteil i.S. *Wächtler* genau und zieht die Rechtsprechung der Finanzgerichte Düsseldorf und Köln zu den Stundungszinsen im Zusammenhang mit § 6 AStG a.F. zu Rate. 102

Der EuGH führt explizit aus,[113] dass eine Zahlung der geschuldeten Steuer in Teilbeträgen (unabhängig davon, ob nun eine erhebliche Härte bei sofortiger Einziehung vorläge oder nicht) keine Rechtfertigung für Verstöße gegen das auf dem FZA basierende Niederlassungsrecht darstellen kann, was auch für die europarechtlich garantierte Niederlassungsfreiheit aus Art. 49 AEUV gelten muss. Denn die Ratenzahlung ist nicht geeignet, den Liquiditätsnachteil aufzuhe- 103

110 FG Baden-Württemberg v. 31.8.2020 – 2 K 835/19.

111 Revision beim BFH unter I R 35/20.

112 BMF v. 13.11.2019 – IV B 5 – S 1325/18/10001:001, BStBl I 2019, 1212.

113 EuGH v. 26.2.2019 – C-581/17, Tz. 68.

ben, den ein Steuerpflichtiger durch die Besteuerung der latenten Wertzuwächse in seinen Gesellschaftsanteilen im Zeitpunkt des Wegzugs erfährt. Zudem bleibe die Zahlung der geschuldeten Steuer in Teilbeträgen „kostspieliger" als die Stundung der Steuer bis zur tatsächlichen Veräußerung der Gesellschaftsanteile.

104 Im Hinblick auf eventuelle Stundungszinsen im Zusammenhang mit § 6 AStG a.F. hatten die Finanzgerichte Düsseldorf und Köln bereits festgestellt, dass keine Stundungszinsen im Zusammenhang mit § 6 AStG a.F. zu erheben sind, unabhängig davon, ob der Wegzug in einen Mitgliedsstaat oder in die Schweiz erfolgt.

Anmerkung

Es macht den Anschein, als hätte das BMF bei seinem Schreiben vom 13.11.2019 eher die Entscheidung des EuGH i.S. *Kommission/Portugal* verarbeitet als das EuGH-Urteil i.S. *Wächtler.*

4. EuGH-Rechtsprechung: Das Urteil in Sachen Kommission/Portugal

a) Sachverhalt

105 In diesem Verfahren entschied der EuGH[114] über Regelungen des portugiesischen Einkommensteuerrechts, wonach die Gewinne natürlicher Personen aus dem Tausch von Kapitalgesellschaftsanteilen nicht zu besteuern sind, wenn u.a. der zu den ursprünglichen Anteilen getroffene Wertansatz bei den eingetauschten Anteilen fortgesetzt wird. Zieht der Steuerpflichtige jedoch aus Portugal weg, ist der bis dahin nicht besteuerte Wertzuwachs steuerlich zu erfassen.

b) Entscheidung des EuGH

106 Ohne auf eine Unterscheidung dahingehend abzustellen, ob sich die Anteile im Privat- oder im Betriebsvermögen des Steuerpflichtigen befanden, hält der EuGH fest, dass die angegriffenen Normen des portugiesischen Einkommensteuerrechts zwar gegen die Arbeitnehmerfreizügigkeit aus Art. 45 AEUV und die Niederlassungsfreiheit aus Art. 49 AEUV verstoßen. Der Verstoß (gegen den Verhältnismäßigkeitsgrundsatz) ergibt sich jedoch allein aus der Tatsache, dass die angegriffenen Normen des portugiesischen Einkommensteuerrecht dem Steuerpflichtigen kein Wahlrecht zwischen einer Sofortversteuerung und einer auf fünf Jahre gestreckten Stundung gewährten. Zinserhebung und Sicherheitenerfordernis seien jedoch kein Problem im Hinblick auf die Europarechtskonformität.

114 EuGH v. 21.12.2016 – C-503/14.

c) Reaktion in der Literatur

Wacker[115] sah in einem weitsichtigen Artikel bereits 2017 in diesem Urteil eine Hinwendung des EuGH zur Gleichbehandlung von gegenständlicher und persönlicher Entstrickung. Die Entwicklung, die im Bereich der gegenständlichen Entstrickung mit den Entscheidungen *National Grid Indus*[116] (Sitzverlegung von Kapitalgesellschaften[117]) und *Verder LabTec*[118] (siehe Rdn 127, Überführung von Einzelwirtschaftsgütern über die Grenze in Betriebsstätten in DBA-Staaten mit Freistellung der Betriebsstättengewinne in Deutschland) vom EuGH in Gang gesetzt wurde, hätte nun ihre Fortsetzung bei der Betrachtung der persönlichen Entstrickung gefunden. Konsequenzen für den Bereich der persönlichen Entstrickung hieraus seien:[119] 107

- Die Wegzugsbesteuerung beschränkt die Arbeitnehmerfreizügigkeit aus Art. 45 AEUV und die Niederlassungsfreiheit aus Art. 49 AEUV.
- Die Wegzugsbesteuerung ist aber zur Wahrung der ausgewogenen Aufteilung der Besteuerungsrechte zwischen den Mitgliedstaaten nach dem Territorialitätsprinzip grundsätzlich gerechtfertigt. Insoweit sei keine Unterscheidung zwischen natürlichen und juristischen Personen erforderlich.
- Insbesondere sei der Wegzugsstaat nicht dazu verpflichtet, einen eventuellen späteren, im Zuzugsstaat eintretenden Wertverlust zu berücksichtigen. Dies gelte auch dann, wenn der nachträgliche Verlust im Zuzugsstaat nicht geltend gemacht werden kann.

Durch die Entscheidung i.S. *Wächtler* wurden diese Grundsätze durch den EuGH jedoch wieder in gewissem Maße revidiert (siehe Rdn 98 ff.).

5. EuGH-Rechtsprechung: Das Urteil i.S. de Lasteyrie du Saillant

a) Einleitung

Bereits während des Verfahrens i.S. *de Lasteyrie du Saillant* vor dem EuGH gegen Frankreich hat die Kommission der Europäischen Gemeinschaften im Jahr 2003 mit der Einleitung eines Vertragsverletzungsverfahren nach Art. 226 EG gegen die Bundesrepublik Deutschland zum Ausdruck gebracht, dass sie die deutsche Regelung zur Wegzugsbesteuerung in § 6 AStG a.F.[120] ebenso wie die französische Norm zur Wegzugsbesteuerung für europarechtswidrig hält. Dem- 108

---

115 *Wacker*, IStR 2017, 926, der zum Zeitpunkt der Veröffentlichung dieses Artikels Vorsitzender des I. Senats des BFH war.

116 EuGH v. 29.11.2011 – Rs. C-371/10, IStR 2012, 27.

117 Siehe zum Thema auch *Deininger*, Sitzverlegung von Kapitalgesellschaften in Europa, 2001, mit eingehender Besprechung des grundlegenden EuGH-Urteils v. 9.3.1999 – Rs. C-212/97 i.S. *Centros*.

118 EuGH v. 21.5.2015 – Rs. C-657/13.

119 *Wacker*, IStR 2017, 926, 927.

120 Siehe zu § 6 AStG a.F. die Vorauflagen zu diesem Buch.

gegenüber hatte das FG Düsseldorf am 14.11.2007 für das Jahr 1998 die Europarechtskonformität von § 6 AStG a.F. festgehalten.[121] Die Kommission jedenfalls stellte einen Verstoß gegen die Art. 18, 39 und 43 EG sowie gegen die Art. 28 und 31 EWR-Abkommen fest und forderte die deutsche Regierung auf, die erforderlichen Maßnahmen zur EG-rechtskonformen Anpassung der Vorschrift zu ergreifen.

109 Auf Anregung der deutschen Bundesregierung wurde das Vertragsverletzungsverfahren bis zum Erlass des Urteils in der Rechtssache *de Lasteyrie du Saillant* zunächst zurückgestellt und am 30.3.2004 wieder fortgesetzt. Das BMF hatte auf das Vertragsverletzungsverfahren am 8.6.2005 mit dem Erlass eines Verwaltungsschreibens[122] auf alle noch nicht bestandskräftig festgesetzten Fälle reagiert. Mit Urteil vom 11.4.2004 hat der EuGH in diesem Fall[123] entschieden, dass die französische Wegzugsbesteuerung gegen den in Art. 43 EG verankerten Grundsatz der Niederlassungsfreiheit verstößt.[124]

b) Sachverhalt

110 Der Kläger *Hugh de Lasteyrie du Saillant* emigrierte im September 1998 von Frankreich nach Belgien, um dort eine Erwerbstätigkeit aufzunehmen. Zum Zeitpunkt des Wegzugs hielt er Anteile an einer gesellschaftsteuerpflichtigen Gesellschaft mit Sitz in Frankreich, die ihn zum Bezug von mehr als 25 % der Gewinne der Gesellschaft berechtigten. Aufgrund des Wegzugs wurden die in diesen Anteilen ruhenden stillen Reserven vom französischen Fiskus besteuert. Diese Besteuerung, unabhängig von einer möglichen Stundung, verstößt nach Auffassung des Klägers gegen sein Recht auf Niederlassungsfreiheit.

111 Rechtsgrundlage für den Steueranspruch Frankreichs war Art. 167 bis Abs. 1 Code général des impôts (CGI), wonach Steuerpflichtige, die ihren steuerlichen Wohnsitz während der letzten zehn Jahre mindestens sechs Jahre in Frankreich hatten, zu dem Zeitpunkt, zu dem sie ihren Wohnsitz verlegen, hinsichtlich der Wertsteigerungen besteuert werden, die für Gesellschaftsrechte eines Gesellschafters festgestellt werden.

112 Die deutsche Regierung machte im Verfahren geltend, dass Art. 167 bis CGI die Aufteilung der Besteuerungsrechte zwischen dem Wegzugs- und dem Zuzugsstaat zugrunde liegt. Dabei ergebe sich die Berechtigung des Wegzugsstaats, Wertsteigerungen bei Beteiligungen an Kapitalgesellschaften zu besteuern, daraus, dass

121 FG Düsseldorf v. 14.11.2007 – 9 K 1270/04 E, IStR 2008, 633; Revision beim BFH unter I R 88/07. In einem anderen Verfahren hat der BFH (Beschluss v. 23.9.2008 – I B 92/08, IStR 2008, 884) bereits festgehalten, dass § 6 AStG a.F. weder gegen Gemeinschaftsrecht noch gegen Verfassungsrecht verstößt.

122 BMF v. 8.6.2005 – IV B 5 – S 1348 – 35/05, BStBl I 2005, 714.

123 Siehe *Deininger*, INF 2004, 460, 465.

124 EuGH v. 11.4.2004 – Rs. C-9/02 – „*Hughes de Lasteyrie du Saillant*", DStR 2004, 551.

diese i.d.R. durch die Geschäftstätigkeit in diesem Staat entstanden sind. Sie seien somit im Vermögen des Steuerpflichtigen angefallen, der bis zu seinem Wegzug in diesem Staat der Besteuerung unterlag.

c) Entscheidung des EuGH

113 Der EuGH führt in seinem Urteil zunächst aus, dass Art. 167 bis CGI durchaus geeignet ist, die in Art. 43 EG garantierte Niederlassungsfreiheit zu beschränken. Zu beachten ist hier insbesondere, dass Art. 167 bis CGI die Besteuerung von nur latenten Wertsteigerungen betrifft. Die Beschränkung der Niederlassungsfreiheit folgert der EuGH aus der zumindest abschreckenden Wirkung von Art. 167 bis CGI auf Auswanderungswillige. Denn der Auswanderungswillige, der sein Recht auf Niederlassungsfreiheit nutzen und seinen Wohnsitz in das Ausland verlegen will, wird gegenüber der Person, die ihren Wohnsitz in Frankreich beibehält, benachteiligt. Der Auswanderer unterliegt allein wegen der Verlegung seines Wohnsitzes der Besteuerung im Hinblick auf unrealisierte Gewinne, wogegen derjenige, der in Frankreich bleibt, diese Gewinne erst bei der Realisierung versteuern muss. An dieser Schlussfolgerung ändert auch die mögliche Stundung nichts. Sie wird nicht automatisch gewährt und unterliegt strengen Voraussetzungen.

114 Zulässig wäre diese beschränkende Maßnahme nur, wenn mit ihr ein berechtigtes und mit dem EG-Vertrag zu vereinbarendes Ziel verfolgt würde und sie überdies durch zwingende Gründe des Allgemeininteresses gerechtfertigt ist. Das Vorbringen, Art. 167 bis CGI beuge der Steuerflucht vor, schütze vor einer Umgehung des französischen Steuerrechts und unterbinde die nur vorübergehende Verlegung des steuerlichen Wohnsitzes aus Frankreich heraus mit dem Zweck, die Zahlung der auf die Wertsteigerungen entfallenden Steuern zu verhindern, genügt dem EuGH ebenso wenig wie die anderweitig von den beteiligten Regierungen genannten Rechtfertigungsgründe (u.a. Verhinderung von Steuermindereinnahmen, Wirksamkeit der Steuerkontrollen, Aushöhlung der Besteuerungsgrundlagen), um die durch die Vorschrift veranlasste Besteuerung zu rechtfertigen. Insbesondere konstatiert der EuGH, dass Art. 167 bis CGI weit über das hinausgeht, was zur Erreichung des von ihm verfolgten Ziels erforderlich ist. Darüber hinaus hält der EuGH fest, dass die Wohnsitzverlagerung in einen anderen Mitgliedstaat nicht als Anhaltspunkt für eine Steuerflucht oder Steuerhinterziehung gesehen werden darf. Vielmehr steht es den Angehörigen der Mitgliedstaaten frei, Unterschiede in den Steuersystemen der Mitgliedstaaten zu ihrem Vorteil zu nutzen.

115 Abschließend stellt der EuGH daher fest, dass es den Mitgliedstaaten wegen eines Verstoßes gegen den Grundsatz der Niederlassungsfreiheit verwehrt ist, zur Vorbeugung gegen die Steuerflucht eine Regelung wie die des Art. 167 bis CGI einzuführen, die latente Wertsteigerungen besteuert, wenn ein Steuerpflichtiger seinen Wohnsitz in das Ausland verlegt.

116 Jedoch sind die Mitgliedstaaten aufgrund der Entscheidung des EuGH in dieser Rechtssache nicht grundsätzlich daran gehindert, die auf ihrem Hoheitsgebiet entstandenen stillen Reserven zu besteuern.[125] Gerügt wurde vielmehr lediglich die Ausgestaltung der Sicherung des Besteuerungsanspruches, bei der dem Steuerpflichtigen in einem Zeitpunkt eine Steuer auferlegt wird, in dem ein Liquiditätszufluss noch nicht stattgefunden hat.

6. EuGH-Rechtsprechung: Das Urteil in Sachen N

a) Sachverhalt

117 Am 22.1.1997 verlegte N seinen ständigen Wohnsitz von den Niederlanden in das Vereinigte Königreich. Zum Zeitpunkt seines Wegzugs aus den Niederlanden war er alleiniger Gesellschafter von drei Gesellschaften nach niederländischem Recht (B.V.), deren tatsächliche Geschäftsführung sich seit dem Wegzug von N auf Curacao (Niederländische Antillen) befindet. Auf Antrag von N wurde die Einkommensteuer für das Jahr 1997 gestundet. Gemäß der für diesen Zeitraum anwendbaren nationalen Regelung wurde die Stundung jedoch von der Leistung von Sicherheiten abhängig gemacht. N verpfändete daraufhin die Anteile an einer der Gesellschaften, deren Alleingesellschafter er war.

Nach Erlass der vorbesprochenen Entscheidung des EuGH i.S. *de Lasteyrie du Saillant* teilte die Finanzverwaltung N mit, dass er die von ihm geleistete Sicherheit als freigegeben betrachten könne.[126]

b) Entscheidung des EuGH

118 Der EuGH stellt zunächst – entgegen der Ansicht der Generalanwältin – klar, dass die Niederlassungsfreiheit gem. Art. 43 EG im vorliegenden Fall einschlägig ist, obwohl N die Geschäftsführung nicht selbst ausübte. Durch die Niederlassungsfreiheit wird auch die nicht ausgeübte Einflussnahme auf die beherrschte Gesellschaft geschützt.

119 Die niederländische Wegzugsbesteuerung beschränkt die gemeinschaftsrechtlich garantierte Niederlassungsfreiheit i.S.v. Art. 43 EG in mehrfacher Hinsicht. Zwar verwehrt sie den niederländischen Steuerpflichtigen den Wegzug nicht komplett, jedoch ist sie geeignet, den Wegzug zu behindern. Zum einen sei das Erfordernis der Bestellung einer Sicherheit beschränkend, zum anderen auch der Umstand, dass nach Wegzug eintretende Wertminderungen nicht mehr steuermindernd berücksichtigt werden können. Ebenso stelle auch der Zwang zur Abgabe einer Steuererklärung bei Wegzug zur Festlegung der Bemessungsgrundlage ein be-

---

125 *Schnitger*, BB 2004, 804 (807); *Rödder*, IStR 2005, 297 (298); *Wassermeyer*, GmbHR 2004, 613 (613), *Schindler*, IStR 2004, 711 (711).

126 EuGH v. 7.9.2006 – C-470/04, DStR 2006, 1691.

schränkendes Moment dar, das einen nur innerhalb der Niederlande Umziehenden nicht trifft.

Auf der Rechtfertigungsebene stellt der EuGH fest, dass die Aufteilung der Besteuerungsbefugnis zwischen zwei Staaten der EU ein im Allgemeininteresse liegendes Ziel darstellt. Da es keine gemeinschaftsrechtlichen Harmonisierungsmaßnahmen gebe, stehe den Mitgliedstaaten das Recht zu, zur Beseitigung der Doppelbesteuerung die Kriterien für die Aufteilung der Steuerhoheit vertraglich oder einseitig festzulegen. Die Verpflichtung zur Abgabe einer Steuererklärung bei Wegzug ist nach Ansicht des EuGH hiernach auch gerechtfertigt. Die Stellung einer Sicherheit ist jedoch nicht gerechtfertigt. In diesem Zusammenhang erinnert das Urteil an die Ausführungen im Zusammenhang mit dem Fall *de Lasteyrie du Saillant*, in dem der EuGH ebenfalls die Sicherheitsbestellung ohne Zufluss von Liquidität monierte. Zudem sei die Wegzugsbesteuerung nur zurechtfertigen, wenn auch die nach Wegzug stattfindenden Wertminderungen volle Berücksichtigung fänden. 120

V. Entnahmefiktion bei Steuerentstrickung, § 4 Abs. 1 S. 3 EStG

1. Allgemeines

Nach dieser durch das SEStEG vom 13.12.2006[127] eingeführten Vorschrift zur gegenständlichen Entstrickung begründet die einkommensteuerliche Beschränkung (z.B. bei DBA mit Anrechnungsmethode oder bei Fehlen eines DBA)[128] oder der Ausschluss (z.B. bei DBA mit Freistellungsmethode)[129] des Besteuerungsrechts der Bundesrepublik Deutschland im Zusammenhang mit einem Wegzug (ohne Veräußerung oder Entnahme) die Fiktion einer **Entnahme**.[130] 121

Nach der Gesetzesbegründung zum SEStEG[131] soll diese Vorschrift lediglich eine Klarstellung der bisherigen Rechtsprechung sein, womit insbesondere die rückwirkende Anwendbarkeit ab 2006 begründet wird. Dem ist nicht zu folgen. Vielmehr gab es bis zur Einführung dieser Vorschrift durch das SEStEG keinen allgemeinen Entstrickungsgrundsatz.[132] Die Verwaltung musste in der Vergangenheit das Vorliegen der Voraussetzungen der leges speciales § 4 Abs. 1 S. 2 EStG (Entnahme) oder § 16 Abs. 3 EStG (Betriebsaufgabe) darlegen, um in Fällen des Wegzugs zu einer Besteuerung zu kommen. 122

127 BGBl I 2006, 2782.

128 *Schmidt/Loschelder*, § 4 EStG Rn 244.

129 *Schmidt/Loschelder*, § 4 EStG Rn 244.

130 Zur umstrittenen Frage, ob die Verlegung einer Betriebsstätte eine Betriebsaufgabe darstellt, siehe *Blumenberg/Schäfer*, Das SEStEG, S. 52.

131 BT-Drucks. 16/2710, 28.

132 Siehe stellvertretend *Pohl*, IFA Nationalbericht 2002, 273, 275.

123 **Rechtsfolge** der Vorschrift ist grundsätzlich die sofortige Besteuerung der stillen Reserven, ohne dass es zu einer Veräußerung kommt. Insbesondere die Überführung eines Wirtschaftsguts von einem inländischen Betrieb in eine ausländische Betriebsstätte soll demnach eine fiktive Entnahme im Sinne der Vorschrift darstellen, falls der Gewinn der ausländischen Betriebsstätte aufgrund DBA von der deutschen Besteuerung freigestellt oder die ausländische Steuer im Inland anzurechnen ist.[133]

124 Nach § 6 Abs. 1 Nr. 4 S. 1 Hs. 2 EStG ist als **Entnahmewert** jedoch nicht wie üblich auf den Teilwert abzustellen, sondern auf den gemeinen Wert. Nach § 9 Abs. 2 S. 1 BewG wird der gemeine Wert durch den Preis bestimmt, der im gewöhnlichen Geschäftsverkehr nach der Beschaffenheit des (einzelnen) Wirtschaftsguts bei einer Veräußerung zu erzielen wäre. Demgegenüber ist der Teilwert nach § 6 Abs. 1 Nr. 1 S. 3 EStG der Betrag, den ein Erwerber des **ganzen Betriebs** im Rahmen des Gesamtpreises für das einzelne Wirtschaftsgut ansetzen würde, wenn er den Betrieb fortsetzen würde. Der Gesetzgeber verspricht sich mit dem Abstellen auf den gemeinen Wert einen im Vergleich zum Teilwert höheren Wert, wie der Gesetzesbegründung zu entnehmen ist.[134] Hier heißt es, dass der gemeine Wert auch einen Gewinnaufschlag enthalten soll.[135]

125 Da der Gesetzgeber aus der *de Lasteyrie*-Entscheidung des EuGH[136] erkannt hat, dass die Besteuerung ohne tatsächliche Realisation europarechtlich problematisch ist, hat er für Wegzüge innerhalb der EU mit § 4g EStG die Schaffung eines Ausgleichspostens und die damit verbundene zeitlich gestreckte Besteuerung des fiktiven Entnahmegewinns gestattet. Auf unwiderruflichen Antrag eines unbeschränkt Steuerpflichtigen hin kann nach § 4g Abs. 1 EStG ein wirtschaftsgutbezogener Ausgleichsposten gebildet werden. Die Höhe dieses Ausgleichspostens beläuft sich nach § 4g Abs. 1 S. 1 EStG auf die Differenz zwischen gemeinem Wert und Buchwert des Wirtschaftsguts. Anschließend ist der Ausgleichsposten nach § 4g Abs. 2 S. 1 EStG grundsätzlich im Wirtschaftsjahr der Bildung und in den vier folgenden Wirtschaftsjahren zu je **1/5** gewinnerhöhend aufzulösen. Dabei spielt es keine Rolle, ob das Wirtschaftsgut abnutzbar oder nicht abnutzbar ist, welche Restnutzungsdauer besteht oder ob sich in den fünf Jahren Wertminderungen einstellen.[137] Damit kann der Steuerpflichtige also eine partielle Stundung der Steuer auf die stillen Reserven erreichen, wobei die gestundete Steuer jedes Wirtschaftsjahr um **1/5** abnimmt. Aufgrund der Ausgestaltung als Ausgleichsposten, der sukzessiv aufzulösen ist, und nicht als Stundung per definitionem dürfte die Erhebung von Zinsen nach § 234 AO ausscheiden.

---

133 BT-Drucks. 16/2710, 28.

134 BT-Drucks. 16/2710, 28.

135 Zur Frage, ob die Einbeziehung eines Gewinnaufschlags tatsächlich Sinn macht, siehe *Blumenberg/Schäfer*, Das SEStEG, S. 54.

136 EuGH v. 11.3.2004 – Rs. C-9/2002; siehe hierzu *Deininger*, INF 2004, 460.

137 *Blumenberg/Schäfer*, Das SEStEG, S. 55.

Aus folgenden Gründen kommt es nach § 4g Abs. 2 S. 2, Abs. 5 EStG sofort zur gewinnerhöhenden Auflösung des Ausgleichspostens: 126
- bei Ausscheiden des Wirtschaftsguts aus dem Betriebsvermögen des Steuerpflichtigen,
- bei Überführung des Wirtschaftsguts in ein Betriebsvermögen außerhalb der EU,
- wenn die stillen Reserven des Wirtschaftsguts im Ausland aufzudecken sind oder aufzudecken gewesen wären oder
- bei Verletzung der Aufzeichnungs- und Mitwirkungspflichten des Steuerpflichtigen.

Wird das Wirtschaftsgut innerhalb der fünf Jahre Stundungszeitraum „repatriiert“, ist nach § 4g Abs. 3 S. 1 EStG der entsprechende Ausgleichsposten erfolgsneutral aufzulösen und das Wirtschaftsgut mit den fortgeführten Anschaffungskosten, jedoch erhöht um die zwischenzeitlich gewinnerhöhend berücksichtigten Auflösungsbeträge und um den Unterschiedsbetrag zwischen Rückführungswert und ausländischem Buchwert, maximal jedoch mit dem gemeinen Wert, anzusetzen.

2. EuGH-Rechtsprechung in der Rechtssache Verder LabTec

In der Rechtssache *Verder LabTec*, das auf einen Vorlagebeschluss des FG Düsseldorf[138] hin ergangen ist, hat der EuGH[139] die Besteuerung nach § 4 Abs. 1 S. 3 EStG i.V.m. § 4g EStG insoweit als europarechtskonform erklärt, soweit sie bei Überführung eines Wirtschaftsguts in eine Betriebsstätte in der EU/dem EWR, deren Ergebnisse nach dem entsprechenden DBA von der deutschen Besteuerung freigestellt würden, greift. 127

Im Rahmen der Rechtfertigungsprüfung hinsichtlich des Verstoßes gegen die Niederlassungsfreiheit aus Art. 49 AEUV hat der EuGH festgehalten, dass dem Wegzugsstaat durchaus das Recht zusteht, die während der Ansässigkeit auf seinem Hoheitsgebiet entstandenen stillen Reserven zu besteuern. Ein nachlaufendes Besteuerungsrecht nach DBA für den Herkunftsstaat reicht nicht aus, um diese Grundsätze umzukehren. Um dem Grundsatz der Verhältnismäßigkeit Rechnung zu tragen, muss der Steuerpflichtige lediglich die Wahl zwischen der Besteuerung bei Entstrickung im Herkunftsstaat und einer gestreckten Besteuerung haben. Eine Gewinnverteilung wie sie sich in § 4g EStG (Ausgleichsposten) findet, ist hierfür ausreichend. Stundungszinsen und Sicherheitsleistungserfordernis seien nach Ansicht des EuGH europarechtskonform.

---

138 FG Düsseldorf v. 5.12.2013 – IStR 2014, 73.
139 EuGH v. 21.5.2015 – Rs. C-657/13.

3. EuGH-Rechtsprechung in der Rechtssache DMC

128 Der EuGH hat in dem insgesamt nur schwer nachzuvollziehenden[140] Urteil in der Rechtssache *DMC*[141] zur deutschen gegenständlichen Entstrickungsbesteuerung festgehalten, dass die deutsche Entstrickungsbesteuerung nach § 4 Abs. 1 S. 3, 4 EStG europarechtskonform ist.

In dem vom FG Hamburg vorgelegten Fall wurden Kommanditanteile rückwirkend (zum 31.12.2000) in die Komplementär-GmbH gegen Gewährung neuer GmbH-Anteile eingebracht. Die einbringenden Kommanditisten waren nicht in Deutschland ansässig (sondern in Österreich; es gab keine Betriebsstätte in Deutschland), womit Deutschland kein Besteuerungsrecht im Hinblick auf einen Veräußerungsgewinn der neu entstandenen GmbH-Anteile hatte. Nach dem damalig geltenden UmwStG (§§ 20 Abs. 3, 4 UmwStG 1995) war ein Teilwertansatz hinsichtlich des eingebrachten Vermögens zwingend mit der Folge der Gewinnrealisierung bei den einbringenden Gesellschaftern. Nach § 20 Abs. 6 UmwStG 1995 konnte die hierbei entstehende Steuer jedoch auf fünf Jahre gestreckt bezahlt werden (ohne Stundungszinsen).[142]

129 Der EuGH kommt zu dem Ergebnis, dass zwar durch den zwingenden Teilwertansatz gegen die hier einschlägige Kapitalverkehrsfreiheit[143] aus Art. 63 AEUV (und nicht die Niederlassungsfreiheit) verstoßen wird. Eine Rechtfertigung zur Wahrung der Aufteilung der Besteuerungsbefugnis zwischen den Mitgliedstaaten sei aber dann möglich, wenn der Mitgliedstaat, in dessen Hoheitsgebiet die Einkünfte entstanden sind (hier Deutschland), tatsächlich an der Ausübung seiner Steuerhoheit über die Einkünfte gehindert ist, was der EuGH für den Streitfall nicht endgültig klären konnte und die Beantwortung dieser Frage deshalb dem FG Hamburg auftrug. Die Streckung der Steuerzahlung über fünf Jahre ist nach Ansicht des EuGH[144] europarechtskonform. Ein Sicherheitsleistungserfordernis wäre nach Ansicht des EuGH[145] verhältnismäßig, wenn ein konkretes Nichteinbringungsrisikio vorliegt.

VI. Besteuerung bestimmter Einkünfte nach § 50i EStG

130 Auch diese zum 1.1.2017 neu gefasste Vorschrift betrifft die gegenständliche Entstrickung. Die Vorschrift erfasst die Fallgestaltungen, in denen Wirtschaftsgüter des Betriebsvermögens oder – zur Vermeidung der Anwendbarkeit von § 6

140 *Linn*, IStR 2014, 136, sieht gar „erhebliche systematische Schwächen in der Urteilsbegründung".
141 EuGH v. 23.1.2014 – Rs. C-164/12, IStR 2014, 106.
142 Sachverhalt nach *Linn*, IStR 2014, 136.
143 Zur Auswirkung auf Drittstaaten siehe *Linn*, IStR 2014, 136, 139.
144 EuGH v. 23.1.2014 – Rs. C-164/12, Tz. 62 ff.
145 EuGH v. 23.1.2014 – Rs. C-164/12, Tz. 67 f.

AStG – Kapitalgesellschaftsanteile in gewerblich geprägte Personengesellschaften eingelegt wurden. Grund für die Einführung des § 50i EStG war die Rechtsprechungsänderung des BFH,[146] nach der Wirtschaftsgüter abkommensrechtlich nicht mehr der Betriebsstätte der gewerblich geprägten Personengesellschaft zuzuordnen waren, sondern vielmehr deren Gesellschaftern. Bei Wegzug eines der Gesellschafter mit anschließender Ansässigkeit in einem Zuzugsstaat, der ein DBA mit Deutschland abgeschlossen hatte, unterfielen diese Wirtschaftsgüter daher grundsätzlich nicht mehr der deutschen Besteuerung.

Die Anwendbarkeit des § 50i Abs. 1 EStG wurde jedoch durch das Gesetz zur Umsetzung der Änderungen der EU-Amtshilferichtlinie und von weiteren Maßnahmen gegen Gewinnkürzungen und -verlagerungen[147] auf die Fälle beschränkt, in denen der Ausschluss oder die Beschränkung des deutschen Besteuerungsrechts vor dem 1.1.2017 eingetreten ist. Da für ab dem 1.1.2017 eingetretene Sachverhalte die allgemeinen Entstrickungsregeln nach § 4 Abs. 1 S. 3 EStG gelten, ist die Bedeutung des § 50i EStG m.E. stark gesunken. 131

Für vor dem 1.1.2017 eingetretene Ausschlüsse oder Beschränkungen des Besteuerungsrechts Deutschlands hinsichtlich der Besteuerung des Gewinns aus der Veräußerung oder Entnahme dieser Wirtschaftsgüter oder Anteile bestimmt § 50i Abs. 1 S. 1 EStG jedenfalls, dass, wenn Wirtschaftsgüter des Betriebsvermögens oder Anteile i.S.d. § 17 EStG vor dem 29.6.2013 in das Betriebsvermögen einer gewerblich geprägten Personengesellschaft übertragen oder überführt worden sind und zudem eine Besteuerung der stillen Reserven im Zeitpunkt der Übertragung oder Überführung unterblieben ist, der Gewinn, den ein Steuerpflichtiger, der im Sinne eines DBA in einem anderen Vertragsstaat ansässig ist, aus der späteren Veräußerung oder Entnahme dieser Wirtschaftsgüter oder Anteile erzielt, ungeachtet entgegenstehender Bestimmungen des DBA zu versteuern ist. 132

VII. Erweitert unbeschränkte Erbschaft- und Schenkungsteuerpflicht, § 2 Abs. 1 Nr. 1 S. 2 Buchst. b ErbStG

Nach § 2 Abs. 1 Nr. 1 S. 2 Buchst. b ErbStG tritt die erweitert unbeschränkte Erbschaft- und Schenkungsteuerpflicht ein, wenn der Erblasser zur Zeit des Todes oder der Schenker zur Zeit der Ausführung der Schenkung oder der Erwerber zur Zeit der Entstehung der Steuer sich als deutscher Staatsangehöriger **nicht länger als fünf Jahre**[148] **dauernd im Ausland** aufgehalten hat, ohne in 133

146 BFH vom 28.4.2010 – I R 81/09, BStBl II 2014, 754.

147 Gesetz zur Umsetzung der Änderungen der EU-Amtshilferichtlinie und von weiteren Maßnahmen gegen Gewinnkürzungen und -verlagerungen vom 20.12.2016, BGBl I 2016, 3000.

148 Im Verhältnis zur USA wurde diese Frist gar auf zehn Jahre verlängert, siehe Art. 3 ZustimmungsG v. 15.9.2000 zum Ergänzungsprotokoll DBA USA/D (E) v. 14.9.2000, BGBl II 2000, 1170.

Deutschland einen Wohnsitz zu haben. Dabei ist zu beachten, dass die Steuerpflicht sowohl an den Erblasser/Schenker als auch an den Erwerber geknüpft ist. D.h. dass sowohl der Erblasser/Schenker als auch der Erwerber schon länger als fünf Jahre einen Wohnsitz im Ausland haben muss, um nicht die deutsche erweitert unbeschränkte Erbschaftsteuerpflicht auszulösen. Ist die Fünfjahresfrist noch nicht abgelaufen, kann die deutsche erweitert unbeschränkte Erbschaftsteuerpflicht nur durch einen Staatsangehörigkeitswechsel[149] sowohl auf Seiten des Erblassers/Schenkers als auch auf Erwerberseite vermieden werden.

134 Zwar ist die von *Haag*[150] angesprochene unschädliche Begründung eines gewöhnlichen Aufenthalts in Deutschland juristisch richtig. Faktisch wird es m.E. schwierig werden, dem zuständigen Finanzamt die Feinheiten zwischen gewöhnlichem Aufenthalt in Deutschland nach § 9 AO und Wohnsitz in einem anderen Staat, ggf. noch dazu in einem Niedrigsteuergebiet, so darzulegen, dass der Mandant hier mit Fragebögen, Steuererklärungsanforderungen oder gar Steuerstrafverfahren überzogen wird.

Hinweis

Vor sog. **„Heimwehphasen“**,[151] d.h. Phasen, in denen sich der Emigrant kurzfristig wieder in Deutschland ansiedelt, indem er einen Wohnsitz begründet, ist zu warnen. Diese kurzzeitigen Phasen führen dazu, dass die Fünfjahresfrist wieder neu zu laufen beginnt.

VIII. Beschränkte Erbschaft- und Schenkungsteuerpflicht, § 2 Abs. 1 Nr. 3 ErbStG

135 Darüber hinaus hält das deutsche Steuerrecht noch die beschränkte und die erweitert beschränkte Erbschaftsteuerpflicht bereit. Diese beiden Tatbestände sind **subsidiär** zur erweitert unbeschränkten Erbschaftsteuerpflicht nach § 2 Abs. 1 Nr. 1b ErbStG.

Nach der in § 2 Abs. 1 Nr. 3 ErbStG geregelten **beschränkten Erbschaftsteuerpflicht** ist der Vermögensanfall in Form von **inländischem Vermögen** im Sinne des § 121 BewG steuerbar (z.B. inländisches Grund- und Betriebsvermögen, Anteile an einer Kapitalgesellschaft, wenn die Gesellschaft Sitz oder Geschäftsleitung im Inland hat und der Gesellschafter unmittelbar oder mittelbar mindestens 10 % des Grund- oder Stammkapitals hält).[152] Die beschränkte Steuerpflicht tritt mit anderen Worten also nur ein, wenn Inlandsvermögen i.S.v. § 121 BewG durch

149 *Kapp/Ebeling*, ErbStG, § 2 Rn 12.
150 *Haag*, ZErb 2018, 262.
151 *Jülicher*, ZErb 2003, 204, 207.
152 *Wachter*, ErbStB 2004, 25.

Erbfall oder Schenkung von einem Nicht-Inländer auf einen anderen Nicht-Inländer übergeht.[153]

Im Rahmen der beschränkten Erbschaftsteuerpflicht stand nach § 16 Abs. 2 ErbStG a.F. nur ein reduzierter Freibetrag von 2.000 EUR zur Verfügung. Der EuGH[154] schob dieser gegen Europarecht verstoßenden Regelung einen Riegel vor, so dass grundsätzlich die „vollen" Freibeträge nach § 16 Abs. 1 ErbStG auch bei beschränkter Erbschaftsteuerpflicht zu gewähren sind. Mit der jedoch zum 25.6.2017 in Kraft getretenen Neufassung des § 16 Abs. 2 ErbStG sind die Freibeträge nach § 16 Abs. 1 ErbStG bei beschränkter Erbschaftsteuerpflicht um einen Teilbetrag zu mindern. Dieser Teilbetrag entspricht gem. § 16 Abs. 2 S. 2 ErbStG dem Verhältnis der Summe der Werte des in demselben Zeitpunkt erworbenen, nicht der beschränkten Steuerpflicht unterliegenden Vermögens und derjenigen, nicht der beschränkten Steuerpflicht unterliegenden Vermögensvorteile, die innerhalb von zehn Jahren von derselben Person angefallen sind, zum Wert des Vermögens, das insgesamt innerhalb von zehn Jahren von derselben Person angefallenen ist.[155] Die früheren Erwerbe sind nach § 16 Abs. 2 S. 3 ErbStG mit ihrem früheren Wert anzusetzen. 136

Zudem ist zu beachten, dass nach Auffassung der Finanzverwaltung[156] **§ 10 Abs. 2 ErbStG** in Fällen beschränkter Steuerpflicht, wenn der Schenker zusätzlich die Steuer des Erwerbers übernimmt oder einem anderen auferlegt oder im Erbfall die Steuer des Erwerbers einem anderen auferlegt, nicht anwendbar ist. Bemessungsgrundlage ist in diesen Fällen daher lediglich der Erwerb ohne Hinzurechnung der hierauf entfallenden Steuer. Als Begründung wird angeführt, dass die zu übernehmende Steuerforderung nicht zum Inlandsvermögen nach § 121 BewG zählt. 137

IX. Erweitert beschränkte Erbschaft- und Schenkungsteuerpflicht, § 4 Abs. 1 AStG

1. Allgemeines

Dazu kommt die **erweitert beschränkte Steuerpflicht** nach § 4 Abs. 1 AStG.[157] 138
Dieser Tatbestand kommt i.d.R. in einem Fünf-Jahres-Zeitfenster zur Anwendung, nämlich zwischen dem Ablauf der erweitert unbeschränkten Erbschaftsteuerpflicht i.S.v. § 2 Abs. 1 Nr. 1 Buchst. b ErbStG nach fünf Jahren nach dem

153 *Kapp/Ebeling*, ErbStG, § 2 Rn 31.

154 Z.B. in EuGH v. 8.6.2016 – C-479/14.

155 Berechnungsbeispiel bei *Haag*, ZErb 2018, 262, 265.

156 SenFin Bremen, Erl. v. 3.5.2007 – S 3810–13–2, IStR 2007, 448.

157 Zu beachten ist in diesem Zusammenhang auch die Umgehungsvorschrift des § 5 Abs. 1 S. 2 AStG, auf die hier nicht weiter eingegangen wird.

Wegzug und der in § 2 AStG festgelegten **10-Jahres-Periode.**[158] Gibt der Steuerpflichtige die deutsche Staatsangehörigkeit während des Zeitraums der erweitert unbeschränkten Erbschaftsteuerpflicht nach § 2 Abs. 1 Nr. 3 ErbStG auf, unterliegt er nur noch der Besteuerung nach § 4 AStG.[159]

139 Die erweitert beschränkte Erbschaftsteuerpflicht tritt ein bei gleichzeitigem Vorliegen der erweitert beschränkten Einkommensteuerpflicht nach § 2 Abs. 1 S. 1 AStG und der beschränkten Erbschaftsteuerpflicht nach § 2 Abs. 1 Nr. 3 ErbStG. In diesem Fall tritt die Steuerpflicht über den dort bezeichneten Umfang hinaus für alle Teile des Erwerbs ein, deren Erträge bei unbeschränkter Einkommensteuerpflicht nicht ausländische Einkünfte i.S.v. § 34c Abs. 1 EStG wären,[160] sog. erweitertes Inlandsvermögen.[161] Damit werden über die in § 121 BewG genannten hinaus u.a. auch folgende Wirtschaftsgüter erfasst: Kapitalforderungen gegen Schuldner im Inland; Spareinlagen und Bankguthaben bei Geldinstituten im Inland; Aktien und Anteile an Kapitalgesellschaften, Investmentfonds und offenen Immobilienfonds sowie Geschäftsguthaben bei Genossenschaften im Inland; und Ansprüche auf Renten und andere wiederkehrende Leistungen gegen Schuldner im Inland.

2. EuGH-Rechtsprechung: Das Urteil in Sachen van Hilten

140 In der Rechtssache *van Hilten* stellte der EuGH[162] überraschenderweise fest, dass das Gemeinschaftsrecht nicht durch eine niederländische Norm verletzt wird, nach der – ähnlich wie § 4 Abs. 1 AStG – der Übergang des Nachlasses eines Angehörigen dieses Mitgliedstaats, der innerhalb von zehn Jahren nach Verlegung seines Wohnsitzes aus dem betreffenden Mitgliedstaat verstorben ist, grundsätzlich so besteuert wird, als wäre er in dem ersten Staat wohnen geblieben.

a) Sachverhalt

141 Frau *van Hilten*, niederländische Staatsangehörige, verstarb am 22.11.1997. Sie hatte bis Anfang 1988 in den Niederlanden, anschließend in Belgien und seit 1991 in der Schweiz gelebt. Ihr Nachlass bestand insbesondere aus in den Niederlanden, in der Schweiz und in Belgien belegenen unbeweglichen Sachen, aus Kapitalanlagen in Form von in den Niederlanden, Deutschland, der Schweiz und den Vereinigten Staaten von Amerika notierten Wertpapieren sowie aus Gutha-

---

158 *Bischoff/Kotyrba*, BB 2002, 382 (388).

159 *Wöhrle/Schelle/Gross*, AStG-Kommentar, § 4 Rn 4.

160 Systematisch ist diese Verbindung von Einkommensteuer- und Erbschaft- und Schenkungsteuer durch den Gesetzgeber m.E. zumindest verwunderlich. Ausführlich zur beschränkten und erweitert beschränkten Erbschaft- und Schenkungsteuerpflicht: *Weigell*, in W/B/S, Investitions- und Steuerstandort Schweiz, S. 173 f.

161 *Wöhrle/Schelle/Gross*, AStG Kommentar, § 4 Rn 4.

162 EuGH v. 23.2.2006 – C-513/03, IStR 2006, 309.

ben auf Bankkonten bei niederländischen und belgischen Tochtergesellschaften in der Europäischen Union ansässiger Banken, wobei diese Tochtergesellschaften die Guthaben auch verwalteten. Ihre Erben wurden zur Erbschaftsteuer veranlagt, die auf der Grundlage von Art. 3 Abs. 1 SW 1956[163] berechnet wurde. Diese Steuer wurde nach Einspruch, der von vier der Erben eingelegt worden war, aufrechterhalten. Die vier Erben erhoben gegen diese Entscheidung Klage.

Im Kern ging es um folgende Frage: Ist Art. 56 EG (Kapitalverkehrsfreiheit) 142
dahingehend auszulegen, dass er einer Regelung eines Mitgliedstaats wie der im Ausgangsverfahren streitigen entgegensteht, nach der der Übergang des Nachlasses eines Angehörigen dieses Mitgliedstaats, der innerhalb von zehn Jahren nach Verlegung seines Wohnsitzes aus dem betreffenden Mitgliedstaat verstorben ist, so besteuert wird, wenn auch unter Befreiung in Höhe der von anderen Staaten erhobenen Erbschaftsteuer, als hätte der Erblasser weiter in diesem Mitgliedstaat gewohnt.

b) Entscheidung des EuGH

Der EuGH hält zum einen fest, dass es sich beim Erwerb von Todes wegen 143
durchaus um Kapitalverkehr im Sinne von Art. 73b EG handelt; ausgenommen sind lediglich die Fälle, die mit keinem ihrer wesentlichen Elemente über die Grenzen eines Mitgliedstaats hinausweisen.

Dagegen stellt eine nationale Regelung, nach der der Übergang eines Nachlasses 144
eines Angehörigen eines Mitgliedstaats, der innerhalb von zehn Jahren nach Verlegung seines Wohnsitzes ins Ausland verstorben ist, so besteuert wird, als wäre dieser Staatsangehörige im selben Mitgliedstaat wohnen geblieben, wenn auch unter Befreiung in Höhe der Erbschaftsteuer, die in dem Staat erhoben wird, in den der Verstorbene seinen Wohnsitz verlegt hatte, **keine Beschränkung des Kapitalverkehrs** dar.

Dadurch, dass diese Regelung die gleiche Besteuerung des Erwerbs von Todes 145
wegen für Staatsangehörige, die ihren Wohnsitz ins Ausland verlegt haben, und für solche, die im betreffenden Mitgliedstaat geblieben sind, vorsieht, hält sie nämlich weder die Erstgenannten davon ab, von einem anderen Mitgliedstaat aus Investitionen in dem betreffenden Mitgliedstaat zu tätigen, noch die Letztgenannten davon, von dem betreffenden Mitgliedstaat aus Investitionen in einem anderen Mitgliedstaat zu tätigen; unabhängig davon, wo sich die fraglichen Vermögensgegenstände befinden, mindert sie auch nicht den Wert des Nachlasses eines Staatsangehörigen, der seinen Wohnsitz ins Ausland verlegt hat. Dass diese Regelung weder die Staatsangehörigen erfasst, die seit mehr als zehn Jahren im

163 Art. 3 Abs. 1 SW 1956 bestimmt: „Ein niederländischer Staatsangehöriger, der innerhalb von zehn Jahren nach seinem Fortzug aus [den Niederlanden] verstirbt oder eine Schenkung macht, gilt als zum Zeitpunkt seines Todes oder der Schenkung [in den Niederlanden] wohnhaft.“.

Ausland leben, noch diejenigen, die niemals ihren Wohnsitz in dem betreffenden Mitgliedstaat hatten, ist insoweit nicht von Bedeutung. Da sie nur für die Staatsangehörigen des betreffenden Mitgliedstaats gilt, kann sie keine Beschränkung des Kapitalverkehrs in Bezug auf die Staatsangehörigen der anderen Mitgliedstaaten darstellen.

146 Was die Ungleichbehandlung von Gebietsansässigen mit der Staatsangehörigkeit des betreffenden Mitgliedstaats und solchen mit der Staatsangehörigkeit eines anderen Mitgliedstaats angeht, die sich aus einer Regelung wie der im Ausgangsverfahren streitigen ergibt, können derartige, zum Zwecke der Aufteilung der Steuerhoheit getroffenen Unterscheidungen nicht als eine durch Art. 73b EG verbotene unterschiedliche Behandlung angesehen werden. Sie ergeben sich nämlich in Ermangelung gemeinschaftsrechtlicher Vereinheitlichungs- oder Harmonisierungsmaßnahmen aus der Befugnis der Mitgliedstaaten, die Kriterien für die Aufteilung ihrer Steuerhoheit vertraglich oder einseitig festzulegen.

147 Außerdem hat der Gerichtshof bereits festgestellt, dass es für die Mitgliedstaaten nicht sachfremd ist, sich zum Zwecke der Aufteilung der Steuerhoheit an der internationalen Praxis und den von der OECD erarbeiteten Musterabkommen zu orientieren. Wie die niederländische Regierung ausgeführt hat, entspricht die im Ausgangsverfahren streitige Regelung dem Bericht zum Musterabkommen zur Vermeidung der Doppelbesteuerung der Nachlässe, Erbschaften und Schenkungen (Bericht des Fiskalausschusses der OECD 1982). Aus dem Bericht geht hervor, dass eine derartige Regelung durch die Sorge gerechtfertigt ist, eine Form der Steuerflucht zu vermeiden, die darin besteht, dass ein Angehöriger eines Staates im Hinblick auf seinen Tod seinen Wohnsitz in einen anderen Staat verlegt, in dem die Steuer niedriger ist.

148 In diesem Zusammenhang ist festzustellen, dass die **bloße Verlegung des Wohnsitzes** von einem Staat in den anderen nicht unter Art. 73b EG fällt. Wie nämlich der Generalanwalt ausgeführt hat, umfasst eine solche Verlegung des Wohnsitzes für sich genommen keine finanziellen Transaktionen oder die Übertragung von Eigentum und weist auch keine anderen Merkmale einer Bewegung von Kapital auf.

149 Folglich kann eine nationale Regelung, deren Wirkung darin bestünde, einen Staatsangehörigen von der Verlegung seines Wohnsitzes in einen anderen Staat abzuhalten und somit sein Freizügigkeitsrecht zu beeinträchtigen, nicht schon aus diesem Grund eine Beschränkung des Kapitalverkehrs im Sinne von Art. 73b EG sein.

3. Gestaltungsüberlegungen

150 Die erweitert beschränkte Steuerpflicht scheidet nach § 4 Abs. 2 AStG aus, wenn der Nachweis erbracht wird, dass für den Teil des Erwerbs, der nach § 4 Abs. 1 AStG steuerpflichtig wäre, im Ausland eine Steuer entrichtet wird, die **mindes-**

tens 30 % der deutschen Erbschaftsteuer beträgt, die nach § 4 Abs. 1 AStG auf diese Teile des Erwerbs erhoben würde. Hier lohnt sich daher die genaue Kalkulation vor dem Wegzug, wenn zu befürchten ist, dass der Zehn-Jahres-Zeitraum des § 4 Abs. 1 i.V.m. § 2 Abs. 1 S. 1 AStG unterschritten wird. Möglicherweise ist nicht der Kanton, der keine Erbschaftsteuern erhebt, der steuergünstigste. Vielmehr wird es der Kanton sein, der die 30 %-Marke erreicht.

Zudem lässt sich in gestalterischer Hinsicht die erweitert beschränkte Erbschaft- 151
und Schenkungsteuerpflicht dadurch aushebeln, dass Schenkungen erst nach Ablauf des Zehn-Jahres-Zeitraums nach § 4 i.V.m. § 2 Abs. 1 S. 1 AStG vorgenommen werden. Außerdem kann – bei entsprechend rechtzeitiger Einschaltung des Beraters – das Vermögen in der Regel so umstrukturiert werden, dass keine inländischen Einkünfte i.S.v. § 4 Abs. 1 AStG entstehen.[164]

C. Unilaterale Maßnahmen zur Vermeidung der Doppelbesteuerung in Deutschland

I. Einkommensteuer

Das deutsche Steuerrecht sieht **keine Maßnahmen** vor, wonach die Doppelbe- 152
steuerung (Wegzugsteuer in Deutschland, Besteuerung der Veräußerung im Zuzugsstaat) verhindert würde. Insbesondere erfolgt keine Anrechnung ausländischer Steuern auf die nach § 21 Abs. 2 S. 1 Nr. 2 UmwStG, § 6 AStG oder § 2 AStG erhobenen Steuern. Denn eine Steueranrechnung nach § 34c Abs. 1 EStG kommt nur bei Vorliegen von ausländischen Einkünften i.S.v. § 34d EStG in Betracht. Im Rahmen der Veräußerung von Anteilen an Kapitalgesellschaften müssten diese Gesellschaften jedoch ihre Geschäftsleitung oder ihren Sitz in einem ausländischen Staat haben, was beim Wegzug aus Deutschland gerade nicht der Fall sein dürfte. Im Rahmen der erweitert beschränkten Einkommensteuerpflicht (§ 2 AStG) werden die ausländischen Einkünfte i.S.v. § 34d EStG ausgeschlossen, bei welchen eine Steueranrechnung in Frage käme.[165]

II. Erbschaftsteuer

Sollte es im Bereich der Erbschaftsteuern zu einer Doppelbelastung mit deutscher 153
und ausländischer Erbschaftsteuer kommen, regelt § 21 ErbStG die Voraussetzungen, unter welchen eine Anrechnung der ausländischen auf die deutsche Erbschaftsteuer in Betracht kommt. Nach § 21 ErbStG kann eine Anrechnung ausländischer Erbschaftsteuer unter den nachfolgend erläuterten, engen Voraussetzungen erfolgen. Die Bedeutung der Vorschrift wird in Zukunft etwas geringer

164 *Jülicher*, ZErb 2003, 204, 211.
165 *Pohl*, IFA Nationalbericht 2002, 273, 283.

werden, da zahlreiche Staaten[166] von der Erhebung einer Erbschaftsteuer absehen oder in Zukunft absehen wollen.

1. Unbeschränkte Erbschaftsteuerpflicht

154 Zunächst muss für eine Anrechnung ausländischer Erbschaftsteuer in Deutschland **unbeschränkte Steuerpflicht** des betreffenden Steuerpflichtigen bestehen; erweitert unbeschränkte Steuerpflicht reicht aus (§ 21 Abs. 1 S 1 i.V.m. § 2 Abs. 1 Nr. 1 ErbStG). Bei beschränkter Steuerpflicht (§ 2 Abs. 1 Nr. 3 ErbStG) oder erweitert beschränkter Steuerpflicht (§ 4 AStG) ist die Anrechnung ausländischer Erbschaft- oder Schenkungsteuer dagegen ausgeschlossen.

155 War der Erblasser zum Zeitpunkt des Todes **Inländer**, ist der Umfang des für eine Anrechnung beachtlichen Auslandsvermögens begrenzt, da nur unter § 121 BewG fallende Wirtschaftsgüter Berücksichtigung finden. War der Erblasser dagegen zur Zeit seines Ablebens **kein Inländer**, gelten alle Wirtschaftsgüter **mit Ausnahme** der unter § 121 BewG fallenden als der Anrechnung zugängliches Auslandsvermögen (§ 21 Abs. 2 ErbStG). Hierunter würde beispielsweise auch eine (nicht durch inländischen Grundbesitz gesicherte) Kapitalforderung gegen einen inländischen Schuldner fallen.[167]

2. Fehlen eines DBA

156 Es darf **kein DBA** auf dem Gebiet der Erbschaft- oder Schenkungsteuern mit dem betreffenden Staat abgeschlossen worden sein. Die Vorschrift ist jedoch nicht so zu verstehen, als sei bei Vorliegen eines DBA die Anrechnung stets ausgeschlossen. Dieser Schluss ist nur richtig, wenn das DBA die Doppelbesteuerung durch Anwendung der Freistellungsmethode verhindert. Kommt dagegen die Anrechnungsmethode zum Zug, ist in diesen Konstellationen § 21 ErbStG anzuwenden, wie sich aus § 21 Abs. 4 ErbStG ergibt.

3. Entsprechensklausel

157 § 21 Abs. 1 S. 1 ErbStG verlangt für die Anrechnung, dass die ausländische Steuer der deutschen Erbschaftsteuer entspricht, sog. **Entsprechensklausel**. Insbesondere bei **Nachlasssteuern**, also Steuern, die am gesamten Nachlass und nicht wie die deutsche Erbanfallsteuer am Erwerb des Einzelnen anknüpfen, ist fraglich, ob die Entsprechung gewahrt ist. Der BFH[168] hat hierzu ausgeführt, dass sich eine allzu restriktive Auslegung von § 21 ErbStG verbietet. Der Entsprechens-

166 Etwa Schweden, Portugal, Österreich.

167 *Hörger/Stephan/Pohl*, Unternehmens- und Vermögensnachfolge, S. 144.

168 BFH v. 6.3.1990, BStBl II 1990, 786.

klausel ist Genüge getan, sobald die ausländische Steuer den Übergang des Nachlasses besteuert.

Daneben ergeben sich bei sog. **capital gains taxes** in diesem Zusammenhang Probleme. Diese Wertzuwachssteuern werden in einigen Staaten neben oder anstatt einer Erbschaft- oder Schenkungsteuer erhoben. 158

Unterschiedlich ist dabei auch die Eingliederung der capital gains taxes in das ausländische Steuerrecht. Es gibt Formen einer sog. isolierten Wertzuwachssteuer (z.B. „Plus Valia" für Grundbesitz in **Spanien**), aber auch in das ausländische Einkommensteuerrecht eingebettete Wertzuwachssteuern (etwa die **südafrikanische capital gains tax**). Isoliert erhobene Wertzuwachssteuern, wie beispielsweise die INVIM in **Italien**,[169] sind anrechenbar.

Das FG Rheinland-Pfalz[170] hat in einer Entscheidung aus 1999 bei einer Schenkung die Anrechenbarkeit der ausländischen Steuer verneint, da die beim Veräußerer entstehende Steuerbelastung im Ausland vom Erwerber nur als Gegenleistung entsprechend den Grundsätzen der gemischten Schenkung übernommen werden könne. Eine Diskussion der Entsprechensklausel war nach der Auffassung des Gerichts nicht mehr erforderlich. 159

Der BFH hat beispielsweise die **kanadische capital gains tax** im Erbfall als nicht zur Anrechnung tauglich erklärt, da der fiktive Veräußerungsgewinn als Einkommen **bei der Einkommensteuer** in Kanada erfasst werde und es sich daher nicht um eine der deutschen Erbschaftsteuer entsprechende Steuer handele.[171] 160

Bestehen die Wirtschaftsgüter des Nachlasses **zum Teil aus inländischem Vermögen und zum Teil aus ausländischem Vermögen** i.S.v. § 121 BewG, wird die ausländische Steuer nach § 21 Abs. 1 S. 2 ErbStG nur zum Teil angerechnet. Aufzuteilen ist in dem Verhältnis des steuerpflichtigen Auslandsvermögens zu dem steuerpflichtigen Gesamtvermögen. Sind mehrere Staaten beteiligt, so ist nach § 21 Abs. 1 S. 3 ErbStG für jeden Staat gesondert zu berechnen, wie hoch der anrechenbare Teil ist. 161

4. Zeitmoment

Nach § 21 Abs. 1 S. 4 ErbStG besteht eine Fünf-Jahres-Grenze: Die ausländische Steuer ist nur anrechenbar, wenn die deutsche Erbschaftsteuer für das Auslandsvermögen innerhalb von fünf Jahren nach der Entstehung der ausländischen Erbschaftsteuer entstanden ist. Daneben darf der deutsche Steuerfall noch nicht 162

---

169 FG München v. 14.11.2001, EFG 2002, 482.

170 Vom 16.9.1999, EFG 2000, 86 (rkr.) m. Anm. *Daragan*, ZErb 2000, 38.

171 BFH, BStBl II 1995, 540; *Wilde*, Das kanadische Erbschaft- und Schenkungsteuerrecht, Rn 524 ff.; *Jülicher*, ZEV 1996, 295.

abgeschlossen sein, da nach Auffassung beispielsweise des FG Düsseldorf[172] die nachträgliche Festsetzung ausländischer Erbschaftsteuer kein rückwirkendes Ereignis i.S.v. § 175 Abs. 1 S. 1 Nr. 2 AO darstellt.

5. Mitwirkungspflichten

163 Gemäß § 21 Abs. 3 S. 1 ErbStG, einer die verstärkten Mitwirkungspflichten in Auslandssachverhalten aus § 90 Abs. 2 AO konkretisierenden Norm, muss der Erwerber dem Finanzamt die Höhe des Auslandsvermögens und die Festsetzung der Zahlung der ausländischen Steuer mittels entsprechender Urkunden nachweisen. Diese Urkunde wird in der Regel der ausländische Steuerbescheid sein. Ist dieser Steuerbescheid in einer fremden Sprache verfasst, kann das Finanzamt nach § 21 Abs. 3 S. 2 ErbStG eine beglaubigte Übersetzung verlangen.

6. Höchstbetragsbegrenzung

164 Nach § 21 Abs. 1 S. 2, 3 ErbStG erfolgt über die enge Definition des Auslandsvermögens nach § 21 Abs. 2 ErbStG eine weitere Einschränkung des anrechenbaren Betrags. Danach kann die ausländische Erbschaftsteuer nur bis zur Höhe der deutschen Erbschaftsteuer, die auf das betreffende Auslandsvermögen entfällt, angerechnet werden, sog. **Höchstbetragsbegrenzung**. Dadurch soll vermieden werden, dass dem inländischen Steuerpflichtigen bei höherem ausländischem Steuerniveau der Unterschiedsbetrag zum inländischen Steuerniveau vom Wohnsitzstaat erstattet wird. Bei einem reinen Erwerb von Auslandsvermögen ist daher eine Erstattung im Ausland gezahlter Erbschaftsteuer nicht vorgesehen. Bei Erwerb von Inlands- und Auslandsvermögen wird eine Verhältnisrechnung angewandt. Sie folgt nach § 21 Abs. 1 S. 2 ErbStG der Formel:

$$\text{Höchstbetrag} = \frac{\text{Deutsche Erbschaftsteuer} \times \text{steuerpflichtiges Auslandsvermögen}}{\text{Steuerpflichtiges Gesamtvermögen}}$$

Diese Höchstbetragsbegrenzung hat zur Folge, dass bei einer niedrigeren ausländischen Steuer die höhere inländische Steuer zur Anwendung kommt. Bei einer höheren ausländischen Erbschaftsteuer bleibt der Steuerpflichtigen dagegen mit dieser höheren Steuer belastet, d.h. die ausländische Erbschaftsteuer kann teilweise nicht angerechnet werden.

165 Die Höchstbetragsbegrenzung ist in einigen Staaten ausschließlich auf das Verhältnis zwischen Auslands- und Inlandsvermögen bezogen (sog. Over-all-Limitation).[173] In Deutschland ist diese Begrenzung nach § 21 Abs. 1 S. 3 ErbStG für jeden Staat mit Auslandsvermögen gesondert zu berechnen (sog. „Per-Country-Limitation“), so dass keine Saldierung eines niedrigeren Erbschaftsteuerniveaus

172 FG Düsseldorf v. 21.8.1998, ZEV 1998, 490 (rkr.).
173 Z.B. in Japan, *Troll/Gebel/Jülicher*, § 21 ErbStG Rn 107.

eines ausländischen Staates mit einem höheren Erbschaftsteuerniveau eines anderen ausländischen Staates vorgenommen werden kann.[174]

7. Vorlage des BFH an den EuGH

Im Fall der Doppelbelastung von Bankguthaben in Spanien mit deutscher und spanischer Erbschaftsteuer hat der BFH mit Beschluss vom 16.1.2008 dem EuGH verkürzt dargestellt u.a. folgende auch im Verhältnis zu Österreich höchst relevante Fragen zur Vorabentscheidung vorgelegt:[175] 166

- Ist die Kapitalverkehrsfreiheit (Art. 56 Abs. 1 EG) dahingehend auszulegen, dass die Erbschaftsteuer, die ein anderer EU-Mitgliedstaat auf den Erwerb von Kapitalforderungen erhoben hat, auf die deutsche Erbschaftsteuer anzurechnen ist, wenn sowohl Erblasser und Erbe in Deutschland ansässig waren/sind?
- Vorausgesetzt ein Verstoß gegen die Kapitalverkehrsfreiheit liegt vor, welcher Staat (Wohnsitzstaat des Gläubigers oder Sitzstaat des Schuldners) wäre verpflichtet, auf sein Besteuerungsrecht zu verzichten?

Kernproblem hierbei ist Folgendes: Hatte der zuletzt in Deutschland wohnhafte Erblasser Kapitalvermögen auch bei Banken im Ausland deponiert und muss der ebenfalls in Deutschland ansässige Erbe hierauf Erbschaftsteuer bezahlen, wird diese Steuer nicht auf die in Deutschland für den Erwerb des gesamten Kapitalvermögens erhobene Erbschaftsteuer angerechnet. Denn die Kapitalforderung gegen die ausländische Bank stellt kein Auslandsvermögen i.S.v. § 21 ErbStG dar (siehe Rdn 155). Hiermit kommt es ggf. zu einer Doppelbelastung mit in- und ausländischer Erbschaftsteuer, die innerhalb der EU gegen die Kapitalverkehrsfreiheit verstoßen könnte.

Der EuGH hat jedoch überraschend mit Urteil vom 12.2.2009[176] entschieden, dass die Nichtanrechnung der spanischen Erbschaftsteuer in Deutschland gemeinschaftsrechtskonform ist. Die Kapitalverkehrsfreiheit sei nach Ansicht des EuGH im vorliegenden Fall nicht verletzt. Denn der Umstand, dass Deutschland auf Kapitalforderungen Erbschaftsteuer erhebt, wenn der **Gläubiger** seinen Wohnsitz in Deutschland hat, Spanien die Erbschaftsteuer aber auf die Ansässigkeit des **Schuldners** in Spanien stützt, sei durch die Autonomie der Mitgliedstaaten in einem nicht harmonisierten Rechtsgebiet gedeckt. Die Mitgliedstaaten seien nicht dazu verpflichtet, ihr eigenes Steuersystem den Steuersystemen der Mitgliedstaaten anzupassen, um eine sich eventuell ergebende Doppelbesteuerung zu vermeiden und so die Anrechnung der Erbschaftsteuer zu ermöglichen, die in einem anderen Mitgliedstaat als dem Wohnsitzstaat des Erben entrichtet wurde. 167

174 Kritisch *Meincke/Hannes/Holtz*, § 21 ErbStG Rn 24 f.
175 BFH v. 16.1.2008 – II R 45/05, DStR 2008, 448.
176 EuGH v. 12.2.2009 – C 67/08, DStR 2009, 373.

§ 3 Die Schweiz als Zuzugsstaat

Übersicht: Rdn

Literaturhinweise

Blumenstein/Locher, System des schweizerischen Steuerrechts, 7. Auflage 2016; *Happe/Boelsen*, Schweizer Heimatvermögen im Erbschaftssteuer-DBA Schweiz-Deutschland, Handelskammerjournal, 12.10.2021; *Hinny*, Steuerrecht 2022, 2022; *Kapp/Ebeling*, Erbschaftsteuer- und Schenkungsteuergesetz, Kommentar, 92. Aktualisierung 2022; *Kolb/Kubaile*, Kompaktkommentar zum Doppelbesteuerungsabkommen Deutschland – Schweiz, 3. Auflage 2015; *Locher*, Kommentar zum Bundesgesetz über die direkte Bundessteuer: I. Teil – Art. 1–48 DBG, 2019; *Luckhaupt/Bussmann*, Wegzug in die Schweiz – EuGH-Urteil im Fall Martin Wächtler, EF 8/2019, 595; *Mäusli-Allenspach*, Erbschafts- und Schenkungssteuern in der Schweiz – ein Überblick, successio 2012, 184; *Reich*, Steuerrecht, 3. Auflage 2020; *Scheunemann/Kotyrba/Geffken*, Entwicklung der Rechtsprechung zur Auslegung des DBA Deutschland – Schweiz im Jahr 2012, zsis 2014, Aufsätze Nr. 1; *Schmidt*, Einkommensteuergesetz: EStG, 41. Auflage 2022; *Vogel/Lehner*, Doppelbesteuerungsabkommen: DBA der Bundesrepublik Deutschland auf dem Gebiet der Steuern vom Einkommen und Vermögen, 7. Auflage 2021; *Wassermeyer*, Doppelbeseuerung: DBA, 158. Auflage 2022; *Weigell/Brand/Safarik*, Investitions- und Steuerstandort Schweiz, 3. Auflage, 2012; *Zweifel/Beusch* (Hrsg.), Bundesgesetz über die direkte Bundessteuer: BDG, 4. Auflage 2022; *Zweifel/Beusch* (Hrsg.), Bundesgesetz über die Harmonisierung der direkten Steuern der Kantone und Gemeinden: StHG, 4. Auflage 2022; *Zweifel/Beusch/Hunziker* (Hrsg.), Erbschafts- und Stenkungssteuerrecht: ESchStR, 2020.

A. Steuerliche Rahmenbedingungen in der Schweiz

I. Einkommensteuerrecht

1. Allgemeines

1 Das schweizerische Steuerrecht ist durch die föderalistische Staatsstruktur geprägt, indem sowohl der **Bund als auch die Kantone und Gemeinden** Steuern erheben können. Folglich gibt es im Rahmen der Einkommens- und Vermögenssteuern neben dem Bundesgesetz über die direkte Bundessteuer (**DBG**[1]) noch 26

1 Bundesgesetz vom 14.12.1990 über die direkte Bundessteuer (SR 642.11).

Steuergesetze der einzelnen Kantone.[2] Allerdings ist festzuhalten, dass die Kantons- und Gemeindesteuern weitestgehend durch das Bundesgesetz über die Steuerharmonisierung (**StHG**[3]) harmonisiert sind. Der *Bund* (kurz für „Schweizerische Eidgenossenschaft“) erhebt im Bereich der direkten Steuern im Wesentlichen Steuern auf das Einkommen natürlicher Personen (progressiver Steuersatz von maximal 11,5 %) sowie auf den Reinertrag juristischer Personen (linearer Steuersatz von 8,5 %).[4] Zu beachten ist, dass auf Bundesebene weder Vermögens- noch Kapitalsteuern erhoben werden. Parallel hierzu erheben die **Kantone** ebenfalls Steuern auf das Einkommen und das Vermögen natürlicher Personen, den Reinertrag und das Kapital juristischer Personen.[5] Die kantonalen Steuergesetze gehen dabei gemäß dem Wohnsitzprinzip von der Einkommensbesteuerung am Wohnsitz der natürlichen Person aus.[6] Dasselbe gilt für bewegliches Vermögen. Unbewegliches Vermögen wird demgegenüber am Belegenheitsort besteuert. Die **Gemeindesteuern** werden in der Regel als Prozentsatz der Kantonssteuer, dem sog. Steuerfuß erhoben.[7]

a) Unbeschränkte Einkommensteuerpflicht

Gemäß Schweizer Steuerrecht gelten natürliche Personen von Gesetzes wegen aufgrund persönlicher Zugehörigkeit als **unbeschränkt einkommensteuerpflichtig**, wenn sie (a) ihren steuerrechtlichen Wohnsitz in der Schweiz haben, (b) sich mindestens 30 Tage in der Schweiz aufhalten und eine Erwerbstätigkeit ausüben oder (c) keine Erwerbstätigkeit ausüben, sich aber mindestens 90 Tage in der Schweiz aufhalten.[8] Das bedeutet aber nicht, dass das gesamte Einkommen des Veranlagungszeitraums in der Schweiz versteuert werden muss. Vielmehr muss der unbeschränkt Steuerpflichtige nur für die Zeit, die er in der Schweiz verbringt, sein weltweites Einkommen pro rata versteuern. 2

Als eine Besonderheit des Schweizer Steuerrechts ist zu berücksichtigen, dass sich die unbeschränkte Steuerpflicht gem. Art. 6 Abs. 1 DBG nicht auf Geschäfts- 3

2 Für den Bund ergibt sich diese Steuererhebungskompetenz aus Art. 128 Abs. 1 Bundesverfassung vom 18.4.1999 (**BV**; SR 101). Da es sich hierbei um eine parallele Kompetenz des Bundes handelt, wird die kantonale Steuererhebungskompetenz dadurch nicht eingeschränkt.

3 Bundesgesetz vom 14.12.1990 über die Harmonisierung der direkten Steuernder Kantone und Gemeinden (SR 642.14).

4 Dieser Maximalsteuersatz verringert sich aufgrund des Umstands, dass der Steueraufwand in der Schweiz als geschäftsmäßig begründeter Aufwand wiederum abzugsfähig ist. Die effektive Gewinnsteuer auf Bundesebene alleine, d.h. ohne Berücksichtigung der Kantons- und Gemeindesteuern, liegt damit bei 7,83 %.

5 Entsprechend dem in Art. 3 BV verankerten Subsidiaritätsprinzip sind die Kantone originär zur Steuererhebung befugt.

6 Art. 3 Abs. 1 StHG.

7 Vgl. für den Kanton Zürich *Reich*, Steuerrecht, § 16 Rn 20 ff.

8 Art. 3 StHG; Art. 3 DBG.

betriebe, Betriebsstätten und Grundstücke im Ausland erstreckt. Diese freigestellten Einkommensbestandteile werden jedoch für die Bestimmung des anwendbaren Steuersatzes mitberücksichtigt (sog. Freistellung unter **Progressionsvorbehalt**).[9]

4 Das Schweizer Steuerrecht kennt sieben **Einkommensarten**:
- Erwerbseinkommen aus selbstständiger Tätigkeit
- Erwerbseinkommen aus unselbstständiger Tätigkeit
- Nebeneinkommen
- Ersatzeinkommen (Renten)
- Einkommen aus beweglichem Vermögen
- Einkommen aus unbeweglichem Vermögen
- übriges Einkommen.[10]

b) Beschränkte Einkommensteuerpflicht

5 Neben der unbeschränkten Steuerpflicht gibt es aber auch in der Schweiz eine **beschränkte Steuerpflicht** aufgrund wirtschaftlicher Zugehörigkeit, die u.a. durch die folgenden Anknüpfungspunkte begründet wird:
- Geschäftsbetrieb oder Betriebsstätte in der Schweiz
- Eigentum oder dingliche Rechte an bzw. Vermittlungstätigkeit oder Handel mit Grundstücken in der Schweiz
- Erwerbstätigkeit in der Schweiz oder
- Mitgliedschaft oder aktive Tätigkeit in der Verwaltung oder Geschäftsführung von juristischen Personen mit Sitz oder Betriebsstätte in der Schweiz, in deren Rahmen Tantiemen, Sitzungsgelder, feste Entschädigungen, Mitarbeiterbeteiligungen oder ähnliche Vergütungen bezogen werden.[11]

2. Pauschalbesteuerung

6 Das schweizerische Steuerrecht kennt die sog. „Besteuerung nach dem Aufwand", welche auch unter dem Begriff **„Pauschalbesteuerung"** bekannt ist.[12] Diese Pauschalbesteuerung steht grundsätzlich nur natürlichen Personen zu, die weder die Schweizer Staatsangehörigkeit besitzen noch in der Schweiz eine Erwerbstätigkeit ausüben.[13] Als weitere Voraussetzung ist erforderlich, dass ebendiese natürliche Person erstmalig ihren steuerrechtlichen Wohnsitz/Aufenthalt in der Schweiz begründet oder nach mindestens zehnjähriger Abwesenheit wieder

9 *Oesterhelt/Schreiber*, in: Zweifel/Beusch, DBG, Art. 6 N 9 DBG; *Locher*, Kommentar DBG, Art. 6 N 8.
10 *Blumenstein/Locher*, S. 203 ff.; *Reich*, Steuerrecht, § 13 Rn 1 ff.
11 Art. 4 StHG; Art. 4 f. DBG.
12 *Lissi/Dini*, in: Zweifel/Beusch, DBG, Art. 14 N 6 DBG.
13 Art. 14 Abs. 1 lit. a und c DBG.

in die Schweiz zieht.[14] Bei Ehepaaren müssen diese subjektiven Voraussetzungen durch beide Ehepartner erfüllt werden.

Das Grundkonzept der Besteuerung nach dem Aufwand ist die **Pauschalierung der Bemessungsgrundlage** unter Beibehaltung der üblichen Steuersätze.[15] Die Pauschalsteuer bemisst sich nach den jährlichen Kosten der Lebenshaltung des Steuerpflichtigen und der von ihm unterhaltenen, in der Schweiz lebenden Personen. Ergänzend sieht das Gesetz Mindestwerte für die Bemessungsgrundlage und eine Kontrollrechnung vor. So darf der tatsächliche Lebensaufwand für Steuerpflichtige, die einen eigenen Haushalt führen, nicht geringer sein als das Siebenfache des Mietzinses oder des Mietwertes der eigenen Immobilie bzw. für Personen ohne eigenen Haushalt, das Dreifache des jährlichen Pensionspreises für Unterkunft und Verpflegung. Der entsprechend berechnete Lebensaufwand wird jedoch letztlich noch einer Kontrollrechnung gegenübergestellt, in deren Rahmen die Einkünfte aus Schweizer Quellen sowie ausländische Einkünfte, für welche auf Grundlage eines Doppelbesteuerungsabkommens eine Entlastung beansprucht wird, aufsummiert werden. Der höhere Betrag aus diesem Vergleich wird sodann als Bemessungsgrundlage zur Pauschalbesteuerung herangezogen. 7

Gewisse Staaten, darunter auch Deutschland, haben in ihren Doppelbesteuerungsabkommen (**DBA**) mit der Schweiz einen Vorbehalt gegenüber pauschaliert besteuerten Personen angebracht.[16] Diese Vorbehalte bestehen darin, dass Abkommensvorteile unter dem jeweiligen DBA nur gewährt werden, wenn sämtliche Einkünfte aus dem betreffenden ausländischen Quellenstaat in die Kontrollrechnung aufgenommen und damit ordentlich in der Schweiz besteuert werden. Dies wird als sog. **modifizierte Pauschalbesteuerung** bezeichnet. 8

3. Verfahrensrechtliche Besonderheiten bei Zuzug

Bei einem Zuzug in die Schweiz entsteht den betroffenen Personen die Pflicht, im Wohnsitzkanton eine Steuererklärung auszufüllen. Die Veranlagung erfolgt sodann nach der Methode der Gegenwartsbemessung; erfolgt der Eintritt in die Steuerpflicht dabei am 1.1. eines Jahres, ist das im ersten Jahr erzielte Einkommen Bemessungsgrundlage für das erste Steuerjahr. Beginnt die Steuerpflicht dagegen im Laufe eines Jahres, besteht die Steuerpflicht nur für die ab dem Zuzug erzielten 9

14 Art. 14 Abs. 1 lit. b DBG.

15 *Lissi/Dini*, in: Zweifel/Beusch, DBG, Art. 14 N 30 DBG.

16 Deutschland hat diesen Vorbehalt in Art. 4 Abs. 6 des Abkommens vom 11.8.1971 zwischen der Schweizerischen Eidgenossenschaft und der Bundesrepublik Deutschland zur Vermeidung der Doppelbesteuerung auf dem Gebiete der Steuern vom Einkommen und vom Vermögen (DBA Schweiz/Deutschland; SR 0.672.913.62) angebracht. Gemäß dieser Bestimmung betrachtet Deutschland eine pauschalbesteuerte Person nicht als eine in der Schweiz ansässige Person, sofern nicht alle aus Deutschland stammenden Einkünften ordentlich besteuert werden.

Einkünfte. Für die Bestimmung des Steuersatzes werden die regelmäßig fließenden Einkünfte wie beispielsweise Lohn- oder Renteneinkünfte auf zwölf Monate, d.h. ein Jahreseinkommen hochgerechnet, um der **Progression** des Steuersatzes gerecht zu werden.

10 **Beispiel**

Zuzug einer natürlichen Person aus Deutschland am 1.7.2021, Monatslohn 5.000 CHF, keine anderen Einkünfte. Die steuerpflichtige Person hat für das Jahr 2021 ein steuerbares Einkommen von 30.000 CHF (erzielter Lohn Juli bis Dezember 2021); auf dieses wird aber der Steuersatz angewandt, der für das theoretische Jahreseinkommen von 60.000 CHF gelten würde.

Bei einem unterjährigen **Umzug von einem Kanton in einen anderen Kanton** sehen alle Steuergesetze vor, dass die steuerpflichtige Person im Zuzugskanton für das ganze Jahr steuerpflichtig wird.

II. Vermögenssteuer

11 Alle Kantone,[17] nicht jedoch der Bund, erheben auf das Reinvermögen von natürlichen Personen eine allgemeine **Vermögenssteuer**. Dabei gilt das sog. Stichtagsprinzip, d.h. Bemessungsgrundlage bildet das steuerlich relevante Vermögen per 31. Dezember. Dabei gelten die folgenden Grundsätze:[18]

- Die Vermögenssteuer umfasst das gesamte Vermögen des Steuerpflichtigen[19] mit Ausnahme des Hausrats[20] und persönlicher Gebrauchsgegenstände.
- Schulden sind abzugsfähig.
- Die Bewertung des Vermögens erfolgt zum Verkehrswert.
- Betriebsvermögen (ohne Grundstücke) wird mit dem einkommensteuerlichen Wert erfasst (Buchwert zzgl. versteuerte stille Reserven).
- Die Kantone gewähren unterschiedlich hohe Freibeträge, die sich zwischen 20.000–100.000 CHF für Alleinstehende und zwischen 40.000–160.000 CHF für Verheiratete bewegen.

Die Belastung mit Vermögenssteuer bei einem Reinvermögen von 10.000.000 CHF bewegt sich zwischen minimal 0,10 % in Hergiswil Kanton Nidwalden und maximal 1,03 % in verschiedenen Gemeinden im Kanton Genf.[21]

---

17 Im Gegensatz zu Deutschland, wo die Vermögensteuer aus verfassungsrechtlichen Gründen seit dem 1.1.1996 nicht mehr erhoben wird.

18 *Reich*, Steuerrecht, § 14 Rn 12 ff.

19 Beispielsweise Bargeld, Edelmetalle, Bankguthaben, Wertpapiere, Hypothekarforderungen, private Darlehen, rückkaufsfähige Kapitalversicherungen, Immobilien, Fahrzeuge, Tiere wie z.B. Rennpferde, Kunst- und Schmuckgegenstände sowie Sammlungen aller Art.

20 Vermögende Privatpersonen verfügen regelmäßig über wertvolle Kunst- und Schmuckgegenstände, weshalb sich in diesen Fällen stets die Frage stellt, ob es sich hierbei noch um steuerfreien Hausrat oder eben um steuerbare Kunst- und Schmuckgegenstände handelt.

21 *Hinny*, Steuerrecht 2022, S. 2474.

III. Verrechnungssteuer

Die mit der deutschen Kapitalertragsteuer vergleichbare **Verrechnungssteuer** wird als Quellensteuer auf den Ertrag des beweglichen Kapitalvermögens, auf Lotteriegewinnen sowie auf bestimmten Versicherungsleistungen beim Leistungsschuldner erhoben. Die Verrechnungssteuer auf Kapitalerträge und Lotteriegewinne beträgt 35 %, auf Leibrenten und Pensionen 15 % und auf sonstige Versicherungsleistungen 8 %. Sie fällt insbesondere auf Erträge aus beweglichem Kapitalvermögen, namentlich auf Erträge aus schweizerischen Obligationen, schweizerischen Beteiligungsrechten, schweizerischen Anteilen an kollektiven Kapitalanlagen sowie aus Kundenguthaben bei schweizerischen Banken und Sparkassen an. Die Verrechnungssteuer dient im rein innerschweizerischen Verhältnis primär der Steuersicherung, während ihr im grenzüberschreitenden Verhältnis darüber hinaus auch eine Fiskalfunktion zukommt. Durch das DBA Schweiz/Deutschland wird das Recht der Schweiz zur Vornahme des Verrechnungssteuerabzugs an der Quelle nicht eingeschränkt (Art. 28 Abs. 1 DBA Schweiz/Deutschland). 12

Hinweis 13

Zu beachten ist, dass die Verrechnungssteuer auch auf **verdeckte Gewinnausschüttungen** erhoben wird. Verbunden mit der gesetzlich zwingend vorgesehenen Überwälzungspflicht, wodurch die verdeckte Gewinnausschüttung stets als 65 % betrachtet wird, kann die Verrechnungssteuer insbesondere in internationalen Sachverhalten ein nicht zu unterschätzendes Steuerrisiko darstellen.

Bei Abkommensberechtigung nach dem DBA Schweiz/Deutschland aufgrund Wohnsitzes des Anlegers in Deutschland[22] liegt im Hinblick auf **Zinserträge** nach Art. 11 Abs. 1 DBA Schweiz/Deutschland das Besteuerungsrecht bei Deutschland. Die Verrechnungssteuer wird zwar i.H.v. 35 % vom Schweizer Zinsschuldner erhoben und an die Eidgenössische Steuerverwaltung (**EStV**) abgeliefert. Gestützt auf Art. 28 Abs. 2 DBA Schweiz/Deutschland kann die Verrechnungssteuer aber bei Angabe der Zinserträge in der deutschen Steuererklärung von der EStV mittels eines von der deutschen Finanzverwaltung entworfenen Antragsformulars zurückgefordert werden. 14

Auch im Hinblick auf **Dividendenerträge** liegt nach Art. 10 Abs. 1 DBA Schweiz/Deutschland das Besteuerungsrecht bei Deutschland, wenn der Anleger weiterhin seinen Wohnsitz in Deutschland hat. Nach Art. 10 Abs. 2, 3 DBA 15

22 Zum Anspruch eines Steuerpflichtigen auf Rückerstattung der Schweizer Verrechnungssteuer, der seinen Wohnsitz in Frankreich hat, in Deutschland weder über Wohnsitz noch gewöhnlichen Aufenthalt verfügt, aber nach § 1 Abs. 3 Einkommensteuergesetz (EStG) auf Antrag als unbeschränkt steuerpflichtig behandelt wird, siehe Bundesfinanzministerium (BMF) v. 25.1.2000 – IV B 3 – S 1301 SCHZ – 1/00, DB 2000, 354.

Schweiz/Deutschland kann die Schweiz Quellensteuern hierauf erheben, was sie wiederum mittels eines Abzugs der Verrechnungssteuer i.H.v. 35 % an der Quelle vollzieht. Diese Verrechnungssteuer wird jedoch durch Art. 10 Abs. 2, 3 DBA Schweiz/Deutschland auf 0 %, 5 %, 15 % oder 30 % des Bruttobetrags der Dividenden begrenzt. Die Differenz zwischen den abgezogenen 35 % und den nach DBA Schweiz/Deutschland zulässigen 0 %, 5 %, 15 % oder 30 % kann grundsätzlich von der EStV zurückgefordert werden. Der nicht rückersattungsfähige Teil kann gestützt auf Art. 24 Abs. 1 Nr. 2 DBA Schweiz/Deutschland nach § 34c EStG auf die deutsche Einkommensteuer angerechnet werden. Ist in internationalen Sachverhalten der Leistungsempfänger mangels DBA nicht abkommensberechtigt und kann daher keine Steuerentlastung beanspruchen, stellt die Verrechnungssteuer eine definitive Steuerbelastung dar.

16 **Beispiel**

Die Schweizer CH-AG schüttet an ihre Aktionäre A (wohnhaft in Deutschland) und B (wohnhaft in der Schweiz) eine Dividende von je 10.000 CHF aus. Auswirkungen der Verrechnungssteuer?

Die CH-AG darf nur die Nettodividenden im Umfang von jeweils 65 % oder 6.500 CHF an A und B auszahlen. Der in Deutschland ansässige A kann aufgrund des DBA Schweiz/Deutschland eine Rückerstattung der Verrechnungssteuer beantragen. Unter Vorlage einer deutschen Ansässigkeitsbescheinigung werden B 20 % (= 2.000 CHF) zurückerstattet. 15 % (= 1.500 CHF) verbleiben der Schweiz als sog. Sockelsteuer, die jedoch bei Vorliegen der Voraussetzungen des § 34c Abs. 1 EStG der Anrechnung zugänglich sind. Der in der Schweiz ansässige B muss die Bruttodividende von 10.000 CHF in seiner Einkommensteuererklärung angeben und erhält bei form- und fristgerechter Deklaration die gesamte Verrechnungssteuer zurückerstattet, indem ihm diese mit seiner Steuerschuld verrechnet wird. Daher auch die Bezeichnung als Verrechnungssteuer.

IV. Stempelabgabe

17 Eine in Deutschland unbekannte, im anglo-amerikanischen Rechtskreis dagegen verbreitete Steuerart sind die von der Schweiz nach dem Bundesgesetz über die Stempelabgaben vom 27.6.1973 (**StG**[23]) in drei Konstellationen erhobene **Stempelabgaben**:
- die Emissionsabgabe
- die Umsatzabgabe
- die Abgabe auf bestimmte Versicherungsprämien.[24]

---

23 SR 641.10.
24 Art. 1 Abs. 1 StG.

Die **Emissionsabgabe** in Höhe von 1 % wird auf Beteiligungsrechten an schweizerischen Kapitalgesellschaften und Genossenschaften erhoben und erfasst dabei die entgeltliche oder unentgeltliche Begründung sowie die Erhöhung des Nennwerts (u.a. von Aktien, Stammanteilen, Genossenschaftsanteilen etc.). Ebenfalls von der Abgabe erfasst werden unentgeltliche Kapitaleinlagen ohne Begründung oder Erhöhung des Nennwerts (sog. Zuschüsse) an die Gesellschaft oder Genossenschaft. Sodann unterliegt auch der Mantelhandel der Emissionsabgabe, da dieser einer Neugründung gleichgestellt wird. Bei der *entgeltlichen* Ausgabe von Beteiligungsrechten im Rahmen einer Gründung oder Kapitalerhöhung kann die Gesellschaft gem. Art. 6 Abs. 1 lit. h StG von einem Freibetrag von insgesamt 1 Million CHF profitieren. 18

Die **Umsatzabgabe** wird auf entgeltlichen Eigentumsübertragungen von sog. steuerbaren Urkunden[25] erhoben, sofern eine der an der Transaktion beteiligten Parteien als umsatzabgaberechtlicher Effektenhändler[26] qualifiziert oder ein solcher umsatzabgaberechtlicher Effektenhändler als Vermittler an der Transaktion beteiligt ist und kein Ausnahmetatbestand[27] greift. Die Höhe der Umsatzabgabe hängt davon ab, ob in- oder ausländische steuerbare Urkunden gehandelt werden. Bei inländischen steuerbaren Urkunden beträgt die Umsatzabgabe 0,15 %, bei ausländischen 0,3 % des Veräußerungspreises. Da die Umsatzabgabe primär auf die Besteuerung von Sekundärmarkttransaktionen gerichtet ist, sind Primärmarkttransaktionen regelmäßig von der Umsatzabgabe ausgenommen. Eine wichtige Gegenausnahme betrifft jedoch die Ausgabe von Anteilen an einer ausländischen kollektiven Kapitalanlage, die als Primärmarkttransaktion dennoch der Umsatzabgabe unterliegt. 19

Die **Abgabe auf Versicherungsprämien** fällt auf Prämienzahlungen für Versicherungen an, die (a) zum inländischen Bestand eines der Schweizer Bundesaufsicht unterstellten Versicherers oder eines inländischen öffentlich-rechtlichen Versiche- 20

---

25 Die steuerbaren Urkunden werden in Art. 13 Abs. 2 StG aufgezählt. Es handelt sich hierbei um von einem Inländer ausgegebene Obligationen, Beteiligungsrechte wie z.B. Aktien, Stammanteile, Partizipations- und Genussscheine sowie von einem Ausländer ausgegebene Urkunden, die in ihrer wirtschaftlichen Funktion den von einem Inländer ausgegebenen Urkunden gleichstehen.

26 Die inländischen Effektenhändler werden in Art. 13 Abs. 3 StG definiert. Es sind u.a. Banken, bankähnliche Finanzgesellschaften im Sinne des schweizerischen Bankengesetzes, die Schweizerische Nationalbank, inländische Kapitalgesellschaften und Genossenschaften sowie inländische Einrichtungen der beruflichen Vorsorge, deren Aktiven zu mehr als 10 Millionen CHF aus steuerbaren Urkunden bestehen. Ebenfalls als Effektenhändler qualifizieren inländische natürliche und juristische Personen sowie Zweigniederlassungen ausländischer Unternehmen, deren Tätigkeit ausschließlich oder zu einem wesentlichen Teil darin besteht, für Dritte den Handel mit steuerbaren Urkunden zu betreiben oder als Anlageberater oder Vermögensverwalter Kauf und Verkauf von steuerbaren Urkunden zu vermitteln.

27 Vgl. die Ausnahmetatbestände in Art. 14 StG.

rers zählen, oder (b) die ein inländischer Versicherer mit einem nicht der Bundesaufsicht unterstellten Versicherer abschließt.[28] Es ist allerdings zu beachten, dass die Prämienzahlungen für zahlreiche Versicherungen von der Stempelabgabe ausgenommen sind.[29] Dadurch unterliegen hauptsächlich noch Vermögensversicherungen, insbesondere Haftpflichtversicherungen, Kaskoversicherungen, rückkaufsfähige Lebensversicherungen mit Einmalprämie sowie bestimmte Sachversicherungen der Stempelabgabe.

V. Grundstückgewinnsteuer und Handänderungssteuer

1. Grundstückgewinnsteuer

21 Die vom Veräußerer zu tragende **Grundstückgewinnsteuer** (**GstGSt**) und die i.d.R. vom Erwerber zu leistende **Handänderungssteuer** fallen grundsätzlich parallel auf Veräußerungstatbestände im Hinblick auf Immobilien an.

22 Kapitalgewinne aus der **Veräußerung von Grundstücken des Privatvermögens** sind auf Bundesebene steuerfrei. Sie werden aber in sämtlichen Kantonen mit der GstGSt erfasst.[30] Die Besteuerung des Grundstückgewinns findet grundsätzlich am Ort der gelegenen Sache, d.h. im Kanton bzw. der Gemeinde statt, wo sich das fragliche Grundstück befindet. Als Grundstücke qualifizieren Liegenschaften, im Grundbuch aufgenommene selbstständige und dauernde Rechte (wie z.B. Nutznießung- oder Baurechte), Bergwerke sowie Miteigentumsanteile an Grundstücken (wie z.B. Stockwerkeigentum). Als steuerbare Veräußerung gelten neben den zivilrechtlichen Handänderungen (wie z.B. einem Verkauf) auch die sog. wirtschaftlichen Handänderungen. Solche liegen vor, wenn sich die wesentliche Beherrschung eines Grundstücks ändert, ohne dass gleichzeitig eine zivilrechtliche Handänderung stattfindet (z.B. die Veräußerung einer Immobiliengesellschaft). Ebenfalls als Veräußerung wird die entgeltliche Belastung von Grundstücken betrachtet.[31]

23 **Steuerbefreiungen** werden kantonsabhängig für Eigentumsänderungen infolge Erbschaft oder Schenkung (da ggf. der Erbschaft-/Schenkungsteuer unterliegend) sowie nach langer Haltedauer gewährt. Umgekehrt führt eine kurze Haltedauer regelmäßig zu einem höheren Steuersatz. Zudem bestimmt das StHG im Hinblick auf die Veräußerung von selbstgenutzten Immobilien u.U. einen sog. Steueraufschub.[32] In solchen Fällen wird die GstGSt nicht erhoben, wenn der Gewinn

28 Art. 21 StG.

29 Vgl. den ausführlichen Ausnahmekatalog in Art. 22 StG.

30 Als Beispiel sei hier der Kanton Basel-Stadt genannt, der nach §§ 102 ff. des Gesetzes über die direkten Steuern vom 12.4.2000 (SG. 640.100) die Grundstückgewinnsteuer erhebt.

31 *Reich*, Steuerrecht, § 25 Rn 37 ff.; *Henggeler*, in: Weigell/Brand/Safarik, Investitions- und Steuerstandort Schweiz, S. 265.

32 Vgl. Art. 12 Abs. 3 lit. e StHG.

innerhalb einer angemessenen Frist, i.d.R. 2–4 Jahre, wieder in eine selbstgenutzte Immobilie in der Schweiz investiert wird. Der Kanton Zürich sieht beispielsweise eine Frist von zwei Jahren vor, welche nur in nicht verschuldeten Ausnahmefällen verlängert wird.[33] Der Fall der Reinvestition in eine selbstgenutzte Immobilie im Ausland ist im StHG nicht geregelt.[34]

Bemessungsgrundlage ist die Differenz zwischen Verkaufspreis und den sog. Anlagekosten, die aus dem ehemaligen Kaufpreis zzgl. wertvermehrender Aufwendungen abzgl. sog. Gewinnungskosten (etwa Beurkundungsgebühren und Rechtsanwaltskosten) bestehen. Die Besteuerungssysteme sind hierbei von Kanton zu Kanton unterschiedlich. Es herrschen degressive Steuersätze vor, die vom Belegenheitsort und der Haltedauer abhängig sind. 24

2. Handänderungssteuer

Auch die Handänderungssteuer wird lediglich von den Kantonen,[35] nicht dagegen vom Bund, erhoben. Steuerauslösender Tatbestand ist hier u.a. der durch Kauf, Tausch, Erbschaft, Schenkung begründete entgeltliche oder unentgeltliche Eigentumsübergang von Rechten an Grundstücken. Kantonsabhängig können u.a. Handänderungen zwischen nahen Verwandten und/oder aufgrund Schenkung/Erbschaft sowie aufgrund von Unternehmensumstrukturierungen steuerbefreit sein.[36] 25

Bemessungsgrundlage ist i.d.R. der Kaufpreis. Fehlt ein solcher, etwa bei Erbschaften oder Schenkungen, wird der Kataster-, Steuer- oder Verkehrswert herangezogen.[37] Die kantonsabhängigen Handänderungssteuersätze bewegen sich zwischen 1,0 % und 3,3 %, wobei allfällige Steuersatzreduktionen wie z.B. für Transaktionen innerhalb der Familie hinzukommen können.[38] 26

33 Rundschreiben der Finanzdirektion an die Gemeinden über den Aufschub der Grundstückgewinnsteuer bei Ersatzbeschaffung einer dauernd und ausschließlich selbstgenutzten Wohnliegenschaft (§ 216 Abs. 3 lit. i und § 226a StG), Rn 17.

34 *Henggeler*, in: Weigell/Brand/Safarik, S. 266, Fn 73, geht davon aus, dass die Steuerbehörden in diesen Fällen keinen Steueraufschub, eventuell lediglich eine „bescheidene Steuerermäßigung" gewähren würden.

35 Sowie von einzelnen Gemeinden. Die Kantone Zürich, Uri, Glarus, Zug, Aargau, Tessin und Schaffhausen haben die klassische Handänderungssteuer abgeschafft, erheben i.d.R. jedoch auf den grundbuchlichen Vorgängen Kanzlei- und Grundbuchgebühren sowie teilweise eine Grundbuchabgabe. Der Kanton Schwyz sieht keine Abgabe vor.

36 *Henggeler*, in: Weigell/Brand/Safarik, S. 268.

37 *Reich*, Steuerrecht, § 7 Rn 88; *Henggeler*, in: Weigell/Brand/Safarik, S. 268.

38 *Reich*, Steuerrecht, § 7 Rn 89.

VI. Kirchensteuern

27 Die Kirchensteuer ist eine kantonale Steuer. In nahezu sämtlichen Kantonen sind die evangelisch-reformierte (protestantische) sowie die römisch-katholische Kirche anerkannt und somit zur Erhebung einer Kirchensteuer ermächtigt. In verschiedenen Kantonen sind auch die christkatolische Kirche[39] sowie die israelitische Kultusgemeinschaft[40] zur Erhebung einer Kirchensteuer ermächtigt. Der Kanton Waadt dagegen erhebt keine Kirchensteuer, da die Kultusaufwendungen vollumfänglich vom Staat getragen werden. Im Kanton Wallis wird gegenwärtig nur in einzelnen Gemeinden eine Kirchensteuer erhoben, obwohl alle Gemeinden zur Erhebung berechtigt wären. In den Kantonen Genf und Neuenburg unterstehen sämtliche Religionsgemeinschaften dem Privatrecht, weshalb die Bezahlung der Kirchensteuer fakultativ ist. Auch der Kanton Tessin zeichnet sich dadurch aus, dass die Kirchensteuer direkt durch die Kirchgemeinden bezogen wird, wobei aber nur 37 Gemeinden davon Gebrauch machen.[41] Die Höhe der Kirchensteuer ist kantonal sowie auch von Gemeinde zu Gemeinde und je nach Kirchenangehörigkeit unterschiedlich. Sie werden grundsätzlich in Prozenten der einfachen oder der geschuldeten kantonalen Einkommenssteuer erhoben. Aufgrund der verfassungsmäßig garantierten Religionsfreiheit haben natürliche (im Gegensatz zu juristischen) Personen die Möglichkeit, sich durch einen Kirchenaustritt von der Kirchensteuer zu befreien.

VII. Automatischer Informationsaustausch

28 Mit Änderung des Protokolls vom 27.5.2015 trat per 1.1.2017 das bilaterale Abkommen zur Einführung des **automatischen Informationsaustauschs über Finanzkonten (AIA)** zwischen der Schweiz und der Europäischen Union (**EU**)[42] in Kraft. Mit dem Inkrafttreten des automatischen Informationsaustauschs wurde das bis dahin geltende Zinsbesteuerungsabkommen abgelöst. Der automatische Informationsaustausch deckt dabei nicht nur Zinsen, sondern auch Dividenden und andere Kapitaleinkünfte ab und erfasst nicht nur Personen mit Bankkonten, sondern auch die beherrschenden Personen von Stiftungen und Trusts. Im Zusammenhang mit Sachverhalten, welche die Periode ab dem 1.1.2017 betreffen, werden entsprechend unter dem EU-Zinsbesteuerungsabkommen und den Quellensteuerabkommen keine Steuern einbehalten bzw. der EStV gemeldet.[43]

---

39 So in den Kantonen Aargau, Bern, Basel-Landschaft, Basel-Stadt, Genf, Luzern, Neuenburg, St. Gallen, Schaffhausen, Solothurn und Zürich.

40 So in den Kantonen Basel-Stadt, Freiburg und St. Gallen.

41 Schweizer Steuerkonferenz (SSK), Kirchensteuern Januar 2022, 3 f.

42 Abkommen vom 26.10.2004 zwischen der Schweizerischen Eidgenossenschaft und der Europäischen Union über den automatischen Informationsaustausch über Finanzkonten zur Förderung der Steuerehrlichkeit bei internationalen Sachverhalten, SR 0.641.926.81.

43 EStV, Informationsbrief 3/2016, 1 f.

VIII. Erbschafts- und Schenkungssteuer

In der Schweiz werden Erbschaften sowie Schenkungen nicht durch den Bund besteuert. Dafür erheben praktisch alle Kantone eine sog. Erbschafts- und Schenkungssteuer. Ausnahmen bilden die innerschweizerischen Kantone Schwyz und Obwalden, welche weder eine Erbschafts- noch eine Schenkungssteuer kennen. Der Kanton Luzern erhebt zwar keine Schenkungssteuer, berücksichtigt aber Schenkungen innerhalb von fünf Jahren vor dem Tod des Erblassers bei der Berechnung der Erbschaftssteuer. In der Regel ist der Kanton, in welchem der Erblasser seinen letzten Wohnsitz hatte, bzw. der **Wohnsitzkanton** des Schenkers zur Erhebung der Erbschafts- oder Schenkungssteuer auf beweglichem Vermögen berechtigt. 29

Abgesehen von einer Ausnahme wird die Erbschaftssteuer in allen Kantonen – wie in Deutschland auch – als **Erbanfallsteuer**, also auf dem Erbteil eines jeden Erben oder Vermächtnisnehmers einzeln erhoben. Einzig im Kanton Solothurn wird die Erbschaftssteuer – ähnlich wie im anglo-amerikanischen Rechtskreis – als sog. Nachlasssteuer auf dem gesamten hinterlassenen, nicht aufgeteilten Vermögen des Verstorbenen erhoben. Im Kanton Solothurn wird diese Steuer gar zusätzlich zur Erbanfallsteuer erhoben.[44] 30

Die Erbschafts- und Schenkungssteuerpflicht wird primär im **Wohnsitzkanton** des Erblassers bzw. Schenkers begründet. Für vererbte oder geschenkte Grundstücke gilt hingegen das **Belegenheitsprinzip**, wonach die Erbschafts- und Schenkungssteuerpflicht in jenem Kanton begründet wird, wo das fragliche Grundstück liegt. 31

Auch im Hinblick auf potentielle **Steuerbefreiungen**, Steuerfreibeträge und sonstige Abzüge gestaltet sich das Schweizer Erbschafts- und Schenkungssteuerrecht großzügiger als das deutsche. Während einzelne Kantone für den überlebenden Ehegatten, die Nachkommen und die Vorfahren steuerfreie Beträge oder persönliche Abzüge vorsehen, befreien andere den Ehegatten oder die Nachkommen oder die Vorfahren komplett von der Steuer. So ist der überlebende Ehegatte in allen Kantonen von der Erbschafts- und Schenkungssteuer befreit, mit Ausnahme des Kantons Genf, welcher die Steuerbefreiung aufhebt, sofern der Schenker bzw. Erblasser in einer der letzten drei Steuerperioden vor der Schenkung bzw. seinem Tod pauschal besteuert wurde.[45] Die direkten Nachkommen sind in der Mehrheit der Kantone, außer Waadt, Genf (wiederum auf den Fall pauschalbesteuerter Schenker/Erblasser beschränkt), Jura, Appenzell I.Rh., Neuenburg und Luzern (reine Gemeindesteuer) ebenfalls von dieser Steuer befreit. 32

---

44 SSK, Dokumentation und Steuerinformation – Erbschafts- und Schenkungssteuern September 2020, S. 5.

45 *Hinny*, Steuerrecht 2022, S. 2493.

33 Die **Steuertarife** der Erbschafts- und Schenkungssteuern verlaufen grundsätzlich progressiv, wobei sich die Progression sowohl nach dem Verwandtschaftsgrad als auch nach der Höhe des Vermögensanfalls richten kann.

IX. Immobilienerwerb in der Schweiz

1. Kauf eines Grundstücks in der Schweiz durch deutsche Staatsangehörige mit Wohnsitz Schweiz

a) Personen im Ausland

34 Der Grundstückserwerb durch Personen im Ausland wird durch das Bundesgesetz über den Erwerb von Grundstücken durch Personen im Ausland vom 16.12.1980 (Bewilligungsgesetz, **BewG**)[46] geregelt, das allgemein auch unter der Bezeichnung „Lex Koller" bekannt ist. Das Bewilligungsgesetz dient primär dazu, eine Überfremdung des schweizerischen Bodens zu verhindern.[47]

35 Als grundsätzlich **bewilligungspflichtige Personen** im Ausland gelten gem. Art. 5 BewG Staatsangehörige der Mitgliedstaaten der EU und der Europäischen Freihandelsassoziation (**EFTA**), die ihren rechtmäßigen und tatsächlichen Wohnsitz i.S.v. Art. 23 ff. Schweizerisches Zivilgesetzbuch (**ZGB**) nicht in der Schweiz haben, sowie Staatsangehörige anderer Staaten, die nicht das Recht haben, sich in der Schweiz niederzulassen bzw. nicht im Besitz einer Niederlassungsbewilligung C sind. Aus dem Umkehrschluss folgt, dass Staatsangehörige der Mitgliedstaaten der EU/EFTA, die ihren rechtmäßigen und tatsächlichen Wohnsitz in der Schweiz haben (i.d.R. im Besitz einer Aufenthaltsbewilligung B oder einer Niederlassungsbewilligung C), nicht als „Personen im Ausland" qualifiziert werden.[48] Damit gelten deutsche Staatsangehörige, die ihren rechtmäßigen und tatsächlichen Wohnsitz in der Schweiz haben, nicht als „Personen im Ausland" i.S.d. BewG und sind damit personell bewilligungsfrei.

b) Grundstückserwerb

36 Der Erwerb einer sog. Hauptwohnung ist, sofern insbesondere die folgenden Voraussetzungen gegeben sind, gemäß den Vorschriften des BewG sachlich bewilligungsfrei:[49]

- Beim Erwerber muss es sich um eine natürliche Person handeln, welche mindestens über eine gültige Aufenthaltsbewilligung B verfügt.

46 SR 211.412.41.
47 Art. 1 BewG.
48 *Henggeler*, in: Weigell/Brand/Safarik, 253 f.
49 Art. 2 Abs. 2 BewG.

- Die Wohnung hat am Ort des rechtmäßigen und tatsächlichen Wohnsitzes des Erwerbers zu liegen, wobei die Vorschriften nach Art. 23 ff. ZGB zur Anwendung gelangen.
- Die Wohnung wird ausschließlich zur Nutzung durch den Erwerber selbst und seine Familienangehörigen erworben.[50]

2. Kauf von Ferienwohnungen

Für Ausländer ohne Aufenthaltsbewilligung in der Schweiz ist der Kauf von **Ferienwohnungen** nur in den sog. Touristenkantonen und innerhalb dieser Touristenkantonen nur in den darin vorgesehenen sog. Fremdenverkehrsorten zulässig. Dabei beschränkt Art. 11 Abs. 2 BewG das gesamtschweizerisch zulässige **Bewilligungskontingent** auf 1.500, wobei dieses Kontingent auf die einzelnen Kantone in Abhängigkeit der Bedeutung des Fremdenverkehrs, der touristischen Entwicklungsplanung sowie des bereits bestehenden Anteils ausländischen Grundeigentums verteilt wird.[51] In gewissen Kantonen wie Genf oder Zürich ist der Verkauf von Ferienwohnungen an Ausländer gänzlich untersagt. Zudem ist der Erwerb innerhalb dieser Restriktionen auf eine Grundstücksfläche von maximal 1.000 qm und auf eine Nettowohnfläche von maximal 200 qm begrenzt.[52] 37

B. Ansässigkeit nach DBA Schweiz/Deutschland

I. DBA Schweiz/Deutschland

1. Ansässigkeit nach Art. 4 Abs. 1, 2 DBA Schweiz/Deutschland

Nach Art. 4 Abs. 1 DBA Schweiz/Deutschland[53] ist eine Person grundsätzlich in demjenigen Vertragsstaat ansässig, in dem sie gemäß innerstaatlichem Recht **unbeschränkt steuerpflichtig ist**. Sofern eine natürliche Person nach dem jeweiligen innerstaatlichen Recht sowohl in der Schweiz als auch in Deutschland unbeschränkt steuerpflichtig und damit in beiden Vertragsstaaten ansässig ist, kommen die in Art. 4 Abs. 2 DBA Schweiz/Deutschland geregelten sog. 38

50 Siehe *Henggeler*, in: Weigell/Brand/Safarik, 253 ff., 257.

51 Siehe hierzu die Verordnung über den Erwerb von Grundstücken durch Personen im Ausland vom 1.10.1984 (BewV; SR 211.412.411).

52 Art. 10 Abs. 2 und 3 BewV.

53 Im Plural steht der Begriff „die DBA Schweiz/Deutschland" sowohl für das DBA Schweiz/Deutschland auf dem Gebiet der Steuern vom Einkommen und vom Vermögen (s. Fn 16) als auch für das DBA Schweiz/Deutschland auf dem Gebiet der Nachlass- und Erbschaftsteuern vom 30.11.1978 (DBA Schweiz/Deutschland (E); SR 0.672.913.61). Zur besonderen Ansässigkeitsregelung nach Art. 4 Abs. 6 DBA Schweiz/Deutschland siehe die Ausführungen zur Pauschalbesteuerung (vgl. Rdn 6 ff.)

Tie-Breaker Rules in der dargestellten hierarchischen Reihenfolge zur Anwendung, um die Ansässigkeit unter dem DBA zu bestimmen:
1. ständige Wohnstätte
2. Mittelpunkt der Lebensinteressen
3. gewöhnlicher Aufenthalt
4. die Staatsangehörigkeit oder
5. gemäß gegenseitigem Einvernehmen der Vertragsstaaten.

39 Ist eine Person sowohl nach schweizerischem als auch nach deutschem Recht unbeschränkt steuerpflichtig und muss die Ansässigkeit nach diesen **Tie-Breaker Rules** bestimmt werden, sind folgende Ergebnisse möglich:
- **Ansässigkeit in Deutschland**: Die Person unterliegt weiterhin der unbeschränkten Steuerpflicht in der Schweiz, jedoch wird eine Doppelbesteuerung in der Schweiz mittels der in Art. 24 DBA Schweiz/Deutschland vorgesehenen Freistellungs- oder Anrechnungsmethode, abhängig von der Einkunftsart, vermieden.
- **Ansässigkeit in der Schweiz**: Die unbeschränkte Steuerpflicht in Deutschland bleibt in diesem Fall weiterhin bestehen, soweit dies gemäß DBA zulässig ist (vgl. auch nachfolgender Abschnitt zur überdachenden Besteuerung in Deutschland Rdn 44). Jedoch kann das deutsche Besteuerungsrecht nur nach Maßgabe des DBA ausgeübt werden. Es sind deshalb vorbehaltlich des Art. 4 Abs. 3 DBA Schweiz/Deutschland „die Beschränkungen zu beachten, die sich daraus ergeben, dass bestimmte Einkünfte und Vermögenswerte (…) allein in der Schweiz als Staat der Ansässigkeit im Sinne des Abkommens (z.B. nach Art. 21 [DBA Schweiz/Deutschland] drittstaatliche Einkünfte) und andere Einkünfte in der Bundesrepublik nur in beschränktem Umfang (z.B. Dividenden nach Art. 10 Abs. 2 [DBA Schweiz/Deutschland]) besteuert werden dürfen."

40 Der Begriff der **ständigen Wohnstätte** als erstes Unterscheidungskriterium im Falle einer doppelten Ansässigkeit wird im DBA Schweiz/Deutschland nicht näher definiert. Gemäß Bundesfinanzhof (**BFH**) ist der Begriff „ständige Wohnstätte" wie folgt zu verstehen:

> *„Der Begriff „ständige Wohnstätte" ist ein speziell abkommensrechtlicher, da er dazu dient, bei mehrfacher Ansässigkeit i.S. des Art. 4 Abs. 1 DBA-Schweiz vorrangig dem einen oder anderen Vertragsstaat die Wahrnehmung seines Besteuerungsrechts zu belassen (…). Er ist nach allgemeinen völkerrechtlichen Regeln, d.h. anhand des Wortlauts, aus seinem Sinn und Zweck und aus seinem systematischen Zusammenhang heraus auszulegen (…). Darüber hinaus scheidet eine Heranziehung innerstaatlichen Rechts über Art. 3 Abs. 2 DBA-Schweiz auch deswegen aus, weil das deutsche Recht weder den Begriff „Wohnstätte" noch den der ständigen Wohnstätte kennt."*[54]

54 BFH v. 16.12.1998 – I R 40/97, E. 3.

Dieser völkerrechtlichen Auslegungssystematik folgend legte der BFH dar, dass es für das Bestehen einer **ständigen Wohnstätte** nicht ausreichend sei, dass man über eine Wohnung in Deutschland verfüge. Dies gelte auch dann, wenn die Umstände darauf schließen lassen, dass diese Wohnung sowohl jetzt als auch künftig beibehalten und genutzt werden würde. Vielmehr sei eine gewisse Regelmäßigkeit der Nutzung vorausgesetzt. Erst dann könne man von einem „qualifizierten Wohnsitz" ausgehen, welcher sich vom gewöhnlichen, die unbeschränkte Steuerpflicht nach Art. 4 Abs. 1 DBA Schweiz/Deutschland auslösenden Wohnsitz unterscheide.[55] 41

Die eher vage Definition, wonach eine „gewisse Regelmäßigkeit" vorausgesetzt wird, ist in einem weiteren Urteil von 2007 weiter präzisiert worden: 42

> *„Eine Wohnstätte ist „ständige" i.S. des Art. 4 Abs. 3 DBA-Schweiz 1971, wenn sie aufgrund einer langfristigen Rechtsposition ständig genutzt werden kann und tatsächlich regelmäßig genutzt wird. Dabei ist einerseits weder ein ständiges Bewohnen noch ein Mindestmaß an Nutzung Voraussetzung für das Vorliegen einer ständigen Wohnstätte; ebenso muss sich dort nicht der Mittelpunkt der Lebensinteressen des betreffenden Steuerpflichtigen befinden. Andererseits reicht eine nur gelegentliche Nutzung nicht aus […]. Erforderlich ist vielmehr eine Art und Intensität der Nutzung, welche die Wohnung als eine nicht nur hin und wieder aufgesuchte, sondern in den allgemeinen Lebensrhythmus einbezogene Anlaufstelle des Steuerpflichtigen erscheinen lässt. Darin liegt die Qualifizierung der „ständigen Wohnstätte" gegenüber dem „Wohnsitz" i.S. des § 8 Abgabenordnung (AO), für dessen Begründung es ausreichen kann, dass eine Wohnung ständig zur Nutzung bereitgehalten und tatsächlich nur von Fall zu Fall genutzt wird."*[56]

In welcher Häufigkeit und Intensität eine Wohnung genutzt werden muss, damit sie als „ständige Wohnstätte" qualifiziert wird, kann nicht abstrakt festgelegt werden. Entsprechend verbleibt den Behörden und Gerichten ein gewisser Ermessensspielraum. Der BFH hat im erwähnten Urteil von 2007 folgende Kriterien festgelegt, auf welche im Einzelfall zur Beurteilung abgestellt werden kann: 43

- langfristige Rechtsposition
- Intensität der Nutzung, die objektiv auf eine Einbindung der Wohnung in das übliche Leben hindeutet
- Häufigkeit der Nutzung
- regelmäßige Verteilung der Aufenthalte über das Jahr.[57]

Nie als ständige Wohnstätten zu qualifizieren sind Wohnungen oder Räumlichkeiten, die nach Charakter und Lage ausschließlich Erholungs-, Kur-, Studien- oder Sportzwecken dienen und nachweislich nur gelegentlich und nicht zum

55 *Kolb/Kubaile*, S. 19.

56 BFH vom 5.6.2007, I R 22/06, E. 3b.

57 *Kolb/Kubaile*, S. 19.

Zwecke der Wahrnehmung wirtschaftlicher und beruflicher Interessen verwendet werden.[58]

2. Überdachende Besteuerungsrechte nach Art. 4 Abs. 3 und 4 DBA Schweiz/ Deutschland

44 Steuerliche Gefahren für Zuzügler aus Deutschland bergen Art. 4 Abs. 3 und Abs. 4 DBA Schweiz/Deutschland, die das Besteuerungsrecht Deutschlands ausweiten. **Art. 4 Abs. 3 DBA Schweiz/Deutschland** betrifft natürliche Personen, die nach den nationalen Steuergesetzen Deutschlands und der Schweiz in beiden Staaten unbeschränkt steuerpflichtig sind, jedoch über Art. 4 Abs. 2 DBA Schweiz/Deutschland als in der Schweiz ansässig gelten. Damit erhält der vorstehend definierte Begriff der „ständigen Wohnstätte" besonderes Gewicht. In diesem Fall kann Deutschland die natürliche Person weiterhin wie eine unbeschränkt steuerpflichtige natürliche Person besteuern. Dabei ist Deutschland gem. Abs. 3 allerdings daran gebunden, (i) Art. 24 Abs. 1 Ziff. 1 über die Ausnahme gewisser Einkünfte von der Bemessungsgrundlage anzuwenden, (ii) die in der Schweiz erhobenen Steuern auf aus der Schweiz stammenden Einkünfte und dort belegenen Vermögenswerte an die deutsche Steuer (mit Ausnahme der Gewerbesteuer) anzurechnen sowie (iii) die auf allen anderen Einkünften und Vermögenswerten erhobene Schweizer Steuer in jenem Umfang anzurechnen, welcher der deutschen Steuer entspricht, die aufgrund der Nichtanwendung der Art. 6–22 DBA Schweiz/Deutschland zusätzlich erhoben wird. Im Ergebnis werden jedoch die hohen Steuersätze Deutschlands auch auf diese Personen angewendet. Um nicht der Besteuerung nach Art. 4 Abs. 3 DBA Schweiz/Deutschland zu unterliegen, hilft hier nur die vollständige Aufgabe des deutschen Wohnsitzes weiter.

45 Von Art. 4 Abs. 4 DBA Schweiz/Deutschland betroffen sind in der Schweiz ansässige natürliche Personen, welche nicht die schweizerische Staatsangehörigkeit besitzen und vor dem Wegzug in die Schweiz bzw. der Aufgabe der Steuerpflicht in Deutschland während mindestens fünf Jahren in Deutschland unbeschränkt steuerpflichtig waren. Dieser Artikel eröffnet dem deutschen Fiskus ebenfalls ein **erweitertes Besteuerungsrecht**. Sind nämlich die vorgenannten Voraussetzungen erfüllt, können im Jahr des Wegzugs sowie in den darauffolgenden fünf Jahren die aus Deutschland stammenden Einkünfte sowie die dort gelegenen Vermögenswerte, ungeachtet der sonstigen DBA-Bestimmungen, unbeschränkt in Deutschland besteuert werden. Eine allfällige in der Schweiz erhobene Steuer auf denselben Einkommens- und Vermögenswerten wird an die deutsche Steuer angerechnet, soweit dies im DBA vorgesehen ist.[59]

46 Dieser Art. 4 Abs. 4 DBA Schweiz/Deutschland ist dann nicht anwendbar, wenn der Zuzug in die Schweiz nur zum Zwecke der Aufnahme einer unselbstständigen

58 Verhandlungsprotokoll vom 18.6.1971, BBl 1971 II 1476, 1.

59 § 34c EStG findet über Art. 4 Abs. 4 S. 3 DBA Schweiz/Deutschland Anwendung.

Erwerbstätigkeit erfolgt ist, wobei der Arbeitnehmer über das Arbeitsverhältnis hinaus weder unmittelbar noch mittelbar eine Beteiligung oder ein wirtschaftliches Interesse am Arbeitgeber haben darf. Praxisgemäß ist für diese Befreiung lediglich die sich beim Umzug manifestierende Absicht relevant, eine unselbstständige Tätigkeit in der Schweiz aufnehmen zu wollen. Entsprechend kann die überdachende Besteuerung auch nicht nachträglich wieder einsetzen, sollte die Erwerbsabsicht nicht tatsächlich umgesetzt werden können.[60] Ebenfalls nicht angewendet wird Abs. 4 wenn der Wegzug in die Schweiz aufgrund Heirat mit einer Person schweizerischer Staatsangehörigkeit erfolgt.[61]

II. DBA Schweiz/Deutschland (E)

Mit dem zwischen der Schweizerischen Eidgenossenschaft und der Bundesrepublik Deutschland zur Vermeidung der Doppelbesteuerung auf dem Gebiete der Nachlass- und Erbschaftssteuern abgeschlossenen und am 28.9.1980 in Kraft getretenen Abkommen wollte Deutschland sein innerstaatliches Besteuerungsrecht möglichst umfassend aufrechterhalten. Entsprechend enthält auch das DBA Schweiz/Deutschland (E) drei überdachende Besteuerungsrechte zugunsten von Deutschland. Eine allfälligerweise durch diese überdachenden Besteuerungsrechte verursachte Doppelbesteuerung wird dadurch eliminiert, dass die schweizerische Erbschaftssteuer in Deutschland angerechnet wird.[62] Da Ehegatten und direkte Nachkommen von der schweizerischen Erbschaftssteuer befreit sind, läuft die deutsche Anrechnung regelmäßig ins Leere, so dass die überdachenden Besteuerungsrechte letztlich zu einer Erhöhung der Erbschaftssteuer auf das deutsche Niveau führen. 47

Die überdachende Besteuerung bei Doppelwohnsitz verlangt, dass der Erblasser im Todeszeitpunkt (a) seinen Wohnsitz in der Schweiz hatte und (b) seit mindestens fünf Jahren über eine ständige Wohnstätte in Deutschland verfügte.[63] Anders als die Parallelbestimmung im DBA Schweiz/Deutschland setzt das DBA Schweiz/Deutschland (E) zwingend eine „ständige Wohnstätte" voraus, während das DBA Schweiz/Deutschland alternativ auch an den gewöhnlichen Aufenthalt in Deutschland anknüpft.[64] Weiter ist zu beachten, dass die überdachende Besteuerung bei Doppelwohnsitz keine Ausnahme für schweizerische Staatsangehörige 48

60 *Scheunemann/Kotyrba/Geffken*, zsis 2014, Aufsätze Nr. 1.

61 Einführungsschreiben der EStV, Abteilung für int. Steuerrecht und Doppelbesteuerungssachen zu Art. 15a DBAD, 6.9.1994, in der Fassung der seither getroffenen Verständigungsvereinbarungen vom 11.12.1996, 4.6.1997, 7.5.1998 und 28.11.2014; Einführungsschreiben zur Neuregelung der Grenzgängerbesteuerung, BMF v. 19.9.1994, IV C 6 – S 1301 – Schweiz -60/94, BStBl I 1994, 683, geändert durch BMF vom 7.7.1997, BStBl I 1997, 723; Tz. 41.

62 Art. 10 Abs. 1 DBA Schweiz/Deutschland (E).

63 Art. 4 Abs. 3 DBA Schweiz/Deutschland (E).

64 Vgl. Art. 4 Abs. 3 DBA Schweiz/Deutschland.

vorsieht, wie dies bei der überdachenden Besteuerung in Wegzugsfällen der Fall ist (siehe sogleich Rdn 49). Sofern die genannten Voraussetzungen kumulativ erfüllt sind, kann das gesamte Nachlassvermögen zusätzlich zum bereits bestehenden schweizerischen Besteuerungsrecht nach deutschem Recht besteuert werden. Wie erwähnt, wird die Doppelbesteuerung durch Anrechnung der schweizerischen Steuer in Deutschland beseitigt.

49 Die überdachende Besteuerung in Wegzugsfällen gelangt dann zur Anwendung, wenn (a) der Erblasser in den letzten zehn Jahren vor ihrer Aufgabe über eine ständige Wohnstätte in Deutschland verfügte, welche mindestens fünf Jahre bestand und (b) der Tod entweder in dem Jahr, in welchem der Erblasser zuletzt über die ständige Wohnstätte in Deutschland verfügt hatte oder innerhalb von fünf Jahren nach dem Wegzug eintrat.[65] Mit anderen Worten ergibt sich daraus eine Übergangsfrist von maximal sechs Jahren. In folgenden Ausnahmefällen kommt die überdachende Besteuerung in Wegzugsfällen allerdings nicht zur Anwendung. Nämlich dann, wenn der Erblasser (i) seinen schweizerischen Wohnsitz zur Aufnahme einer unselbstständigen Tätigkeit in der Schweiz für einen Arbeitgeber, an dem er über das Arbeitsverhältnis hinaus nicht wirtschaftlich interessiert war, begründet hatte; (ii) seinen schweizerischen Wohnsitz wegen Eheschließung mit einem schweizerischen Staatsangehörigen begründet hatte; und (iii) im Zeitpunkt, in dem er zuletzt über eine ständige Wohnstätte in Deutschland verfügt hatte, schweizerischer Staatsangehöriger oder Doppelbürger war.[66] Vor diesem Hintergrund, dürfte es regelmäßig vorteilhaft sein, die schweizerische Staatsangehörigkeit nach dem Wegzug in die Schweiz, aber vor Aufgabe der ständigen Wohnstätte in Deutschland zu erlangen.

50 **Schenkungen** sind grundsätzlich nicht vom DBA Schweiz/Deutschland (E) erfasst. Allerdings sieht Art. 12 Abs. 3 S. 3 DBA Schweiz/Deutschland (E) in Bezug auf die Besteuerung von Schenkungen und Zweckzuwendungen unter Lebenden vor, dass die zuständigen Behörden der Vertragsstaaten „gemeinsam darüber beraten [können], wie eine Doppelbesteuerung in Fällen vermieden werden kann, die im Abkommen nicht behandelt sind". Gestützt auf diese Bestimmung haben Deutschland und die Schweiz 1988 eine Verständigungsvereinbarung für **Schenkungen von Betriebsvermögen** abgeschlossen, wonach die Bestimmungen des DBA Schweiz/Deutschland (E) bei Schenkung von Geschäftsbetrieben analog anzuwenden sind.[67] Darüber hinaus hat Deutschland mit den Kantonen[68] Appenzell Ausserrhoden, Appenzell Innerrhoden, Basel-Stadt, Graubünden, Luzern,

65 Art. 4 Abs. 4 DBA Schweiz/Deutschland (E).

66 *Bader/Bloch-Riemer/Altay*, ESchStR, § 62 N 76.

67 *Mäusli-Allenspach*, successio 2012, 184–202, 197; BMF-Schreiben vom 7.4.1988, DB 1988, 938.

68 Für eine Übersicht dieser Gegenrechterklärungen, vgl. https://www.estv.admin.ch/estv/de/home/internationales-steuerrecht/international-laender/sif/gegenrechtserklaerungen.html, zuletzt abgerufen am 30.9.2022.

St. Gallen, Solothurn, Thurgau, Uri, Waadt und Zug Gegenrechtserklärungen über die steuerliche Behandlung von Vergabungen für kirchliche, gemeinnützige oder wohltätige Zwecke bei den Erbschafts- und Schenkungssteuern abgeschlossen. Diese Gegenrechtserklärungen sehen vor, dass Vergabungen an steuerbefreite Institutionen der anderen Vertragspartei ebenfalls von allfälligen Schenkungssteuern befreit werden.[69]

C. Auswirkungen des DBA Schweiz/Deutschland im Hinblick auf die im Rahmen des Wegzugs von Deutschland erhobenen Steuern

I. Beschränkte Einkommensteuerpflicht, § 1 Abs. 4 EStG und erweitert beschränkte Einkommensteuerpflicht, § 2 AStG

Mit der Aufgabe des deutschen Wohnsitzes und dessen Verlegung in die Schweiz endet grundsätzlich die unbeschränkte Steuerpflicht in Deutschland. Eine Ausnahme besteht dann, wenn ein deutscher Wohnsitz aufrechterhalten wird. In diesem Fall bleibt die unbeschränkte Steuerpflicht in Deutschland bestehen, wird allerdings durch das DBA Schweiz/Deutschland zugunsten des schweizerischen Besteuerungsrechts eingeschränkt, sofern die weggezogene Person in Deutschland nicht weiter über eine „ständige Wohnstätte“ oder über einen „gewöhnlichen Aufenthalt von mindestens sechs Monaten im Kalenderjahr“ verfügt (vgl. Rdn 38 ff.). Bleibt eine derartige steuerliche Anknüpfung in Deutschland bestehen, bleibt die weggezogene Person weiterhin in Deutschland unbeschränkt steuerpflichtig, wobei die in der Schweiz bezahlten Steuern angerechnet werden. 51

Verfügt die weggezogene Person dagegen über einen ausschließlichen Wohnsitz in der Schweiz, entfaltet das DBA Schweiz/Deutschland seine Schutzwirkung, wodurch die aus einer schweizerischen Quelle oder aus Drittstaaten stammenden Einkünfte nicht mehr in Deutschland besteuert werden konnen. Mit den **inländischen Einkünften i.S.v. § 49 Abs. 1 EStG** dagegen bleibt die natürliche Person grundsätzlich auch nach dem Wegzug in die Schweiz weiterhin beschränkt steuerpflichtig. Da auch dem Schweizer Steuerrecht das Welteinkommensprinzip zugrunde liegt und damit auch die Schweiz ein Besteuerungsrecht auf diese Einkünfte hätte, regelt das DBA Schweiz/Deutschland den Konflikt zwischen den Besteuerungsrechten Deutschlands und der Schweiz. Das DBA beschränkt gleichermaßen die Besteuerungsrechte der Vertragsstaaten inhaltlich.[70] 52

Darüber hinaus kann die weggezogene Person der erweiterten beschränkten Einkommenssteuerpflicht gem. § 2 des Gesetzes über die Besteuerung bei Auslandsbeziehungen (**AStG**) unterliegen. Zu beachten ist, dass die erweiterte beschränkte 53

69 *Bader/Bloch-Riemer/Altay*, ESchStR, § 62 N 128.
70 *Vogel/Lehner*, DBA, Grundlagen, Rn 66.

Einkommenssteuerpflicht unter verschiedenen Voraussetzungen steht. So muss die betreffende Person in ein Niedrigsteuerland weggezogen sein oder dort von einer Vorzugsbesteuerung profitieren. Aufgrund der unterschiedlich hohen Steuersätze in den einzelnen Kantonen (vgl. Rdn 79 ff.) gilt die Schweiz nicht pauschal als **Niedrigsteuerland** i.S.v. § 2 Abs. 2 AStG. Vielmehr ist ein abstrakter Steuervergleich nach § 2 Abs. 2 AStG durchzuführen, um zu prüfen, ob die Zuzugsgemeinde als Niedrigsteuer"land" qualifiziert werden kann. Eine Niedrigbesteuerung liegt vor, wenn der anwendbare Steuersatz, bezogen auf ein fiktives Vergleichseinkommen von 77.000 EUR, mehr als ein Drittel geringer ist als bei einer in Deutschland ansässigen natürlichen Person.[71] Eine Vorzugsbesteuerung liegt zudem immer dann vor, wenn mit dem zuziehenden Steuerpflichtigen eine individuelle **Pauschalbesteuerung** vereinbart wurde. In beiden Fällen steht der steuerpflichtigen Person jedoch der Nachweis offen, durch einen konkreten Belastungsvergleich darzulegen, dass die von ihrem Einkommen insgesamt zu entrichtenden Steuern mindestens zwei Drittel der Einkommensteuer betragen, die sie bei unbeschränkter Steuerpflicht nach § 1 Abs. 1 EStG zu entrichten hätte.

54 Qualifiziert die Besteuerung am neuen Wohnsitz der in die Schweiz zugezogenen Person als „niedrige Besteuerung" i.S.v. § 2 AStG, so unterliegt diese Person für das Jahr, in welchem die unbeschränkte Steuerpflicht geendet hat sowie für die nachfolgenden zehn Jahre der **erweitert beschränkten Steuerpflicht** nach § 2 Abs. 1 AStG. Damit bleibt die weggezogene Person mit ihren Einkünften i.S.d. § 2 Abs. 1 S. 1 Hs. 1 EStG, die bei unbeschränkter Einkommensteuerpflicht nicht ausländische Einkünfte i.S.v. § 34d EStG sind, in Deutschland steuerbar. Art. 4 Abs. 4 DBA Schweiz/Deutschland führt grundsätzlich zu einer **Verkürzung der Zehn-Jahres-Frist** aus § 2 Abs. 1 S. 1 AStG auf fünf Jahre. Falls aber die natürliche Person pauschal besteuert wird und daher aufgrund von Art. 4 Abs. 6 DBA Schweiz/Deutschland nicht in der Schweiz als ansässig gilt, kommt die Zehn-Jahres-Frist zur Anwendung.[72]

---

71 Bei einem Einkommen von 77.000 EUR beträgt die deutsche Einkommensteuer ca. 23.000 EUR, was einer Belastung von ca. 29,9 % entspricht. Nach Abzug eines Drittels resultiert daraus ein Steuersatz von ca. 19,9 %, der nun den Grenzsatz zur Bestimmung eines Niedrigsteuerlandes gemäß § 2 Abs. 2 Ziff. 1 AStG darstellt (für die Steuerberechnung siehe https://www.bmf-steuerrechner.de/ekst/eingabeformekst.xhtml). Der Betrag von 77.000 EUR ist für den Steuerbelastungsvergleich nach dem Kurs am Anfang des Jahres in die maßgebliche ausländische Währung, vorliegend also in Schweizer Franken umzurechnen. Bei einem Kurs am 3.10.2022 von 0,9691 CHF pro Euro ergibt sich daraus ein Vergleichseinkommen von etwa 74.621 CHF.

72 EStV, Kreisschreiben Nr. 44 Besteuerung nach dem Aufwand bei der direkten Bundessteuer, 7 f.

II. Besteuerung von Kapitalgewinnen aus der Veräußerung von wesentlichen Beteiligungen

Das DBA Schweiz/Deutschland folgt in Art. 13 Abs. 3 zunächst dem **Grundsatz der Besteuerung von Veräußerungsgewinnen im Wohnsitzstaat des Veräußerers**. Jedoch bestimmt Art. 13 Abs. 4 DBA Schweiz/Deutschland, dass die bei einer vollständigen oder teilweisen Veräußerung wesentlicher Beteiligungen[73] erzielten Gewinne auch im Ansässigkeitsstaat der Gesellschaft besteuert werden können, wenn der im anderen Vertragsstaat ansässige Veräußerer im Zeitraum von fünf Jahren vor der Veräußerung i.S.d. Art. 4 DBA Schweiz/Deutschland im Ansässigkeitsstaat der Gesellschaft ansässig war *und* der Gewinn aus der Veräußerung im Wohnsitzstaat des Veräußerers keiner Besteuerung unterliegt. In der Schweiz sind Kapitalgewinne aus der Veräußerung von im Privatvermögen gehaltenen Beteiligungen steuerfrei (Art. 16 Abs. 3 DBG, Art. 7 Abs. 4 lit. b StHG).[74] Damit verbleibt es für Veräußerungen von im Privatvermögen gehaltenen Beteiligungen über 25 % für eine Dauer von fünf Jahren beim Besteuerungsrecht Deutschlands. 55

III. Besteuerung des Vermögenszuwachses an inländischen Kapitalgesellschaften, § 6 AStG

§ 6 Abs. 1 Ziff. 1 AStG sieht vor, dass die Beendigung der unbeschränkten Steuerpflicht infolge der Aufgabe des Wohnsitzes oder des gewöhnlichen Aufenthalts, mithin also der Wegzug in die Schweiz, einer Veräußerung von Anteilen i.S.d. § 17 Abs. 1 S. 1 EstG gleichkommt.[75] Die dadurch ausgelöste Besteuerung kann durch das DBA Schweiz/Deutschland nicht reduziert werden, da die Besteuerung im Zeitpunkt der Beendigung der unbeschränkten Steuerpflicht und damit vor der Ansässigkeit in der Schweiz erfolgt, was die Anwendbarkeit des DBA ausschließt. 56

Erfolgt die **Veräußerung einer wesentlichen Beteiligung** nach dem Wegzug aus Deutschland, droht aufgrund der nebeneinander bestehenden deutschen Wegzugsbesteuerung und der schweizerischen Besteuerung eine Doppelbesteuerung des beim Verkauf erzielten Kapitalgewinnes. Denn Deutschland besteuert den 57

73 Gemäß Art. 13 Abs. 4 DBA Schweiz/Deutschland gilt eine unmittelbare oder mittelbare Beteiligung von über 25 % am Kapital einer Gesellschaft als wesentliche Beteiligung.

74 Kapitalgewinne aus der Veräußerung von *Geschäfts*vermögen stellen dagegen steuerbare Einkünfte dar (Art. 18 Abs. 2 DBG und Art. 8 Abs. 1 StHG).

75 Um die Rechtsfolgen der deutschen Wegzugsbesteuerung auszulösen, bedarf es nicht zwingend der Aufgabe der unbeschränkten Steuerpflicht. Gestützt auf § 6 AStG werden die stillen Reserven auch dann besteuert, wenn sich die Ansässigkeit des Steuerpflichtigen nach Art. 4 Abs. 2 DBA Schweiz/Deutschland ändert; *Luckhaupt/Bussmann*, EF 8/2019, 595–598, 595.

Gewinn aus einer Veräußerung nach Wegzug als inländische Einkünfte nach § 49 Abs. 1 Nr. 2 lit. e, § 17 EStG. In der Schweiz werden dagegen Kapitalgewinne aus der Veräußerung von beweglichem *Privat*vermögen nicht besteuert (vgl. Rdn 54). Eine Doppelbesteuerung droht aber dann, wenn die Kapitalgewinne aus der Veräußerung von beweglichem *Geschäfts*vermögen stammen, weil diese besteuert werden. Immerhin kann gestützt auf Art. 13 Abs. 5 DBA Schweiz/Deutschland der bei der Wegzugsbesteuerung in Deutschland zugrunde gelegte Wert in der Schweiz als Anschaffungskosten geltend gemacht werden, wodurch sich der allfällige steuerbare Kapitalgewinn in der Schweiz entsprechend reduziert.

IV. Erweitert unbeschränkte Erbschaftsteuerpflicht, § 2 Abs. 1 Nr. 1 S. 2 lit. b ErbStG

58 Deutschland hat sich in Art. 4 Abs. 4 DBA Schweiz/Deutschland (E) ein mit der erweitert unbeschränkten Erbschaftsteuerpflicht nach § 2 Abs. 1 Nr. 1 S. 2 lit. b ErbStG **korrelierendes Besteuerungsrecht** für den Fall vorbehalten, dass der Erblasser seinen Wohnsitz im Zeitpunkt des Todes in der Schweiz hatte, aber vorher eine ständige Wohnstätte in Deutschland besaß, wenn der Erblasser in den letzten zehn Jahren vor der Aufgabe seiner letzten Wohnstätte in Deutschland mindestens fünf Jahre über eine solche Wohnstätte verfügte und er in dem Jahr, in dem er zuletzt über eine solche Wohnstätte verfügte oder in den folgenden fünf Jahren, verstarb. Ausgenommen ist das Besteuerungsrecht Deutschlands jedoch, wenn der Erblasser wegen Aufnahme einer echten unselbstständigen Tätigkeit oder wegen Eheschließung mit einem Schweizer Staatsangehörigen in der Schweiz einen Wohnsitz begründet hatte oder wenn der Erblasser zu dem Zeitpunkt, in dem er zuletzt über eine ständige Wohnstätte in Deutschland verfügte, bereits Schweizer Staatsangehöriger war.

59 Stirbt der Erblasser **in dem Jahr**, in dem er noch über eine Wohnstätte in **Deutschland** verfügte, kommt zwar die unbeschränkte Erbschaftsteuerpflicht nach § 2 Abs. 1 Nr. 1 S. 2 lit. a ErbStG zur Anwendung. Falls er jedoch in den folgenden fünf Jahren nach Aufgabe der Wohnstätte in Deutschland verstirbt, greift die erweitert unbeschränkte Steuerpflicht nach § 2 Abs. 1 Nr. 1 S. 2 lit. b ErbStG.

V. Beschränkte Erbschaft- und Schenkungssteuerpflicht, § 2 Abs. 1 Nr. 3 ErbStG und erweitert beschränkte Erbschaft- und Schenkungssteuerpflicht, § 4 Abs. 1 AStG

60 Auch auf dem Gebiet der Erbschaftsteuern ist es Aufgabe des Doppelbesteuerungsabkommens, die ggf. konkurrierenden Besteuerungsrechte Deutschlands und der Schweizer Kantone zu regeln. Dabei umfasst das DBA Schweiz/Deutschland (E) nur Erbschaften. Der Vermögensanfall durch Schenkungen unter Lebenden, der in **Inlandsvermögen** i.S.v. § 121 des Deutschen Bewertungsgesetzes

(**BewG**) besteht, unterliegt auch nach dem Wegzug des Erblassers der beschränkten Erbschaftsteuerpflicht nach § 2 Abs. 1 Nr. 3 ErbStG, ohne dass das DBA Schweiz/Deutschland (E) hierauf Einfluss hätte. Insoweit als die jeweiligen Kantone Teile dieses Inlandsvermögens der *Erbschaft*steuer unterwerfen wollen, besteht jedoch ein Konflikt zwischen den Besteuerungsrechten Deutschlands und der Schweiz, der durch das DBA Schweiz/Deutschland (E) zu lösen ist. Hält jedoch eine zwischengeschaltete Kapitalgesellschaft in der Schweiz das Inlandsvermögen i.S.v. § 121 BewG, so tritt die beschränkte Steuerpflicht nach § 2 Abs. 1 Ziff. 3 ErbStG im Regelfall nicht ein und die Zuwendung ist in Deutschland erbschafts- und schenkungssteuerfrei, sofern Zuwender und Empfänger keinen anderweitigen Nexus zu Deutschland aufweisen.[76]

Auch im Hinblick auf die **erweitert beschränkte Erbschaft- und Schenkungssteuerpflicht** nach § 4 AStG muss zwischen Erbschaften und Schenkungen unter Lebenden differenziert werden. § 4 AStG kommt im Verhältnis zur Schweiz im Rahmen von Erbschaften nicht zur Anwendung. Denn das Besteuerungsrecht an den Gegenständen, die der erweitert beschränkten Erbschaftsteuerpflicht unterliegen, steht dem Wohnsitzstaat des Erblassers, mithin der Schweiz, zu. Jedoch ist das DBA Schweiz/Deutschland (E) auf Schenkungen unter Lebenden nicht anwendbar. Daher unterliegt der Steuerpflichtige der erweitert beschränkten Steuerpflicht bei solchen Schenkungen, die innerhalb des Zehn-Jahres-Zeitraums des § 2 Abs. 1 AStG ausgeführt werden. Die Schenkungen, die allerdings in einem Zeitraum von fünf Jahren nach dem Wegzug liegen, unterliegen bereits der erweitert unbeschränkten Erbschaftsteuerpflicht nach § 2 Abs. 1 S. 2 lit. b ErbStG.[77] 61

Praxistipp 62

In **gestalterischer Hinsicht** sollte der Ausschluss von der Erbschafts- bzw. Schenkungssteuerpflicht gem. § 4 Abs. 2 AStG bei der Wahl des Zuzugskantons bedacht werden. Es sollte ein Zielkanton gewählt werden, in dem die Schenkungsteuer den in § 4 Abs. 2 AStG geforderten Steuersatz von 30 % übersteigt und aufgrund dessen die Steuerpflicht nach § 4 Abs. 1 AStG nicht zur Anwendung gelangt.

76 *Happe/Boelsen*, Schweizer Heimatvermögen im Erbschaftssteuer-DBA Schweiz-Deutschland, Handelskammerjournal, 12.10.2021, abgerufen von: https://www.handelskammerjournal.ch/de/schweizer-heimatvermoegen-im-erbschaftssteuer-dba-schweiz-deutschland, zuletzt besucht am 30.9.2022; diesbezüglich muss aber eine mögliche Erhebung der deutschen Grunderwerbssteuer beachtet werden.

77 *Kapp/Ebeling*, ErbStG, § 2 ErbStG Rn 65.

D. Auswirkungen des DBA Schweiz/Deutschland im Hinblick auf typischerweise von Emigranten erzielte Einkünfte

63 Auch nach einem Wegzug erzielen die Emigranten[78] praxisgemäß noch **Einkünfte aus deutschen Quellen**. Hierbei handelt es sich insbesondere um:
- Einkünfte aus Kapitalvermögen (Dividenden),
- Kapitalgewinne aus der Veräußerung von Beteiligungen,
- Einnahmen aus der Vermietung und Verpachtung sowie der Veräußerung von in Deutschland belegenem Vermögen,
- Zinsen,
- Aufsichtsrats- und Geschäftsführervergütungen,
- Renteneinkünfte.

Bezüglich solcher Einkünfte müssen vor allem die Normen des AStG Berücksichtigung finden und es ist weiter notwendig, rechtliche Gestaltungen zu vermeiden, welche aufgrund damit einhergehender Steuervorteile von § 42 AO („Missbrauch von rechtlichen Gestaltungsmöglichkeiten") erfasst werden könnten.

I. Einkünfte aus Kapitalvermögen (Dividenden)

64 Dem OECD-Musterabkommen (**OECD-MA**) folgend unterliegen Dividenden gem. Art. 10 Abs. 1 DBA Schweiz/Deutschland der Besteuerung im **Ansässigkeitsstaat des Empfängers**. Dem Quellenstaat wird nach Abs. 2 jedoch die Erhebung einer Quellensteuer zugestanden. Sofern der Nutzungsberechtigte der Dividende im anderen Vertragsstaat ansässig ist, darf diese Quellensteuer aber grundsätzlich einen Satz von 15 % des Bruttobetrages der Dividende nicht übersteigen.[79] Gemäß Art. 10 Abs. 4 DBA Schweiz/Deutschland werden vom Begriff der „Dividende" nicht nur Einnahmen aus Aktien, Genussrechten und GmbH-Stammanteilen subsumiert, sondern auch solche aus Kuxen, Gründeranteilen oder anderen Rechten mit Gewinnbeteiligung sowie aus sonstigen Gesellschaftsanteilen stammende Einnahmen, die nach dem Steuerrecht des Staates, in dem die ausschüttende Gesellschaft ansässig ist, den Einnahmen aus Aktien gleichge-

78 Gemeint ist hier nur der Emigrant selbst. Gestaltungen über in der Schweiz liegende, vom Emigranten beherrschte Betriebsstätten sind nicht Gegenstand dieses Kapitels.

79 Gesellschaften, welche eine qualifizierte Beteiligung von mindestens 10 % an der dividendenzahlenden Gesellschaft des anderen Vertragsstaates während mindestens eines Jahres halten, profitieren von einer gänzlichen Befreiung der Sockelsteuer – dies jedoch nur, sofern es sich nicht um eine Beteiligung an einer deutschen Immobilien-Aktiengesellschaft mit börsennotierten Anteilen (REIT-AG), einem deutschen Investmentfonds oder einer deutschen Investmentaktiengesellschaft handelt. Mit einem maximal zulässigen Sockelsatz von 15 % ebenfalls bevorzugt besteuert werden Dividenden von Gesellschaften, die ein Kraftwerk zur Ausnutzung der Wasserkraft des Rheinstromes zwischen dem Bodensee und Basel betreibt (Grenzkraftwerk am Rhein).

stellt sind, einschließlich der Einnahmen aus Beteiligungen an einem Handelsgewerbe als stiller Gesellschafter im Sinne des deutschen Rechts, aus Gewinnobligationen oder aus partiarischen Darlehen sowie der Ausschüttungen auf die Anteilsscheine von Kapitalanlagegesellschaften (Investmentfonds).

Dieses partielle Besteuerungsrecht des Quellenstaates bis zum maximal anwendbaren Sockelsatz nach Art. 10 Abs. 2 DBA Schweiz/Deutschland wird durch den deutschen Fiskus im Rahmen der beschränkten Steuerpflicht nach §§ 1 Abs. 4, 49 Abs. 1 Nr. 5 lit. a, 20 EStG umgesetzt. Gemäß §§ 43 Abs. 1 S. 1 Nr. 1, 43a Abs. 1 Nr. 1 EStG wird die Kapitalertragssteuer direkt bei der auszahlenden Gesellschaft mittels eines Abzugs im Umfang von 25 % des Kapitalertrags vereinnahmt, welcher sodann ans Finanzamt abgeführt und damit im Rahmen der Einkommenssteuer nach § 50 Abs. 5 S. 1 EStG als abgegolten gilt. Nach deutschem Rech ist diese Quellensteuer dabei in voller Höhe einzubehalten bzw. ans Finanzamt abzuführen. Die Differenz zwischen einbehaltener Kapitalertragssteuer (25 %) und der zulässigen Quellenbesteuerung gemäß DBA (15 %) muss danach in einem zweiten Schritt mittels eines Antrages durch den Steuerpflichtigen Dividendengläubiger zurückgefordert werden (Erstattungsanspruch).[80] 65

Die durch Deutschland in Übereinstimmung mit dem DBA Schweiz/Deutschland erhobene **Sockelsteuer** dagegen wird durch den in Art. 24 Abs. 2 DBA Schweiz/Deutschland vorgesehenen Anrechnungsmechanismus an die Schweizer Steuer angerechnet, um eine Doppelbesteuerung zu vermeiden. Der zweite Absatz sieht dabei drei unterschiedliche Methoden für die Schweiz vor. Umgesetzt wurde dies schließlich mittels der Verordnung über die pauschale Steueranrechnung (**PStAV**),[81] welche eine pauschale Steueranrechnung ausländischer Quellensteuern für Erträge ermöglicht, die den Einkommens- oder Gewinnsteuern des Bundes oder der Kantone und Gemeinden unterliegen.[82] 66

II. Gewinne aus der tatsächlichen Veräußerung von Kapitalgesellschaftsanteilen

Während § 6 AStG[83] beim Wegzug im Hinblick auf Kapitalgesellschaftsanteile eine Veräußerung fingiert, werden Gewinne aus der **tatsächlichen Veräußerung** 67

80 Im Falle des privilegierten Quellensteuersatzes von 5 % muss der seit 2017 geltende § 50j EStG beachtet werden, der bei einer Kapitalbeteiligung von unter 10 % (Streubesitz), welche nicht mindestens seit einem Jahr als wirtschaftlicher Eigentümer gehalten wurde, unter gewissen Voraussetzungen die Entlastung der Kapitalertragssteuer untersagt.

81 Verordnung über die Anrechnung ausländischer Quellensteuern vom 22.8.1967 (SR 672.201).

82 Art. 3 PStAV.

83 Sowohl § 6 AStG a.F. wie auch § 6 AStG n.F.

an Kapitalgesellschaftsanteilen nach Art. 13 Abs. 3 DBA Schweiz/Deutschland[84] der Besteuerung im Ansässigkeitsstaat des Veräußerers unterworfen.

68 Jedoch bestimmt Art. 13 Abs. 4 DBA Schweiz/Deutschland für **Beteiligungen von mehr als 25 %** am Gesellschaftskapital, dass Gewinne aus der Veräußerung einer solchen Beteiligung auch im Ansässigkeitsstaat der Gesellschaft besteuert werden können, wenn der im anderen Vertragsstaat ansässige Veräußerer im Zeitraum von fünf Jahren vor der Veräußerung im Ansässigkeitsstaat der Gesellschaft ansässig war und der Gewinn aus der Veräußerung im Ansässigkeitsstaat des Veräußerers keiner Besteuerung unterliegt. In der Schweiz sind Kapitalgewinne aus der Veräußerung von beweglichem Privatvermögen gem. Art. 16 Abs. 3 DBG sowie Art. 7 Abs. 4 lit. b StHG weder auf Bundes- noch auf Kantonsebene steuerbar.[85] Damit verbleibt es für Veräußerungen von im Privatvermögen gehaltenen Beteiligungen über 25 % für eine Dauer von fünf Jahren beim Besteuerungsrecht Deutschlands. Deutschland übt dieses Besteuerungsrecht mittels §§ 1 Abs. 4, 49 Abs. 1 Nr. 2 lit. e, 17 EStG aus.

III. Einkünfte aus der Veräußerung unbeweglichen Vermögens

69 Das Recht zur Besteuerung des Veräußerungsgewinnes einer Immobilie wird nach Art. 13 Abs. 1 DBA Schweiz/Deutschland dem Staat des Belegenheitsortes zugewiesen. Die durch einer Veräußerung von in Deutschland belegenen Grundstücken entstandenen Gewinne werden gem. §§ 1 Abs. 4, 49 Abs. 1 Nr. 2 lit. f, 15 EStG besteuert, wenn – bei Abwesenheit einer Betriebsstätte oder eines **ständigen Vertreters** im Inland – die Veräußerung nach deutschem Recht eine gewerbliche Tätigkeit darstellt.[86]

70 In der Schweiz muss zwischen der Bundes- und Kantonsebene differenziert werden. Auf Bundesebene unterliegen Gewinne aus der Veräußerung von **unbeweglichem Privatvermögen** keiner Besteuerung. Dagegen erheben sämtliche Kantone auf solche Gewinne aus der Veräußerung von im Privatvermögen gehaltenen Immobilien eine sog. **Grundstücksgewinnsteuer.**[87] Bei Gewinnen aus der Veräußerung von **unbeweglichem Geschäftsvermögen** gestaltet sich die Besteuerung komplizierter. Da im Geschäftsvermögen Abschreibungen zulässig sind,

84 Der Begriff der Veräußerung i.S.d. Art. 13 DBA Schweiz/Deutschland ist sehr weit gefasst und nicht nach innerstaatlichem Recht zu beurteilen. Grundsätzlich ist Art. 13 damit auf sämtliche Gewinne aus einer Übertragung von Vermögen anwendbar; siehe *Wassermeyer/Kaeser*, in: Wassermeyer: DBA, 156. EL, Art. 13 OECD-MA 2017 Rn 27; *Hardt*, in: Wassermeyer, Art. 13 DBA Schweiz Rn 127.

85 Kapitalgewinne aus der Veräußerung von im Betriebsvermögen befindlichen Beteiligungen sind dagegen sowohl auf Bundes- als auch auf Kantonsebene steuerbar, Art. 18 Abs. 2–4, 58 DBG.

86 BFH vom 7.12.2016, I R 76/14, E. 2daa; *Loschelder*, in: Schmidt, § 49 EStG Rn 54 ff.

87 Art. 2 Abs. 1 lit. d und Art. 12 StHG.

wird sich der im Rahmen der Veräußerung erzielte Kapitalgewinn (Differenz zwischen Buchwert und Veräußerungspreis) in die sog. wieder eingebrachten Abschreibungen (Differenz zwischen Buchwert und Anschaffungskosten) und den sog. Wertzuwachsgewinn (Differenz zwischen Anschaffungskosten und Veräußerungspreis) unterteilen lassen. Während die wieder eingebrachten Abschreibungen stets mit der Einkommenssteuer erfasst werden, hängt die Besteuerung des Wertzuwachsgewinns davon ab, welchem System der jeweilige Kanton folgt. Im monistischen System[88] wird der Wertzuwachsgewinn mit der Grundstückgewinnsteuer, im dualistischen System[89] dagegen mit der Einkommensteuer besteuert. Das StHG sieht für die Grundstückgewinnsteuer in Art. 12 Abs. 3 StHG jedoch gewisse Aufschubtatbestände wie bspw. im Falle der Veräußerung im Rahmen einer Ersatzanschaffung vor. Zusätzlich sehen Steuergesetze einzelner Kantone weitere Aufschubtatbestände vor, doch sind diese aufgrund des abschließenden Charakters des Art. 12 Abs. 3 StHG grundsätzlich bundesrechtswidrig, was entsprechend eine diesbezügliche Rechtsunsicherheit hervorruft.[90]

IV. Einkünfte aus Vermietung und Verpachtung

Nach Art. 6 Abs. 3 i.V.m. Abs. 1 DBA Schweiz/Deutschland werden Einkünfte 71
aus Vermietung und Verpachtung dem **Belegenheitsstaat** zur Besteuerung zugewiesen. Entsprechende Einkünfte gem. § 21 EStG, welche im Zusammenhang mit einer sich in Deutschland befindlichen Immobilie erwirtschaftet werden, besteuert der deutsche Fiskus dabei nach §§ 1 Abs. 4, 49 Abs. 1 Nr. 6 EStG im Rahmen der beschränkten Steuerpflicht.

V. Zinseinkünfte

Zinseinkünfte, welche fremdvergleichskonform sind, werden gem. Art. 11 DBA 72
Schweiz/Deutschland dem **Ansässigkeitsstaat des Empfängers** zur Besteuerung zugewiesen. Dies gilt allerdings unter dem Vorbehalt, dass der Zinsgläubiger im Quellenstaat keine Betriebsstätte hat, welcher die maßgebliche Forderung tatsächlich zugeschrieben werden kann. In einem solchen Fall wird das Besteuerungsrecht gem. Abs. 1 vollständig dem Quellenstaat zugewiesen. Das Besteuerungsrecht Deutschlands als Auswanderungsland wird dagegen vollständig ausgeschlossen. Hält eine Zinszahlung aufgrund einer besonderen Beziehung zwischen Gläubiger und Schuldner oder zwischen ihnen und einer weiteren Person

88 Das monistische System (oder Zürcher System) wird von den Kantonen Bern, Basel-Landschaft, Basel-Stadt, Jura, Nidwalden, Schwyz, Tessin, Uri und Zürich angewandt.

89 Das dualistische System (oder St. Galler Modell) wird von den Kantonen Aargau, Appenzell Innerrhoden, Appenzell Ausserrhoden, Freiburg, Genf, Glarus, Luzern, Neuenburg, Obwalden, St. Gallen, Schaffhausen, Solothurn, Thurgau, Waadt, Wallis und Zug angewandt.

90 *Hunziker/Seiler*, in: Zweifel/Beusch, StHG, 2022, Art. 12 N 94 StHG.

jedoch nicht dem Drittvergleichstest stand, so kann der überschießende Teil unter Berücksichtigung der weiteren DBA Normen gemäß dem Recht jedes Vertragsstaates besteuert werden.[91]

VI. Aufsichtsrats- und Geschäftsführervergütungen

73 Art. 15 Abs. 1 DBA Schweiz/Deutschland hält als Grundregel fest, dass Arbeitseinkünfte aus einer unselbstständigen Erwerbstätigkeit nur im **Ansässigkeitsstaat** des unselbstständig Erwerbstätigen besteuert werden können. Von dieser Grundregel ausgenommen sind Einkünfte von Personen, die als Vorstandsmitglied, Direktor, Geschäftsführer oder Prokurist einer im anderen Vertragsstaat ansässigen Kapitalgesellschaft[92] tätig sind. Diese Einkünfte werden dem Sitzstaat der Gesellschaft zur Besteuerung zugewiesen. Dies unter dem Vorbehalt, dass die Aufgaben nicht nur außerhalb des Sitzstaates der Gesellschaft durchgeführt werden und es sich bei diesen Arbeitnehmern nicht um Grenzgänger handelt. Dieser in Abs. 4 exakt vorgegebene Personenkreis **leitender Angestellter** wurde im Rahmen einer Verständigungsvereinbarung noch dahingehend präzisiert, dass stellvertretende Direktoren, Vize- und Generaldirektoren ebenfalls darunter fallen, andere Angestellte in leitender Funktion wie Handlungsbevollmächtigte jedoch nicht vom Anwendungsbereich erfasst seien.[93] Da es jedoch zusehends zu Abgrenzungsschwierigkeiten gekommen war, wurde im Rahmen einer Konsultationsvereinbarung festgelegt, dass Abs. 4 lediglich angewendet wird, sofern die Prokura oder Funktion im Handelsregister eingetragen ist, um Kompetenzkonflikte zukünftig vermeiden zu können.[94] Dies wurde sodann im Rahmen des § 19 der Deutsch-Schweizerischen Konsultationsvereinbarungsverordnung vom 20.10.2010 (**KonsVerCHEV**) auch in nationales Recht überführt. In einem Urteil vom 30.9.2020 hat der BFH dann jedoch entschieden, dass mit dem Erfordernis der Funktionsbezeichnung im Handelsregister ein zusätzliches Tatbestandsmerkmal in § 19 KonsVerCHEV vorgesehen werde, das dem Wortlaut des Art. 15 Abs. 4 DBA-Schweiz/Deutschland[95] nicht zu entnehmen sei. Insofern verstoße

91 Art. 11 Abs. 4 DBA Schweiz/Deutschland.

92 Für die Eröffnung des sachlichen Anwendungsbereiches von Art. 15 Abs. 4 DBA Schweiz/Deutschland wird die Tätigkeit für eine Kapitalgesellschaft vorausgesetzt. Gemäß BFH vom 12.10.2011, I R 93/10 qualifizieren Genossenschaften, Vereine und Stiftungen nicht als Kapitalgesellschaften nach Abs. 4; *Kolb/Kubaile*, S. 127.

93 Verständigungsvereinbarung vom 7.7.1997 zu Artikel 15 Absatz 4 des schweizerisch-deutschen Abkommens zur Vermeidung der Doppelbesteuerung auf dem Gebiet der Steuern vom Einkommen und Vermögen (DBA).

94 Verständigungsvereinbarung vom 18.9.2008 zu Art. 15 Abs. 4 des schweizerisch-deutschen Abkommens zur Vermeidung der Doppelbesteuerung auf dem Gebiet der Steuern vom Einkommen und Vermögen (DBA); *Kolb/Kubaile*, S. 128.

95 Das Gericht bezog sich auf die zu diesem Zeitpunkt gültige Fassung DBA-Schweiz 1971/2010.

die KonsVerCHEV gegen den Grundsatz des Vorrangs des Gesetzes (Art. 20 Abs. 3 GG). Wie im zu beurteilenden Fall reiche eine Eintragung im Handelsregister, wonach die Person die „Kollektivunterschrift zu zweien" innehabe, auch ohne zusätzliche Funktionsbezeichnung aus, um den Anforderungen nach Art. 15 Abs. 4 DBA Schweiz/Deutschland zu genügen.[96]

Werden die betreffenden Arbeitnehmer dagegen als **Grenzgänger** i.S.v. Art. 15a Abs. 2 DBA Schweiz/Deutschland qualifiziert, liegt das Besteuerungsrecht wiederum beim Ansässigkeitsstaat der Grenzgänger, analog der Grundsatzregel nach Art. 15 Abs. 1 DBA Schweiz/Deutschland. 74

Wiederum gesondert geregelt werden Bezüge und Vergütungen, die eine in der Schweiz ansässige Person von einer in Deutschland ansässigen Gesellschaft in ihrer Eigenschaft als **Aufsichtsrats- oder Verwaltungsratsmitglied** dieser Gesellschaft erhält. Diese Zahlungen können nach Art. 16 DBA Schweiz/Deutschland im Sitzstaat der Gesellschaft, vorliegend somit durch Deutschland besteuert werden. 75

VII. Renteneinkünfte

Für Ruhegehälter und ähnliche Zahlungen, die ein in der Schweiz Ansässiger für frühere unselbstständige Tätigkeiten erhält, hat nach Art. 18 DBA Schweiz/Deutschland grundsätzlich die Schweiz das Besteuerungsrecht. Werden diese Ruhegehälter jedoch von der Bundesrepublik Deutschland, einem deutschen Bundesland, einer sonstigen deutschen Gebietskörperschaft oder einer anderen deutschen juristischen Person des öffentlichen Rechts bezahlt, verbleibt das Besteuerungsrecht nach Art. 19 Abs. 1 DBA Schweiz/Deutschland bei Deutschland. Nach Abs. 3 gilt selbiges auch für Ruhegehälter, die von der Deutschen Bundesbank, der Deutschen Bundesbahn und der Deutschen Bundespost bezahlt werden.[97] 76

E. Auswirkungen des DBA Schweiz/Deutschland (E) auf typischerweise von Emigranten hinterlassenes Vermögen

Nicht selten hinterlassen Emigranten unbewegliches Vermögen in Deutschland (z.B. vermietete Immobilen) sowie Kapitalvermögen auf deutschen Banken und 77

96 BFH, Urt. v. 30.9.2020 – I R 60/17, E. 20 f.

97 Die Vergütung des in Grenzgebieten tätigen Personals der Bahn-, Post-, Telegrafen- und Zollverwaltungen wird nach Art. 19 Abs. 4 DBA Schweiz/Deutschland jedoch im Ansässigkeitsstaat besteuert. Die Vergütung von Personen, welche von Art. 19 Abs. 1 und 3 erfasst werden, wird ebenfalls im Ansässigkeitsstaat besteuert, sofern es sich dabei um Grenzgänger handelt.

Anteile an deutschen Gesellschaften. Diese Vermögenswerte können erbschaftsteuerrechtlich relevant sein.

I. Unbewegliches Vermögen

78 Gemäß Art. 5 Abs. 1 DBA Schweiz/Deutschland (E) gilt für unbewegliches Vermögen das **Belegenheitsprinzip**. Unbewegliches Vermögen, das ein Erblasser, der im Zeitpunkt des Todes im Wohnsitzstaat ansässig war, im Belegenheitsstaat besaß, kann entsprechend im Belegenheitsstaat besteuert werden. Die in Deutschland belegene Immobilie einer in die Schweiz emigrierten Person wird somit durch Deutschland der **beschränkten Erbschaftsteuerpflicht** nach § 2 Abs. 1 Nr. 3 ErbStG i.V.m. § 121 Nr. 2 Bewertungsgesetz unterworfen.

II. Kapitalvermögen

79 Kapitalvermögen fällt unter den Begriff des **sonstigen Vermögens**, das nach Art. 8 Abs. 1 DBA Schweiz/Deutschland (E) grundsätzlich vom Wohnsitzstaat des Erblassers zu besteuern ist. Das würde bedeuten, dass das auf dem Konto bei einer deutschen Bank befindliche Kapitalvermögen eines Emigranten bei dessen Tod in der Schweiz zu versteuern wäre. Jedoch kann Deutschland nach Art. 8 Abs. 2 S. 1 DBA Schweiz/Deutschland (E) sein Besteuerungsrecht ausüben, wenn der **Erwerber** im Zeitpunkt des Todes des Erblassers in Deutschland über eine ständige Wohnstätte verfügte oder dort seinen gewöhnlichen Aufenthalt hatte. Aufgrund der Tatsache, dass auch die Schweiz nach Art. 8 Abs. 2 S. 2 DBA Schweiz/Deutschland (E) ihr Besteuerungsrecht weiterhin ausüben kann, bedarf es einer Regelung zur Vermeidung der Doppelbesteuerung. Nach Art. 10 Abs. 1 lit. b S. 1 DBA Schweiz/Deutschland (E) wird die Doppelbesteuerung in diesem Fall über die Anrechnungsmethode vermieden, d.h. Deutschland rechnet auf die nach deutschem Recht festgesetzte Steuer die Schweizer Steuer, die auf das Kapitalvermögen anfällt, an. Maximal anrechenbar ist nach Art. 10 Abs. 1 lit. b S. 2 DBA Schweiz/Deutschland (E) der Teil der vor der Anrechnung ermittelten Steuer, der auf das Vermögen entfällt, das in der Schweiz besteuert werden kann.

80 Nach deutschem Erbschaftsteuerrecht fällt das Kapitalvermögen in den Anwendungsbereich der **erweitert beschränkten Erbschaftsteuerpflicht** nach § 4 Abs. 1 AStG i.V.m. § 34c Abs. 1 EStG und § 34d EStG. Das auf dem Konto bei einer deutschen Bank befindliche Kapitalvermögen ist sog. inländisches Vermögen, da es nach Maßgabe des § 34d Nr. 6 EStG nicht unter den Begriff der ausländischen Einkünfte fällt. Grund hierfür ist, dass der Schuldner, also die betreffende deutsche Bank, weder Geschäftsleitung noch Sitz im Ausland hat, wie dies § 34d Nr. 6 EStG für das Vorliegen von ausländischen Einkünften erfordert.

III. Anteile/Beteiligungen an deutschen Gesellschaften

Anteile/Beteiligungen an deutschen Kapital- oder Personengesellschaften, die sich im **Privatvermögen** des Emigranten befinden, fallen wie das Kapitalvermögen unter den Begriff des sonstigen Vermögens i.S.v. Art. 8 DBA Schweiz/Deutschland (E). Die vorstehenden Ausführungen zum Kapitalvermögen sind daher sinngemäß übertragbar. 81

Dagegen sind die Anteile/Beteiligungen an deutschen Kapital- oder Personengesellschaften, die zum **Betriebsvermögen einer Betriebsstätte eines Unternehmens** gehören, unterschiedlich zu behandeln. Ist der Erblasser im Zeitpunkt seines Todes im Wohnsitzstaat ansässig, wird gem. Art. 6 Abs. 1, Abs. 9 S. 1 DBA Schweiz/Deutschland (E) das Betriebsvermögen einer Betriebsstätte eines Unternehmens, welche der Erblasser außerhalb seines Wohnsitzstaates hatte, im Betriebsstättenstaat besteuert. Das bedeutet, dass im Fall von Anteilen/Beteiligungen an deutschen Kapital-/Personengesellschaften einer in Deutschland belegenen Betriebsstätte eines in der Schweiz verstorbenen Erblassers diese Anteile in Deutschland der Besteuerung unterliegen. 82

F. Steuerlicher Vergleich einzelner Kantone

Nachfolgend findet sich eine Zusammenstellung zur Besteuerung in ausgewählten Kantonen, welche als steuerlich attraktiv gelten. Ebenfalls enthalten ist der Kanton Zürich, da dieser, obwohl steuerlich weniger attraktiv, derjenige Kanton mit der höchsten Zuwanderung aus Deutschland ist.[98] 83

Die dargestellte Einkommenssteuerbelastung bezieht sich auf eine ordentlich veranlagte, natürliche Person für die direkte Bundes- sowie die Kantons- und Gemeindesteuern (ohne Kirchen- und allfällige Kopfsteuern oder Feuerwehrabgaben). Dabei ist zu beachten, dass die Einkommensteuersätze in der Schweiz progressiv ausgestaltet sind und im Sinne einer Vereinfachung nur die maximale Belastung angegeben wird. Zudem stellen die dargestellten Steuersätze eine Momentaufnahme dar, da sie jährlich angepasst werden können.

Im Rahmen dieser Übersicht wird auch auf das Verhältnis zur erweiterten beschränkten Erbschaft- und Schenkungssteuer nach § 4 AStG eingegangen. Tatbestandsmerkmal dieser Norm, darauf sei nochmals hingewiesen, ist der Erwerb

98 Bundesamt für Statistik (BFS), Ständige und nichtständige Wohnbevölkerung nach Kanton, Anwesenheitsbewilligung, Geschlecht, Altersklasse und Staatsangehörigkeit, abgerufen von: https://www.pxweb.bfs.admin.ch/pxweb/de/px-x-0103010000_101/-/px-x-0103010000_101.px/, zuletzt besucht am 30.9.2022.

inländischen Vermögens, das über das Inlandsvermögen i.S.v. § 121 BewG hinausgeht und damit der beschränkten Steuerpflicht nach § 2 Abs. 1 Nr. 3 ErbStG unterliegt.

I. Zug

1. Einkommens- und Vermögenssteuer

84 Zusammen mit dem Kanton Schwyz zählt der Kanton Zug zu den für Privatpersonen steuerlich attraktivsten Standorten in der Schweiz, da beide Kantone ihre Steuern im Zuge des Steuerwettbewerbes der vergangenen Jahre laufend gesenkt und dadurch eine Vielzahl von vermögenden Steuerzahlern angezogen haben. In der steuergünstigsten Gemeinde Baar beträgt der Maximalsteuersatz aktuell 22,1 %, der Maximalsteuersatz in den Gemeinden mit der höchsten Belastung liegt bei 23,1 %, was im schweizweiten Vergleich immer noch eine sehr tiefe Einkommensbesteuerung darstellt. Auch die Vermögenssteuersätze sind mit einer Belastung zwischen 0,27 % (Baar) und 0,29 % äußerst attraktiv.

2. Erbschafts- und Schenkungssteuer

85 Im Kanton Zug sind die Ehegatten, Lebenspartner, direkten Nachkommen und Stiefkinder sowie Eltern und Stiefeltern des Erblassers/Schenkers **von der Erbschafts- und Schenkungssteuer befreit** (§ 175 Abs. 1 Steuergesetz Zug (**StG ZG**)[99]). Darüber hinaus gewährt Zug in § 175 Abs. 3 StG ZG **weitere Steuerbefreiungen,** u.a. den Hausrat des Erblassers sowie einen Freibetrag von 5.000 CHF bei der Ausrichtung von Gelegenheitsgeschenken und einmaligen Zuwendungen von Todes wegen.[100]

86 Steuerlich attraktiv ist ferner, dass auch **gemeinnützige Zuwendungen sowohl im Inland als auch ins Ausland** steuerfrei sind, wenn der Leistende den Nachweis erbringen kann, dass die Zuwendung ausschließlich zu gemeinnützigen Zwecken erfolgt (§ 175 Abs. 2 S. 2 StG ZG).

87 Die Berechnung einer allfällig **geschuldeten Erbschafts- oder Schenkungssteuer** erfolgt auf Basis der Höhe des Vermögensanfalles sowie des Verwandtschaftsgrades zum Erblasser, woraus sich ein progressiver Tarif ergibt. Im Kanton Zug greift der Maximaltarif von 20 % ab einem Vermögensanfall von 600.000 CHF (§ 180 Abs. 1 StG ZG). Abhängig vom Verwandtschaftsgrad zum Erblasser/Schenker haben die Begünstigten einen bestimmten Prozentsatz der so ermittelten Steuer zu tragen. Schwiegerkinder und -eltern entrichten 20 %, Geschwister

99 Steuergesetz des Kantons Zug vom 25.5.2000 (BGS.632.1).

100 Vgl. detailliert: Schweizer Steuerkonferenz, Steuerinformationen: Erbschafts- und Schenkungssteuern, abgerufen von: https://www.estv.admin.ch/estv/de/home/die-estv/steuersystem-schweiz/dossier-steuerinformationen.html, zuletzt besucht am 30.9.2022.

und Stiefgeschwister 40 %, Großeltern, Onkel und Tante, Kinder und Stiefkinder von Geschwistern, Stiefgroßkinder 60 %, Großkinder von Geschwistern sowie Kinder von Onkel und Tante 80 % und die übrigen Begünstigten 100 % der Steuer (§ 180 Abs. 2 StG ZG).

Ob die **30 %-Marke** gem. § 4 Abs. 2 AStG unterschritten wird, hängt daher neben der Höhe der Zuwendung insbesondere vom Verwandtschaftsgrad des Begünstigten zum Erblasser/Schenker ab. 88

II. Appenzell Innerrhoden

1. Einkommens- und Vermögenssteuer

Die maximale Einkommensteuerbelastung liegt in Appenzell Innerrhoden zwischen 23,8 % (Appenzell) und 27,1 % (Oberegg), was im Schweizer Vergleich sehr tief ist. Auch die Vermögenssteuer ist mit einer Belastung zwischen 0,23 % (Appenzell) und 0,29 % (Oberegg) vergleichsweise gering. 89

2. Erbschafts- und Schenkungssteuer

Steuerbefreit sind unter anderem Gelegenheitsgeschenke und Heiratsgut bis 5.000 CHF, Zuwendungen an den Ehegatten sowie Vermögen, welches zu Ausbildungszwecken übertragen wird. Attraktiv sind zudem die in Art. 100 des Steuergesetzes (**StG AI**)[101] vorgesehenen Freibeträge. So profitieren Nachkommen, Stiefkinder sowie Pflegekinder (zweijähriges Pflegeverhältnis vorausgesetzt) von einem Freibetrag von jeweils 300.000 CHF. Ebenfalls besteht ein Freibetrag für Eltern und Adoptiveltern von 20.000 CHF pro Person. Sämtliche übrigen Empfänger einer Erbschaft oder Schenkung können einen Freibetrag von 5.000 CHF geltend machen. 90

Gemeinnützige Zuwendungen an steuerbefreite juristische Personen sind steuerfrei, sofern diese im Kanton ansässig sind. Außerkantonale Zuwendungen sind steuerbefreit, sofern dies im Bundesrecht vorgesehen ist oder der Sitzkanton Gegenrecht hält (Art. 97 Abs. 2 StG AI). Bezüglich Zuwendungen ins Ausland hat der Kanton Appenzell Innerrhoden eine Vereinbarung mit Deutschland[102] sowie mit Frankreich[103] geschlossen. 91

101 Steuergesetz Kanton Appenzell Innerrhoden vom 25.4.1999 (GS.640.000).

102 Gegenseitigkeitserklärungen mit Deutschland – Gegenseitigkeitserklärung des Kantons Appenzell I.-Rh. vom 16.4.1927.

103 RB 672.2 – Vereinbarung zwischen dem Schweizerischen Bundesrat und der Regierung der Französischen Republik über die steuerliche Behandlung von Zuwendungen zu ausschließlich uneigennützigen Zwecken v. 30.10.1979.

92 Die Steuerbemessung erfolgt unabhängig von der Höhe des Vermögensanfalls, jedoch in Abhängigkeit des Verwandtschaftsverhältnisses und liegt zwischen 1 % und 20 %.[104]

93 Unter Berücksichtigung des Freibetrages hängt es daher rein vom Verwandtschaftsverhältnis ab, ob die **30 %-Marke** des § 4 Abs. 2 AStG über- bzw. unterschritten wird. Daher ist im Zweifelsfall ein exakter Vergleich der Schweizer mit den Deutschen Steuern vorzunehmen.

III. Thurgau

1. Einkommens- und Vermögenssteuer

94 Als Grenzkanton dürfte der Kanton Thurgau für deutsche Auswanderer von besonderem Interesse sein. Aus einkommenssteuerlicher Sicht befindet sich der Kanton jedoch eher im schweizerischen Mittelfeld. Der Maximalsteuersatz bewegt sich zwischen 28,1 % (Bottighofen) und 35,5 % (Arbon). Die Vermögenssteuer liegt zwischen 0,24 % (Bottighofen) und 0,33 % (Arbon).

2. Erbschafts- und Schenkungssteuer

95 Im Kanton Thurgau sind der überlebende Ehegatte bzw. bei einer eingetragenen Partnerschaft der überlebende Partner sowie die Nachkommen des Erblassers inklusive Stief- und Pflegekinder, sofern das Pflegeverhältnis mindestens sieben Jahre bestanden hat, von der Erbschafts- und Schenkungssteuer befreit.[105] Deren Nachkommen sind jedoch steuerpflichtig (§ 6 Gesetz über die Erbschafts- und Schenkungssteuer (**ESchG TG**)).[106]

96 Für jeden Elternteil gilt ein Freibetrag in Höhe von 20.000 CHF, für Zuwendungen an dauernd pflege- und unterstützungsbedürftige Personen gilt ein Freibetrag von 100.000 CHF.

97 Vermögensübergänge an steuerbefreite außerkantonale juristische Personen sind steuerfrei, sofern der Sitzkanton Gegenrecht hält. In Bezug auf Zuwendungen, Schenkungen und Erbschaften zugunsten von öffentlichen Körperschaften und

104 1 % für Nachkommen und Stiefkinder, 4 % für Eltern und Großeltern, 6 % für Geschwister und Adoptivgeschwister, 9 % für Nichten und Neffen, 12 % für Tanten, Onkel, Pflegekinder und Stiefeltern und 20 % für alle übrigen Empfänger gemäß Art. 101 Abs. 1 StG AI.

105 Diese Dauer ergibt sich aus § 3 der Erbschafts- und Schenkungssteuerverordnung TG, wobei es sich um ein Familienpflegeverhältnis nach Maßgabe des Bundesrechts handeln muss, namentlich der bundesrätlichen Verordnung über die Aufnahme von Kindern zur Pflege und zur Adoption vom 19.10.1977 (SR 211.222.338).

106 RB.641.8.

Organisationen, die ausschließlich uneigennützige Zwecke verfolgen, hat der Kanton Thurgau eine Gegenrechtsvereinbarung mit Deutschland[107] sowie mit Frankreich[108] geschlossen.

Je nach Verwandtschaftsgrad und Höhe des Vermögensanfalles liegt die Steuerbelastung zwischen 2 % und maximal 28 %.[109] 98

Im Zusammenhang des § 4 Abs. 2 AStG ist zu beachten, dass der Steuersatz insbesondere bei einer eher geringen Zuwendung an eine verwandte Person verhältnismäßig tief ausfallen kann. Die Unternehmensnachfolge ausgenommen, bewegen sich die maximalen Steuersätze eines Elternteils bspw. zwischen minimal 2 % und maximal 7 % (7 % bei einem Vermögensanfall von über 500.000 CHF). 99

IV. Schwyz

1. Einkommens- und Vermögenssteuer

Im Kanton Schwyz, dem aktuell steuergünstigsten Kanton der Schweiz, liegt die maximale Steuerbelastung in Abhängigkeit der Wohnsitzgemeinde zwischen 21,9 % und 27,4 %. Bei der Vermögenssteuer liegt der Steuersatz zwischen 0,14 % und 0,23 %. 100

2. Erbschafts- und Schenkungssteuer

Der Kanton Schwyz erhebt zudem **weder eine Erbschafts- noch eine Schenkungssteuer**. Angesichts der erweitert beschränkten Steuerpflicht empfiehlt sich bei einem Umzug in den Kanton Schwyz vor Ablauf der Zehnjahresfrist gemäß § 4 Abs. 1 i.V.m. § 2 Abs. 1 S. 1 AStG Vorsicht walten zu lassen, da die 30 %-Grenze des § 4 Abs. 2 AStG entsprechend nicht erreicht wird. 101

107 Gegenrechtserklärung des Kantons Thurgau vom 12.6.1934, abrufbar unter: https://www.estv.admin.ch/estv/de/home/internationales-steuerrecht/international-laender/sif/gegenrechtserklaerungen.html, zuletzt abgerufen am 30.9.2022.

108 Vereinbarung zwischen dem Schweizerischen Bundesrat und der Regierung der Französischen Republik über die steuerliche Behandlung von Zuwendungen zu ausschließlich uneigennützigen Zwecken vom 30.10.1979 (SR 0.642.034.91).

109 Auf der einfachen Steuer wird ein Zuschlag von 0,5 % je 1.000 CHF bis zu einem steuerbaren Vermögensanfall von 500.000 CHF bzw. einheitlich 250 % bei einem steuerbaren Vermögensanfall von über 500.000 CHF erhoben.

V. Nidwalden

1. Einkommens- und Vermögenssteuer

102 Im ebenfalls steuergünstigen Kanton Nidwalden, welcher nahe Luzern am Vierwaldstättersee liegt, beträgt die maximale Einkommenssteuerbelastung je nach Gemeinde zwischen 22,9 % und 25,7 %.

In Nidwalden wird eine Vermögenssteuer zwischen 0,10 % und 0,13 % erhoben.

2. Erbschafts- und Schenkungssteuer

103 Der Kanton Nidwalden **befreit** Ehegatten, Kinder, (Ur-)Großkinder, Stief- und Pflegekinder sowie inzwischen auch die Eltern, Schwiegerkinder, Stief-, Pflege- und Schwiegereltern **von der Erbschafts- und Schenkungssteuer** (Art. 157 Abs. 1 Ziff. 1 und 2 Steuergesetz Nidwalden (**StG NW**))[110]). Zudem sind Zuwendungen an Personen, die zum Zeitpunkt der Zuwendung bzw. des Todestags seit mindestens fünf Jahren in dauernder Wohngemeinschaft mit dem Erblasser/Schenker gelebt haben, nach Art. 157 Ziff. 3 StG NW ebenfalls steuerfrei. Vermögensübergänge an inner- und außerkantonale juristische Personen sind steuerfrei sofern diese nach dem Recht des Sitzkantons von der Besteuerung befreit sind (Art. 156 Abs. 1 Ziff. 1 und 2 StG NW).

104 Darüber hinaus ist ein Betrag in Höhe von 20.000 CHF pro Empfänger nach Art. 164 Abs. 2 StG NW steuerfrei. Dadurch werden **Gestaltungsspielräume** eröffnet, da der Freibetrag jedem Empfänger nicht nur einmalig, sondern pro Steuerperiode, d.h. jährlich, zusteht.

105 Die **Erbschafts- und Schenkungssteuersätze** betragen 5 % für Geschwister und deren Nachkommen sowie (Ur-)Großeltern; 10 % für Onkel, Tanten und deren Nachkommen sowie als Maximalsteuersatz 15 % in allen anderen Fällen (Art. 164 Abs. 1 StG NW).

106 Die **30 %-Grenze** des § 4 Abs. 2 AStG wird aufgrund der niedrigen Erbschafts- und Schenkungssteuersätze im Kanton Nidwalden, die unabhängig von der Höhe der Zuwendung sind, in vielen Fällen unterschritten, sodass innerhalb des Zehnjahres-Zeitraums Vorsicht geboten ist und im Einzelfall nachgerechet werden muss.

---

110 Gesetz über die Steuern des Kantons und der Gemeinden des Kantons Nidwalden vom 22.3.2000 (NG.521.1).

VI. St. Gallen

1. Einkommens- und Vermögenssteuer

Die maximale Steuerbelastung auf dem Einkommen liegt im Kanton St. Gallen zwischen 27 % (Balgach) und 34,9 % (Wartau). Die Vermögenssteuer liegt in Abhängigkeit der Wohnsitzgemeinde maximal zwischen 0,31 % (Balgach) und 0,47 % (Wartau). 107

2. Erbschafts- und Schenkungssteuer

Der Kanton St. Gallen befreit die Ehegatten, eingetragene Partner, die Nachkommen sowie die Stief- und Pflegekinder von der Erbschaft- und Schenkungssteuer. Allgemein von der Steuer befreit wird die Zuwendung von Hausrat und persönlichen Gebrauchsgegenständen sowie Gelegenheitsgeschenken im üblichen Betrag bis zu 5.000 CHF (Art. 146 Steuergesetz St. Gallen (**StG SG**)[111]). Vermögensübergänge an steuerbefreite außerkantonale juristische Personen sind steuerfrei, sofern der Sitzkanton Gegenrecht hält. 108

Von den steuerbaren Zuwendungen werden bei jedem Eltern-, Stief- und Pflegeelternteil sowie den Nachkommen von Stief- und Pflegekindern 25.000 CHF und bei sämtlichen übrigen steuerpflichtigen Empfängern 10.000 CHF abgezogen. Der steuerfreie Betrag wird dabei nur einmal gewährt. 109

Der Steuersatz wird in einem einstufigen Verfahren festgelegt und ist lediglich vom Verwandtschaftsgrad abhängig. Die Steuer beträgt für die Eltern, Stief- und Pflegeeltern sowie die Nachkommen von Stief- und Pflegekindern 10 %, für die Geschwister, Schwiegereltern und -kinder sowie die Großeltern 20 % und für sämtliche übrigen Empfänger 30 % der steuerbaren Zuwendung (Art. 154 StG SG). 110

Eine mögliche Unterschreitung der **30 %-Marke** des § 4 Abs. 2 AStG kann wiederum nicht pauschal bejaht oder verneint werden, da die Steuerhöhe in St. Gallen lediglich vom Verwandtschaftsgrad (einstufig), in Deutschland dagegen zusätzlich dazu auch vom Vermögensbetrag (zweistufig) abhängig ist. Daher ist neben den steuerbefreiten Personen insbesondere bei hohen Übertragungsbeträgen sowie allgemein bei der Steuerklassifizierung des Verwandtschaftsgrades Sorgfalt geboten. 111

111 St. Galler Steuergesetz vom 9.4 1998 (sGS.811.1).

VII. Aargau

1. Einkommens- und Vermögenssteuer

112 Die maximale Steuerbelastung auf dem Einkommen liegt im Kanton Aargau zwischen 29,3 % (Geltwil) und 37,8 % (mehrere Gemeinden). Die Vermögenssteuer liegt in Abhängigkeit der Wohnsitzgemeinde maximal zwischen 0,34 % (Geltwil) und 0,5 % (mehrere Gemeinden).

2. Erbschafts- und Schenkungssteuer

113 Im Kanton Aargau sind die Ehegatten, der eingetragene Partner, die Nachkommen, die Stiefkinder, Eltern, Stiefeltern sowie die Pflegekinder und -eltern (sofern das Pflegeverhältnis mindestens zwei Jahre bestand) des Erblassers/Schenkers **von der Erbschafts- und Schenkungsteuer** nach § 142 Abs. 3 Steuergesetz Aargau (**StG AG**)[112] **befreit**. Ebenfalls sind juristische Personen, welche öffentliche oder gemeinnützige Zwecke verfolgen sowie juristische Personen, welche kantonalen oder gesamtschweizerischen Kultuszwecken dienen, von den Erbschafts- und Schenkungssteuern befreit.

114 Nach § 147 Abs. 1 StG AG wird die Steuer anhand des steuerbaren Vermögensanfalls und dem Verwandtschaftsgrad der steuerpflichtigen Person zum Erblasser/ Schenker bestimmt (zweistufig). Ähnlich wie im deutschen Erbschafts- und Schenkungssteuerrecht gibt es **unterschiedliche Klassen**, in die die Begünstigten je nach ihrem Verwandtschaftsgrad eingeordnet werden. Zur ersten Klasse gehören Personen, die mit der zuwendenden Person während mindestens 5 Jahren in einer Wohngemeinschaft (gleicher Wohnsitz) gelebt haben. Die zweite Klasse setzt sich aus den Geschwistern sowie Großeltern und die dritte Klasse letztlich aus allen weiteren steuerpflichtigen Personen zusammen. In Abhängigkeit des zu übertragenden Vermögens liegt der Erbschafts- und Schenkungssteuersatz für die erste Klasse zwischen 4 % und 9 %, für die zweite Klasse zwischen 6 % und 23 % sowie für die dritte Klasse zwischen 12 % und 32 %.

115 Die **30 %-Marke** des § 4 Abs. 2 AStG wird im Kanton Aargau in den meisten Fällen lediglich von den Erwerbern unterschritten werden, die nach § 142 Abs. 3 StG AG steuerbefreit sind. Nichtsdestotrotz ist insbesondere bei großen Zuwendungen innerhalb des Zehn-Jahres-Zeitraums des § 4 Abs. 2 i.V.m. § 2 Abs. 1 S. 1 AStG im Einzelfall Vorsicht geboten.

---

112 Steuergesetz des Kantons Aargau vom 15.12.1998 (SAR.651.100).

VIII. Zürich

1. Einkommens- und Vermögenssteuer

Der Kanton Zürich und insbesondere die Stadt Zürich gelten im Schweizer Vergleich nicht unbedingt als attraktive Steuerstandorte. Doch handelt es sich um den populärsten Kanton für deutsche Zuzüger, welcher zudem eine große wirtschaftliche Bedeutung hat und attraktive Arbeitsplätze bietet.[113] Die maximalen Einkommenssteuersätze bewegen sich zwischen 33,9 % (Kilchberg) und 41,3 % (verschiedene Gemeinden). Damit liegt der Maximalsteuersatz in der steuergünstigsten Gemeinde Kilchberg um rund das Anderthalbfache höher, als jener in den Gemeinden mit der tiefsten Belastung im Kanton Schwyz.[114] 116

Die Vermögenssteuersätze im Kanton Zürich liegen bei maximal 0,52 % (Kilchberg) bis 0,69 % (verschiedene Gemeinden). 117

2. Erbschafts- und Schenkungssteuer

Im Kanton Zürich sind der Ehegatte, der eingetragene Partner und die Nachkommen des Erblassers/Schenkers **von der Erbschafts- und Schenkungssteuer befreit** (§ 11 Abs. 1 Erbschafts- und Schenkungssteuergesetz Zürich [**ESchG ZH**][115]). Adoptivkinder werden dabei den leiblichen Kindern gleichgestellt (§ 25 ESchG ZH). Ansonsten steuerbefreit sind nur Gelegenheitsgeschenke bis zu einem Wert von 5.000 CHF sowie die Beherbergung von Verwandten im eigenen Haushalt (§ 12 ESchG ZH). Vermögensübergänge an steuerbefreite außerkantonale juristische Personen sind steuerfrei, sofern der Sitzkanton Gegenrecht hält. 118

Auch im Kanton Zürich werden Abzüge vom steuerbaren Vermögensübergang in Abhängigkeit des Verwandtschaftsverhältnisses gewährt: 200.000 CHF für den Elternteil; 15.000 CHF für den Bruder, die Schwester oder die Großeltern; 15.000 CHF für den Verlobten; 15.000 CHF für das Stiefkind und das Kind des eingetragenen Partners, Patenkind oder Pflegekind und Hausangestellte mit mehr als zehn Dienstjahren sowie 50.000 CHF für den Lebenspartner, der während mindestens fünf Jahren mit dem Erblasser/Schenker im gleichen Haushalt zusammengelebt hat. Für alle übrigen erwerbsunfähigen oder beschränkt erwerbsfähigen unterstützungsbedürftigen Personen gilt ein Freibetrag von 30.000 CHF. Die Freibeträge werden dabei nur einmal, unter Anrechnung bereits erhaltener Zuwendungen, und damit nicht pro Steuerperiode gewährt (§§ 21 und 24 ESchG ZH). 119

---

113 BFS, Migration und Integration, abgerufen von https://www.bfs.admin.ch/bfs/de/home/statistiken/bevoelkerung/migration-integration.html, zuletzt besucht am 30.9.2022.

114 Dazu zählen die Gemeinden Wollerau, Freienbach, Wollerau-Schindellegi, Feusisberg-Schindellegi und Feusisberg.

115 Erbschafts- und Schenkungssteuergesetz vom 28.9.1986 (LS 632.1).

120 Wie in zahlreichen anderen Kantonen auch, wird im Kanton Zürich die Berechnung der **zu zahlenden Erbschafts- oder Schenkungssteuer** in zwei Schritten vollzogen. Nach § 22 beträgt die einfache Steuer in Abhängigkeit des steuerbaren Vermögensüberganges zwischen 2 % für die ersten 30.000 CHF bis zu 6 % ab einem Betrag von über 1.5 Millionen CHF. Im zweiten Schritt wird diese einfache Steuer mit einem Faktor aufgrund des Verwandtschaftsverhältnisses multipliziert. Dieser beträgt für die Eltern 1; für Großeltern und Stiefkinder 2; für Geschwister 3; für Stiefeltern 4; für Onkel, Tanten und Nachkommen von Geschwistern 5 sowie 6 für alle anderen Erwerber.

121 Ob die **30 %-Marke** des § 4 Abs. 2 AStG überschritten wird, kann nicht pauschal beurteilt werden, sondern hängt wiederum von der Höhe der Zuwendung und dem Verwandtschaftsverhältnis des Begünstigten zum Erblasser/Schenker ab.

§ 4 Österreich als Zuzugsstaat

Übersicht:

Literaturhinweise

Aigner/Kofler/Tumpel, DBA-Kommentar, 2. Auflage 2019; *Arnold*, Privatstiftungsgesetz, 4. Auflage 2022; *Deininger*, Grenzüberschreitende Verlegung des Hauptverwaltungssitzes und der Geschäftsleitung von Kapitalgesellschaften, 2002; *Deininger/Götzenberger*, Internationale Vermögensnachfolgeplanung mit Auslandsstiftungen und Trusts, 2006; *Doralt*, Steuerrecht 2022, 23. Auflage 2022; *Doralt/Kirchmayr/Mayr/Zorn*, Einkommensteuergesetz Kommentar, 21. Lieferung 2020; *Jakom*, Einkommensteuergesetz 2022 Jahreskommentar, 15. Auflage 2022; *Jirousek*, Das neue EU-Amtshilfegesetz, SWI 2012, 532; *Kampitsch/Kanduth-Kristen*, Die Beseitigung der steuerlichen Mehrbelastungen durch die Zuzugsbegünstigung, SWI 2018, 551; *Kerschner*, Einkünfteaufteilung bei international tätigen Sportlern, SWI 2020, 110; *Loukota*, Beschränkte Steuerpflicht bei inländischem Wohnsitz, SWI 2004, 53; *Pamperl*, Geschäftsführer- und Aufsichtsratsvergütungen in den österreichischen DBA – weitere Überlegungen zu EAS 3433, SWI 2021, 514; *Schmidjell-Dommes*, Die Besonderheiten der Besteuerung von Künstlern und Sportlern nach Art 17 DBA Österreich – Deutschland, SWI 2015, 543; *Toifl*, Switch-over-Klausel und Gemeinschaftsrecht, SWI 2008, 188; *Vogel/Lehner*, Doppelbesteuerungsabkommen: DBA der

Bundesrepublik Deutschland auf dem Gebiet der Steuern vom Einkommen und Vermögen, 7. Auflage 2021; *Wallner/Grabner*, Praxisleitfaden Forschungsprämie, 2021.

A. Steuerliche Rahmenbedingungen in Österreich

I. Einkommensteuer

1. Einführung

1 Die steuerlichen Rahmenbedingungen Österreichs sind mit denen Deutschlands grundsätzlich vergleichbar.

2 Der österreichischen Einkommensteuer unterliegen natürliche Personen; nach dem Transparenzprinzip auch Gesellschafter von Personenvereinigungen ohne eigene Rechtspersönlichkeit.[1] Wie im deutschen Einkommensteuerrecht sind nach § 1 Abs. 2 ÖstEStG natürliche Personen unbeschränkt steuerpflichtig, die im Inland Wohnsitz oder gewöhnlichen Aufenthalt haben. Es herrscht ebenfalls das Welteinkommensprinzip, d.h. unabhängig vom Ort, an dem die Einkünfte generiert werden, fallen sie unter die österreichische Einkommensteuer, wenn die betreffende natürliche Person Wohnsitz oder gewöhnlichen Aufenthalt in Österreich hat. Dabei werden Wohnsitz und gewöhnlicher Aufenthalt in § 26 Abs. 1, 2 BAO nahezu identisch zu § 8, 9 AO definiert. Verbringt der Steuerpflichtige mehr als sechs Monate in Österreich, unterliegt er ebenfalls – und zwar auch für die ersten sechs Monate – der unbeschränkten Steuerpflicht. Die unbeschränkte Steuerpflicht beginnt bei Zuzüglern mit der Begründung des Wohnsitzes oder des gewöhnlichen Aufenthalts in Österreich.[2] Die beschränkte Steuerpflicht setzt ein, wenn der Steuerpflichtige zwar weder Wohnsitz noch gewöhnlichen Aufenthalt in Österreich hat, aber inländische Einkünfte i.S.v. § 98 ÖstEStG[3] bezieht. Hierunter fallen beispielsweise Einkünfte aus Kapitalvermögen aus österreichischen Kapitalgesellschaften und stillen Beteiligungen sowie Einkünfte aus Vermietung und Verpachtung aus einem in Österreich gelegenen Vermögen. Wie in Deutschland auch wird die Einkommensteuer durch den Bund erhoben und der Ertrag zwischen Bund, Ländern und Gemeinden aufgeteilt.

3 Grundsätzlich löst jeder Wohnsitz in Österreich die unbeschränkte Steuerpflicht in Österreich aus. Erwirbt ein Steuerpflichtiger ein „Feriendomizil" in Österreich, besteht die Möglichkeit, für einkommensteuerliche Zwecke einen sog. Zweitwohnsitz in Österreich zu begründen. Die Voraussetzungen dafür sind in

1 *Doralt*, Steuerrecht 2022, S. 11; *Marschner*, in: Jakom, EStG 2022, § 1 Rn 4; EAS 3192.
2 *Doralt*, Steuerrecht 2022, S. 6 f; *Marschner*, in: Jakom, EStG 2022, § 1 Rn 7; EAS 2897.
3 Entspricht in etwa § 49 EStG.

der sog. Zweitwohnsitzverordnung geregelt.[4] Nach dieser ist vorgesehen, dass bei Steuerpflichtigen, deren Mittelpunkt der Lebensinteressen sich länger als fünf Kalenderjahre im Ausland befindet, eine inländische Wohnung nur in jenen Jahren einen Wohnsitz im Sinne des österr. Einkommensteuergesetzes begründet, in denen diese Wohnung allein oder gemeinsam mit anderen inländischen Wohnungen an mehr als 70 Tagen benutzt wird. Dazu muss nach § 3 Zweitwohnsitzverordnung verpflichtend ein Verzeichnis geführt werden, aus dem die Tage der inländischen Wohnungsbenutzung ersichtlich sind. Darüber hinaus ist zu beachten, dass die Benutzung eines inländischen Wohnsitzes des unbeschränkt steuerpflichtigen (Ehe-)Partners, von dem der Steuerpflichtige nicht dauernd getrennt lebt, jedenfalls einen zur unbeschränkten Steuerpflicht führenden Wohnsitz für den Steuerpflichtigen begründet (abgeleiteter Wohnsitz).[5] In der Praxis ist es daher empfehlenswert, dass beide (Ehe-)Partner getrennte Verzeichnisse führen.[6]

2. Endbesteuerung

Die sog. Endbesteuerung kann neben der Nichtexistenz eines Solidaritätszuschlags ein ertragsteuerliches Motiv für einen Umzug nach Österreich darstellen. 4 Dies galt auch nach der Einführung der Abgeltungssteuer in Deutschland zum 1.1.2009, insbesondere da die österreichische Variante im Gegensatz zu den deutschen steuerfreien Gewinnen aus Aktienverkäufen nach Abwarten der Spekulationsfrist zuließ. Seit 2012 werden jedoch auch solche Gewinne im Rahmen der Kapitalertragsteuer endbesteuert. Unter der Endbesteuerung ist zu verstehen, dass mit Abzug der vom Schuldner der Kapitalerträge einzubehaltenden Kapitalertragsteuer und Abführung an das Betriebsfinanzamt nach §§ 93 ff. ÖstEStG die Einkommensteuer abgegolten ist.[7]

Da der Sondersteuersatz auf Einkünfte aus Kapitalvermögen nach § 27a ÖstEStG 5 nur 27,5 % beträgt, könnte es sich für den Zuzügler lohnen, sein Vermögen in dem Sondersteuersatz unterliegendes Vermögen umzuschichten. Privilegiert in diesem Sinne sind u.a. Gewinnanteile aus österreichischen Aktien und GmbH-Anteilen und Zinserträge aus österreichischen Bankeinlagen und Forderungswertpapieren. Nicht der Endbesteuerung zugänglich sind dagegen etwa Zinsen aus Darlehen und Versicherungsleistungen aus Erlebensversicherungen.[8]

4 Verordnung des Bundesministers für Finanzen betreffend inländische Zweitwohnsitze, BGBl II Nr. 528/2003.

5 § 3 Zweitwohnsitzverordnung.

6 Im Detail dazu siehe unter anderem: *Loukota*, SWI 2004, 053.

7 Siehe hierzu *Doralt*, Steuerrecht 2022, S. 13; *Marschner*, in: Jakom, EStG 2022, § 97 Rn 1 ff.

8 *Doralt*, Steuerrecht 2022, S. 13; *Marschner*, in: Jakom, EStG 2022, § 27a Rn 11 u 17.

6 **Praxistipp**

Seit März 2022 unterliegen laufende Einkünfte bzw. Einkünfte aus realisierten Wertsteigerungen im Zusammenhang mit Kryptowährungen ebenfalls der Kapitalertragsteuer. Einkünfte aus realisierten Wertsteigerungen im Zusammenhang mit Kryptowährungen liegen bspw. bei der Veräußerung von Kryptowährung gegen Euro vor, nicht jedoch bei dem Tausch gegen eine andere Kryptowährung. Ab Jänner 2024 gilt hier ebenfalls die Abzugspflicht für inländische Schuldner oder Dienstleister. Bis dahin kann der Abzug freiwillig erfolgen, wodurch die Einkünfte als endbesteuert gelten.

3. Investitionsbegünstigungen

7 Eine Besonderheit des österreichischen Steuerrechts stellen die Investitionsbegünstigungen dar, die im Rahmen der sog. betrieblichen Einkünfte (Einkünfte aus Land- und Forstwirtschaft, aus selbstständiger Arbeit und aus Gewerbebetrieb) gewährt werden.

8 So besteht die Möglichkeit der Übertragung stiller Reserven gemäß § 12 Abs. 1 ÖstEStG. Hiernach können bei einer Veräußerung von Anlagevermögen, das grundsätzlich seit mindestens sieben Jahren[9] zum Betriebsvermögen gehört, die stillen Reserven zeitweise der Besteuerung entzogen werden, indem der Betrag der stillen Reserven von den Anschaffungs- oder Herstellungskosten der im Jahr der Veräußerung angeschafften oder hergestellten Wirtschaftsgüter des Anlagevermögens abgesetzt wird. Weitere Voraussetzung ist, dass das Wirtschaftsgut, auf das die stillen Reserven übertragen werden, in einer inländischen Betriebsstätte Verwendung findet. Eine Übertragung stiller Reserven auf die Anschaffungskosten von Grund und Boden ist nach § 12 Abs. 4 Nr. 2 ÖstEStG nur möglich, wenn auch die stillen Reserven aus der Veräußerung von Grund und Boden stammen. Eine Ausnahme besteht für Betriebe, Teilbetriebe oder Beteiligungen an Personengesellschaften nach § 12 Abs. 4 S. 2 ÖstEStG: Es können weder die in diesen Wirtschaftsgütern angesammelten stillen Reserven übertragen werden noch können stille Reserven auf diese Wirtschaftsgüter übertragen werden.

9 Wird im Jahr der Veräußerung der Wirtschaftsgüter des Anlagevermögens kein neues Anlagevermögen angeschafft oder hergestellt, können die stillen Reserven nach § 12 Abs. 8 ÖstEStG im Jahr der Aufdeckung einer sog. Übertragungsrücklage zugeführt werden. Grundsätzlich ist die Rücklage nach § 12 Abs. 9 S. 1 ÖstEStG innerhalb von zwölf Monaten ab dem Ausscheiden des Wirtschaftsguts auf die Anschaffungs- oder Herstellungskosten von Anlagevermögen zu übertragen. Die Frist verlängert sich auf 24 Monate, wenn die Rücklage auf Gebäude

9 Für Grundstücke und Gebäude, auf die bereits stille Reserven übertragen wurden oder die nach § 8 Abs. 2 ÖstEStG abgeschrieben wurden, beläuft sich die Frist nach § 12 Abs. 3 S. 2 ÖstEStG auf 15 Jahre.

übertragen werden soll und mit der tatsächlichen Bauausführung innerhalb von zwölf Monaten begonnen wurde.[10]

Weiters können natürliche Personen im Rahmen der Gewinnermittlung eines 10
Betriebes nach § 10 ÖstEStG den sog. Gewinnfreibetrag (GFB) geltend machen. Die Ermittlung des GFB erfolgt im Rahmen eines degressiven Stufentarifs. Im Rahmen des GFB kann auf der ersten Stufe ein Betrag i.H.v. max 4.500 EUR p.a. (15 % von 30.000 EUR) vom Gewinn abgezogen werden. Darüber hinaus können die Anschaffungskosten bestimmter neuer körperlicher Wirtschaftsgüter bis zu einem Höchstbetrag von max. 41.450 EUR p.a. neben der Abschreibung steuerlich geltend gemacht werden.

Da die Bestimmung auch für Wertpapiere gilt, kann durch die bloße Vermögensumschichtung in bestimmte Wertpapiere eine steuerliche Begünstigung erreicht werden.

Ab dem Kalenderjahr 2023 wird als weiterer Investitionsanreiz ein Investitions- 11
freibetrag (IFB) eingeführt. Dieser kann grundsätzlich von jedem Steuerpflichtigen mit betrieblichen Einkünften geltend gemacht werden, ausgenommen sind lediglich jene Steuerpflichtigen, die eine Pauschalierung in Anspruch nehmen. Der IFB stellt eine zusätzliche steuerliche Betriebsausgabe dar und mindert somit den steuerbaren Gewinn. Begünstigt werden bestimmte Investitionen in neues abnutzbares Anlagevermögen mit einer gewöhnlichen Nutzungsdauer von mindestens vier Jahren. In Abhängigkeit von der Art der Investition können 10 % bzw 15 % (im Bereich Ökologisierung; die genauen Kriterien sollen durch eine Verordnung geregelt werden) der Anschaffungs- bzw. Herstellkosten als Betriebskosten geltend gemacht werden. Die Höchstbemessungsgrundlage beträgt 1 Mio. EUR pro Wirtschaftsjahr. Eine Kombination mit dem GFB für dasselbe Wirtschaftsgut ist nicht möglich.

4. Steuerliche Begünstigung von Forschung und Entwicklung

Darüber hinaus gewährt das österreichische Steuerrecht in § 108c ÖstEStG eine 12
sog. Forschungsprämie.[11] Diese Prämie wird für Aufwendungen im Zusammenhang mit Forschung und experimenteller Entwicklung gewährt, wobei die Zielsetzung sein muss, „den Stand des Wissens zu vermehren sowie neue Anwendungen dieses Wissens zu erarbeiten". Dabei ist die Erfüllung dieser Voraussetzungen im Rahmen von eigenbetrieblicher Forschung und experimenteller Entwicklung durch ein Gutachten der Forschungsförderungsgesellschaft mbH (FFG) nachzuweisen.[12] Vorab kann auch ein bindender Auskunftsbescheid nach § 118a Bundesabgabenordnung über das Vorliegen der Voraussetzungen dem

10 § 12 Abs. 9 S. 2 ÖstEStG.
11 Im Detail dazu siehe *Wallner/Grabner*, Praxisleitfaden Forschungsprämie (2021).
12 § 108c Abs. /f ÖstEStG.

Grunde nach eingeholt werden. Bei Erfüllung gewisser Voraussetzungen steht auch bei Auftragsforschung dem Auftraggeber die Forschungsprämie i.H.v. max. 1.000.000 EUR zu; in diesem Fall ist kein Gutachten notwendig. Grundsätzlich können 14 % der Forschungsaufwendungen geltend gemacht werden. Die Forschungsprämie wird nach Ablauf des jeweiligen Wirtschaftsjahres als Gutschrift auf dem Abgabenkonto des Steuerpflichtigen gutgeschrieben. Diese großzügigen Forschungsfreibeträge führten bereits zum Zuzug von mehreren ausländischen Unternehmen, die verstärkt in der Forschung tätig sind.

13 Daneben besteht nach § 103 ÖstEStG mögliche Zuzugsbegünstigungen für Personen, „deren Zuzug aus dem Ausland der Förderung von Wissenschaft, Forschung, Kunst oder Sport dient und aus diesem Grunde im öffentlichen Interesse liegt". Dabei kann einerseits die steuerliche Mehrbelastung durch Anwendung eines Pauschalsteuersatzes (mind. 15 %) beseitigt werden und andererseits bei Personen, deren Zuzug der Förderung von Wissenschaft oder Forschung dient, für fünf Jahre ein Freibetrag i.H.v. 30 % der aus wissenschaftlicher Tätigkeit stammenden Einkünfte gewährt werden.[13]

5. „Sportler-Erlass"

14 Eine weitere Besonderheit, die Österreich insbesondere als Zielstaat von ausländischen Sportlern interessant macht, ist der untechnisch sog. „Sportler-Erlass".[14] Nach § 1 dieser erstmals für das Kalenderjahr 2000 anzuwendenden Verordnung kann auf Antrag die Ermittlung des in Österreich steuerpflichtigen Anteils der Einkünfte von selbstständigen Sportlern pauschal erfolgen. Voraussetzung ist allerdings, dass der Sportler in Österreich unbeschränkt steuerpflichtig ist und seine sportliche Tätigkeit überwiegend im Ausland ausübt. Auch die Einkünfte aus der Werbetätigkeit des Sportlers werden in die Pauschalbesteuerung miteinbezogen.[15] Dabei beträgt nach § 2 der Verordnung der Anteil der pauschal zu versteuernden Einkünfte 33 % der insgesamt im Kalenderjahr erzielten Einkünfte. Nimmt der Sportler die pauschale Besteuerung in Anspruch, ist eine Anrechnung im Ausland bezahlter Steuern nach § 3 S. 1 der Verordnung nicht möglich. § 3 S. 2 der Verordnung bestimmt, dass ausländische Einkünfte aus der Tätigkeit als Sportler und aus Werbetätigkeit des Sportlers bei der Festsetzung der Steuer für das übrige Einkommen, das in Österreich steuerpflichtig ist, zu berücksichtigen sind. In Zusammenschau mit § 1 S. 1 der Verordnung ergibt sich, dass unter dem übrigen Einkommen Einkünfte zu verstehen sind, die der Sportler weder aus der Tätigkeit als Sportler noch aus Werbetätigkeit erwirtschaftet. Im Rahmen der Besteuerung dieser Einkünfte sind die ausländischen Einkünfte aus

13 *Kampitsch/Kanduth-Kristen*, SWI 2018, 551; VwGH, SWI 2021, 657; EAS 314.

14 Verordnung des Bundesministers für Finanzen vom 15.12.2000 betreffend die Ermittlung des Einkommens von Sportlern, ÖstBGBl II 418/2000.

15 EAS 2833; EAS 2617.

der Tätigkeit als Sportler und aus Werbetätigkeit im Rahmen des Progressionsvorbehalts zu berücksichtigen.[16]

Wie das deutsche BMF bspw. im Schreiben vom 26.11.2021[17] anmerkt, steht das Besteuerungsrecht für Vergütungen aus in der Bundesrepublik Deutschland ausgeübter sportlicher Tätigkeit sowie den damit in Zusammenhang stehenden anderen Vergütungen nach Art. 17 DBA Österreich/Deutschland Deutschland zu. Ausgehend von der abkommensrechtlichen Zuordnung des Besteuerungsrechts besteuert Deutschland in Deutschland ausgeübte Tätigkeiten nach § 49 Abs. 1 Nr. 2 Buchst. d EStG als beschränkt steuerpflichtige Einkünfte. 15

6. Besteuerung von Geschäftsführern von Kapitalgesellschaften

Eine weitere Besonderheit des österreichischen Steuerrechts im Verhältnis zum deutschen Steuerrecht besteht in der Besteuerung von Geschäftsführern von Kapitalgesellschaften. Diese Besonderheit zeitigt Auswirkungen für Zuzügler, die auch nach ihrem Zuzug nach Österreich Geschäftsführer von Kapitalgesellschaften sind, wobei es im Hinblick auf die Steuerpflicht des Geschäftsführers nicht darauf ankommt, ob die Gesellschaft ihre Geschäftsleitung in Deutschland oder Österreich hat. 16

Hinweis 17

In einer derartigen Konstellation ist zu bedenken, dass bei einem Umzug des einzigen Geschäftsführers von Deutschland nach Österreich ggf. auch der Ort der Geschäftsleitung nach § 10 AO der Gesellschaft nach Österreich wandert.[18]

Ein Fremdgeschäftsführer erzielt Einkünfte aus nichtselbstständiger Tätigkeit, wenn er weisungsgebunden ist. Ist er dagegen nicht weisungsgebunden (sog. freier Dienstnehmer)[19] oder aufgrund eines Werkvertrags tätig, bezieht er Einkünfte aus selbstständiger Tätigkeit. Dagegen ist das Unterscheidungskriterium zwischen selbstständiger und nichtselbstständiger Arbeit beim Gesellschafter-Geschäftsführer grundsätzlich die Beteiligungshöhe: Bei einer Beteiligung bis zu 25 % liegen Einkünfte aus nichtselbstständiger Arbeit vor. Ab einer Beteiligung von mehr als 25 % oder als freier Dienstnehmer oder bei Abschluss eines Werkvertrags ist der Gesellschafter-Geschäftsführer selbstständig tätig.[20] 18

16 Im Detail siehe *Schmidjell-Dommes*, SWI 2015, 543 oder *Kerschner*, SWI 2020, 110.

17 BMF-Schreiben v. 26.11.2021, IV B 3 – S 1301-AUT/19/10006 :003, BStBl 2021 I S. 2456.

18 Siehe hierzu *Deininger*, Grenzüberschreitende Verlegung des Hauptverwaltungssitzes und der Geschäftsleitung von Kapitalgesellschaften, S. 116 ff.

19 Dem österreichischen Terminus Dienstnehmer (-geber) entspricht der deutsche Begriff Arbeitnehmer (-geber).

20 *Doralt*, Steuerrecht 2022, S. 24; *Peyerl*, in: Jakom, EStG 2022, § 22 Rn 106 ff.

19 Zusätzlich fallen im Rahmen der Besteuerung von Geschäftsführerbezügen u.U. noch Kommunalsteuer,[21] der sog. Dienstgeberbeitrag[22] und bei Dienstnehmern mit Beschäftigungsort in Wien die Dienstgeberabgabe (sog. „U-Bahn Abgabe") an. Kommunalsteuerpflichtig sind Arbeitslöhne, die den Dienstnehmern einer in Österreich gelegenen Betriebsstätte des Unternehmens gewährt werden. Dabei unterliegen nur Unternehmer der Kommunalsteuer; Dienstnehmer im Privatbereich des Dienstgebers werden von dieser Steuer nicht erfasst. Gesellschafter-Geschäftsführer sind auch dann Dienstnehmer i.S.d. Kommunalsteuergesetzes, wenn sie zu mehr als 25 % an der Gesellschaft beteiligt sind. Jedoch sind aufgrund eines Werkvertrags tätige Gesellschafter-Geschäftsführer keine Dienstnehmer in diesem Sinne. Bemessungsgrundlage der Kommunalsteuer ist grundsätzlich die Summe der Arbeitslöhne, wobei sich die Steuer auf 3 % der Bemessungsgrundlage beläuft.[23]

20 Den Dienstgeberbeitrag haben dagegen alle Dienstgeber zu leisten, die im Bundesgebiet Österreichs Dienstnehmer beschäftigen. Im Unterschied zur Kommunalsteuer muss der Dienstgeber nicht Unternehmer sein, so dass für eine Haushaltshilfe zwar der Dienstgeberbeitrag abzuführen ist, jedoch keine Kommunalsteuer anfällt. Beitragsgrundlage ist die Summe der Arbeitslöhne. Der Dienstgeberbeitrag beträgt grundsätzlich 3,9 % dieser Beitragsgrundlage.[24]

21 Die Dienstgeberabgabe wurde als Landesabgabe vom Bundesland Wien zur Finanzierung der Wiener U-Bahn eingeführt und wird daher auch umgangssprachlich als „U-Bahn Abgabe" bezeichnet.[25] Abgabepflichtig ist jeder Dienstgeber, der Dienstnehmer beschäftigt, deren Beschäftigungsort in Wien liegt. Ähnlich wie bei dem Dienstgeberbeitrag wird grundsätzlich nicht auf die Unternehmereigenschaft abgestellt, jedoch besteht eine Abgabenbefreiung für Dienstverhältnisse mit Hausbesorgern. Die Dienstgeberabgabe beträgt 2 EUR pro Dienstverhältnis und angefangener Woche.

22 Bei Gesellschafter-Geschäftsführern wurden in der Praxis immer wieder Modelle zur Vermeidung der Lohnnebenkosten diskutiert. Allerdings ist die Judikatur einerseits restriktiv, anderseits schwer vorherzusehen. Sinnvollerweise wird man daher die Nebenkosten akzeptieren, statt umfangreiche Gestaltungen durchzuführen, die oftmals nicht durchgesetzt werden können.

---

21 Die Kommunalsteuer ist im Kommunalsteuergesetz geregelt. Sie ist eine Gemeindesteuer; d.h. sie wird von den Gemeinden erhoben, ist aber bundesgesetzlich geregelt; vgl. *Doralt*, Steuerrecht 2022, S. 192.

22 Der Dienstgeberbeitrag wird zur Finanzierung des Familienlastenausgleichs erhoben und ist in §§ 39 ff. Familienlastenausgleichsgesetz geregelt, vgl. *Doralt*, Steuerrecht 2022, S. 193.

23 *Doralt*, Steuerrecht 2022, S. 193.

24 *Doralt*, Steuerrecht 2022, S. 193.

25 *Doralt*, Steuerrecht 2022, S. 227.

7. Liebhaberei

Entstehen durch eine privat veranlasste Tätigkeit Einkünfte,[26] unterliegen diese grundsätzlich der Steuerpflicht, andererseits können dabei entstandene Aufwendungen als Betriebsausgaben/Werbungskosten abgezogen werden. Derartigen Tätigkeiten ist es aber häufig immanent, dass sie mehr Aufwendungen als Ertrag verursachen können. Ergeben sich aus einer solchen Tätigkeit auf Dauer gesehen nur Verluste, könnte der Steuerpflichtige diese privat veranlasste Tätigkeit auf Kosten der Allgemeinheit ausüben, da die Aufwendungen seine Steuerbemessungsgrundlage mindern würden. In Österreich ist daher in einer sog. Liebhabereiverordnung (LVO) i.V.m. einem Erlass geregelt, wann aus steuerlicher Sicht Liebhaberei vorliegt und welche Konsequenzen daraus zu ziehen sind. 23

Dabei geht die LVO bei bestimmten Tätigkeiten von der Vermutung aus, dass Liebhaberei vorliegt (§ 1 Abs. 2 LVO). Hierunter fallen beispielsweise Tätigkeiten, die primär der Sport- und Freizeitgestaltung oder der langfristigen Vermögensanlage dienen. So muss etwa bei Eigentumswohnungen gem. § 2 Abs. 4 LVO innerhalb von 20 Jahren ein Überschuss produziert werden, um die Vermutung der Liebhaberei zu widerlegen. Rechtsfolge der Liebhabereivermutung ist grundsätzlich, dass bereits die Anlaufverluste vor Beginn der Tätigkeit von der Finanzverwaltung nicht anerkannt werden.[27] 24

Im Rahmen der Ausübung von Tätigkeiten, die nicht unter die Liebhabereivermutung fallen, besteht nach § 1 Abs. 1 LVO eine sog. Einkünftevermutung. Diese Einkünftevermutung besteht für eine Dauer von drei Jahren ab Beginn der Betätigung, so dass Anlaufverluste abzugsfähig sind.[28] 25

Bei einigen Tätigkeiten besteht eine sog. unwiderlegbare Einkunftsquelleneigenschaft nach § 1 Abs. 3 LVO. Hierbei ist eine Einkunftsquelle anzunehmen, obwohl Verluste auflaufen, wenn die Tätigkeit aus Gründen der „Gesamtrentabilität“ weiter betrieben werden muss, wie etwa das Betreiben einer verlustreichen Garage, die an ein Hotel angegliedert ist.[29]

8. Spekulationsgeschäfte

Der Anwendungsbereich des Tatbestands der Spekulationsgeschäfte wurde in den letzten Jahren immer weiter eingegrenzt, insbesondere fallen der Verkauf von Aktien, Anteilen an Gesellschaften oder Immobilien nicht mehr unter diesen 26

26 Als Beispiel soll hier der Steuerpflichtige dienen, der in seiner Freizeit Oldtimer sammelt. Er produziert Ausgaben durch die Anschaffung der Autos, der entsprechenden Ersatzteil, sowie der Miete einer Halle, generiert aber nur sehr geringe (die Aufwendungen nicht übersteigenden) Einkünfte aus dem gelegentlichen Verkauf eines hergerichteten Oldtimers.

27 *Doralt*, Steuerrecht 2022, S. 25; *Ehgartner*, in: Jakom, EStG 2022, § 2 Rn 258.

28 *Doralt*, Steuerrecht 2022/16, S. 26.

29 *Doralt*, Steuerrecht 2022, S. 26; *Ehgartner*, in: Jakom, EStG 2022, § 2 Rn 277.

Tatbestand, sondern unterliegen der Kapitalertragsteuer bzw. der Immobilienertragsteuer. Zuletzt wurden auch Einkünfte aus Kryptowährungen von diesem Tatbestand ausgenommen und in das Kapitalertragbesteuerungskonzept einbezogen.

27 Praktische Anwendung haben die in § 31 ÖstEStG geregelten Spekulationsgeschäfte noch beim Verkauf von Kunstgegenständen, Edelmetallen oder bspw. sog. Non-Fungible-Token (NFT). Daneben werden auch Termingeschäfte einschließlich Differenzgeschäfte sowie innerhalb eines Jahres abgewickelte Optionsgeschäfte einschließlich geschriebener Optionen und Swap-Handelsgeschäfte von der Spekulationsbesteuerung erfasst.[30] Sofern die Veräußerung nach Ablauf eines Jahres nach Anschaffung stattfindet, werden diese Gewinne nicht von der österreichischen Endbesteuerung erfasst. Zu beachten ist dabei, dass die Regelung über Spekulationseinkünfte im Grundsatz nur bei unbeschränkter Steuerpflicht greifen. Bei beschränkter Steuerpflicht sind die besteuerten Einkünfte in § 98 ÖstEStG aufgezählt, wo Spekulationsgeschäfte nicht erwähnt werden.[31]

9. Immobilienertragsteuer

28 Der Gewinn aus der Veräußerung einer Immobilie wird ab 2012 im Rahmen der Immobilienertragsteuer in §§ 30 ff. ÖstEStG geregelt. Grundsätzlich ist als Erlös der Unterschiedsbetrag zwischen Anschaffungskosten und Veräußerungserlös anzusetzen und mit 30 % zu besteuern. Es bestehen jedoch diverse Befreiungen bzw. Übergangsbestimmungen, die im jeweiligen Einzelfall zu beachten sind.

29 Ausnahmen bestehen innerhalb bestimmter Grenzen für die Veräußerung des Hauptwohnsitzes ab einer Haltefrist von zwei Jahren (alternativ fünf Jahren innerhalb der letzten 10 Jahre) und für die Veräußerung selbst hergestellter Gebäude (nur hinsichtlich des Gebäudes, nicht des Grund und Bodens). Liegt ein sog. Altgrundstück vor, sind nach der Übergangsregelung die Anschaffungskosten i.H.v. 86 % des Veräußerungserlöses anzusetzen, womit sich ein (begünstigter) effektiver Steuersatz von 4,2 % des Veräußerungserlöses ergibt.

10. Stiftungsbesteuerung

30 Die österr. Privatstiftung wurde 1993 mit dem Ziel ins Leben gerufen, einem weiteren Abfluss von österr. Vermögen ins Ausland entgegenzuwirken, einen Anreiz für das Verbringen von Vermögen nach Österreich zu schaffen und darüber hinaus eine Möglichkeit für die Generationennachfolge zu eröffnen.[32] Seitdem hat sich insbesondere in steuerlicher Hinsicht einiges verändert, dass wie bereits erwähnt zur Abnahme der Attraktivität der österr. Privatstiftung geführt hat. Die

30 *Kirchmayr/Perl*, in: Doralt/Kirchmayr/Mayr/Zorn, EStG 17 § 31 Rn 88.
31 *Kirchmayr/Perl*, in: Doralt/Kirchmayr/Mayr/Zorn, EStG 17 § 31 Rn 14.
32 *Arnold*, in: Arnold, Privatstiftungsgesetz 4, Einleitung.

Besteuerung von österr. Privatstiftungen erfolgt nach geltender Gesetzeslage auf drei Ebenen.

Auf der ersten Ebene werden unentgeltliche Zuwendungen an die Privatstiftung im Rahmen der Stiftungseingangsbesteuerung[33] grundsätzlich mit einem fixen Steuersatz von 2,5 % besteuert. Dieser Steuersatz kann in den in § 2 Abs. 1 Stiftungseingangssteuergesetz genannten Fällen auch 25 % betragen. Eine praktisch relevante Ausnahme besteht für die Zuwendung von Grundstücken, wobei für diese im Rahmen der Zuwendung Grunderwerbsteuer anfällt und ein gestaffelter Steuertarif von bis zu 3,5 % vom Grundstückswert anwendbar ist. Steuerschuldner der Stiftungseingangsteuer ist grundsätzlich die österr. Privatstiftung.[34] 31

Die zweite Ebene umfasst laufende Besteuerung der österr. Privatstiftung, die sich auf drei Bereiche unterteilt. Der sog. Zwischensteuer unterliegt die österr. Privatstiftung gemäß § 13 Abs. 3 ÖstKStG mit ihren Einkünften aus Kapitalvermögen und privaten Grundstücksveräußerungen. Unter die erstgenannten Einkünfte fallen beispielsweise Zinsen aus Bankguthaben oder Einkünfte aus realisierten Werteigerungen von Kapitalvermögen. Hinsichtlich Letzterer besteht jedoch noch ein wesentlicher steuerlicher Vorteil: Bei Vorliegen gewisser Voraussetzungen (insb. Veräußerung eines Anteils von mind. 1 % und Anschaffung eines Anteils von mind. 10 %) können die aus der Veräußerung aufgedeckten stillen Reserven auf die im selben Kalenderjahr neu angeschafften Anteile übertragen werden und so ein Stundungseffekt erzielt werden.[35] Die im Rahmen der Zwischensteuer erhobenen Beträge, werden bei späteren Zuwendungen an Begünstigte (welche grundsätzlich der Kapitalertragsteuer unterliegen) wieder gutgeschrieben, wirtschaftlich liegt also eine Vorwegbesteuerung vor. Andere Einkünfte der österr. Privatstiftung unterliegen der Körperschaftsteuer mit einem Steuersatz in Höhe von 24 % (ab dem Kalenderjahr 2024: 23 %). Gänzlich steuerfrei sind grundsätzlich Gewinnausschüttungen von Kapitalgesellschaften. 32

Auf letzter Ebene werden Zuwendungen der österr. Privatstiftung an Begünstigte besteuert („Ausgangsbesteuerung"). Zuwendungen von österr. Privatstiftungen zählen grundsätzlich zu den Einkünften aus Kapitalvermögen[36] und unterliegen damit der Kapitalertragsteuer mit einem Steuersatz in Höhe von 27,5 % und sind endbesteuert. Steuerfrei sind jedoch unter gewissen Voraussetzungen sog. Substanzauszahlungen, mit welchem zuvor gestiftetes Vermögen rückgeführt wird.[37] 33

33 Bundesgesetz über ein Stiftungseingangssteuergesetz, BGBl I Nr. 85/2008 idgF.

34 § 1 Abs. 3 Stiftungseingangssteuergesetz.

35 § 13 Abs. 4 ÖstKStG.

36 § 27 Abs. 5 Z 7 ÖstEStG.

37 § 27 Abs. 5 Z 8 ÖstEStG; *Marschner*, in: Jakom, EStG 2022, § 27 Rn 301 ff.

II. Erbschaft- und Schenkungssteuer

1. Verfassungswidrigkeit der Erbschaft- und Schenkungssteuer

34 Erbschaften und Schenkungen[38] unterlagen in Österreich bis 31.7.2008 dem Erbschaft- und Schenkungssteuergesetz vom 30.6.1955.

Das Erbschaftsteuergesetz wurde jedoch mit einer Entscheidung des öst. Verfassungsgerichtshof im Jahr 2006 als verfassungswidrig erkannt[39] und eine Reparaturfrist bis 31.7.2008 gesetzt, die der österreichische Gesetzgeber jedoch verstreichen ließ. Damit kann wegen der Aufhebung des Grundtatbestands ab 1.8.2008 keine Erbschaftsteuer mehr erhoben werden. Österreich gehört damit zu den neun Mitgliedstaaten der EU, in welchen im Erbfalle keine Erbschaftsteuer erhoben wird.[40] Auch die Schenkungssteuer wurde am 15.6.2007 vom öst. Verfassungsgerichtshof[41] als verfassungswidrig erachtet und wird seit 1.8.2008 nicht mehr erhoben.

35 Eine Konsequenz aus der Verfassungswidrigkeit der öst. Erbschaft- und Schenkungssteuer ist die Abnahme der Attraktivität von öst. Privatstiftungen in diesem Kontext. Immerhin wurde die Eingangsbesteuerung für die Errichtung von Privatstiftungen von 5 % ab dem 1.8.2008 grundsätzlich auf 2,5 % abgesenkt wurde. Der Eingangssteuersatz beträgt jedoch 25 %,
- wenn eine Stiftung oder vergleichbare Vermögensmasse mit einer öst. Privatstiftung nicht vergleichbar ist, oder
- wenn nicht sämtliche Dokumente (insbesondere auch die nicht öffentlichen Stiftungszusatzurkunde) den öst. Finanzbehörden offengelegt werden, oder
- wenn mit dem Ansässigkeitsstaat der Stiftung keine umfassende Amt- und Vollstreckungshilfe besteht.[42]

36 Daneben ist festzuhalten, dass unentgeltliche Übertragungen von Immobilien in der Regel nicht steuerfrei erfolgen können. Vielmehr fällt hierauf Grunderwerbsteuer an. Bemessungsgrundlage ist grundsätzlich der Grundstückswert, welcher auf Basis gesetzlicher Vorgaben berechnet wird und anders als frühere Bemessungsgrundlagen auf Basis des sog. Einheitswertes dem Verkehrswert angenähert ist. Der Steuersatz ist bei Erwerben durch Eltern, Kinder, Enkelkinder, Stief-, Schwieger- und Adoptivkinder gestaffelt und beträgt zwischen 0, 5 % und 3,5 %,

---

38 Die *österreichische Privatstiftung*, mit der langfristig und steuerprivilegiert Vermögen in der Familie erhalten werden kann, wird hier nicht erörtert. Ihre Behandlung bitte ich dem Buch *Deininger/Götzenberger* „Internationale Vermögensnachfolgeplanung mit Auslandsstiftungen und Trusts", 2006, zu entnehmen.

39 Öst. VfGH v. 12.12.2006, B 3391/05 – 13.

40 Neben Österreich gehören hierzu Schweden, Slowakei, Estland, Lettland, Portugal, Malta, Zypern und Rumänien.

41 Öst. VfGH v. 15.6.2007, G 23/07.

42 Öst. BMF v. 18.7.2008, 010000/0032-VI/6/2008, Ziff. 5.

ansonsten grundsätzlich 3,5 %. Unter gewissen Voraussetzungen sind Grundstücksschenkungen zwischen Ehegatten steuerbefreit.[43]

Hinweis 37

Insbesondere für ausländische Familienunternehmen, die eine Investition in Österreich in Betrachtung ziehen, könnte das Nichtbestehen der Erbschaft- und Schenkungssteuer ein entscheidendes Kriterium sein. Ferner wird in Österreich auch keine Vermögenssteuer erhoben.

2. Meldepflicht für Schenkungen

Nach § 121a BAO wurde ab dem 1.8.2008 allerdings eine Meldepflicht für Schenkungen betreffend folgende Wirtschaftsgüter eingeführt: 38

Bargeld
- Kapitalforderungen
- Anteile an Kapitalgesellschaften
- Beteiligungen als stiller Gesellschafter
- Betriebe oder Teilbetriebe zur Erzielung von Einkünften aus Land- und Forstwirtschaft, selbstständiger Arbeit oder Gewerbebetrieb
- Bewegliches körperliches Vermögen, wie etwa Schmuck, und immaterielle Vermögensgegenstände, wie etwa Urheberrechte.

Eine Meldepflicht besteht nur, wenn der Erwerber zum Zeitpunkt des Erwerbs 39
oder der Schenker zum Zeitpunkt der Zuwendung einen Wohnsitz (und zwar selbst dann, wenn nach der Zweitwohnsitz-VO eine Ausnahme von der unbeschränkten Steuerpflicht besteht, sodass auch Neben- und Freizeitwohnsitze erfasst sind) oder gewöhnlichen Aufenthalt in Österreich hat. Handelt es sich um eine juristische Person, muss deren Sitz oder Geschäftsleitung im Inland sein.[44] Ist einer dieser Anknüpfungspunkte gegeben, ist ohne Relevanz, wo das Vermögen belegen ist; so fällt etwa auch die Geldschenkung im Ausland unter den Anwendungsbereich.

Befreit von der Anzeigepflicht sind insbesondere folgende Vorgänge: 40
- Erwerbe zwischen nahen Angehörigen bis zu einem gemeinen Wert von 50.000 EUR innerhalb eines Jahres,
- Erwerbe zwischen anderen Personen bis zu einem gemeinen Wert von 15.000 EUR innerhalb von fünf Jahren,
- Zuwendungen, die schon nach dem ÖstErbStG 1955 befreit waren, wie etwa Zuwendungen zwischen Ehegatten zur Anschaffung einer Wohnstätte, sowie
- Zuwendungen, die unter das Stiftungseingangssteuergesetz fallen.

---

43 Öst. BMF v. 18.7.2008, 010000/0032-VI/6/2008, Ziff. 3.
44 Öst. BMF v. 18.7.2008, 010000/0032-VI/6/2008, Ziff. 1.

41 Die Anzeige hat innerhalb von drei Monaten ab dem Erwerb auf elektronischem Weg zu erfolgen. Anzeigeverpflichtet sind der Erwerber, der Schenker sowie Rechtsanwälte und Notare, die bei dem Erwerb oder bei Errichtung der Vertragsurkunde über den Erwerb mitgewirkt haben oder zur Erstattung der Anzeige beauftragt wurden. Erstattet ein Verpflichteter Anzeige, entfällt die Anzeigepflicht der anderen vorgenannten Personen.[45]

42 Unterbleibt trotz Meldeverpflichtung die Anzeige, gilt eine Beweislastumkehr. D.h. der Steuerpflichtige muss in diesem Fall nachweisen, dass tatsächlich eine Schenkung vorliegt. Wird der Erwerb vorsätzlich nicht angezeigt, droht daneben eine Geldstrafe von bis zu 10 % des Werts des Erwerbs. Eine strafbefreiende Selbstanzeige ist nur innerhalb eines Jahres ab dem Ablauf der gesetzlichen Meldefrist von drei Monaten möglich (somit nur innerhalb von 15 Monaten). In der Selbstanzeige ist die unterlassene Meldung nachzuholen.[46]

B. Ansässigkeit nach den DBA Österreich/Deutschland

I. DBA Österreich/Deutschland

43 Die Ansässigkeit als ein zentrales Anknüpfungsmoment für die Verteilung der Besteuerungsrechte zwischen den Vertragsstaaten ist im DBA Österreich/Deutschland[47] wie folgt geregelt.

44 Gemäß Art. 4 Abs. 1 S. 1 DBA Österreich/Deutschland[48] ist eine natürliche Person grundsätzlich in dem Vertragsstaat ansässig, in dem sie nach dem Recht dieses Staats aufgrund ihres Wohnsitzes, ihres ständigen Aufenthalts oder eines ähnlichen Merkmals steuerpflichtig ist. Falls eine natürliche Person in beiden Vertragsstaaten ansässig ist, entscheiden nach Art. 4 Abs. 2 DBA Österreich/Deutschland die Kriterien ständige Wohnstätte, Mittelpunkt der Lebensinteressen, gewöhnlicher Aufenthalt oder die Staatsangehörigkeit in dieser Reihenfolge über die Ansässigkeit.

45 Der Mittelpunkt der Lebensinteressen wird aus österr. Sicht als jener Ort angesehen, zu dem der Steuerpflichtige die engeren persönlichen und wirtschaftlichen Beziehungen hat. Es hat eine gesamthafte Betrachtung zu erfolgen, wobei das

45 Öst. BMF v. 18.7.2008, 010000/0032-VI/6/2008, Ziff. 2.

46 Öst. BMF v. 18.7.2008, 010000/0032-VI/6/2008, Ziff. 2.

47 Im Plural steht der Begriff „die DBA Österreich/Deutschland" sowohl für das DBA Österreich/Deutschland auf dem Gebiet der Steuern vom Einkommen und vom Vermögen als auch für das DBA Österreich/Deutschland auf dem Gebiet der Erbschaftsteuern.

48 Abkommen zwischen der Bundesrepublik Deutschland und der Republik Österreich zur Vermeidung der Doppelbesteuerung auf dem Gebiet der Steuern vom Einkommen und vom Vermögen vom 24.8.2000, BStBl I 2002, 584.

Überwiegen den Ausschlag gibt.[49] Den wirtschaftlichen Beziehungen (im Wesentlichen der Beruf) kommt im Regelfall eine geringere Bedeutung zu als den persönlichen Beziehungen, welche im Zweifel den Ausschlag geben.[50] Unter persönlichen Beziehungen sind jene zu verstehen, „die einen Menschen aus in seiner Person liegenden Gründen mit jenem Ort verbinden, an dem er seinen Wohnsitz innehat“ (hierbei ist vor allem der Ort maßgeblich, an dem der Steuerpflichtige mit seiner Familie lebt).[51] Der Mittelpunkt der Lebensinteressen setzt auch eine gewisse Dauerhaftigkeit voraus. So wird bei Auslandsaufenthalten von weniger als zwei Jahren in der Regel keine Verlagerung des Mittelpunktes der Lebensinteressen anzunehmen sein, bei einem Aufenthalt von über fünf Jahren hingegen schon.[52]

II. DBA Österreich/Deutschland (E) a.F.

Nachdem der öst. Verfassungsgerichtshof wie dargestellt die Erbschaftsteuer und die Schenkungssteuer für verfassungswidrig erklärt hatte und absehbar war, dass der Gesetzgeber keine betreffenden verfassungsgemäßen Gesetze schafft, sah sich die Bundesrepublik Deutschland gezwungen, das DBA Österreich/Deutschland (E) zum 31.12.2007 zu kündigen. Mittels eines zusätzlichen Abkommens wurde die Anwendung noch auf Erbfälle erweitert, in denen der Erblasser nach dem 31.12.2007 und vor dem 1.8.2008 verstorben ist. Für spätere Erbfälle besteht kein Abkommensschutz mehr. Vor diesem Hintergrund ist zur Vermeidung deutscher Erbschafts- und Schenkungssteuer für Zuzügler wesentlich, keinen Wohnsitz in Deutschland beizubehalten (d.h. die reine Verlegung des Mittelpunktes der Lebensinteressen ist dafür nicht ausreichend). Dies ist etwa auch bei der Errichtung von österr. Privatstiftungen zu beachten. 46

C. Auswirkungen des DBA Österreich/Deutschland im Hinblick auf die im Rahmen des Wegzugs von Deutschland erhobenen Steuern

Das Steuerrecht der Bundesrepublik Deutschland kennt zahlreiche Vorschriften u.a. im Einkommensteuer-, Erbschaft- und Schenkungssteuer- sowie im Außensteuergesetz, die bei einem Wegzug einer natürlichen Person greifen können. Nachfolgend sollen die Auswirkungen des DBA Österreich/Deutschland auf diese Vorschriften untersucht werden. 47

---

49 *Tumpel/Luketina,* in: Aigner/Kofler/Tumpel, DBA-Kommentar, Art. 4 Rn 40.
50 *Marschner,* in: Jakom, EStG 2022, § 1 Rn 20.
51 *Tumpel/Luketina,* in: Aigner/Kofler/Tumpel, DBA-Kommentar, Art. 4 Rn 41 f.
52 *Marschner,* in: Jakom, EStG 2022, § 1 Rn 20; EAS 1068; EAS 2124.

I. Beschränkte Einkommensteuerpflicht, § 1 Abs. 4 EStG, und erweitert beschränkte Einkommensteuerpflicht, § 2 AStG

48 Falls die natürliche Person nach ihrem Wegzug weiterhin inländische Einkünfte i.S.v. § 49 Abs. 1 EStG bezieht, bleibt sie mit diesen Einkünften in Deutschland nach § 1 Abs. 4 im Rahmen der beschränkten Einkommensteuerpflicht steuerpflichtig. Auch im Verhältnis zu Österreich als Wohnsitzstaat entstehen hierbei Besteuerungskonflikte, die das DBA Österreich/Deutschland regelt.

49 Nach dem BMF-Schreiben vom 15.3.1996[53] gehört Österreich nicht zu den niedrig besteuernden Ländern i.S.v. § 2 Abs. 1 Nr. 1 i.V.m. § 2 Abs. 2 Nr. 1 AStG, da die Belastung durch die in Österreich erhobene Einkommensteuer bei einem steuerpflichtigen Einkommen von (mittlerweile) 77.000 EUR nicht um mehr als ein Drittel geringer ist als die entsprechende deutsche Einkommensteuer.

Dagegen war Österreich bis 1993 als ein niedrig besteuerndes Land i.S.v. § 2 Abs. 1 Nr. 1 i.V.m. § 2 Abs. 2 Nr. 2 AStG zu betrachten, da es nach § 103 ÖstEStG a.F. eine generelle Vorzugsbesteuerung für Zuzügler gab.

Ab 1994 ist eine niedrige Besteuerung i.S.v. § 2 Abs. 2 Nr. 2 AStG und damit u.U. eine erweitert beschränkte Einkommensteuerpflicht von Zuzüglern nur noch anzunehmen:
- bei Zuzüglern, die in Wissenschaft und Forschung tätig sind;
- bei Zuzüglern, denen vor dem 1.1.1994 eine Zuzugsbegünstigung erteilt oder schriftlich in Aussicht gestellt worden ist; und
- bei Zuzüglern, die als Sportler tätig sind.

II. Erweitert unbeschränkte Erbschaft- und Schenkungssteuerpflicht, § 2 Abs. 1 Nr. 1 S. 2 Buchst. b ErbStG

50 Im Rahmen von Wohnsitzverlegungen nach Österreich nach Außerkrafttreten des DBA Österreich/Deutschland (E) gewinnt die erweitert unbeschränkte Erbschaftsteuerpflicht wieder an Bedeutung, da das Besteuerungsrecht nunmehr nicht mehr durch das genannte DBA zugewiesen wird. Für die Dauer von fünf Jahren bleiben Wegzügler nach Österreich damit nach § 2 Abs. 1 Nr. 1 S. 2 Buchst. b ErbStG weiterhin in Deutschland unbeschränkt erbschaftsteuerpflichtig,[54] es sei denn sie geben innerhalb dieser Frist die deutsche Staatsangehörigkeit auf.

---

53 Vgl. BMF-Schreiben v. 15.3.1996, IV C 6 – S 1443 – 1/96, BStBl I 1996, 161 (siehe Anhang Rdn 7).

54 *Toifl*, SWI 2008, 188.

D. Auswirkungen des DBA Österreich/Deutschland im Hinblick auf typischerweise von Wegzüglern erzielte Einkünfte

Auch beim Wegzug nach Österreich gilt, dass deutsche Wegzügler nach dem Wegzug aus Deutschland im Regelfall noch Einkünfte aus deutschen Quellen generieren. Neben den Einkünften aus Kapitalvermögen (Dividenden), aus der tatsächlichen Veräußerung von Kapitalgesellschaftsanteilen, aus Vermietung und Verpachtung, aus der Veräußerung unbeweglichen Vermögens sind dies typischerweise Zinseinkünfte, Einkünfte von Künstlern und Sportlern, Aufsichtsrats- und Geschäftsführervergütungen sowie Renteneinkünfte. Die Vorschriften des AStG sowie § 42 AO sollten hier nochmals bedacht und geprüft werden. 51

I. Einkünfte aus Kapitalvermögen (Dividenden)

Gemäß Art. 10 Abs. 1 DBA Österreich/Deutschland unterliegen Dividenden grundsätzlich der Besteuerung in dem Staat, in dem der Empfänger ansässig ist. Unter den Begriff der Dividenden fallen u.a. auch die Einkünfte des stillen Gesellschafters aus seiner stillen Beteiligung.[55] Der andere Vertragsstaat kann jedoch gemäß Art. 10 Abs. 2 Buchst. b DBA Österreich/Deutschland eine Abzugssteuer erheben, die 15 % des Bruttobetrags der Dividenden nicht übersteigen darf. Bezieht der Wegzügler auch nach seinem Wegzug weiterhin Dividenden beispielsweise aus einer Beteiligung an einer AG mit Sitz in Deutschland, unterliegen diese Bezüge damit als beschränkt steuerpflichtige Einkünfte nach § 49 Abs. 1 Nr. 5 Buchst. a EStG der deutschen Quellensteuer in Höhe von 25 %. Die zu viel gezahlte Quellensteuer ist nach den Regelungen des Art. 27 Österreich/Deutschland zu erstatten. 52

Unterliegen Einkünfte aus Kapitalvermögen wie Dividenden- und Zinserträge aus ausländischen Wertpapieren dem Sondersteuersatz, dann werden sie ebenfalls von der Kapitalertragsteuer und damit von der Endbesteuerung erfasst, wenn eine inländische auszahlende Stelle vorliegt. Sofern keine inländische auszahlende Stelle vorliegt, müssen die Einkünfte im Rahmen der jährlichen Steuererklärung offengelegt werden. Der Sondersteuersatz kommt dann erst im Rahmen der Veranlagung zur Anwendung, die Steuerbelastung ist jedoch unabhängig von der Erhebungsform dieselbe.[56] Eine in Deutschland abgezogene Quellensteuer ist gemäß Art. 23 Abs. 2 lit. b Österreich/Deutschland in Österreich anzurechnen. Im Ergebnis unterliegen daher die ausländischen Wertpapiere der gleichen Besteuerung wie die inländischen. 53

55 Art. 10 Abs. 3 S. 2 DBA Österreich/Deutschland.

56 *Kirchmayr*, in: Doralt/Kirchmayr/Mayr/Zorn, EStG 2021 § 27a Rn 11.

II. Gewinne aus der tatsächlichen Veräußerung von Kapitalgesellschaftsanteilen

54 Art. 13 DBA Österreich/Deutschland unterscheidet bei der Veräußerung von Anteilen an Kapitalgesellschaften zwischen Gesellschaften, deren Aktivvermögen überwiegend aus unbeweglichem Vermögen besteht, und anderen Gesellschaften. Die Höhe des Aktivvermögens orientiert sich nach Nr. 4 des Protokolls zum DBA Österreich/Deutschland vom 24.8.2000 an der letzten, vor der Veräußerung der Aktien und sonstigen Anteile zu erstellenden Handelsbilanz (somit fallen über Personengesellschaften gehaltene Immobilien nicht unter die „Immoklausel"). Nach Art. 13 Abs. 2 DBA Österreich/Deutschland können Gewinne aus der Veräußerung von Anteilen an „grundbesitzenden" Gesellschaften in dem Vertragsstaat besteuert werden, in dem das unbewegliche Vermögen belegen ist.[57] Gewinne aus der Veräußerung von Anteilen an anderen Gesellschaften sind dagegen nach Art. 13 Abs. 5 DBA Österreich/Deutschland im Ansässigkeitsstaat des Veräußerers zu besteuern.

55 Art. 13 Abs. 6 DBA Österreich/Deutschland stellt dahingehend eine lex specialis dar, die den Grundsatz der Besteuerung im Wohnsitzstaat des Veräußerers durchbricht. War eine natürliche Person während mindestens fünf Jahren im Vertragsstaat (A) ansässig und wurde sie anschließend im Vertragsstaat (B) ansässig, kann der Vertragsstaat (A) den bis zum Wegzug in Gesellschaftsanteilen entstandenen Vermögenszuwachs besteuern.[58] Demnach steht Deutschland bei einer tatsächlichen Veräußerung von Anteilen, die nicht unter Art. 13 Abs. 2 oder Abs. 6 DBA Österreich/Deutschland fallen, nach dem Wegzug kein Besteuerungsrecht mehr zu. Vielmehr liegt es nach Art. 13 Abs. 5 DBA Österreich/Deutschland bei Österreich als Wohnsitzstaat des Veräußerers.

56 Fällt das Besteuerungsrecht Deutschland zu, unterliegt der Veräußerungsgewinn der Einkommensteuer nach §§ 1 Abs. 4, 49 Abs. 1 Nr. 2 Buchst. e, 17 EStG. Voraussetzung für die Ausübung des Besteuerungsrechts ist hierbei, dass die betreffende Kapitalgesellschaft ihren Sitz oder ihre Geschäftsleitung in Deutschland hat und der Emigrant zumindest zu 1 % an der Gesellschaft beteiligt ist. Im Fall des Wegzüglers nach Österreich wird das Besteuerungsrecht Deutschlands aktuell, wenn er Anteile an einer Kapitalgesellschaft mit überwiegend in Deutschland belegenem Grundbesitz veräußert, die Sitz oder Geschäftsleitung in Deutschland hat und an der er zumindest 1 % beteiligt ist. Österreich mildert eine etwaige Doppelbesteuerung durch die Anwendung der Anrechnungsmethode. Das bedeutet, dass die Veräußerung der österreichischen Steuer unterzogen wird, jedoch die deutsche Steuer auf die österreichische angerechnet wird (Art. 23 Abs. 2 DBA Österreich/Deutschland).

57 Siehe bspw. EAS 2086 und EAS 3300.
58 Siehe bspw. EAS 2955 und EAS 3182.

Liegt das Besteuerungsrecht demgegenüber bei Österreich kommt bei einem Veräußerungsgewinn der besondere Steuersatz in Höhe von 27,5 % zur Anwendung. Insofern es sich bspw. um Aktien auf einem österreichischen Depot handelt, wird die Kapitalertragsteuer von der depotführenden Stelle einbehalten; der Veräußerungsgewinn ist somit endbesteuert. 57

III. Einkünfte aus der Veräußerung unbeweglichen Vermögens

Das in Art. 6 DBA Österreich/Deutschland zum Ausdruck kommende Belegenheitsprinzip für laufende Einkünfte aus unbeweglichem Vermögen hat nach Art. 13 Abs. 1 DBA Österreich/Deutschland auch Bestand im Falle der Veräußerung von Immobilien, sodass das Besteuerungsrecht im Grundsatz stets dem Belegenheitsstaat zusteht. 58

Ist die Immobilie Teil einer Betriebsstätte, so wird sie auch in jenem Land versteuert, in dem die Betriebsstätte gelegen ist, da der jeweilige Staat das beschränkte Besteuerungsrecht hat („Betriebsstättenvorbehalt"). Ist die Immobilie jedoch Privatvermögen, kommt es isoliert auf die Lage der Immobilie an.

Liegen die zu veräußernden Immobilien daher in Deutschland, besteuert die Bundesrepublik – bei Abwesenheit einer Betriebsstätte oder eines ständigen Vertreters in Österreich – diese Veräußerungsgewinne nach §§ 1 Abs. 4, 49 Abs. 1 Nr. 2 Buchst. f EStG.

Wird dagegen Österreich das Besteuerungsrecht zugewiesen, unterliegt der Veräußerungsgewinn der Immobilienertragsteuer. Hier gelten gewisse Sonderregelungen: 59

- Der Gewinn, der bei der Veräußerung von **Eigenheimen und Eigentumswohnungen** einschließlich Grund und Boden entsteht, unterliegt in gewissen Grenzen nicht der Besteuerung, wenn sie der Veräußerer seit der Anschaffung seit mindestens zwei Jahren (oder fünf innerhalb der letzten zehn Jahre) als Hauptwohnsitz nutzte (§ 30 Abs. 2 Nr. 1 ÖstEStG).
- Hat der Veräußerer selbst ein Gebäude errichtet, ist der Veräußerungsgewinn im Hinblick auf das Gebäude selbst steuerfrei (§ 30 Abs. 2 Nr. 2 ÖstEStG).

IV. Einkünfte aus Vermietung und Verpachtung

Gemäß Art. 6 Abs. 3, Abs. 1 DBA Österreich/Deutschland sind Einkünfte aus Vermietung und Verpachtung in dem Vertragsstaat zu versteuern, in dem die betreffende Immobilie belegen ist. 60

Befinden sich die vermieteten Objekte des Wegzüglers in Deutschland, liegt das Besteuerungsrecht nach dem DBA Österreich/Deutschland daher bei Deutschland. Deutschland besteuert diese Einkünfte nach §§ 1 Abs. 4, 49 Abs. 1 Nr. 6, 21 EStG.

V. Zinseinkünfte

61 Zinsen, die aus dem Vertragsstaat (A) stammen und an eine im Vertragsstaat (B) ansässige Person fließen, die Nutzungsberechtigte ist, sind nach Art. 11 Abs. 1 DBA Österreich/Deutschland im Vertragsstaat (B) zu besteuern. Entscheidend ist hierbei nach h.M. die Rechtsstellung in Bezug auf die Erträge – und nicht die Rechtsstellung im Hinblick auf das Stammrecht, die – z.B. beim Nießbrauch – hiervon abweichen kann.[59]

Mit einer Abgeltungssteuer von 27,5 % auf private (österreichische) Zinserträge liegt Österreich im EU-weiten Vergleich auf einem guten Platz im Mittelfeld. Da am 1.1.2009 in Deutschland ebenfalls eine Abgeltungssteuer mit einem pauschalen Steuersatz von 25 %[60] in Kraft getreten ist, ist die steuerliche Belastung in den beiden Ländern seither ähnlich.

Der Quellensteuerabzug wird nach Art. 27 Abs. 1 S. 1 DBA Österreich/Deutschland nicht beschränkt. Das bedeutet, dass der Quellenstaat in nach nationalem Recht vorgegebener Höhe Quellensteuer einbehalten kann. Die etwaige Differenz zwischen tatsächlich nach nationalem Recht einbehaltener Quellensteuer und nach DBA zulässiger Quellensteuer ist dem Steuerpflichtigen erst in einem zweiten Schritt auf Antrag zu erstatten.

VI. Einkünfte von Künstlern und Sportlern

62 Aufgrund des „Sportler-Erlasses“ (siehe hierzu Rdn 16 ff.) ist Österreich ein attraktives Zuwanderungsland insbesondere für Sportler. Nach Art. 17 Abs. 1 S. 1 DBA Österreich/Deutschland dürfen Einkünfte, die ein im Vertragsstaat (A) ansässiger Künstler oder Sportler aus seiner persönlich ausgeübten Tätigkeit im Vertragsstaat (B) bezieht, in diesem Staat (B) besteuert werden. Daneben dürfen auch die aus der Benutzung (oder des Rechts auf Benutzung) des Namens, des Bildes oder sonstiger Persönlichkeitsrechte erzielten Einkünfte im Vertragsstaat (B) besteuert werden, auch wenn der Künstler/Sportler dort keine persönliche Tätigkeit ausübt, Art. 17 Abs. 1 S. 2 DBA Österreich/Deutschland. Eine Zwischenschaltung dritter (auch juristischer) Personen als Zahlungsempfänger ändert hieran nichts mehr, wie in der neuen Regelung des Art. 17 Abs. 2 DBA Österreich/Deutschland normiert wurde.[61] Österreich als Ansässigkeitsstaat nimmt die nach diesen Vorschriften in Deutschland zu besteuernden Einkünfte bei der Ermittlung der steuerlichen Bemessungsgrundlage (Art. 23 Abs. 2 Buchst a, b

---

59 *Tischbirek/Ismer*, in: Vogel/Lehner, DBA, vor Art. 10–12, Rn 18. Zur Diskussion, ob der Nutzungsberechtigten nach der wirtschaftlichen oder der rein rechtlichen Betrachtungsweise zu bestimmen ist, vgl. *Tischbirek/Ismer*, in Vogel/Lehner, DBA, vor Art. 10–12, Rn 17–18.

60 Ggf. zzgl. Solidaritätszuschlag ggf. zzgl. Kirchensteuer.

61 EAS 3296; EAS 2813; EAS 2821; *Toifl*, SWI 2018, 453.

DBA Österreich/Deutschland), darf diese aber bei der Ermittlung des Steuersatzes für das übrige Einkommen berücksichtigen (Art. 23 Abs. 2 Buchst a, b DBA Österreich/Deutschland; „Freistellung unter Progressionsvorbehalt").

Eine Ausnahme von den vorgenannten Grundsätzen besteht nach Art. 17 Abs. 3 DBA Österreich/Deutschland, wenn der Aufenthalt des Künstlers oder Sportlers im Vertragsstaat (B) ganz oder überwiegend aus öffentlichen Mitteln des Ansässigkeitsstaats oder einem seiner Länder oder Gebietskörperschaften oder von einer als gemeinnützig anerkannten Einrichtung unterstützt wird. Nach Nr. 10 des Protokolls zum DBA Österreich/Deutschland 2000 vom 24.8.2000 gilt dies auch für die Trägerkörperschaften von Orchestern, Theatern, Balletten sowie für die Mitglieder solcher Kulturträger, wenn diese Trägerkörperschaften im Wesentlichen ohne Gewinnerzielung tätig sind. In diesen Fällen liegt das Besteuerungsrecht ausschließlich beim Ansässigkeitsstaat (A). 63

VII. Aufsichtsrats- und Geschäftsführervergütungen

Nach Art. 16 Abs. 1 DBA Österreich/Deutschland dürfen Aufsichtsrats- oder Verwaltungsratsvergütungen sowie ähnliche Zahlungen, die ein in Österreich Ansässiger für seine Tätigkeit als Aufsichts- oder Verwaltungsrat einer in Deutschland ansässigen Gesellschaft erhält, in Deutschland besteuert werden. 64

Im Hinblick auf Geschäftsführer- oder Vorstandsvergütungen, die ein in Österreich Ansässiger durch seine Tätigkeit bei einer in Deutschland ansässigen Gesellschaft erzielt, liegt das Besteuerungsrecht nach Art. 16 Abs. 2 DBA Österreich/Deutschland ebenfalls bei Deutschland.[62] Österreich als Ansässigkeitsstaat stellt diese wiederum über den Methodenartikel nach Art. 23 Abs. 2 DBA Österreich/Deutschland unter Progressionsvorbehalt frei.[63]

VIII. Renteneinkünfte

Grundsätzlich hat im Hinblick auf Ruhegehälter, Renten und ähnliche Zahlungen, die ein in Österreich Ansässiger erhält, nach Art. 18 Abs. 1 DBA Österreich/Deutschland Österreich das Besteuerungsrecht.[64] 65

Werden diese Beträge jedoch von der gesetzlichen Sozialversicherung in Deutschland gezahlt, verbleibt das Besteuerungsrecht nach Art. 18 Abs. 2 DBA Österreich/Deutschland bei Deutschland.[65]

Ruhegehälter, die die Bundesrepublik Deutschland, ein deutsches Bundesland, eine sonstige deutsche Gebietskörperschaft oder eine andere deutsche juristische 66

62 EAS 3433; *Pamperl*, SWI 2021, 514.

63 EAS 2555.

64 Dies gilt aus österr. Sicht auch für Einmalzahlungen: EAS 3248.

65 EAS 3011.

Person des öffentlichen Rechts an einen in Österreich Ansässigen für Dienste zahlt, die er für diese öffentlich-rechtlichen Einheit in Deutschland erbracht hat, dürfen nach Art. 19 Abs. 2 S. 1 DBA Österreich/Deutschland nur in Deutschland besteuert werden, wo diese Einkünfte der beschränkten Steuerpflicht unterliegen. Ausnahmsweise dürfen diese Ruhegehälter nach Art. 19 Abs. 2 S. 2 DBA Österreich/Deutschland in Österreich besteuert werden, wenn der in Österreich Ansässige die österreichische Staatsangehörigkeit besitzt.

E. Unilaterale Maßnahmen zur Vermeidung der Doppelbesteuerung in Österreich

67 Das ÖstEStG hält keine allgemeinen unilateralen Regelungen zur Vermeidung der Doppelbesteuerung bereit.

Falls kein DBA angewendet werden kann oder trotz eines anwendbaren DBA eine Doppelbesteuerung eintritt, kann das österreichische BMF innerhalb seines Ermessensrahmens gem. § 48 BAO auf Antrag Ausnahmen von der Besteuerung gewähren. Nach § 48 BAO können zu diesem Zweck bestimmte Gegenstände der Abgabenerhebung ganz oder teilweise aus der Abgabenpflicht ausgeschieden oder ausländische, auf solche Gegenstände entfallende Abgaben ganz oder teilweise auf die österreichischen Abgaben angerechnet werden. Voraussetzung ist jedoch, dass diese Ausnahmen zur Angleichung der in- und ausländischen Besteuerung oder zur Erzielung einer den Grundsätzen der Gegenseitigkeit entsprechenden Behandlung notwendig sind.[66]

68 Diese Maßnahmen zur Steuerentlastung kann das österreichische BMF im Einzelfall durch Bescheid regeln. Gibt es eine Vielzahl gleich gelagerter Fälle, ist auch der Erlass einer Verordnung möglich. In diesem Zusammenhang hat das österreichische BMF eine Verordnung[67] erlassen, die eine automatische Entlastung durch Befreiung bzw. Anrechnung schon im Veranlagungsweg vorsieht, womit ein Antrag beim BMF nicht erforderlich ist. Dabei sind positive ausländische Einkünfte unbeschränkt Steuerpflichtiger von der Besteuerung auszunehmen, wenn sie aus einem Nicht-DBA-Staat kommen und im Ausland einer Einkommen-/Körperschaftsteuer von mindestens 15 % unterlagen.

69 Ist kein DBA anwendbar und wird die Doppelbesteuerung nicht bereits gemäß § 1 Abs. 1 der Verordnung verhindert (wie etwa bei niedrig besteuerten Auslandseinkünften), kommt es zu einer automatischen Anrechnung der im Ausland bezahlten Steuern.

66 Vgl. für einen möglichen Anwendungsfall: EAS 2842.

67 ÖstBGBl II 2002, 474.

Im Rahmen der Anrechnung sind dabei eine Höchstbetragsbegrenzung und eine per-country-limitation zu berücksichtigen. Die Höchstbetragsbegrenzung hat zur Folge, dass bei einer niedrigeren ausländischen Steuer die höhere österreichische Steuer zur Anwendung kommt. Bei einer höheren ausländischen Steuer bleibt der Steuerpflichtige dagegen mit dieser höheren Steuer belastet, d.h. die ausländische Steuer kann teilweise nicht auf die österreichische Steuer angerechnet werden. Unter per-country-limitation ist zu verstehen, dass die Höchstbetragsbegrenzung für jeden Staat mit Auslandsvermögen gesondert zu berechnen ist, so dass keine Saldierung eines niedrigeren Steuerniveaus eines ausländischen Staates mit einem höheren Steuerniveau eines anderen ausländischen Staates vorgenommen werden kann.[68]

Daneben besteht u.a. im Hinblick auf Beteiligungen an Kapitalgesellschaften die 70
Möglichkeit eines sog. Step-ups. Dabei wird im Zeitpunkt des Zuzugs der gemeine Wert (und nicht der Buchwert) als Anschaffungskosten der Beteiligung betrachtet. Im Ergebnis wird mit diesem sog. Step-up verhindert, dass die vor dem Zuzug entstandenen Reserven in Österreich der Besteuerung unterliegen.

Denn nach § 27 ÖstEStG ist grundsätzlich die Differenz zwischen Veräußerungserlös und Anschaffungskosten steuerpflichtig. Im Falle des Eintritts in das Besteuerungsrecht Österreichs gilt jedoch der gemeine Wert im Zeitpunkt des Zuzugs als Anschaffungskosten. Damit wird eine Doppelbesteuerung der vor dem Wegzug entstandenen stillen Reserven vermieden, denn diese im Heimatstaat entstandenen stillen Reserven werden i.d.R. beim Wegzug bereits vom Heimatstaat über das Vehikel einer fingierten Veräußerung besteuert. In Deutschland etwa erfolgt die Besteuerung der in Beteiligungen enthaltenen stillen Reserven nach § 6 AStG.

F. Zusammenarbeit in Steuersachen

Seit dem 4.10.1954 besteht zwischen der Bundesrepublik Deutschland und der 71
Republik Österreich ein **Vertrag über Rechtsschutz und Amtshilfe in Abgabesachen.**[69] Die Befugnisse der zuständigen Behörden gehen deutlich weiter, als dies mit anderen Staaten vereinbart ist. U.a. eröffnet der Vertrag die Möglichkeit der Amtshilfe, in bestimmten Fällen auch unmittelbar zwischen den unteren Finanzbehörden (Finanzämtern) unter Aussparung der obersten Finanzbehörden beider Vertragsstaaten. Gemäß Art. 12 des Rechtshilfeabkommens ist vereinbart, dass aufgrund von vollstreckbaren, jedoch noch nicht unanfechtbaren Verfügungen (einschließlich der Sicherstellungs- bzw. Arrestanordnungen) um Vornahme von Sicherungsmaßnahmen ersucht werden kann. Bei vorliegender Sicherstel-

68 öBMF, SWI 2001, 196.
69 BStBl I 1955, 431.

lungsanordnung bedarf es keiner weiteren Arrestanordnung durch das ersuchte Amt. Das Rechtshilfeabkommen bezieht sich nicht auf Geldstrafen mit Strafcharakter. Erstreckt sich ein Vollstreckungsersuchen auf Geldstrafen, ist ggf. die zuständige Behörde um Erläuterung des Anspruchs zu bitten.[70]

72 Weitergehende Maßnahmen eröffnet jedoch die sog. Beitreibungsrichtlinie.[71] Diese EU-Richtlinie findet nach ihrem Art. 2 Abs. 1 Buchst. a auch auf Forderungen im Zusammenhang mit Einkommensteuern Anwendung. Nach Art. 11 ff. dieser Richtlinie nimmt die ersuchte Behörde auf Antrag nach Maßgabe des für die Beitreibung derartiger Forderungen geltenden inländischen Rechts die Beitreibung von Forderungen vor, für die ein Vollstreckungstitel besteht. Dieser Vollstreckungstitel ist nach Art. 12 Abs. 1 der Richtlinie unmittelbar anzuerkennen und automatisch wie ein Vollstreckungstitel des Mitgliedstaats zu behandeln, in dem die ersuchte Behörde ihren Sitz hat. Österreich hat die Betreibungsrichtlinie innerstaatlich durch das EU-Vollstreckungsamtshilfegesetz entsprechend umgesetzt. Für Vollstreckungsersuchen oder Ersuchen um Sicherungsmaßnahmen eines anderen Mitgliedstaates wie bspw. Deutschland ist dem österreichischen Bundesminister für Finanzen das vorgesehene Standardformblatt auf elektronischem Wege zu übermitteln.

73 Im Unterschied zum OECD-MA hält das DBA Österreich/Deutschland daher keine Bestimmung zur Amtshilfe bei der Vollstreckung von Steueransprüchen bereit. Es findet sich jedoch mit Art. 26 DBA Österreich/Deutschland eine Vorschrift über den Informationsaustausch zwischen den zuständigen Behörden der Vertragsstaaten. Dieser Informationsaustausch betrifft nach Art. 26 Abs. 1 S. 1 DBA Österreich/Deutschland die Informationen, die zur Durchführung des Abkommens oder des innerstaatlichen Rechts der Vertragsstaaten im Hinblick auf die unter das DBA fallenden Steuern erforderlich sind, soweit die diesem Recht entsprechende Besteuerung nicht dem Abkommen widerspricht.

74 Weitere Möglichkeiten eröffnet die sog. EU-Amtshilferichtlinie.[72] Diese EU-Richtlinie legt in Hinsicht auf direkte Steuern die Regeln und Verfahren fest, nach denen die Mitgliedstaaten im Hinblick auf den Austausch von Informationen zusammenarbeiten. Die Amtshilfe durch Informationsaustausch kann grundsätzlich in zwei Bereiche aufgeteilt werden, den automatischen Informationsaustausch und den nicht automatischen Informationsaustausch. Der nicht automati-

70 BMF-Schreiben betr. zwischenstaatliche Amtshilfe bei der Steuererhebung (Beitreibung) v. 20.1.2000, IV B 4 – S 1320 – 1/00, BStBl I 2000, 102, Tz. 4.10.

71 Richtlinie 2010/24/EU des Rates vom 16.3.2010 über die Amtshilfe bei der Beitreibung von Forderungen in Bezug auf bestimmte Steuern, Abgaben und sonstige Maßnahmen (2010/24/EU), ABl L 84, S. 1–12; In Deutschland wurde die Richtlinie durch das EU-Beitreibungsgesetz umgesetzt, BGBl I 2011, 2592.

72 Richtlinie 2011/16/EU des Rates vom 15.2.2011 über die Zusammenarbeit der Verwaltungsbehörden im Bereich der Besteuerung und zur Aufhebung der Richtlinie 77/799/EWG, ABl L 064 vom 11.3.2011.

sche Informationsaustausch umfasst den Informationsaustausch auf Ersuchen sowie den spontanen Informationsaustausch.[73] Österreich hat die Betreibungsrichtlinie innerstaatlich durch das EU-Amtshilfegesetz[74] umgesetzt. Für den Informationsaustausch zuständig ist im Wesentlichen der österreichische Bundesminister für Finanzen, welchem vom ersuchenden Mitgliedstaat das vorgesehene Standardformblatt übermittelt wird.[75]

Hinweis 75

Das am 1.4.1995 in Kraft getretene Übereinkommen über die gegenseitige Amtshilfe in Steuersachen des Europarats und der OECD[76] wurde am 17.4.2008 von Deutschland unterzeichnet. Österreich hat das Abkommen am 29.5.2013 unterzeichnet, sich im Hinblick auf einige Steuern jedoch das Recht vorbehalten, keine Amtshilfe zu leisten. Im Rahmen der Einkommensteuer, Körperschaftsteuer und Umsatzsteuer tritt dieses Abkommen zu den oben genannten Bestimmungen hinzu.

73 *Jirousek*, SWI 2012, 532.

74 Bundesgesetz zur Umsetzung der Richtlinie 2011/16/EU über die Zusammenarbeit der Verwaltungsbehörden im Bereich der Besteuerung und zur Aufhebung der Richtlinie 77/799/EWG, BGBl I Nr. 112/2012 idgF.

75 § 3 Abs. 1 EU-Amtshilfegesetz.

76 SEV-Nr. 127.

§ 5 Italien als Zuzugsstaat

Übersicht: Rdn

Literaturhinweise:

Amatucci, Principi e nozioni di diritto tributario, 4. Auflage 2018; *Burandt/Rojahn*, Erbrecht, 4. Auflage 2022; *Ettinger*, Wegzugsbesteuerung, 5. Auflage 2022; *Oertzen/Zapf*, La dolce vita fiscale – Italienische Pauschalbesteuerung für zuziehende HNWIs, ISTR 2017, 961; *Patti*, Italienisches Zivilgesetzbuch = Codice Civile, C.H. Beck (In Gemeinschaft mit Giuffré/Mailand), 3. Auflage 2019; *Wachter*, Deutsches Erbschaftsteuerrecht und italienisches Erbrecht, ErbR 2020, 18.

A. Einleitung

I. Auswanderung aus Italien

1 Italien war seit jeher ein Auswanderungsland. Man schätzt, dass zwischen 1876 und 1976 über 24 Millionen Menschen das Land verlassen haben.[1] Italien verzeichnet drei Perioden, in denen es eine verstärkte Auswanderung gegeben hat:

Die erste Periode, die sogenannte große Emigration, begann direkt nach der italienischen Einheit und endete in den1920er Jahren. Die Auswanderung erfolgte in dieser Zeit nach Amerika.

Die zweite Periode, die sogenannte europäische Emigration, fand zwischen 1945 und den 1970er Jahren statt. In dieser Phase wanderten überwiegend Hilfsarbeiter aus, welche eine Beschäftigung im europäischen Ausland fanden. Der Großteil der Auswanderer arbeitete im Bergbau und in der Stahlindustrie. In diese Zeit fallen auch die Staatsverträge zwischen Belgien und Italien sowie zwischen Deutschland und Italien.

Die dritte Periode, die sogenannte neue Emigration, setzte zu Beginn des 21. Jahrhunderts ein. Auslöser war die Weltwirtschaftskrise von 2007, welche vor allem junge Akademiker traf.

2 Von den Auswanderern kehrten ungefähr 30 % wieder nach Italien zurück.[2] Die Auswanderung hat auch dazu geführt, dass 60–80 Millionen Menschen auf der Welt italienische Wurzeln haben.[3] Insbesondere die letzten zwei Auswanderungswellen haben dazu geführt, dass außerhalb von Italien oftmals die Ansicht vertreten wird, dass ein Leben in Italien nur schwer möglich ist. Dabei wird vergessen, dass Italien einer der bedeutendsten Industriestaaten der westlichen Welt ist. Italien ist unter anderem Gründungsmitglied der Europäischen Union, Mitglied der G7, der G20, der NATO, der Vereinten Nationen (UNO), der Organisation

1 Aufbereitete Istat-Daten in Gianfausto Rosoli, Un secolo di emigrazione italiana 1876–1976, Rom, Cser, 1978 – http://www.emigrati.it/Emigrazione/Esodo.asp.

2 http://fc.retecivica.milano.it/rcmweb/rssweb/Geopolitica/Indice%20Geopolitica/Emigrazione%20italiana/Ricerche/S01EC51C5.1/indice.htm.

3 http://banchedati.chiesacattolica.it/cci_new_v3/allegati/21532/introduzione.pdf.

für wirtschaftliche Zusammenarbeit und Entwicklung (OECD) und der Welthandelsorganisation (WTO).

II. Einwanderung nach Italien

Italien ist mittlerweile nicht mehr nur ein Auswanderungsland. Italien hat sich seit einigen Jahrzehnten auch zu einem Einwanderungsland entwickelt. Die Einwanderung nach Italien begann erst in den1970er Jahren ein signifikantes Ausmaß anzunehmen. Italien ist in der EU das Mitgliedsland mit der vierthöchsten Einwanderungsquote. Dabei ist der Anteil der Einwanderer aus Drittstaaten wesentlich höher als der Anteil der Einwanderer aus anderen EU-Mitgliedstaaten.[4] Der Großteil der Einwanderer kommt aus Rumänien, Albanien, Afrika und Asien.[5] Im Jahr 2021 lebten insgesamt 5.171.894 Einwanderer in Italien.[6] Die Einwanderer leben dabei überwiegend in den Großstädten.[7] Die Ausländerquote ist im Süden niedriger als im Norden.[8] 3

Im Jahr 2020 verzeichnete Italien eine Einwanderung von insgesamt 247.526 Menschen ohne italienische Staatsangehörigkeit.[9] Die Tendenz ist bei der Einwanderung stark fallend. 2019 wanderten noch 332.778 Menschen nach Italien ein.[10] Die höchste Einwanderungszahl verzeichnete Italien im letzten Jahrzehnt im Jahre 2011 mit 385.793 Einwanderern.[11] 4

Italien benötigt jedoch Einwanderer, da die Todesfälle die Zahl der Geburten übersteigen. Bei dieser Bevölkerungsentwicklung handelt es sich um ein europäisches Phänomen.[12] Italien gehört zu den EU-Mitgliedstaaten, welche den stärksten Bevölkerungsrückgang zu verzeichnen haben. Im Jahr 2019 ging die Bevölkerung Italiens um 1,9 Promille zurück. Gleichzeitig gehört Italien zu den EU-Mitgliedstaaten, die die niedrigste Geburtenrate in der EU haben. In Italien konnten im Jahr 2019 auf 1.000 Einwohner sieben Geburten verzeichnet werden.[13] 5

4 https://ec.europa.eu/eurostat/documents/3217494/8556062/KS-EI-17–001-DE-N.pdf/2c303617–8212–47ee-be56–301323226f31.

5 http://dati.istat.it/Index.aspx?DataSetCode=DCIS_POPSTRRES1.

6 http://dati.istat.it/Index.aspx?DataSetCode=DCIS_POPSTRRES1.

7 http://dati.istat.it/Index.aspx?DataSetCode=DCIS_POPSTRRES1.

8 http://dati.istat.it/Index.aspx?DataSetCode=DCIS_POPSTRRES1.

9 https://ec.europa.eu/eurostat/databrowser/view/tps00176/default/table?lang=de.

10 https://ec.europa.eu/eurostat/databrowser/view/tps00176/default/table?lang=de.

11 https://ec.europa.eu/eurostat/databrowser/view/tps00176/default/table?lang=de.

12 https://ec.europa.eu/eurostat/documents/2995521/11081097/3–10072020-AP-DE.pdf/7f863daa-c1ac-758f-e82b-954726c4621f.

13 https://ec.europa.eu/eurostat/documents/2995521/11081097/3–10072020-AP-DE.pdf/7f863daa-c1ac-758f-e82b-954726c4621f.

6 Italien hat es sich zum Ziel gemacht, als Einwanderungsland attraktiv zu werden und finanzstarke Ausländer anzuziehen. Bei Ausländern ist der Erwerb von Immobilien in Italien besonders beliebt. Die Preise sind in weiten Landesteilen im internationalen Vergleich mit anderen Industriestaaten immer noch niedrig, auch wenn es sich bei den Immobilien überwiegend um Ferienimmobilien handelt. Hierdurch kann nicht erreicht werden, dass die Einwohnerzahl und die Kaufkraft auch außerhalb der touristischen Hauptsaison erhöht wird. Eine solche Entwicklung wäre jedoch nötig, damit der italienische Staat durch die Einwanderer Konsum, Steuereinnahmen und Sozialversicherungsabgaben generieren kann.

7 Für Unionsbürger ist die Einwanderung nach Italien unkompliziert. Gemäß Art. 21 des Vertrags über die Arbeitsweise der Europäischen Union und Art. 45 der EU-Grundrechtscharta in Verbindung mit der Freizügigkeitsrichtlinie 2004/38/EG haben EU-Bürger und ihre Familienangehörigen das Recht, sich in der EU frei zu bewegen und aufzuhalten. Dieses Recht auf Freizügigkeit beinhaltet zum Beispiel auch, dass sich Unionsbürger für einen Zeitraum von drei Monaten ohne Registrierung in Italien aufhalten können, sofern sie im Besitz eines gültigen Ausweisdokumentes sind. Erst danach sind diese verpflichtet, sich beim Einwohnermeldeamt der Gemeinde, in der sie leben, zu registrieren.

8 Durch die Registrierung erhält der sich in Italien illegal aufhaltende Einwanderer gleichzeitig die Möglichkeit, sich beim sogenannten *Servizio Sanitario Nazionale* (*S.S.N.*) einzuschreiben. Es handelt sich dabei um die staatliche Krankenversorgung, welche grundsätzlich kostenlos angeboten wird. Der Einwanderer braucht dann keine anderweitige Krankenversicherung mehr. Dies ist insbesondere für deutsche Einwanderer interessant, die in Deutschland privat krankenversichert waren. Da die Lebenshaltungskosten in Italien recht niedrig sind, ist es durchaus möglich, von den ersparten Krankenkassenbeiträgen zu leben, wenn man hier von der Höhe der Versicherungsbeiträge der privaten Krankenversicherung in Deutschland ausgeht.

9 Im Übrigen wird die Einwanderung in Italien durch ein **Einwanderungsgesetz** geregelt.[14]

III. Anreize für eine Einwanderung nach Italien

10 Selbst in Staaten wie Deutschland treten in den letzten Jahren immer mehr Defizite bei der medizinischen Versorgung, der Sozialversicherung und der Infrastruktur zutage. Deshalb gibt es immer mehr Menschen, die in Erwägung ziehen, nach Italien auszuwandern.

11 Das Leben in Italien hat trotz der sprachlichen und kulturellen Unterschiede viele Vorteile. Klima, Leute, Küche und Landschaft sind attraktiv und vielen Menschen durch ihren Italien-Urlaub bekannt. Die positive Wirkung auf das

14 Testo unico sull'immigrazione, Decreto legislativo vom 25.7.1998, Nr. 286/1998.

Gemüt und die Gesundheit sind nicht abzustreiten. Die Lebensqualität ist auch bei einem niedrigen Einkommen im Vergleich zu anderen Ländern gut. Der Erwerb einer Immobilie ist auch für Geringverdiener möglich. Darüber hinaus ist die **medizinische Versorgung** in Italien mit der medizinischen Versorgung in Deutschland vergleichbar. Insbesondere ist die Anzahl der Ärzte pro 100.000 Einwohner in Italien ähnlich wie in Deutschland.[15]

Das Recht auf Arbeit wird in Art. 4 der italienischen Verfassung garantiert, was sich auch im Arbeitsschutz und im italienischen Arbeitsrecht widerspiegelt. 12

Dazu kommen seit einigen Jahren einige **interessante steuerlichen Regelung für Einwanderer.** Ob das italienische Steuerrecht für den einzelnen Einwanderer bei Zuzug nach Italien einen positiven Effekt im Sinne einer Steuerersparnis hat, hängt immer von einer gründlichen Einzelfallprüfung ab. An einer Einwanderung nach Italien interessierten Ausländern muss in diesem Zusammenhang dringend geraten werden, einen Zuzug rechtzeitig und genau zu planen. Oft verbleibt ein gewisser Teil des Vermögens im Ausland. Teilweise fließt Einkommen aus ausländischen Quellen. Hierdurch lässt sich oft nicht vermeiden, dass eine beschränkte Steuerpflicht im Ausland verbleibt. Die hierdurch entstehenden Sachverhalte fallen in das internationale Steuerrecht, welches in vielen Ländern, und so auch in Italien, nicht international abgestimmt sind.[16] Dies kann zu einer steuerlichen Mehrbelastung oder einer Besteuerung ausländischen Vermögens und Einkommens führen, welches bei einer fachmännischen Beratung vielleicht vermieden werden kann. 13

B. Historischer Kurzüberblick zum Besteuerungssystem in Italien

Die steuerlichen Rahmenbedingungen in Italien sind bereits aus historischen Gründen nicht mit den deutschen steuerlichen Rahmenbedingungen vergleichbar. Ziel der Besteuerung war die Deckung der Staatsausgaben durch Steuereinnahmen. Bereits das Albertinische Statut von 1848 sah hierzu eine Besteuerung des Vermögens vor. Nach der Einigung Italiens im Jahre 1861 wurden im neuen Staat die Zölle vereinheitlicht, die Staatsmonopole von den Zollregelungen getrennt sowie die Binnenbesteuerung abgeschafft. Dies ließ in Italien den Schwarzmarkt florieren. In Reaktion hierauf wurden schon 1862 einige Binnenzölle wieder eingeführt. Italien führte unter Geltung des Steuerregimes des Sardischen Reiches den freien Warenverkehr im ganzen Reichsgebiet ein. In den Jahren 1864 und 1865 wurde dann das Steuersystem grundlegend reformiert. Italien reformierte die Grundsteuer und führte die Besteuerung von Bauten und des sonstigen Ver- 14

15 https://ec.europa.eu/eurostat/documents/3217494/8556062/KS-EI-17-001-DE-N.pdf/2c303617-8212-47ee-be56-301323226f31.

16 *Psaier*, in: Ettinger, Wegzugsbesteuerung, S. 161.

mögens ein. Im Jahr 1868 führte Italien eine Steuer auf Mahlgut ein. Es handelte sich dabei um die erste moderne Steuer auf verarbeitete Waren, die mit der heutigen Mehrwertsteuer vergleichbar ist. Die Steuern waren vergleichsweise hoch, so dass Italien zwar die Staatsausgaben durch die Einnahmen decken konnte. Die Bevölkerung entwickelte wegen der hohen Steuerlast und der teilweise neu eingeführten Steuern eine ablehnende Haltung gegenüber dem staatlichen Steuermonopol. Die italienische Handels- und Zollpolitik Italiens nach 1876 erhöhte die Einnahmen aus Zöllen. Nichtsdestotrotz versäumte man, Steuerreformen einzuleiten. Italien verzeichnete dennoch erhöhte Steuereinnahmen. Hierzu trugen insbesondere die Staatsmonopole, die Steuer auf Bauten, die Steuer auf Handelsgeschäfte, durch die Vermögenssteuer, die Zölle sowie andere, insbesondere indirekte Steuern bei. Zu Beginn des Ersten Weltkrieges musste Italien feststellen, dass das bestehende Steuersystem, welches im Kern auf den Steuergesetzen der Jahre 1864 und 1865 fußte, nicht mehr zeitgemäß war. Die notwendigen Einnahmen konnten durch das Steueraufkommen nicht mehr erzielt werden. Erst 1923 wurden die italienischen Steuergesetze durch die faschistische Regierung grundlegend geändert. Insbesondere wurde die Einkommensteuer für natürliche Personen eingeführt. Gleichzeitig wurde die Besteuerung von Kaffee, Zucker, landwirtschaftliche Erzeugnisse und Lohn erhöht. Die indirekte Verbrauchsbesteuerung wurde ebenso empfindlich erhöht. 1927 wurde zur Förderung von Eheschließungen die Steuer für Junggesellen eingeführt. 1940 wurde die Vermögensteuer sowie die Allgemeine Einkommensteuer eingeführt. Mit der Verfassung der Italienischen Republik, die am 27.12.1947 verkündet wurde und am 1.1.1948 in Kraft trat, wurden einige Grundprinzipien kodifiziert, die dem italienischen Steuersystem noch heute zugrunde liegen. Es handelt sich dabei insbesondere um den in Art. 2 kodifizierten Grundsatz der Solidarität, wonach die Zahlung von Steuern und Abgaben eine der politischen, wirtschaftlichen und sozialen Solidarität entspringenden Pflicht darstellt; den Grundsatz der Gleichheit aus Art. 3, wonach alle Bürger zur Zahlung von Steuern und Abgaben verpflichtet sind; den Grundsatz der Legalität nach Art. 23, der den Gesetzesvorbehalt verfassungsrechtlich normiert; dem Grundsatz der Zahlungsfähigkeit gemäß Art. 53 Abs. 1, wonach alle Bürger nach Maßgabe ihrer Zahlungsfähigkeit zu den öffentlichen Ausgaben beizutragen verpflichtet sind; dem Grundsatz der Progressivität nach Art. 53 Abs, 2, wonach die Steuersätze progressiv mit zunehmendem Einkommen steigen.[17] Die europäische Vereinheitlichung hat insbesondere über die letzten Jahre dazu geführt, dass teilweise auch im Steuerrecht Angleichungen vorgenommen wurden. Gleichwohl hat Italien in den letzten Jahren einige Steuergesetze erlassen, welche Italien als Zuzugsland attraktiv machen.

---

17 *Italienisches Wirtschafts- und Finanzministerium*, https://www.finanze.it/opencms/it/il-dipartimento/fisco-e-storia/introduzione/.

C. Italienisches Besteuerungssystem

Das italienische Steuerrecht ist nicht sehr systematisch aufgebaut. Regelungen sind oft verstreut, teilweise gibt es unzählige Ausnahmen. Nichtsdestotrotz soll hier versucht werden, dem deutschsprachigen Berater und dem einwanderungswilligen Ausländer einen Überblick über das italienische Steuerrecht zu geben. Im Zentrum der Darstellung ist daher die natürliche Person als Besteuerungssubjekt. 15

I. Grundprinzipien des Besteuerungssystems in Italien

Das italienische Besteuerungssystem gründet sich auf folgenden Grundprinzipien: 16
- Grundsatz der Steuersolidarität (Art. 2 Italienische Verfassung)
- Grundsatz der Steuergleichheit (Art. 3 Italienische Verfassung)
- Grundsatz des Gesetzesvorbehalts (Art. 23 Italienische Verfassung)
- Grundsatz der Zahlungsfähigkeit (Art. 53 Abs. 1 Italienische Verfassung)
- Grundsatz der Steuerprogression (Art. 53 Abs. 2 Italienische Verfassung)

Der zentrale Gesetzestext im Einkommensteuerrecht ist der sog. *Testo Unico delle Imposte sui Redditi* (TUIR).[18] Der Veranlagungszeitraum für die Steuererhebung ist gemäß Art. 7 Abs. 1 TUIR das Kalenderjahr.

II. Steuernummer für natürliche Personen in Italien (Codice fiscale – C.F.)

Wer in Italien lebt oder sich dort geschäftlich betätigt, braucht eine italienische Steuernummer (*Codice Fiscale* – C.F.). Der *Codice Fiscale* ist eine Steuernummer, welche der öffentlichen Verwaltung die **eindeutige Identifizierung von natürlichen Personen und anderen Steuersubjekten** (z.B. Vereine und Körperschaften) ermöglicht. Die Steuernummer wurde erstmals 1973 eingeführt.[19] In Italien ist bei Steuerangelegenheiten der Besitz dieser Steuernummer erforderlich und verpflichtend. Die Erteilung der Steuernummer ist kostenlos und kann von Ausländern auch bei den italienischen Auslandsvertretungen beantragt werden. Für natürliche Personen besteht die Steuernummer aus 16 alphanumerischen Zeichen, während er für andere Steuersubjekte aus 11 Zeichen besteht. 17

Die Steuernummer kann auch als Umsatzsteuernummer bzw. Umsatzsteuer-ID dienen. In Italien ist die Steuernummer z.B. bei Erwerb oder Veräußerung einer Immobilie, beim Erwerb oder Veräußerung eines Kraftfahrzeugs, bei der Eröffnung eines Bankkontos, bei der Beantragung von Steuererstattung und bei der Einziehung von Geldbeträgen erforderlich. 18

18 Testo Unico delle Imposte sui Redditi – Decreto del Presidente della Repubblica vom 22.12.1986, Nr. 917.

19 Decreto del Presidente della Repubblica vom 29.9.1973, Nr. 605.

III. Abgaben im italienischen Steuersystem

19 Das italienische Steuersystem setzt sich, vergleichbar mit dem deutschen Steuersystem, aus Steuern, Gebühren und Beiträgen zusammen.

1. Direkte und indirekte Steuern in Italien

20 Das italienische Besteuerungssystem kennt direkt und indirekte Steuern.

a) Direkte Steuern

21 Zu den wichtigsten direkten Steuern in Italien zählen:
- die Einkommensteuer (IRPEF – *Imposta sul reddito delle persone fisiche*)
- die Körperschaftsteuer (IRES – *Imposta sul reddito delle società*)
- die Gewerbesteuer (IRAP – *Imposta regionale sulle attività produttive*)
- die Kapitalertragsteuer (ISOS – *Imposta sostitutiva sui redditi da capitale*)
- die Immobiliensteuer (IMU – *Imposta municipale unica*).

22 Die direkten Steuern werden nach dem Gegenstand der Besteuerung unterschieden in Steuern auf bestehende Vermögenswerte und Steuern auf Erträge, welche sich auf das Vermögen einer Person auswirken. Zusätzlich wird unterschieden zwischen persönlichen Steuern, bei denen die familiären, wirtschaftlichen und sozialen Verhältnisse des Steuerpflichtigen berücksichtigen werden, wie z.B. die Einkommensteuer IRPEF, und realen Steuern, die sich nur auf das konkrete Vermögen auswirken, wie z.B. die Immobiliensteuer IMU.

b) Indirekte Steuern

23 Zu den wichtigsten indirekten Steuern in Italien gehören:
- die Mehrwertsteuer (IVA – *Imposta sul valore aggiunto*) von 4, 5, 10 und 22 %
- die Registersteuer (*Imposta di registro*), die bei einer Übertragung von beweglichen und unbeweglichen Gütern erhoben wird
- die Stempelsteuer (*Imposta di bollo*) bei Beantragung, Herstellung oder Vorlage von Dokumenten
- die Erbschafts- und Schenkungsteuer (*Imposta sulle successioni e sulle donazioni*) bei Übertragung von Vermögen oder anderen Rechten von Todes wegen oder durch Schenkung
- die Kataster- und Hypothekensteuer (*Imposta catastale e ipotecaria*) bei Katastereintragungen und förmlichen Urkunden bei Übertragung von Immobilien.

24 Indirekte Steuern sind vom Steuerpflichtigen zu zahlen, sofern ein gesetzlich normierter Tatbestand, wie z.B. die Übertragung oder der Verbrauch des Eigentums, erfüllt ist. Dabei können Steuerschuldner und Steuerzahler verschieden sein.

2. Abgaben und Beiträge

Das italienische Steuerrecht kennt ähnlich dem deutschen Steuerrecht neben den Steuern auch Gebühren und Beiträge. Beispielhaft seien hier die Müllentsorgungsgebühren (TARI – *Tassa sui Rifiuti*) und der Beitrag für die Empfang des italienischen Staatsfernsehens (*Canone RAI*) genannt. 25

IV. Besteuerung des Einkommens von natürlichen Personen

Die Steuerbelastung, verstanden als das Verhältnis der Steuereinnahmen zum Gesamtvermögen des Landes (gemessen am BIP), lag in Italien im Jahr 2019 bei 42,4 %. Die Steuerbelastung in Deutschland lag im selben Bemessungszeitraum bei 41,7 %. Beide Länder lagen so über dem Wert der durchschnittlichen Steuerbelastung der 27 EU-Länder, welcher bei 41,1 % lag. Nichtsdestotrotz lohnt sich ein Blick über die Alpen. Obwohl Italien eine Industrienation ist, scheint das alltägliche Leben, trotzt der hohen Steuerbelastung, in vielen Landesteilen günstiger als in Deutschland zu sein. Darüber hinaus sollte der Einspareffekt bei der medizinischen Versorgung, insbesondere für in Deutschland privat Versicherte, nicht unterschätzt werden, nachdem die staatliche Krankenversorgung in Italien kostenlos ist. Darüber hinaus hat Italien in den letzten Jahren für bestimmte Bevölkerungsgruppen interessante **Steuerentlastungsgesetze** erlassen, die in der Folge näher beleuchtet werden. 26

1. Einkommensteuer (IRPEF – Imposta sul reddito delle persone fisiche)

Italien besteuert das Einkommen von natürlichen Personen durch die Einkommensteuer (IRPEF – *imposta sul reddito delle persone fisiche*). Die Regelungen zur Einkommensteuer finden sich im *Testo Unico delle imposte sui redditi* – TUIR.[20] Dieser wird durch eine Vielzahl von Sondergesetzen ergänzt. 27

Das italienische Einkommensteuerrecht bedient sich dabei eines **progressiven Steuertarifs**, welcher auf eine zu ermittelnde Bemessungsgrundlage angewendet wird. 28

In Italien ansässige natürliche Personen sind mit ihrem **Welteinkommen** gemäß Art. 2 Abs. 1 TUIR in Italien einkommensteuerpflichtig (sog. Welteinkommensprinzip).

Gemäß Art. 6 TUIR werden Einkünfte aus Grundvermögen, aus Kapitalvermögen, aus unselbstständiger Arbeit, aus selbstständiger Arbeit, aus Unternehmertätigkeit und aus den sonstigen Einkünften besteuert, nachdem abzugsfähige Aufwendungen nach Art. 10 TUIR (*oneri deducibili*) abgezogen werden. Ausge- 29

20 Testo Unico delle imposte sui redditi – Decreto del Presidente della Repubblica vom 22.12.1986, Nr. 917.

nommen sind dabei unter anderem die steuerfreien Einkünfte und Einkünfte, die einer Quellensteuer mit Abgeltungscharakter (z.B. Kapitalerträge) oder der Ersatzbesteuerung (*imposta sostitutiva* – Ersatzsteuer auf ausländische Immobilien und Kapitalanlagen) unterliegen. Diese werden proportional besteuert. Darüber hinaus wird der Begriff Gesamteinkommen in Italien nicht gesetzlich definiert. Zur besseren Übersichtlichkeit wird auf die Auflistung der abzugsfähigen Ausgaben gemäß Art. 10 TUIR sowie auf die Darstellung der Sonderregeln zur getrennten Besteuerung (*tassazione separata*) verzichtet.

2. Einkunftsarten des italienischen Einkommensteuerrechts

a) Einkünfte aus Grundvermögen (redditi fondiari), Art. 25 ff. TUIR

30 Die Einkünfte aus Grundvermögen werden von Art. 25 TUIR definiert.

Grundvermögen im Sinne von Art. 25 Abs. 1 TUIR sind Grundstücke und Bebauungen, welche sich auf italienischem Staatsgebiet befinden und unter Zuordnung eines Ertragswertes im Kataster eingetragen sind oder werden müssen. Sind die Grundstücke und Bebauungen nicht vermietet, so werden diese auf der Grundlage der im Kataster eingetragenen Ertragswerte beteuert.

31 Einkünfte aus Grundvermögen sind gemäß Art. 25 Abs. 1 TUIR:
- Ertrag aus Besitz des Grundvermögens (*rendita dominicale*)
- Ertrag durch landwirtschaftliche Nutzung (*rendita agraria*)
- Ertrag der Bebauung (*rendita fabbricati*).

32 Eine Einkommensbesteuerung entfällt, sofern das Grundvermögen der Immobilienbesteuerung durch die Gemeinde unterliegt. In diesem Fall wird das Grundvermögen mit der Kommunalen Immobiliensteuer (IMU – *Imposta municipale unica*) besteuert.

Es besteht hier die Möglichkeit, zu einer **Pauschalbesteuerung** von 21 % (*cedolare secca*) zu optieren, sofern Immobilien an natürliche Personen zu Wohnzwecken vermietet werden. Unerheblich ist dabei, ob es sich um langfristige oder kurzfristige Mietverträge handelt. Werbungskosten können nicht in Ansatz gebracht werden.

33 Entscheidet sich der Steuerpflichtige für die progressive Besteuerung der Mieterträge nach Art. 11 TUIR, so kann er nur eine Kostenpauschale von 5 % abziehen. Darüber hinausgehende Werbungskosten können nicht steuerlich geltend gemacht werden.

b) Einkünfte aus Kapitalvermögen (redditi di capitale), Art. 44 ff. TUIR

34 Die Einkünfte aus Kapitalvermögen werden im italienischen Steuerrecht nicht gesetzlich definiert. Stattdessen bedient sich der italienische Gesetzgeber in Art. 44 TUIR einer Auflistung von Einkunftsarten, welche als Einkünfte aus

Kapitalvermögen gelten. Um sicherzustellen, dass es bei den Einkünften aus Kapitalvermögen keine Besteuerungslücken gibt, sieht das Gesetz eine Auffangbestimmung vor, damit man auf neue Finanzprodukten steuerlich reagieren kann.[21] Einkünfte aus Kapitalvermögen unterliegen in der Regel der Quellen- oder Ersatzsteuer, welche Abgeltungscharakter hat.

c) Einkünfte aus unselbstständiger Tätigkeit (redditi di lavoro dipendente), Art. 49 TUIR

Das italienische Steuerrecht bedient sich der zivilrechtlichen Definition in Art. 2094 c.c. Danach ist Arbeitnehmer, wer sich gegen Bezahlung verpflichtet, in einem Unternehmen mitzuarbeiten und die eigene geistige oder handwerkliche Arbeit in Abhängigkeit und unter der Leitung des Unternehmers zu leisten.[22] 35

Art. 49 TUIR spezifiziert in Abs. 1 die zivilrechtliche Regelung dahingehend, dass auch die Heimarbeit, sofern sie arbeitsrechtlich als unselbstständige Tätigkeit qualifiziert werden kann, auch steuerrechtlich als unselbstständige Tätigkeit gilt. In Art. 49 Abs. 2 TUIR werden darüber hinaus sämtliche Arten von Versorgungsbezügen sowie diesen gleichgestellten Vergütungen der unselbstständigen Tätigkeit gleichgestellt. Daneben kennt das italienische Steuerrecht in Art. 50 TUIR eine Vielzahl an Einkünften, welche den Einkünften aus unselbstständiger Tätigkeit gleichgestellt werden. Von der Darstellung wird an dieser Stelle aus Gründen der Übersichtlichkeit abgesehen. 36

d) Einkünfte aus selbstständiger Tätigkeit (redditi di lavoro autonomo), Art. 53 ff. TUIR

Art. 53 TUIR definiert die Einkünfte aus selbstständiger Tätigkeit, wonach es sich um solche Einkünfte handelt, die aus der regelmäßigen Ausübung von künstlerischen und freiberuflichen Tätigkeiten stammen. In Art. 53 Abs. 2 TUIR listet das Gesetz daneben weitere Einkünfte auf, welche den Einkünften aus selbstständiger Tätigkeit zugerechnet werden. Auch hier wird aus Gründen der Übersichtlichkeit von einer Wiedergabe des Gesetzestextes abgesehen. 37

Die Besteuerungsgrundlage und somit der zu versteuernde Gewinn wird gemäß Art. 54 TUIR durch eine Einnahmen-/Überschussrechnung ermittelt, bei welcher der Überschuss der Betriebseinnahmen über die Betriebsausgaben ermittelt wird. 38

e) Einkünfte aus Unternehmertätigkeit (redditi di impresa), Art. 55 ff. TUIR

Der Unternehmer wird in Art. 2082 c.c. legaldefiniert. Danach ist Unternehmer, wer beruflich eine organisierte wirtschaftliche Tätigkeit zum Zwecke der Produktion oder des Handels mit Gütern und Dienstleistungen ausübt.[23] 39

---

21 *Psaier*, in: Ettinger, Wegzugsbesteuerung, S. 468.

22 *Patti*, Italienisches Zivilgesetzbuch = Codice Civile.

23 *Patti*, Italienisches Zivilgesetzbuch = Codice Civile.

40 In Art. 55 ff. TUIR werden die Tätigkeiten aufgelistet, in denen der Steuerpflichtige Einkünfte aus Unternehmertätigkeit erzielt. Hierzu zählen neben den Einkünften aus Gewerbebetrieb auch Dienstleistungen, die in unternehmerischer Form organisiert sind, sowie gewisse Einkünfte aus einer landwirtschaftlichen Tätigkeit. Aus Gründen der Übersichtlichkeit wird an dieser Stelle von einer detaillierten Auflistung der Einkunftsarten, welche zu den Einkünften aus Unternehmertätigkeit zählen, verzichtet.

f) Sonstige Einkünfte (redditi diversi), Art. 67 ff. TUIR

41 Die sonstigen Einkünfte werden in den Art. 67 ff. TUIR aufgelistet. Einkünfte, die den anderen fünf Einkunftsarten nicht zugeordnet werden können, werden unter die sonstigen Einkünfte subsummiert. Zur besseren Übersichtlichkeit werden an dieser Stelle nur einzelne sonstige Einkünfte dargestellt, welche von besonderer Bedeutung für Personen sind, die nach Italien ziehen wollen und dadurch auch in Italien steuerpflichtig werden.

42 **Gewinne aus der Veräußerung von nicht bebauten Baugrundstücken und Gebäuden** zählen zu den sonstigen Einkünften. Die Spekulationsfrist beträgt in Italien grundsätzlich fünf Jahre. Der Lauf der Spekulationsfrist beginnt mit Erwerb oder Errichtung und endet mit der Veräußerung. Durch die Veräußerung einer Immobilie, die eine Hauptwohnung ist, oder die durch Erbanfall erworben wurde, können keine sonstigen Einkünfte erzielt werden. Diese Vorgänge sind steuerfrei.

43 Gewinne, die bei der **Veräußerung von Baugrundstücken** erzielt werden, sind unabhängig von der Besitzdauer immer steuerpflichtig. Sie unterliegen der separaten Besteuerung, sofern der Steuerpflichtige nicht für die Besteuerung mit dem persönlichen Steuersatz adoptiert hat.

44 **Veräußerungsgewinne** unterliegen dem persönlichen Einkommensteuersatz, sofern der Steuerpflichtige nicht für die Ersatzsteuer in Höhe von 26 % optiert.

45 Gewinne, die bei der **Veräußerung einer Beteiligung** erzielt werden, unterliegen der Ersatzsteuer in Höhe von 26 %.

46 Bei der Besteuerung der **Spekulationsgewinne** ergeben sich interessante Gestaltungsmöglichkeiten, da hier die Besteuerung nicht getrennt für jedes einzelne Geschäft erfolgt. Vielmehr erfolgt die Berechnung der Bemessungsgrundlage für die Besteuerung erst am Ende des Geschäftsjahres. Ein eventueller Verlustüberschuss kann für vier Jahre vorgetragen werden.

47 Einkünfte aus **im Ausland belegenen Immobilien** zählen zu den sonstigen Einkünften.

3. Einkommensteuerpflicht in Italien

Italien unterscheidet in Art. 3 TUIR[24] bei der Ermittlung der Steuerbemessungsgrundlage die unbeschränkte und die beschränkte Steuerpflicht. 48

a) Unbeschränkte Steuerpflicht

In Italien ansässige Personen unterliegen mit allen in- und ausländischen Einkünften der italienischen Einkommensteuerpflicht (sog. Welteinkommensprinzip). Als im Sinne des Art. 2 Abs. 2, Abs. 2-bis TUIR[25] in Italien steuerlich ansässig gilt, wer für den überwiegenden Teil des Steuerjahres (183 bzw. 184 Tage) in einer italienischen Gemeinde gemeldet ist, in Italien sein Domizil, oder seinen Wohnsitz im Sinne des italienischen Zivilgesetzbuches[26] hat. 49

Bei Ausländern sehen oftmals die Doppelbesteuerungsabkommen (DBA) Sonderregelungen vor. Das DBA Italien sieht in Art. 4 eine Sonderregelung zur Ermittlung der Ansässigkeit vor.[27] Ziel ist die Anpassung der nationalen Regelungen, um ein Auseinanderfallen der Ansässigkeit eines Steuersubjektes und somit eine konkurrierende und im Ergebnis doppelte Besteuerung zu vermeiden. Das Protokoll zum DBA Italien sieht hier vor, dass die steuerliche Ansässigkeit der natürlichen Person im anderen Staat erst nach Zuzug, mithin am Tag nach dem Wohnsitzwechsels gegeben ist. Die Ansässigkeit im Wegzugsstaat endet mit dem Tag des Wohnsitzwechsels. 50

Als **Wohnsitz** einer Person gilt der Ort, an dem sie sich gewöhnlich aufhält (sog. gewöhnlicher Aufenthaltsort). Gemäß Art. 58 DPR 600/1973[28] entspricht der steuerliche Wohnsitz dem meldeamtlichen Wohnsitz. 51

Als **Domizil** einer Person gilt der Ort, an dem sie den Hauptsitz ihrer Geschäfte und Interessen begründet.

Als in Italien steuerlich ansässig gilt auch, wer sich in Italien abgemeldet hat und in ein Land ausgewandert ist, welches sich auf der sog. Black List der sog. Steuerparadiese aufgeführt wird. Die sog. Black List der italienischen Finanzverwaltung wurde mittlerweile durch die EU-Liste nicht kooperativer Länder und 52

24 Testo Unico delle imposte sui redditi – Decreto del Presidente della Repubblica vom 22.12.1986, Nr. 917.

25 Testo Unico delle imposte sui redditi – Decreto del Presidente della Repubblica vom 22.12.1986, Nr. 917.

26 Codice Civile – Regio Decreto vom 16.3.1942, Nr. 262.

27 Abkommen zwischen der Bundesrepublik Deutschland und der Italienischen Republik zur Vermeidung der Doppelbesteuerung auf dem Gebiet der Steuern vom Einkommen und vom Vermögen und zur Verhinderung der Steuerverkürzung, BGBl 1990 II, S. 742.

28 Decreto del Presidente della Repubblica vom 29.9.1973, Nr. 600.

Gebiete für Steuerzwecke, welche der Bekämpfung von Steuerhinterziehung dient und seit 2017 von den Finanzministern der Unionsmitgliedstaaten der Europäischen Union (EU) mindestens einmal jährlich aktualisiert wird, ersetzt. Nach der letzten Aktualisierung des Europäischen Rates vom 24.2.2022[29] stehen folgende Länder auf der Liste: Amerikanisch-Samoa, Fidschi, Guam, Palau, Panama, Samoa, Trinidad und Tobago, Amerikanische Jungferninseln und Vanuatu. Hingegen sind in Italien die Meldepflichten über Geschäftstätigkeiten mit Unternehmen, die ihren Sitz in einem der Länder der „Black List" haben, seit 2017 entfallen.[30]

b) Beschränkte Einkommensteuerpflicht

53 In Italien nicht ansässige Personen unterliegen gemäß Art. 23 TUIR nur mit den in Italien erzielten Einkünften der italienischen Besteuerung. Gemäß Art. 58 DPR 600/1973[31] haben Personen, die weder einen Wohnsitz noch ein Domizil in Italien haben, ihren steuerlichen Wohnsitz in der italienischen Gemeinde, in welcher sie ihre Einkünfte erzielen. Erzielt die Person in mehreren italienischen Gemeinden Einkünfte, so liegt der steuerliche Wohnsitz in der Gemeinde, in welcher die höchsten Einkünfte erzielt worden sind.[32]

4. Progressive Besteuerung

54 Das italienische Einkommensteuerrecht sieht eine progressive Besteuerung vor. Je nach Einkommenshöhe wird das Einkommen mit einem variablen Steuersatz besteuert.[33]

Bis 2021 galten gemäß Art. 11 TUIR folgende Steuersätze:

1	bei einem Einkommen von 0–15.000 EUR:	23 %
2.	bei einem Einkommen von 15.001–28.000 EUR:	27 %
3.	bei einem Einkommen von 28.001–50.000 EUR:	38 %
4.	bei einem Einkommen von 50.001–75.000 EUR:	41 %
5.	bei einem Einkommen von über 75.000 EUR:	43 %

55 Art. 11 TUIR wurde durch das Haushaltsgesetz 2022 dahingehend geändert, dass nur noch vier Steuersätze zur Anwendung kommen. Neben einem steuerfreien

29 Schlussfolgerungen des Rates vom 24.2.2022 zur EU-Liste nicht kooperativer Länder und Gebiete für Steuerzwecke (https://www.consilium.europa.eu/media/54471/council-conclusions-24-february-2022.pdf).

30 Decreto Legge vom 22.10.2016, Nr. 193.

31 Decreto del Presidente della Repubblica vom 29.9.1973, Nr. 600.

32 Decreto del Presidente della Repubblica vom 29.9.1973, Nr. 600.

33 *Amatucci*, Principi e nozioni di diritto tributario, S. 217 ff.

Sockelbetrag, der je nach Einkunftsart variiert, gelten **ab dem Jahr 2022** folgende Steuersätze:

1.	bei einem Einkommen von 0–15.000 EUR:	23 %
2.	bei einem Einkommen von 15.001–28.000 EUR:	25 %
3.	bei einem Einkommen von 28.001–50.000 EUR:	35 %
4.	bei einem Einkommen über 50.000 EUR:	43 %

Dazu kommen regionale Zuschlagssätze zur Anwendung. Bemessungsgrundlage 56 ist die Netto-Einkommensteuer. Die regionalen Einkommensteuerzuschläge variieren im Jahr 2022 zwischen 1,23 und 3,33 %.[34] Daneben können Gemeinden einen kommunalen Aufschlag auf die Einkommensteuer festsetzen. Auch hier ist die Bemessungsgrundlage die Netto-Einkommensteuer. Der Zuschlag darf den Satz von 0,8 % nicht überschreiten.[35] Eine Ausnahme besteht für die Stadt Rom, für die seit 2011 eine Obergrenze von 0,9 % gilt. Es versteht sich von selbst, dass diese Zuschläge nur dann geschuldet sind, wenn der Steuerpflichtige auch die Einkommensteuer schuldet.

Auch wenn die Steuersätze auf den ersten Blick höher sind als die Steuersätze in 57 Deutschland, so muss dabei berücksichtigt werden, dass in Italien jeder Einwohner ein in Art. 32 der italienischen Verfassung geschütztes Recht auf Zugang zum Gesundheitssystem hat. Die Nutzung des Gesundheitssystems ist kostenlos. Krankenkassenbeiträge kennt das staatliche Gesundheitssystem in Italien nicht.

V. Sonstige wichtige Steuern in Italien

1. Gewerbesteuer (IRAP – Imposta regionale sulle attività produttive)

Italien erhebt auf Einkünfte aus Gewerbebetrieb zusätzlich zur Einkommen- 58 steuer eine Gewerbesteuer. Die Einnahmen dienen den Regionen grundsätzlich zur Finanzierung des Gesundheitswesens.[36] Es handelt sich dabei um eine regionale Steuer auf die in Italien anfallende Wertschöpfung bei der regelmäßigen Ausübung einer selbstständig organisierten Tätigkeit, die auf die Herstellung oder den Austausch von Waren oder die Erbringung von Dienstleistungen ausgerichtet ist.

34 https://www1.finanze.gov.it/finanze2/dipartimentopolitichefiscali/fiscalitalocale/addregirpef/sceltaregione.htm.

35 Istituzione di una addizionale comunale all'IRPEF. Decreto Legislativo vom 28.9.1998, Nr. 360.

36 *Psaier*, in: Ettinger, Wegzugsbesteuerung, S. 489 f.

59 Die italienische Gewerbesteuer kennt im Gewerbesteuerrecht folgende Steuersätze:

Regelsteuersatz	3,9 %
Steuersatz für Unternehmen (ohne Autobahn- u. Tunnelbetreiber)	4,2 %
Steuersatz für Banken und Finanzdienstleistungsgesellschaften	4,65 %
Steuersatz für Versicherungsgesellschaften	5,9 %
Steuersatz für die Verwaltung und öffentlich-rechtliche Körperschaften	8,5 %

Die Regionen und autonomen Provinzen können diese Steuersätze um bis zu 0,92 Prozentpunkten erhöhen. Zusätzliche Aufschläge sind für Regionen mit Defiziten im Gesundheitswesen zulässig.[37]

60 Steuerpflichtig sind grundsätzlich Einzelunternehmen, Personengesellschaften, Kapitalgesellschaften, privatrechtliche sowie öffentlich-rechtliche Körperschaften. Einzelunternehmer sind zum Beispiel von der Steuerpflicht dann ausgeschlossen, sofern sie ihrer Tätigkeit ohne Personal und Anlagevermögen nachgehen.

2. Kommunale Immobiliensteuer (IMU – Imposta municipale unica)

61 Gemeinden erheben auf Immobilien die kommunale Immobiliensteuer (*Imposta municipale unica* – IMU), welche mit der deutschen Grundsteuer vergleichbar ist. Für die Immobilie, an der der Eigentümer seinen ersten Wohnsitz errichtet hat, ist keine Steuer geschuldet, sofern es sich dabei nicht um eine Luxusimmobilie handelt. Für alle weiteren Immobilien wird die Steuer geschuldet. Die Berechnung der Steuer erfolgt durch eine mathematische Formel. Immobilien, für die die kommunale Immobiliensteuer geschuldet wird, unterliegen nicht der Einkommensbesteuerung.

3. Vermögensteuer auf ausländisches Immobilienvermögen (IVIE – Imposta sul valore degli immobili all'Estero)

62 Steuerpflichtige mit ausländischem Immobilienbesitz unterliegen der Vermögensteuer auf ausländisches Immobilienvermögen. Diese Steuer ist entspricht in Italien die bereits dargestellte IMU.

37 *Psaier*, in: Ettinger, Wegzugsbesteuerung, S. 489.

VI. Haushaltsgesetz 2022

Für die Jahre 2022–2024 wurde das Haushaltsgesetz 2022[38] als Reaktion auf die wirtschaftlichen Auswirkungen der COVID-19 Pandemie, welche Italien besonders hart traf, erlassen. In den Jahren davor haben sich die wirtschaftspolitischen Maßnahmen erfolgreich auf die kurzfristige Unterstützung der von der Wirtschaftskrise am stärksten betroffenen Unternehmen und Arbeitnehmer, zur Armutsbekämpfung und zur Unterstützung des Produktionssystems konzentriert, um dessen Wettbewerbsfähigkeit zu erhalten und den Verlust von Human- und Sachkapital zu vermeiden. Mit dem Haushaltsgesetz 2022 änderte sich der Ansatz, indem man mittel- und langfristige wirtschaftspolitische Maßnahmen einführte, welche auch in dieser Pandemiephase unter Ablösung der kurzfristigen Maßnahmen Wirtschaft und Gesellschaft unterstützen sollen. Neben der Finanzierung der Gesundheitsfürsorge sollen durch Steuersenkungen für Arbeitnehmer und Unternehmen sowie durch Auflegung steuerlicher Anreize ein Investitionsanreiz für Privatpersonen geschaffen werden. 63

Das Haushaltsgesetz ergänzt das Nationale Konjunkturprogramm PNRR[39] von 2021, welches Italien erstellt hat, um Zugang zu den EU-Mitteln der nächsten Generation (NGEU) zu erhalten. Diese EU-Mittel sollen die Staaten bei der Erholung von den Folgen der COVID-19-Pandemie unterstützen, die Wirtschaft der EU-Mitgliedstaaten wieder ankurbeln, diese ökologischer und digitaler machen. 64

VII. Besondere Steuerprogramme

1. Einführung

Italien hat in den letzten Jahren eine Reihe von Gesetzen auf dem Weg gebracht, um die Zuwanderung von Ausländern nach Italien zu fördern. Mit dem Zuzug von Ausländern soll auch der Konsum gefördert werden. Italien versucht, durch die steuerlichen Regelungen für zahlungskräftige Einwanderer attraktiv zu sein, indem diesen eine Reihe von steuerlichen und sonstigen Vorteilen gewährt wird. Die Steuerprogramme sind zeitlich befristet. Die Fristen variieren je nach Steuerprogramm. Verlegt der Steuerpflichtige seinen Wohnsitz wieder von Italien zurück ins Ausland, so wird jedenfalls sein Vermögen nicht besteuert. Eine Wegzugsbesteuerung kennt Italien nicht. Der italienische Staat geht davon aus, dass die Zeiträume so bemessen sind, dass ein Wegzug nach Ablauf der steuerlich begünstigten Veranlagungszeiträume eher die Ausnahme darstellt. Im Einzelfall 65

38 Bilancio di previsione dello Stato per l'anno finanziario 2022 e bilancio pluriennale per il triennio 2022–2024 – Legge di Bilancio 2022 vom 30.12.2021, Nr. 234.

39 Piano Nazionale di Ripresa e Resilienza (https://www.governo.it/sites/governo.it/files/PNRR.pdf).

kann vielleicht sogar ein zeitlich befristeter Umzug nach Italien für einen überschaubaren Zeitraum aufgrund der Steuerersparnis zur individuellen Steuerlast in Deutschland wirtschaftlich sinnvoll sein. Eine genaue und frühzeitige Planung des Zuzugs ist dabei allerdings unerlässlich.

2. Flat Tax für natürliche Personen, die ihren Wohnsitz nach Italien verlegen, Art. 24-bis TUIR

66 Italien hat mit dem Haushaltsgesetz von 2017[40] die sog. **Flat Tax für Superreiche** eingeführt. Das Gesetz sieht gemäß Art. 24-bis TUIR vor, dass, unabhängig von ihrer Staatsbürgerschaft, natürliche Personen, die ihren Wohnsitz, ihr Domizil oder ihre Meldeanschrift im Sinne des Art. 2 Abs. 2 TUIR nach Italien verlegen, bei der Versteuerung ihrer ausländischen Einkünfte, unabhängig von der Höhe der ausländischen Einkünfte, für eine Pauschalversteuerung in Höhe von 100.000 EUR pro Veranlagungszeitraum optieren können.

67 Die Pauschalversteuerung kann auf Familienangehörige ausgedehnt werden, die dann für ihre ausländischen Einkünfte eine pauschale Einkommensteuer von 25.000 EUR pro Veranlagungszeitraum zahlen. Der Begriff des Familienangehörigen ist dabei weit gefasst und nicht nur auf Kinder und Ehegatten beschränkt. Familienangehörige sind auch Enkel, Urenkel, Großeltern, Urgroßeltern, Schwiegervater, Geschwister, Schwiegersöhne und Schwiegertöchter. Der Umzug nach Italien muss dabei nicht gleichzeitig zum Hauptsteuerpflichtigen erfolgen. Vielmehr ist ein Nachzug möglich.[41] Zu beachten ist, dass die Pauschalbesteuerung der Familienangehörigen an die Option des Familienoberhauptes gekoppelt ist. Sollte dieser aus Italien wegziehen, muss selbst für die Pauschalbesteuerung optiert werden.

68 Neben der Wohnsitzverlegung ist eine weitere Voraussetzung für die Optionsmöglichkeit von Steuerpflichtigen, dass diese in einem Zeitraum von zehn Veranlagungszeiträumen vor Inanspruchnahme der Pauschalbesteuerungsoption ihren Wohnsitz insgesamt neun Veranlagungszeiträume nicht in Italien hatten.

69 Optiert der zugezogene Steuerpflichtige für die Pauschalbesteuerung des Art. 24-bis TUIR, so verlängert sich diese jedes Jahr automatisch. Der Steuerpflichtige kann gemäß Art. 24-bis Abs. 4 TUIR die Pauschalbesteuerung für einen Zeitraum

40 Bilancio di previsione dello Stato per l'anno finanziario 2017 e bilancio pluriennale per il triennio 2017–2019 – Legge di Bilancio 2017 vom 11.12.2016, Nr. 232.

41 Rundschreiben der italienischen Finanzverwaltung – Circolare Nr. 17/E, Rom, 23.5.2017 – https://www.agenziaentrate.gov.it/portale/documents/20143/297873/Circolare+n.+17+del+23+maggio+2017_CIRCOLARE+REGIMI+AGEVOLATIVI+FISICHE+CHE+TRASFERISCONO+LA+RESIDENZA+FISCALE+IN+ITALIA+-REGISTRO+CIRCOLARI.0000017.23-05-2017-U+%282 %29.pdf/8c361223-0cf1-b41b-be4a-db33664d5855.

von maximal 15 Jahre in Anspruch nehmen. Nach Ablauf von 15 Jahren unterliegt der Steuerpflichtige mit seinen Einkünften den Steuersätzen des Art. 11 TUIR.

Hinweis

Jeder zugezogene Steuerpflichtige kann jederzeit zur Besteuerung nach Art. 11 TUIR wechseln.

Besondere Vorsicht ist bei der Qualifizierung der sog. ausländischen Einkünfte 70
geboten, welche in Art. 165 TUIR geregelt wird, da diese sonst als inländische Einkünfte der normalen Einkommensbesteuerung unterliegen.

Darüber hinaus kann der Steuerpflichtige einzelne ausländische Einkünfte aus 71
Staaten oder Gebieten gemäß Art 24-bis Abs. 5 in Verbindung mit Art. 165 TUIR von der Anwendung der Flat Tax ausschließen (sog. Cherry Picking). Diese Einkünfte unterliegen dann der normalen Besteuerung. Ob ein Cherry Picking sinnvoll ist, muss im Einzelfall genau geprüft werden. Es macht z.B. dann Sinn, wenn der Steuerpflichtige für die betreffenden Einkünfte in Italien die Anrechnung der im Ausland gezahlten Steuern erreichen will, ein Doppelbesteuerungsabkommen die Anwendung einer Pauschalbesteuerung ausschließt oder Verluste verrechnet werden sollen.

Im Übrigen findet das Cherry Picking nicht nur auf die Einkommens-, sondern 72
auch auf die Erbschaftsteuer Anwendung. Nachdem die italienische Erbschaft- und Schenkungsteuer vergleichsweise gering ist, kann das Cherry Picking sich hier wirtschaftlich negativ auswirken.

Das Steuerprivileg der Pauschalbesteuerung von ausländischen Einkünften kann 73
bei Nicht- oder nur teilweiser Zahlung der Pauschalsteuer innerhalb der gesetzlichen Fälligkeitstermine **widerrufen** werden. Der Widerruf gilt ab dem betreffenden Veranlagungszeitraum.

Der Widerruf des Steuerprivilegs erfolgt auch ab dem Veranlagungszeitraum, in welchem der Steuerpflichtige seinen Wohnsitz oder sein Domizil in Italien aufgibt bzw. sich in Italien beim Melderegister abmeldet. In der Folge eines Widerrufs kann die Option zur Pauschalbesteuerung nicht mehr ausgeübt werden.

Weitere Vorzüge der Flat Tax ist die Befreiung von der Anzeigepflicht von Aus- 74
landsinvestitionen, die Befreiung von der „Imposta sul valore degli immobili all'estero – IVIE“ (Steuer auf im Ausland gelegene Immobilien), die Befreiung von der „Imposta sul valore delle attività finanziarie all'estero – IVAFE“ (Steuer auf ausländische Kapitalanlagen) und die Befreiung von der Erbschafts- und Schenkungsteuer für nicht in Italien belegenes Vermögen.

Die Pauschalbesteuerung ist zeitlich befristet und kann maximal für 15 Veranla- 75
gungszeiträume beansprucht werden. Danach unterliegt der Steuerpflichtige mit seinen Einkünften der normalen Einkommensbesteuerung.

76 Im Zuge des **Brexits** haben insbesondere einige hunderte Briten ihren Wohnsitz nach Italien verlegt. Daneben nutzen auch Ausländer aus der Schweiz, Frankreich, Belgien, Spanien, USA, Deutschland und Singapur diese Steuergestaltungsmöglichkeit durch einen Umzug nach Italien.

77 Mit der Flat Tax für Superreiche verfolgt Italien das Ziel, Personen mit hoher Kaufkraft in Italien anzusiedeln. Die Pauschalbesteuerung kann bei sog. Superreichen zu einer erheblichen Steuerersparnis führen. Italien geht davon aus, dass Steuerersparnis durch Konsum wieder in den Geldkreislauf gelangt und somit indirekt z.B. durch die Mehrwertsteuer besteuert wird. Eine Verpflichtung, sein Geld in Italien auszugeben oder zu investieren, besteht nicht.

78 Zu beachten ist aber, dass die Pauschalsteuer die Einkünfte nur von jeder weiteren Besteuerung in Italien befreit. Es kann hingegen nicht ausgeschlossen werden, dass ausländische Staaten trotzdem die Einkünfte in ihren Ländern besteuern. In Deutschland kommt hier grundsätzlich eine erweitert beschränkte Einkommensteuerpflicht nach § 2 AStG in Betracht, da wohl die italienische Flat Tax für Superreiche eine niedrige Besteuerung im Sinne des § 2 Abs. 1 S. 1 Nr. 1, Abs. 2 AStG darstellt.[42] Im Einzelfall ist zur Vermeidung einer Doppelbesteuerung von Einkünften, die zum Beispiel in Deutschland erzielt werden, sowie zur Vermeidung einer Wegzugsbesteuerung in Deutschland und zur Vermeidung des Verlustes der Anrechnungsmöglichkeit von im Ausland gezahlten Steuern gemäß Art. 165 TUIR sowie von im Ausland erlittenen Verlusten eine frühzeitige und sorgfältige Planung des Zuzugs nach Italien unerlässlich.

3. Steuerprogramm „Lavoratori impatriati"

79 Italien leidet unter einem starken Bevölkerungsrückgang. Die Geburtenquote geht zurück. Daneben wandern viele Italiener aus, um im Ausland zu arbeiten. Diese Emigranten aber auch andere Ausländer sollen wieder ins Land zurückgeholt werden. Als Anreiz sollen Steuererleichterungen dienen. Neben der Steigerung der Steuereinnahmen verspricht man sich eine Wiederbevölkerung und Wiederbelebung Italiens sowie die Ansiedlung geistigen Kapitals.

80 Italien hat hierzu das zeitlich befristete Steuerprogramm *Lavoratori impatriati*[43] aufgelegt: Natürliche Personen, die ihren Wohnsitz oder ihr Domizil im Sinne des Art. 2 TUIR nach Italien verlegen oder in einer italienischen Gemeinde mit Wohnsitz gemeldet sind, müssen in dem Veranlagungszeitraum, in dem der Zuzug erfolgt und in den folgenden vier Veranlagungszeiträumen, mithin also für

---

42 Näheres hierzu: *Oertzen/Zapf*, ISTR 2017, 961 ff.

43 Art. 16 Abs. 1 des Decreto legislativo vom 14.9.2015, Nr. 147 – https://def.finanze.it/DocTribFrontend/getArticoloDetailFromResultList.do?id=%7B9049B418-ED52-4417-B35B-2B6D0C9A29FC%7D&codiceOrdinamento=200001600000000&idAttoNormativo=%7BEB25E26B-57B4-4091-81DF-04B73E629525 %7D#:~:text=09%2F2015%20n.-, 147 %20 %2D,e%20l'internazionalizzazione%20delle%20imprese.

insgesamt fünf Jahre, ihre Einkünfte aus nichtselbstständiger (oder gleichgestellter) und selbstständiger Arbeit nur bis zu einer Höhe von 30 % versteuern. 70 % der erzielten Einkünfte werden von der Besteuerung für die Dauer der Geltung des Steuerprogramms freigestellt.

Interessant ist dieses Programm insbesondere deshalb, weil es für Arbeitnehmer, 81
Freiberufler und Unternehmer gilt und so der Adressatenkreis enorm ist. Das Steuerprogramm ist gerade für natürliche Personen, die ortsungebunden arbeiten können, besonders attraktiv. Bei richtiger Gestaltung kann die erzielte Steuerersparnis für die Anschaffung einer Immobilie verwendet werden, um so den Freistellungszeitraum zu verlängern.

Wird der Wohnsitz in eine der Regionen Abruzzen, Molise, Kampanien, Apulien, 82
Basilikata, Kalabrien, Sardinien oder Sizilien verlegt, belaufen sich die zu versteuernden Einnahmen nur auf 10 %. Hier werden 90 % der erzielten Einkünfte von der Besteuerung ausgenommen.

Neben dem Zuzug gibt es weitere **Voraussetzungen für die Gewährung der** 83
Steuererleichterung:
- Der Steuerpflichtige darf in den zwei Veranlagungszeiträumen vor dem Zuzug nicht in Italien einen Wohnsitz oder ein Domizil gehabt haben bzw. darf er in diesem Zeitraum nicht in Italien gemeldet gewesen sein.
- Der Steuerpflichtige muss sich verpflichten, mindestens für zwei Veranlagungszeiträume einen Wohnsitz oder ein Domizil zu nehmen bzw. sich für diesen Zeitraum in Italien zu melden.
- Die Tätigkeit muss hauptsächlich auf dem italienischen Staatsgebiet ausgeübt werden.

Dieser Steuervorteil kann um weitere fünf Veranlagungszeiträume verlängert 84
werden, wenn der Steuerpflichtige mindestens ein minderjähriges oder unterhaltsberechtigtes Kind hat. Gleiches gilt für Steuerpflichtige, die 12 Monate vor ihrem Zuzug oder nach ihrem Zuzug in Italien eine Wohneinheit erwerben. Die Immobilie darf dabei durch den Steuerpflichtigen selbst, seinen Ehegatten, der/dem Lebensgefährten, durch die Kinder oder auch gemeinsam erworben werden. Hierdurch ergeben sich erbschaft- und schenkungsteuerrechtliche Gestaltungsmöglichkeiten.

In diesem zweiten Zeitraum sind nur 50 % der Einnahmen zu versteuern, es sei 85
denn der Steuerpflichtige hat drei minderjährige oder unterhaltsberechtigte Kinder. In diesem Fall erhöht sich die Freistellung auf 90 %. Das zu versteuernde Einkommen reduziert sich auf 10 %.

Hinweis

Das Steuerprogramm kann auch bei Unternehmenseinkünften in Anspruch genommen werden, sofern die unternehmerische Tätigkeit in Italien ausgeübt wird. Es kann nicht mit anderen Programmen, die im Zusammenhang mit einem Zuzug nach Italien ebenso Steuervergünstigungen vorsehen, kumuliert werden.[44]

4. Besteuerung von Berufssportlern

86 Berufssportlern können bei der Besteuerung ihrer Einkünfte für eine Pauschalbesteuerung optieren. In diesem Fall sind die Einkünfte für die Dauer von fünf Jahren zu 50 % steuerfrei, sofern sie einen Solidaritätsbeitrag in Höhe von 0,5 % ihres steuerpflichtigen Einkommens für die Jugendarbeit abführen.

87 Die Pauschalbesteuerung kann um weitere fünf Jahre verlängert werden, sofern der Berufssportler ein minderjähriges oder unterhaltspflichtiges Kind hat oder in Italien eine Immobilie erwirbt. Auch hier gilt, dass die Immobilie durch den Steuerpflichtigen selbst, seinen Ehegatten, der/dem Lebensgefährten, durch die Kinder oder auch gemeinsam erworben werden, so dass die Nutzung von erbschaft- und schenkungsteuerrechtlichen Gestaltungsmöglichkeiten empfohlen wird.

Hinweis

Auch dieses Steuerprogramm kann nicht mit anderen Programmen, die im Zusammenhang mit einem Zuzug nach Italien ebenso Steuervergünstigungen vorsehen, kumuliert werden.[45]

5. Flat Tax für selbstständige Kleinunternehmer

88 Im Zuge der Bekämpfung der Auswirkungen der Pandemie auf die nationale Wirtschaft wurde eine bereits seit 2007[46] bestehende und seitdem mehrfach geänderte[47] Flat Tax-Regelung für Kleinunternehmer reformiert. Das Haushaltsgesetz für 2019[48] hat die Regelung in seinem Kern nicht geändert. Dennoch wurde der Kreis der Berechtigten durch die Erhöhung der maximalen Einkünfte aus selbstständiger Arbeit auf 65.000 EUR pro Veranlagungsjahr erweitert. Für das Jahr 2023 wurde die Einkunftsgrenze nunmehr durch die neue Regierungskoalition auf 85.000 EUR erhöht, sodass der Kreis der Begünstigten erweitert werden konnte.[49] Auch wenn diese Regelung bei den Voraussetzungen nicht an den Zuzug knüpft, kann sie dennoch für Ausländer, die beabsichtigen, nach Italien

44 *Psaier*, in: Ettinger, Wegzugsbesteuerung, S. 480.

45 *Psaier*, in: Ettinger, Wegzugsbesteuerung, S. 481.

46 Art. 1 Abs. 96–117, Decreto legge vom 28.12.2007, Nr. 244.

47 Decreto legge vom 29.12.2014, Nr. 190.

48 Bilancio di previsione dello Stato per l'anno finanziario 2019 e bilancio pluriennale per il triennio 2019–2021 – Legge di Bilancio vom 30.12.2018, Nr. 145.

49 Bilancio di preisione dello Stato per l'anno finanziario 2023 e bilancio pluriennale per il triennio 2023–2025 – Legge die Bilancio vom 29.12.2022, Nr. 197.

zu ziehen, günstig sein, weshalb dieses Steuerprogramm hier dargestellt wird. **Die Regelung gilt in ganz Italien.**

Die Regelung sieht für steuerpflichtige Selbstständige eine Besteuerung der Einkünfte mit einem pauschalen Steuersatz von 15 % vor. Sofern die Tätigkeit neu aufgenommen wird, reduziert sich der pauschale Steuersatz in dem Veranlagungszeitraum, in welchem der Antrag gestellt wird, und in den vier Folgejahren auf 5 %. 89

Das zu versteuernde Einkommen und somit die zu zahlende Einkommensteuer werden durch eine Berechnung, nach Abzug der abzugsfähigen Positionen von den Einkünften aus selbstständiger Arbeit und Multiplizierung des dann verbleibenden Betrags mit einem Rentabilitätskoeffizienten ermittelt. 90

Diese Flat-Tax-Regelung zeichnet sich dadurch aus, dass sie für den steuerpflichtigen Selbstständigen eine Reihe von Erleichterungen vorsieht. Insbesondere betrifft dies die Pauschalierung des Steuersatzes sowie die Einschränkung von abzugsfähigen Posten. Diese Erleichterungen können allerdings für den Steuerpflichtigen auch nachteilig sein, da der Steuerpflichtige keine Einkünfte über 85.000 EUR erzielen darf und die Regelung auch beschränkte Abzugsmöglichkeiten vorsieht. Sofern der Steuerpflichtige nur geringe Umsätze generiert und wenig Kosten hat, kann sich dennoch die Optierung zur dieser Flat Tax-Besteuerung lohnen. 91

Übersteigen die Einkünfte den gesetzlich vorgesehenen Betrag von 85.000 EUR, so müssen die Einkünfte mit den gewöhnlichen Einkommensteuersätzen versteuert werden. 92

Anspruchsberechtigt sind steuerpflichtige Selbstständige, die eine gewerbliche, künstlerische oder freiberufliche Tätigkeit ausüben, wie z.B. Handwerker, Gewerbetreibende und Freiberufler (einschließlich der verkammerten Berufe), sofern sie die übrigen Voraussetzungen der Regelung erfullen. 93

Voraussetzung für die Inanspruchnahme der Flat Tax für selbstständige Kleinunternehmer ist, dass der Selbstständige in Italien steuerpflichtig ist, d.h. seinen Wohnsitz oder sein Domizil im Sinne des Art. 2 TUIR in Italien hat oder in einer italienischen Gemeinde mit Wohnsitz gemeldet ist. Weiter dürfen in einem Veranlagungszeitraum die Ausgaben für Mitarbeiter den Gesamtbetrag von 20.000 EUR nicht übersteigen. Daneben darf der Steuerpflichtige im Veranlagungszeitraum selbst Einkünfte von nicht mehr als 30.000 EUR aus nichtselbstständiger Arbeit erzielen. Mehrwertsteuer darf er nicht in Rechnung stellen, was ihm einen Wettbewerbsvorteil verschafft. 94

Der Steuerpflichtige darf weder Gesellschafter einer Personengesellschaft, Vereinigung oder an einem Familienunternehmen sein. Daneben ist es dem Steuerpflichtigen untersagt, eine Mehrheitsgesellschafter einer Gesellschaft mit beschränkter Haftung zu sein, welche der gleichen Tätigkeit nachgeht. 95

96 Nimmt der Steuerpflichtige die Regelung in Anspruch, so ist er verpflichtet, seit dem 1.7.2022 alle Rechnungen elektronisch zu stellen, sofern die Einkünfte pro Veranlagungszeitraum den Betrag von 25.000 EUR übersteigen. Liegen die Einkünfte unter dieser Grenze, so ist für die betreffenden Steuerpflichtigen die elektronische Rechnungsstellung erst ab 2025 verpflichtend.[50]

97 Das Gesetz sieht daneben eine Reihe von Ausschlusstatbestände vor, die jedoch hier in Einzelnen aufgrund des Umfangs nicht dargestellt werden.

6. Flat Tax für Rentner

98 Italien verfolgt mit seiner Steuergestaltung unter anderem die Besiedlung des Südens mit Menschen, die eine hohe Kaufkraft haben. Dies hat dazu geführt, dass man neben der Flat Tax-Regelung des Art. 24-bis TUIR in Art. 24-ter TUIR eine Flat Tax für natürliche Personen, die eine ausländische Rente oder ähnliche Zahlungen aus dem Ausland beziehen, eingeführt wurde. Die Ausführung wird durch ein Schreiben der italienischen Finanzverwaltung konkretisiert.[51] Art. 24-ter TUIR kann in Anspruch genommen werden, sofern nicht aufgrund der Höhe der ausländischen Einkünfte für die Anwendung von Art. 24-bis TUIR (Flat Tax für Superreiche) optiert wird.

99 Die ausländischen Renteneinkünfte werden mit einer Flat Tax in Höhe von 7 % besteuert. Dabei unterliegen der Pauschalbesteuerung nur Einkünfte, die einen Rentenzweck verfolgen. Zu unterscheiden ist in diesem Zusammenhang insbesondere zwischen Renten und Kapitalanlagen.

100 Gebietsfremde Personen, die Einkünfte von einer in Italien ansässigen Versorgungseinrichtung beziehen, können nicht in den Genuss der Regelungen des Art. 24-ter TUIR kommen. Die Rentenzahlungen müssen von einer ausländischen Versorgungseinrichtung gezahlt werden. Dies gilt auch für Rentenzahlungen, die zwar in Italien erwirtschaftet wurden, jedoch von einer ausländischen Versorgungseinrichtung gezahlt werden.

101 Sofern der Steuerpflichtige sowohl ausländische als auch italienische Versorgungsleistungen erhält, so kann nur für die ausländischen Rentenzahlungen die Pauschalbesteuerung in Anspruch genommen werden. Die italienischen Renteneinkünfte sind daneben nach dem allgemeinen Regeln des TUIR mit dem persönlichen progressiven Steuersatz zu versteuern.

102 Ausländische Rentner können gemäß Art. 24-ter Abs. 4 TUIR die Privilegierung im Jahr des Zuzugs und für die neun darauffolgenden Veranlagungszeiträume, also insgesamt für die Dauer von zehn Jahren in Anspruch nehmen. Danach

---

50 Piano Nazionale di Ripresa e Resilienza, PNRR 2 – Decreto Legge vom 29.6.2022, Nr. 36.

51 Rundschreiben der italienischen Finanzverwaltung – Circolare Nr. 21/E, Roma, 17 juli 2020 – https://www.agenziaentrate.gov.it/portale/documents/20143/0/Circolare+n.+21E+del+17.7.2020.pdf/96191701–87ef-ce63-e163-a8a6e37e64ad.

unterliegen die Rentner den allgemeinen Regeln der italienischen Einkommensbesteuerung mit seinen progressiven Steuersätzen.

Voraussetzung für die Anwendung des Art. 24-ter TUIR ist neben dem Bezug einer ausländischen Rente Art. 2 Abs. 2 TUIR die Verlegung des Wohnsitzes oder des Domizils bzw. die Anmeldung in einer italienischen Gemeinde mit einer maximalen Einwohnerzahl von 20.000 Einwohnern in den Regionen Sizilien, Kalabrien, Sardinien, Kampanien, Basilikata, Abruzzen, Molise oder Apulien oder in eine der Gemeinden mit nicht mehr als 3.000 Einwohnern in den Regionen Marken, Latium und Umbrien, welche durch die Erdbeben vom 6.4.2009,[52] 24.8.2016,[53] vom 26. und 30.10.2016[54] sowie vom 18.1.2017[55] in Mitleidenschaft gezogen wurden. Ein Umzug in eine andere italienische Gemeinde, welche nicht die hier dargestellten Voraussetzungen erfüllt, führt zum Verlust der Steuervergünstigung. 103

Weitere Voraussetzung ist gemäß Art. 24-ter Abs. 2 TUIR, dass die Steuerpflichtigen die letzten fünf Veranlagungszeiträumen weder Ihren Wohnsitz, ihr Domizil oder eine Anmeldung in einer italienischen Gemeinde hatten. 104

Die Steueroption muss in der Steuererklärung für den ersten bzw. zweiten Veranlagungszeitraum nach dem Zuzug ausgeübt werden. Erfolgt die Optierung, ist die Anrechnung ausländischer Steuern ausgeschlossen, sofern nicht für einzelne Staaten das sog. Cherry Picking (siehe dazu auch Rdn 71) ausgewählt wird, welches auch bei diesem Steuerprogramm in Anspruch genommen werden kann, sodass Einkünfte aus einzelnen Ländern von der Pauschalbesteuerung ausgenommen werden können. 105

Der Steuerpflichtige ist zusätzlich auch bei diesem Steuerprogramm von der Anzeigepflicht von Auslandsinvestitionen, von der „Imposta sul valore degli immobili all'estero – IVIE“ (Steuer auf im Ausland gelegene Immobilien), von der „Imposta sul valore delle attività finanziarie all'estero – IVAFE“ (Steuer auf ausländische Kapitalanlagen) sowie von der Erbschaft- und Schenkungsteuer für nicht in Italien belegenes Vermögen befreit. 106

52 Art. 6-ter des Decreto legge vom 27.1.2022, Nr. 4.

53 Decreto legge vom 17.10.2016, Nr. 189 – https://def.finanze.it/DocTribFrontend/getAttoNormativoDetail.do?ACTION=getArticolo&id=%7bF2526D52-CBB8-4BE0-8859-91BC1C1793B8 %7d&codiceOrdinamento=600000010000000&articolo=Allegato%201

54 Decreto legge vom 17.10.2016, Nr. 189 – https://def.finanze.it/DocTribFrontend/getAttoNormativoDetail.do?ACTION=getArticolo&id=%7bF2526D52-CBB8-4BE0-8859-91BC1C1793B8 %7d&codiceOrdinamento=600000020000000&articolo=Allegato%202

55 Decreto legge vom 17.10.2016, Nr. 189 – https://def.finanze.it/DocTribFrontend/getAttoNormativoDetail.do?ACTION=getArticolo&id=%7bF2526D52-CBB8-4BE0-8859-91BC1C1793B8 %7d&codiceOrdinamento=600000000000000&articolo=Allegato.

107 **Hinweis**

Sofern deutsche Rentner beabsichtigen, nach Italien zu ziehen, um in den Genuss der Pauschalbesteuerung zu kommen, ist Vorsicht geboten, um eine nachgelagerte Besteuerung zu vermeiden.[56]

Hinweis

Auch dieses Programm ist nicht mit anderen Steuerprogrammen, die im Zusammenhang mit einem Zuzug nach Italien ebenso Steuervergünstigungen vorsehen, kumulierbar.[57]

7. Steuervergünstigungen für Lehrkräfte und Wissenschaftler

108 Italien hat für Lehrkräfte und Wissenschaftler ein Programm mit befristeten Steuervergünstigungen aufgelegt, um einen Zuzug attraktiv zu machen.[58] Dabei geht es nicht nur darum, Lehrkräfte und Wissenschaftler dazu zu bewegen, ihren steuerlichen Wohnsitz nach Italien verlegen, sondern auch darum, das Knowhow ins Land zu bringen.

109 In dem Veranlagungszeitraum, in dem der Wohnsitz verlegt wird, und in den folgenden fünf Jahren sind die erhaltenen Bezüge nur in Höhe von 10 % zu versteuern, unabhängig davon, ob sie in unselbstständiger oder selbstständiger Tätigkeit erzielt werden. Bei der Berechnung der IRAP[59] bleiben sie außen vor. Erzielen Lehrkraft oder Wissenschaftler Einkünfte aus unselbstständiger Arbeit, kann der Arbeitgeber die IRAP-Vergünstigung in Anspruch nehmen.

110 Die Steuervergünstigung gilt hingegen für acht Veranlagungszeiträume bei Steuerpflichtigen, die ein minderjähriges oder unterhaltsberechtigtes Kind haben oder die nach dem Zuzug oder in den vorangegangenen 12 Monaten Eigentümer von mindestens einer Wohneinheit in Italien geworden sind. Die Steuervergünstigung gilt für 11 Veranlagungszeiträume bei Steuerpflichtigen mit mindestens zwei minderjährigen oder unterhaltsberechtigten Kindern sowie für 13 Veranlagungszeiträume, wenn der Steuerpflichtige mindestens drei minderjährige oder unterhaltsberechtigte Kinder hat.

111 Beim Zuzug spielt weder die Staatsangehörigkeit noch das Wegzugsland eine Rolle. Wer in Italien nach Zuzug seine Lehr- und Forschungstätigkeit ausübt und die folgenden Voraussetzungen erfüllt, kann die erleichterte Regelung in Anspruch nehmen.

Voraussetzung für die Inanspruchnahme der Steuervergünstigung ist der Besitz eines Hochschul- oder gleichwertigen Abschlusses. Weiter muss sich der Steuer-

56 *Oertzen/Zapf*, ISTR 2017, 961, 970.

57 *Psaier*, in: Ettinger, Wegzugsbesteuerung, S. 479.

58 Art. 44, Decreto legge vom 31.5.2010, Nr. 78.

59 IRAP – Imposta regionale sulle attività produttive – Gewerbesteuer.

pflichtige nicht nur gelegentlich im Ausland aufgehalten haben und für die Dauer von mindestens zwei Jahren ununterbrochen eine dokumentierte Forschungs- oder Lehrtätigkeit an einem öffentlichen oder privaten Forschungszentrum oder an einer Universität im Ausland ausgeübt haben.

Hinweis

Selbstverständlich muss der Steuerpflichtige seinen steuerlichen Wohnsitz nach Italien verlegen.

8. Sonstige Steuervergünstigungen

In Italien gibt es eine Vielzahl von Steuervergünstigungen und Zuschüssen, die ständigen Änderungen unterliegen. Teilweise werden die Steuervergünstigungen durch den Staat, teilweise durch die Regionen oder auch durch die Gemeinden gewährt. Die jeweils aktuell geltenden Regeln können auf der Webseite der Finanzverwaltung eingesehen werden.[60] 112

VIII. Erbschaft- und Schenkungsteuer (Imposta sulle successioni e sulle donazioni)

Der Zuzug nach Italien kann auch im Rahmen der Erbschaft- und Schenkungbesteuerung interessant sein. Das italienische Erbschaft- und Schenkungsteuerrecht ist aus mehreren Gründen attraktiv. Einerseits unterscheidet man in Italien nicht zwischen den unterschiedlichen Vermögensgegenständen, wie dies im deutschen Erbschaft- und Schenkungsteuerrecht der Fall ist. In Italien wird der Nettovermögenswert des gesamten Erbes besteuert, sofern dieser den anzuwendenden Freibetrag übersteigt. Darüber hinaus sind in Italien die Freibeträge höher und die Steuersätze niedriger. 113

1. Anwendbarkeit italienischen Erbschaft- und Schenkungsteuerrechts

Bei einem Zuzug nach Italien verlagert sich der Wohnsitz und/oder der gewöhnliche Aufenthalt nach Italien. Dies führt bei der unbeschränkten Steuerpflicht dazu, dass der Erbe oder der Beschenkte in Italien die Erbschaft- bzw. Schenkungsteuer schuldet, sofern der Erblasser oder Schenker zum Todeszeitpunkt bzw. im Zeitpunkt der Schenkung in Italien ansässig war (residenza). 114

Die Ansässigkeit wird im italienischen Erbschaft- und Schenkungsteuerrecht nicht definiert. Vielmehr wird auf Art. 43 Abs. 2 ZGB Italien (Codice civile) verwiesen, wonach bei der Feststellung des Wohnsitzes darauf abgestellt wird, wo eine Person ihren gewöhnlichen Aufenthalt hat. 115

60 https://www.agenziaentrate.gov.it/portale/web/guest/cittadini/agevolazioni.

Art. 43 Aufenthaltsort und Wohnsitz
(1) Der Aufenthaltsort einer Person befindet sich an dem Ort, an dem sie den Schwerpunkt ihrer Geschäfte und Interessen hat.
(2) Der Wohnsitz befindet sich an dem Ort, an dem die Person ihren gewöhnlichen Aufenthalt hat.[61]

Hinweis

Sofern der Erblasser oder Schenker nicht in Italien ansässig sind, unterliegen nur die Vermögenswerte der italienischen Erbschafts- und Schenkungsteuer, die in Italien belegen sind.

2. Gesetz über Erbschaft- und Schenkungsteuer in Italien

116 Die Erbschaft- und Schenkungsteuer ist im Testo unico sulle successioni e donazioni geregelt.[62] Im Jahr 2000 wurde die Erbschaft- und Schenkungsteuer von der Regierung Amato II mit dem Gesetz Nr. 342/2000 gesenkt und im Jahr 2001 von der Regierung Berlusconi II mit dem Gesetz Nr. 383/2001 abgeschafft. Die Steuer wurde 2006 von der Regierung Prodi II mit dem Gesetzesdekret Nr. 262/2006, umgewandelt in das Gesetz Nr. 286/2006, wieder eingeführt und durch die Gesetze 296/2006 und 244/2007 modifiziert. In Italien kann also bei Übertragung von Vermögen aufgrund gesetzlicher oder gewillkürter Erbfolge sowie aufgrund einer freiwilligen Schenkung unter Umständen Erbschaft- und Schenkungsteuer anfallen.

117 Personen, die Immobilien und Grundstücksrechte im Wege der Erbfolge erhalten, sind verpflichtet, eine Erbschaftserklärung abzugeben und gegebenenfalls anfallende Erbschaftsteuern zu zahlen.

118 Die Erbschaftserklärung muss innerhalb von 12 Monaten nach Eintritt des Erbfalls von einem der Verpflichteten bei dem Finanzamt abgegeben werden, in dessen Bezirk der Erblasser seinen Wohnsitz hatte. Verpflichtet zur Abgabe der Erklärung sind gemäß § 28 Abs. 2 TUS[63] die berufenen Erben und die Vermächtnisnehmer, auch im Falle der Eröffnung der Erbfolge durch Erklärung der Todesvermutung, oder ihre gesetzlichen Vertreter, die Personen, die vorübergehend in den Besitz des Nachlasses des abwesenden Berechtigten gelangen, Nachlassverwalter und Nachlasspfleger sowie Testamentsvollstrecker.

119 Das Gesetz sieht Befreiungen von der Pflicht zur Abgabe der Erbschaftsteuererklärung für Verzichtende sowie für zu Erben Berufene, die, da sie nicht im

61 *Patti*, Italienisches Zivilgesetzbuch = Codice Civile.

62 Testo unico sulle successioni e donazioni – Decreto legislativo vom 31 Oktober 1990, Nr. 346.

63 Testo unico sulle successioni e donazioni – Decreto legislativo vom 31 Oktober 1990, Nr. 346.

Besitz des Nachlassvermögens sind, gemäß § 528 des Zivilgesetzbuches einen Nachlassverwalter für den ruhenden Nachlass bestellt haben, vor.

Eine Verpflichtung zur Abgabe einer Erbschaftserklärung besteht auch dann nicht, wenn kumulativ der Nachlass an den Ehegatten und Verwandte in gerader Linie des Verstorbenen übergeht, der Wert des Nachlasses 100.000 EUR nicht übersteigt und der Nachlass keine unbeweglichen Sachen oder dinglichen Rechte an unbeweglichen Sachen beinhaltet. 120

Die für die Erbschaft- und Schenkungsteuer festgelegten **Steuersätze und Freibeträge** wurden in Art. 2 Abs. 48 der Gesetzesverordnung Nr. 262 von 2006 festgelegt. 121

Bei **Übertragungen auf den Ehegatten oder auf Verwandte in gerader Linie** (Verwandte in aufsteigender und absteigender Linie) sind 4 % Erbschaft- und Schenkungsteuer auf den gesamten Nettowert des übertragenen Vermögens zu bezahlen, sofern das Erbe oder die Schenkung den Freibetrag von 1 Million EUR für jeden Begünstigten übersteigt. Sofern der Begünstigte eine Behinderung hat, die im Sinne des Gesetzes Nr. 104 von 1992 als schwerwiegend anerkannt ist, erhöht sich der Freibetrag von 1 Million EUR um weitere 1,5 Millionen EUR.

Bei **Übertragungen auf Geschwister** sind 6 % Erbschaft- und Schenkungsteuer auf den gesamten Nettowert des übertragenen Vermögens zu bezahlen, sofern das Erbe oder die Schenkung den Freibetrag von 100.000 EUR für jeden Begünstigten übersteigt. Sofern der Begünstigte eine Behinderung hat, die im Sinne des Gesetzes Nr. 104 von 1992 als schwerwiegend anerkannt ist, erhöht sich der Freibetrag von 100.000 EUR um weitere 1,5 Millionen EUR. 122

Bei Übertragungen zugunsten anderer **Verwandter bis zum vierten Grad, von Verwandten in gerader Linie bis zum dritten Grad** sind 6 % Erbschaft- und Schenkungsteuer auf den gesamten Nettowert des übertragenen Vermögens zu bezahlen. Das Gesetz sieht für diesen Fall keinen Freibetrag vor. 123

Bei Übertragungen auf **Dritte, die nicht in einem Verwandtschaftsverhältnis zum Erblasser** stehen, sind 8 % Erbschaft- und Schenkungsteuer auf den gesamten Nettowert des übertragenen Vermögens zu bezahlen. Das Gesetz sieht für diesen Fall keinen Freibetrag vor. 124

Sofern Immobilien Teil des Erbes oder der Schenkung sind, muss der Begünstigte auch bei der Umschreibung die Umschreibungs- und Katastersteuer (*imposta ipotecaria und imposta catastale*) zahlen. 125

3. Anfall der Erbschaftsteuer in Italien

In Deutschland fällt die Erbschaftsteuer gemäß § 9 Abs. 1 Nr. 1 Hs. 1 ErbStG bereits mit dem Tod des Erblassers entsteht, da der Erwerb des Erben gemäß §§ 1922, 857 BGB kraft Gesetzes automatisch erfolgt. Einen solchen Erwerbsvorgang kennt das italienische Erbrecht nicht. Vielmehr sieht Art. 459 ZGB Italien 126

(Codice civile) vor, dass der Nachlass vom Erben angenommen werden muss. Vorher darf er nicht über den Nachlass verfügen. Bis zur Annahme ruht der Nachlass und befindet sich in einer Art Schwebezustand. Die Annahme der Erbschaft wirkt dann auf den Todeszeitpunkt zurück.

> ***Art. 459 Erwerb der Erbschaft***
> *Die Erbschaft wird mit der Annahme erworben. Die Annahme wirkt auf den Zeitpunkt der Eröffnung der Erbfolge zurück.*[64]

127 Die Erbschaftsteuer fällt in der Folge dann auch erst mit Annahme der Erbschaft an. Für den Erben liegt der Vorteil dieser Regelung darin, dass die Erbschaftsteuerlast nach hinten verlagert werden kann.

4. Deutsch-italienischer Erbrechtsfall

128 Problematisch sind die Fälle, in denen der Erblasser seinen Wohnsitz oder gewöhnlichen Aufenthalt in Italien, der Erbe hingegen seinen Wohnsitz oder gewöhnlichen Aufenthalt in Deutschland hat. Dabei kann es passieren, dass beide Beteiligten jeweils in den Ländern, in denen sie ihren Wohnsitz oder gewöhnlichen Aufenthalt haben, unbeschränkt steuerpflichtig sind und die Erbschaft- und Schenkungsteuer zu unterschiedlichen Zeitpunkten anfällt, da das italienische und deutsche Erbrecht unterschiedliche Regelungen zum Erbanfall vorsehen.[65]

129 Auch wenn die Rechtsinstitute des italienischen und des deutschen Erbrechts vergleichbar sind, so ist doch die Annahmeerklärung nach italienischem Erbrecht mit der „Nicht-Ausschlagung“ im deutschen Recht gemäß §§ 1942 ff. BGB vergleichbar.[66] In Deutschland wirkt die Erbausschlagung zivilrechtlich gemäß § 1953 BGB auf den Erbfall zurück. Dies bedeutet, dass die Notwendigkeit der Annahme der Erbschaft nach italienischem Recht das Entstehen der deutschen Erbschaftsteuer vor der Annahmeerklärung nicht hindert. Dies führt dann zu wirtschaftlichen Problemen, wenn der Erbe die Erbenstellung nicht antreten will.

5. Anrechnung von in Italien gezahlter ausländischer Erbschaftsteuer

130 Das Doppelbesteuerungsabkommen DBA Italien[67] regelt die Erbschaft- und Schenkungsteuer nicht. Wegen § 21 ErbStG ist dort eine Regelung zur Anrech-

---

64 *Patti*, Italienisches Zivilgesetzbuch = Codice Civile.

65 Zur Besteuerung eines Erbfalls nach italienischem Recht bei unbeschränkter Steuerpflicht des Erben in Deutschland siehe BFH, Urt. v. 17.11.2021 – II R 39/19 (FG Hessen Urt. v. 22.8.2019 – 10 K 1539/17), ErbR 2022, 799.

66 *Wachter*, ErbR 2020, 18, 20 f.

67 Abkommen zwischen der Bundesrepublik Deutschland und der Italienischen Republik zur Vermeidung der Doppelbesteuerung auf dem Gebiet der Steuern vom Einkommen und vom Vermögen und zur Verhinderung der Steuerverkürzung vom 18.10.1989 (BGBl 1990 II S. 742; BStBl 1990 I S. 396).

nung von in Italien gezahlter Erbschaftsteuer entbehrlich. Dieser verfolgt den gleichen Zweck eines Doppelbesteuerungsabkommens, nämlich die Vermeidung von Doppelbesteuerungen desselben Vermögens im In- und Ausland.[68] Auf Antrag kann hier eine Doppelbesteuerung vermieden werden. In der Folge bedeutet dies, dass ein Vorteil bei der Erbschaftsteuer nur dann gegeben ist, wenn für den Erben keine Steuerpflicht in Deutschland gegeben ist.

D. Italienische Regelungen zur Vermeidung der Doppelbesteuerung

In Italien ansässige Steuerpflichtige sind nach dem Welteinkommensprinzip mit 131 ihren gesamten Einkünften in Italien steuerpflichtig. Es kann nicht ausgeschlossen werden, dass auf die Einkünfte der in Italien Steuerpflichtigen auch im Ausland Steuern bezahlt werden. Das italienische Steuerrecht sieht die Anrechnung der ausländischen Steuer bis zur Höhe der auf die ausländischen Einkünfte anfallenden italienischen Einkommen- und Körperschaftsteuer vor. Eine Ausnahme gilt nur für ausländische Betriebsstätteneinkünfte, für die eine Freistellung möglich ist.[69] Es versteht sich von selbst, dass eine Anrechnung der ausländischen Steuern auf italienische Steuern nur dann erfolgen kann, wenn der Steuerpflichtige der progressiven Einkommensteuerpflicht unterliegt.

E. Doppelbesteuerungsabkommen Deutschland – Italien

Deutschland und Italien haben am 18.10.1989 ein sog. Doppelbesteuerungsab- 132 kommen[70] abgeschlossen. Dieses ist seit am 27.12.1992 in Kraft getreten. Das Abkommen dient der Vermeidung von Doppelbesteuerungen.

In Italien hat ein Doppelbesteuerungsabkommen gemäß Art. 75 DPR 600/73[71] 133 Vorrang gegenüber dem innerstaatlichen Recht, sofern der Steuerpflichtige nicht gemäß Art. 169 TUIR für die nationalen Bestimmungen optiert. Das italienische Steuerrecht kennt eine sog. Treaty-override-Klausel nicht.

Das Abkommen gilt für die italienische Steuer vom Einkommen natürlicher 134 Personen (*imposta sul reddito delle persone fisiche*), die italienische Steuer vom Einkommen juristischer Personen (*imposta sul reddito delle persone giuridiche*) und für die italienische lokale Steuer vom Einkommen (*imposta locale sui redditi*)

68 *Milatz/Christopeit*, in: Burandt/Rojahn, Erbrecht, § 21 ErbStG Rn 1.

69 *Psaier*, in: Ettinger, Wegzugsbesteuerung, S. 485 f.

70 Abkommen zwischen der Bundesrepublik Deutschland und der Italienischen Republik zur Vermeidung der Doppelbesteuerung auf dem Gebiet der Steuern vom Einkommen und vom Vermögen und zur Verhinderung der Steuerverkürzung, BGBl 1990 II, S. 742.

71 Decreto del Presidente della Repubblica vom 29 September 1973, Nr. 600.

sowie für die deutsche Einkommensteuer, die deutsche Körperschaftsteuer, die deutsche Vermögensteuer, die deutsche Gewerbesteuer und die deutsche Grundsteuer. Das Abkommen regelt hingegen nicht die Erbschaft- und Schenkungsteuer.

F. Parlamentswahlen 2022

135 Bei der Parlamentswahl vom 25.9.2022 hat das Mitte-Rechts-Bündnis das Rennen für sich entscheiden können. Die von Giorgia Meloni geführte Partei Fratelli d'Italia erhielt 26 % der Stimmen. In einer Koalition mit der Berlusconi-Partei Forza Italia (8,3 %) und der von Salvini angeführten Lega (8,9 %) konnte sowohl im Parlament wie auch im Senat eine solide Mehrheit erreicht werden. Dies hat zur Folge, dass das Wahlprogramm der rechten Koalitionsparteien gute Chancen hat, umgesetzt zu werden.

136 Das Wahlprogramm von Fratelli d'Italia[72] beinhaltet auch eine **Vereinfachung des Besteuerungssystems**. Unter anderem wird das Ziel verfolgt, die Steuergesetze in einem einzigen Gesetzbuch zusammenzuführen.

Hinweis

Von einer Steuerreform würden jedenfalls auch Einwanderer profitieren, da die aktuellen steuerlichen Sonderregelungen für Einwanderer befristet sind.

137 In dem Wahlprogramm heißt es, dass es *„nicht nur um eine einfache Reform des Steuersystems"* geht. Vielmehr ist beabsichtigt, die Steuerlast durch die breite Einführung einer Pauschalbesteuerung zu senken, um damit die Steuerlast zu senken und durch mehr Gerechtigkeit die Bereitschaft zur Entrichtung von Steuern zu erhöhen. Inwieweit diese Ziele erreicht werden können, bleibt abzuwarten. Für das italienische Besteuerungssystem, welches zum Teil sehr unübersichtlich ist, wäre es von Vorteil, wenn die Regelungen durch die Einführung von Pauschalsteuern vereinfacht werden könnten. Ob damit auch die Bereitschaft zur Entrichtung von Steuern bei den Italienern erhöht werden kann, steht auf einem anderen Blatt, zumal es hier historische Gründe gibt, die in der Gesellschaft fest verwurzelt sind.

138 Einen ersten Schritt hat man mit dem Haushaltsgesetz für 2023 getan, welches eine Reihe von Entlastungen auf den Weg gebracht hat.[73] Wie bereits dargestellt, wurde gleichzeitig die Einkunftsgrenze bei Kleinunternehmern, die für eine Pauschalbesteuerung optieren, auf 85.000 EUR angehoben (siehe Rdn 88 ff.).

72 https://www.fratelli-italia.it/programma/.

73 Bilancio di preisione dello Stato per l'anno finanziario 2023 e bilancio pluriennale per il triennio 2023–2025 – Legge die Bilancio vom 29.12.2022, Nr. 197.

§ 6 Fazit

Im Vergleich zu den Vorauflagen aus 2004 und 2009 haben sich einige Rahmendaten stark verändert. So wurde etwa die Wegzugsbesteuerung nach § 6 AStG in Deutschland komplett reformiert und am 1.1.2009 trat eine Abgeltungssteuer in Deutschland in Kraft, die zumindest in den Grundzügen und stark vereinfachend gesagt mit dem österreichischen Modell übereinstimmt. Zudem fand in Deutschland zum 1.1.2009 einen Paradigmenwechsel in der Erbschaftsteuer statt, der nach der Maßgabe des Bundesverfassungsgerichts insbesondere zu einer Abschaffung der privilegierten Bewertung von Immobilien und Betriebsvermögen geführt hat. Nach mehreren Nachbesserungen in den letzten Jahren insbesondere im Rahmen der Privilegierung von Betriebsvermögen in den §§ 13a, 13b ErbStG liegt in den im Rahmen des Jahressteuergesetzes 2022 beschlossenen Änderungen des Bewertungsgesetzes, die auf Bewertungsstichtage ab dem 1.1.2023 anzuwenden sind, sich auf bebaute Grundstücke auswirken und eine Höherbewertung derselben im Vergleich zum status quo bedeuten können, eine weitere Mehrbelastung der Steuerpflichtigen in Deutschland. 1

Vollkommen unterschiedlich hat Österreich auf die Verfassungswidrigkeit seines Erbschaftsteuergesetzes reagiert. Der Gesetzgeber ließ vom Verfassungsgerichtshof zugestandene Fristen zur Reparatur des Gesetzes verstreichen und akzeptierte so sehenden Auges das Außerkrafttreten des Gesetzes zum 31.7.2008. Mit der Kündigung des DBA Österreich/Deutschland (E) zum 31.12.2007 hat Deutschland auf diese Entwicklung früh reagiert und so den Abkommensschutz zum genannten Zeitpunkt beseitigt. 2

Würde man eine „Hitliste“ der drei hier untersuchten Zielstaaten aufstellen wollen, die nur an den **„harten“ steuerlichen Rahmenbedingungen** der Zielstaaten orientiert ist, würde trotz Außerkrafttreten der Erbschaftsteuer in Österreich die **Schweiz**, zumindest in den steuergünstigen Kantonen, gegenüber Österreich und Italien das Rennen für sich entscheiden. Denn insbesondere auf der Ertragsteuerseite zeigen die steuergünstigen Kantone der Schweiz ein Steuerniveau, das für Österreich oder Italien nicht erreichbar ist. Hinzu tritt die Möglichkeit der Pauschalbesteuerung in der Schweiz, die ebenfalls steuerliche Vorteile gewährt, die in Österreich, Italien und Deutschland nicht denkbar sind. 3

In **Italien** gibt es zahlreiche individuelle Steuervorteile, so dass sich wegzugswillige Steuerpflichtige, auf die die jeweiligen Steuervorteile gut passen, auch in Italien gut aufgehoben fühlen könnten. Zudem sind im italienischen Erbschaft- und Schenkungsteuerrecht höhere Freibeträge und niedrigere Steuersätze vorgesehen. 4

Weiterhin spricht für einen Wegzug nach Italien der Umstand, dass etwa in Südtirol noch nicht einmal eine Sprachbarriere zu überwinden ist und etwa das Vinschgau oder Meran mit ca. 300 Sonnentagen im Jahr glänzen können. Auch die Lebenshaltungskosten sind in Italien deutlich geringer als in der Schweiz.

5 Dennoch kann sich auch ein Wegzug nach **Österreich** aus steuerlichen Gründen lohnen, falls etwa die Erbschaftsteuer das Hauptmotiv für den Wegzug darstellt. Denn nach dem Außerkrafttreten des österreichischen Erbschaftsteuergesetzes zum 31.7.2008 sowie bei Abwarten der fünfjährigen Wartefrist[1] aus § 2 Abs. 1 Nr. 1 S. 1 Buchst. b ErbStG kann bei Ansässigkeit sowohl von Schenker/Erblasser als auch des/der Begünstigten in Österreich grundsätzlich erbschaftsteuerfrei übertragen werden.

6 Aufgrund der extensiven Annahme eines Wohnsitzes/gewöhnlichen Aufenthalts in Deutschland durch Rechtsprechung und Finanzverwaltung und der damit grundsätzlich verbundenen Abstinenz von regelmäßigen Heimatbesuchen sind auch die emotionalen, **„weichen" Bedingungen** zu beachten, die ein Wegzug mit sich bringt. Hierbei sind insbesondere die höheren Lebenshaltungskosten in der Schweiz zu bedenken. Denn im Hinblick auf die Erbschaft- und Schenkungsteuer ist es nicht nur der Erblasser, der seinen Wohnsitz nicht mehr in Deutschland haben darf, sondern auch der oder die Erwerber. Damit multiplizieren sich auch die Lebenshaltungskosten. Daneben sind die Schweizer auch nicht als Volk bekannt, das schnell tiefgehende Freundschaften mit (deutschen) Zuzüglern schließt. Daher sollte im Vorgriff auf den Wegzug auch das soziale und gesellschaftliche Umfeld des Zielkantons sondiert werden, um nachher keine Isolationsgefühle entstehen zu lassen.

7 Unabhängig davon, ob der auswanderungswillige Steuerpflichtige in die Schweiz, nach Österreich oder Italien umsiedeln will, ist er gut beraten, wenn er sein **Vermögen vor dem Umzug umschichtet**. Hier lautet die stark vereinfachte Faustregel: Vermeidung von Immobilien im Wegzugsstaat und Schaffung von Kapitaleinkünften. Immobilien im Wegzugsstaat sollten abgestoßen werden, da nach dem Belegenheitsprinzip die Besteuerung der laufend (Vermietung und Verpachtung) oder einmalig (Veräußerungsgewinn) erzielten Einkünfte in der Regel im Belegenheitsstaat, also in Deutschland zu den dort vorherrschenden hohen Steuersätzen, zu versteuern ist. Eine Veräußerung der Immobilie hätte auch den nicht zu verachtenden Vorteil, dass sich der Wegzugswillige erst gar nicht in die Gefahr begibt, einen Wohnsitz oder gewöhnlichen Aufenthalt in Deutschland aufrechtzuerhalten. Es hat sich in der Praxis gezeigt, dass die möglichst vollständige Kappung aller Verbindungen zu Deutschland, die auf einen Wohnsitz oder gewöhnlichen Aufenthalt hinweisen könnten, die beste, da risikoärmste Lösung darstellt.

---

1 Das Abwarten der Wartefrist ist nur bei deutscher Staatsangehörigkeit des Schenkers/Erblassers oder der Begünstigten zu beachten.

Nach den betreffenden DBA mit der Schweiz, Österreich und Italien liegt das Besteuerungsrecht im Hinblick auf **Zinsen** bei den Ansässigkeitsstaaten. Damit kommt es nicht darauf an, ob das Kapital in Deutschland, Österreich, Italien oder in der Schweiz auf einem Konto liegt. Aufgrund der einfacheren Verfügbarkeit und des höheren Schutzes insbesondere in der Schweiz ist es dennoch ratsam, das Kapital auch im Ansässigkeitsstaat anzulegen. 8

Im Hinblick auf die Nachfolgeplanung wurde schon mehrfach darauf hingewiesen, dass es auch den **Begünstigten** zu berücksichtigen gilt. Die deutsche unbeschränkte Erbschaftsteuerpflicht knüpft nicht nur an den Erblasser an, sondern auch an den Erwerber. Zieht der Erwerber also nicht mit um, wird durch den Wegzug des potentiellen Erblassers in erbschaftsteuerlicher Hinsicht nichts erreicht. In diesem Zusammenhang ist auf die Verbesserung der steuerlichen Situation hinzuweisen, die durch eine Aufgabe der deutschen und eine Annahme der schweizer, österreichischen oder italienischen Staatsangehörigkeit eintritt. Hier ist beispielsweise die erweitert unbeschränkte Erbschaftsteuerpflicht nach § 2 Abs. 1 Nr. 1 Buchst. b ErbStG zu nennen, die nur auf deutsche Staatsangehörige anzuwenden ist. 9

Anhang

A. Abkommenstexte

I. Abkommen zwischen der Bundesrepublik Deutschland und der Schweizerischen Eidgenossenschaft zur Vermeidung der Doppelbesteuerung auf dem Gebiete der Steuern vom Einkommen und vom Vermögen

1 (Vom 11.8.1971, einschließlich Änderungsprotokoll vom 30.11.1990, einschließlich Revisionsprotokoll vom 21.12.1992 und einschließlich Revisionsprotokoll vom 8.2.2003; Fundstellen: BStBl 1972 I S. 518, BGBl 1972 II S. 1021, BStBl 1990 I S. 409, BGBl 1990 II S. 766, BStBl 1993 I S. 927, BGBl 1993 II S. 1886. Neueste Fassung vom 8.2.2003 zu finden unter juris, Dokumentnummer DBACHE20030208.)

Artikel 1

Dieses Abkommen gilt für Personen, die in einem Vertragstaat oder in beiden Vertragstaaten ansässig sind.

Artikel 2

(1) Dieses Abkommen gilt, ohne Rücksicht auf die Art der Erhebung, für Steuern vom Einkommen und vom Vermögen, die für Rechnung eines der beiden Vertragstaaten, der Länder, Kantone, Bezirke, Kreise, Gemeinden oder Gemeindeverbände (auch in Form von Zuschlägen) erhoben werden.

(2) Als Steuern vom Einkommen und vom Vermögen gelten alle (ordentlichen und außerordentlichen) Steuern, die vom Gesamteinkommen, vom Gesamtvermögen oder von Teilen des Einkommens oder des Vermögens erhoben werden, einschließlich der Steuern vom Gewinn aus der Veräußerung beweglichen oder unbeweglichen Vermögens, der Lohnsummensteuer sowie der Steuern vom Vermögenszuwachs. Das Abkommen gilt nicht für an der Quelle erhobene Steuern von Lotteriegewinnen.

(3) Zu den zur Zeit bestehenden Steuern, für die das Abkommen gilt, gehören insbesondere

1. in der Bundesrepublik Deutschland:
   a) die Einkommensteuer einschließlich der Ergänzungsabgabe dazu,
   b) die Körperschaftsteuer einschließlich der Ergänzungsabgabe dazu,
   c) die Vermögensteuer,
   d) die Grundsteuer und
   e) die Gewerbesteuer (im Folgenden als „deutsche Steuer" bezeichnet);
2. in der Schweiz: die von Bund, Kantonen, Bezirken, Kreisen, Gemeinden und Gemeindeverbänden erhobenen Steuern
   a) vom Einkommen (Gesamteinkommen, Erwerbseinkommen, Vermögensertrag, Geschäftsertrag, Kapitalgewinn usw.) und
   b) vom Vermögen (Gesamtvermögen, bewegliches und unbewegliches Vermögen, Geschäftsvermögen, Kapital und Reserven usw.) (im Folgenden als „schweizerische Steuer" bezeichnet).

(4) Das Abkommen gilt auch für alle Steuern gleicher oder ähnlicher Art, die künftig neben den zur Zeit bestehenden Steuern oder an deren Stelle erhoben werden.

(5) Die Bestimmungen des Abkommens über die Besteuerung der Unternehmensgewinne gelten entsprechend für die nicht nach dem Gewinn oder dem Vermögen erhobene Gewerbesteuer.

Artikel 3

(1) Im Sinne dieses Abkommens, wenn der Zusammenhang nichts anderes erfordert:

a) bedeutet der Ausdruck „Bundesrepublik Deutschland", im geographischen Sinne verwendet, das Gebiet des Geltungsbereiches des Grundgesetzes für die Bundesrepublik Deutschland sowie das an die Hoheitsgewässer der Bundesrepublik Deutschland angrenzende und steuerrechtlich als Inland bezeichnete Gebiet, in dem die Bundesrepublik Deutschland in Übereinstimmung mit dem Völkerrecht ihre Rechte hinsichtlich des Meeresgrundes und des Meeresuntergrundes sowie ihrer Naturschätze ausüben darf;
b) bedeutet der Ausdruck „Schweiz" die Schweizerische Eidgenossenschaft;
c) bedeuten die Ausdrücke „ein Vertragstaat" und „der andere Vertragstaat", je nach dem Zusammenhang, die Bundesrepublik Deutschland oder die Schweiz;
d) umfasst der Ausdruck „Person" natürliche Personen und Gesellschaften;
e) bedeutet der Ausdruck „Gesellschaft" juristische Personen oder Rechtsträger, die für die Besteuerung wie juristische Personen behandelt werden;
f) bedeuten die Ausdrücke „Unternehmen eines Vertragstaates" und „Unternehmen des anderen Vertragstaates", je nachdem, ein Unternehmen, das von einer in einem Vertragstaat ansässigen Person betrieben wird, oder ein Unternehmen, das von einer in dem anderen Vertragstaat ansässigen Person betrieben wird;
g) bedeutet der Ausdruck „Steuer", je nachdem, die deutsche oder die schweizerische Steuer;
h) bedeutet der Ausdruck „Staatsangehörige":
   aa) in Bezug auf die Bundesrepublik Deutschland": alle Deutschen im Sinne des Artikels 116 Abs. 1 des Grundgesetzes für die Bundesrepublik Deutschland und alle juristischen Personen, Personengesellschaften und anderen Personenvereinigungen, die nach dem in der Bundesrepublik Deutschland geltenden Recht errichtet worden sind;
   bb) in Bezug auf die Schweiz: alle natürlichen Personen, die die schweizerische Staatsangehörigkeit besitzen, und alle juristischen Personen, Personengesellschaften und anderen Personenvereinigungen, die nach dem in der Schweiz geltenden Recht errichtet worden sind;
i) bedeutet der Ausdruck „zuständige Behörde":
   aa) in der Bundesrepublik Deutschland: der Bundesminister für Wirtschaft und Finanzen;
   bb) in der Schweiz: der Direktor der Eidgenössischen Steuerverwaltung oder sein bevollmächtigter Vertreter.

(2) Bei Anwendung des Abkommens durch einen Vertragstaat hat, wenn der Zusammenhang nichts anderes erfordert, jeder nicht anders definierte Ausdruck die Bedeutung, die ihm nach dem Recht dieses Staates über die Steuern zukommt, welche Gegenstand des Abkommens sind.

Artikel 4

(1) Im Sinne dieses Abkommens bedeutet der Ausdruck „eine in einem Vertragstaat ansässige Person" eine Person, die nach dem in diesem Staat geltenden Recht dort unbeschränkt steuerpflichtig ist.

(2) Ist nach Absatz 1 eine natürliche Person in beiden Vertragstaaten ansässig, so gilt folgendes:

a) Die Person gilt als in dem Vertragstaat ansässig, in dem sie über eine ständige Wohnstätte verfügt. Verfügt sie in beiden Vertragstaaten über eine ständige Wohnstätte, so gilt sie als in dem Vertragstaat ansässig, zu dem sie die engeren persönlichen und wirtschaftlichen Beziehungen hat (Mittelpunkt der Lebensinteressen).

b) Kann nicht bestimmt werden, in welchem Vertragstaat die Person den Mittelpunkt der Lebensinteressen hat, oder verfügt sie in keinem der Vertragstaaten über eine ständige Wohnstätte, so gilt sie als in dem Vertragstaat ansässig, in dem sie ihren gewöhnlichen Aufenthalt hat.

c) Hat die Person ihren gewöhnlichen Aufenthalt in beiden Vertragstaaten oder in keinem der Vertragstaaten, so gilt sie als in dem Vertragstaat ansässig, dessen Staatsangehörigkeit sie besitzt.

d) Besitzt die Person die Staatsangehörigkeit beider Vertragstaaten oder keines Vertragstaates, so regeln die zuständigen Behörden der Vertragstaaten die Frage in gegenseitigem Einvernehmen.

(3) Gilt eine natürliche Person, die in der Bundesrepublik Deutschland über eine ständige Wohnstätte verfügt oder dort ihren gewöhnlichen Aufenthalt von mindestens sechs Monaten im Kalenderjahr hat, nach Absatz 2 als in der Schweiz ansässig, so kann die Bundesrepublik Deutschland diese Person ungeachtet anderer Bestimmungen dieses Abkommens nach den Vorschriften über die unbeschränkte Steuerpflicht besteuern. Die Bundesrepublik Deutschland wendet jedoch Artikel 24 Absatz 1 Nummer 1 auf die dort genannten, aus der Schweiz stammenden Einkünfte und in der Schweiz belegenen Vermögenswerte an; auf andere aus der Schweiz stammende Einkünfte und in der Schweiz belegene Vermögenswerte rechnet die Bundesrepublik Deutschland in entsprechender Anwendung der Vorschriften des deutschen Rechts über die Anrechnung ausländischer Steuern die von diesen Einkünften oder Vermögenswerten erhobene schweizerische Steuer auf die deutsche Steuer (mit Ausnahme der Gewerbesteuer) von diesen Einkünften oder Vermögenswerten an; bei den übrigen Einkünften und Vermögenswerten rechnet die Bundesrepublik Deutschland in entsprechender Anwendung der Vorschriften des deutschen Rechts über die Anrechnung ausländischer Steuern die in Übereinstimmung mit diesem Abkommen von diesen Einkünften oder Vermögenswerten erhobene schweizerische Steuer auf den Teil der deutschen Steuer (mit Ausnahme der Gewerbesteuer) an, der aufgrund dieser Bestimmung von diesen Einkünften oder Vermögenswerten über die deutsche Steuer hinaus erhoben wird, die nach den Artikeln 6 bis 22 hierfür erhoben werden dürfte.

(4) Bei einer in der Schweiz ansässigen natürlichen Person, die nicht die schweizerische Staatsangehörigkeit besitzt und die in der Bundesrepublik Deutschland insgesamt mindestens fünf Jahre unbeschränkt steuerpflichtig war, kann die Bundesrepublik Deutschland in dem Jahr, in dem die unbeschränkte Steuerpflicht zuletzt geendet hat, und in den folgenden fünf Jahren die aus der Bundesrepublik Deutschland stammenden Einkünfte und die in der Bundesrepublik Deutschland belegenen Vermögenswerte, ungeachtet anderer Bestimmungen des Abkommens, besteuern. Die nach diesem Abkommen zulässige Besteuerung dieser Einkünfte oder Vermögenswerte in der Schweiz bleibt unberührt. Die Bundesrepublik Deutschland rechnet jedoch in entsprechender Anwendung der Vorschriften des deutschen Rechts über die Anrechnung ausländischer Steuern die in Übereinstimmung mit diesem Abkommen von diesen Einkünften oder Vermögenswerten erhobene schweizerische Steuer auf den Teil der deutschen Steuer (mit Ausnahme der Gewerbe-

steuer) an, der aufgrund dieser Bestimmung von diesen Einkünften oder Vermögenswerten über die deutsche Steuer hinaus erhoben wird, die nach den Artikeln 6 bis 22 hierfür erhoben werden dürfte. Die Bestimmungen dieses Absatzes gelten nicht, wenn die natürliche Person in der Schweiz ansässig geworden ist, um hier eine echte unselbstständige Arbeit für einen Arbeitgeber auszuüben, an dem sie über das Arbeitsverhältnis hinaus weder unmittelbar noch mittelbar durch Beteiligung oder in anderer Weise wirtschaftlich wesentlich interessiert ist.

(5) Gilt eine natürliche Person nur für einen Teil des Jahres als im Sinne dieses Artikels in einem Vertragstaat ansässig, für den Rest des gleichen Jahres aber als in dem anderen Vertragstaat ansässig (Wohnsitzwechsel), so können in jedem Staat die Steuern auf der Grundlage der unbeschränkten Steuerpflicht nur nach Maßgabe der Zeit erhoben werden, während welcher diese Person als in diesem Staat ansässig gilt.

(6) Nicht als in einem Vertragstaat ansässig gilt eine natürliche Person, die in dem Vertragsstaat, in dem sie nach den vorstehenden Bestimmungen ansässig wäre, nicht mit allen nach dem Steuerrecht dieses Staates allgemein steuerpflichtigen Einkünften aus dem anderen Vertragsstaat den allgemein erhobenen Steuern unterliegt.

(7) Die Bestimmungen dieses Artikels gelten auch für eine bevormundete Person.

(8) Ist nach Absatz 1 eine Gesellschaft in beiden Vertragstaaten ansässig, so gilt sie als in dem Vertragstaat ansässig, in dem sich der Mittelpunkt ihrer tatsächlichen Geschäftsleitung befindet. Die Tatsache allein, dass eine Person an einer Gesellschaft beteiligt ist oder dass sie bei einer Gesellschaft, die einem Konzern angehört, die konzernleitenden Entscheidungen trifft, begründet für diese Gesellschaft keinen Mittelpunkt der tatsächlichen Geschäftsleitung an dem Ort, an dem diese Entscheidungen getroffen werden oder diese Person ansässig ist.

(9) Gilt eine Gesellschaft, die nach Absatz 1 in beiden Vertragstaaten ansässig ist, nach Absatz 8 als in der Schweiz ansässig, so kann die Bundesrepublik Deutschland diese Gesellschaft ungeachtet anderer Bestimmungen dieses Abkommens nach den Vorschriften über die unbeschränkte Steuerpflicht besteuern. Die Bundesrepublik Deutschland wendet jedoch Artikel 24 Absatz 1 Nummer 1 auf die dort genannten, aus der Schweiz stammenden Einkünfte und in der Schweiz belegenen Vermögenswerte an; auf andere aus der Schweiz stammende Einkünfte und in der Schweiz belegene Vermögenswerte rechnet die Bundesrepublik Deutschland in entsprechender Anwendung der Vorschriften des deutschen Rechts über die Anrechnung ausländischer Steuern die von diesen Einkünften oder Vermögenswerten erhobene schweizerische Steuer auf die deutsche Steuer (mit Ausnahme der Gewerbesteuer) von diesen Einkünften oder Vermögenswerten an; bei den übrigen Einkünften und Vermögenswerten rechnet die Bundesrepublik Deutschland in entsprechender Anwendung der Vorschriften des deutschen Rechts über die Anrechnung ausländischer Steuern die in Übereinstimmung mit diesem Abkommen von diesen Einkünften oder Vermögenswerten erhobene schweizerische Steuer auf den Teil der deutschen Steuer (mit Ausnahme der Gewerbesteuer) an, der aufgrund dieser Bestimmung von diesen Einkünften oder Vermögenswerten über die deutsche Steuer hinaus erhoben wird, die nach den Artikeln 6 bis 22 hierfür erhoben werden dürfte.

(10) Absatz 8 berührt nicht die Vorschriften eines Vertragstaates über die Besteuerung von Einkünften im Sinne der Artikel 10 bis 12 und 16, die daran anknüpft, dass die Gesellschaft, von der diese Einkünfte stammen, in diesem Staat ihre Geschäftsleitung oder ihren Sitz

hat; jedoch sind auf diese Einkünfte die Artikel 10 bis 12, 24 und 28 anzuwenden, wenn der Empfänger der Einkünfte in dem anderen Vertragstaat ansässig ist.

(11) Nicht als in einem Vertragstaat ansässig gilt eine Person in Bezug auf Einkünfte und Vermögenswerte, die nicht ihr, sondern einer anderen Person zuzurechnen sind.

Artikel 5

(1) Im Sinne dieses Abkommens bedeutet der Ausdruck „Betriebstätte" eine feste Geschäftseinrichtung, in der die Tätigkeit des Unternehmens ganz oder teilweise ausgeübt wird.

(2) Der Ausdruck „Betriebstätte" umfasst insbesondere:

a) einen Ort der Leitung,
b) eine Zweigniederlassung,
c) eine Geschäftsstelle,
d) eine Fabrikationsstätte,
e) eine Werkstätte,
f) ein Bergwerk, einen Steinbruch oder eine andere Stätte der Ausbeutung von Bodenschätzen,
g) eine Bauausführung oder Montage, deren Dauer zwölf Monate überschreitet.

(3) Als Betriebstätten gelten nicht:

a) Einrichtungen, die ausschließlich zur Lagerung, Ausstellung oder Auslieferung von Gütern oder Waren des Unternehmens benutzt werden;
b) Bestände von Gütern oder Waren des Unternehmens, die ausschließlich zur Lagerung, Ausstellung oder Auslieferung unterhalten werden;
c) Bestände von Gütern oder Waren des Unternehmens, die ausschließlich zu dem Zweck unterhalten werden, durch ein anderes Unternehmen bearbeitet oder verarbeitet zu werden;
d) eine feste Geschäftseinrichtung, die ausschließlich zu dem Zweck unterhalten wird, für das Unternehmen Güter oder Waren einzukaufen oder Informationen zu beschaffen;
e) eine feste Geschäftseinrichtung, die ausschließlich zu dem Zweck unterhalten wird, für das Unternehmen zu werben, Informationen zu erteilen, wissenschaftliche Forschung zu betreiben oder ähnliche Tätigkeiten auszuüben, die vorbereitender Art sind oder eine Hilfstätigkeit darstellen.

(4) Ist eine Person – mit Ausnahme eines unabhängigen Vertreters im Sinne des Absatzes 5 – in einem Vertragstaat für ein Unternehmen des anderen Vertragstaates tätig, so gilt eine in dem erstgenannten Staat gelegene Betriebstätte als gegeben, wenn die Person eine Vollmacht besitzt, im Namen des Unternehmens Verträge abzuschließen, und die Vollmacht in diesem Staat gewöhnlich ausübt, es sei denn, dass sich ihre Tätigkeit auf den Einkauf von Gütern oder Waren für das Unternehmen beschränkt.

(5) Ein Unternehmen eines Vertragstaates wird nicht schon deshalb so behandelt, als habe es eine Betriebstätte in dem anderen Vertragstaat, weil es dort seine Tätigkeit durch einen Makler, Kommissionär oder einen anderen unabhängigen Vertreter ausübt, sofern diese Personen im Rahmen ihrer ordentlichen Geschäftstätigkeit handeln. Allein dadurch, dass eine in einem Vertragstaat ansässige Gesellschaft eine Gesellschaft beherrscht oder von einer Gesellschaft beherrscht wird, die in dem anderen Vertragstaat ansässig ist oder dort (entweder durch eine Betriebstätte oder in anderer Weise) ihre Tätigkeit ausübt, wird eine der beiden Gesellschaften nicht zur Betriebstätte der anderen.

Artikel 6

(1) Einkünfte aus unbeweglichem Vermögen können in dem Vertragstaat besteuert werden, in dem dieses Vermögen liegt.

(2) Der Ausdruck „unbewegliches Vermögen“ bestimmt sich nach dem Recht des Vertragstaates, in dem das Vermögen liegt. Der Ausdruck umfaßt in jedem Fall das Zubehör zum unbeweglichen Vermögen, das lebende und tote Inventar land- und forstwirtschaftlicher Betriebe, die Rechte, auf die die Vorschriften des Privatrechts über Grundstücke Anwendung finden, die Nutzungsrechte an unbeweglichem Vermögen sowie die Rechte auf veränderliche oder feste Vergütungen für die Ausbeutung oder das Recht auf Ausbeutung von Mineralvorkommen, Quellen und anderen Bodenschätzen; Schiffe und Luftfahrzeuge gelten nicht als unbewegliches Vermögen.

(3) Absatz 1 gilt für die Einkünfte aus der unmittelbaren Nutzung, der Vermietung oder Verpachtung sowie jeder anderen Art der Nutzung unbeweglichen Vermögens.

(4) Die Absätze 1 und 3 gelten auch für Einkünfte aus unbeweglichem Vermögen eines Unternehmens und für Einkünfte aus unbeweglichem Vermögen, das der Ausübung eines freien Berufes dient.

Artikel 7

(1) Gewinne eines Unternehmens eines Vertragstaates können nur in diesem Staat besteuert werden, es sei denn, dass das Unternehmen seine Tätigkeit im anderen Vertragstaat durch eine dort gelegene Betriebstätte ausübt. Übt das Unternehmen seine Tätigkeit in dieser Weise aus, so können die Gewinne des Unternehmens in dem anderen Staat besteuert werden, jedoch nur insoweit, als sie dieser Betriebstätte zugerechnet werden können.

(2) Übt ein Unternehmen eines Vertragstaates seine Tätigkeit in dem anderen Vertragstaat durch eine dort gelegene Betriebstätte aus, so sind in jedem Vertragstaat dieser Betriebstätte die Gewinne zuzurechnen, die sie hätte erzielen können, wenn sie eine gleiche oder ähnliche Tätigkeit unter gleichen oder ähnlichen Bedingungen als selbstständiges Unternehmen ausgeübt hätte und im Verkehr mit dem Unternehmen, dessen Betriebstätte sie ist, völlig unabhängig gewesen wäre.

(3) Bei der Ermittlung der Gewinne einer Betriebstätte werden die für diese Betriebstätte entstandenen Aufwendungen, einschließlich der Geschäftsführungs- und allgemeinen Verwaltungskosten, zum Abzug zugelassen, gleichgültig, ob sie in dem Staat, in dem die Betriebstätte liegt, oder anderswo entstanden sind.

(4) Soweit es in einem Vertragstaat üblich ist, die einer Betriebsstätte zuzurechnenden Gewinne durch Aufteilung der Gesamtgewinne des Unternehmens auf seine einzelnen Teile zu ermitteln, schließt Absatz 2 nicht aus, dass dieser Vertragstaat die zu besteuernden Gewinne nach der üblichen Aufteilung ermittelt; die Art der angewendeten Gewinnaufteilung muss jedoch so sein, dass das Ergebnis mit den Grundsätzen dieses Artikels übereinstimmt.

(5) Auf Grund des bloßen Einkaufs von Gütern oder Waren für das Unternehmen wird einer Betriebstätte kein Gewinn zugerechnet.

(6) Bei Anwendung der vorstehenden Absätze sind die der Betriebstätte zuzurechnenden Gewinne jedes Jahr auf dieselbe Art zu ermitteln, es sei denn, dass ausreichende Gründe dafür bestehen, anders zu verfahren.

(7) Dieser Artikel gilt auch für Einkünfte aus der Beteiligung an einer Personengesellschaft. Er erstreckt sich auch auf Vergütungen, die ein Gesellschafter einer Personengesellschaft

von der Gesellschaft für seine Tätigkeit im Dienst der Gesellschaft, für die Gewährung von Darlehen oder für die Überlassung von Wirtschaftsgütern bezieht, wenn diese Vergütungen nach dem Steuerrecht des Vertragstaates, in dem die Betriebstätte gelegen ist, den Einkünften des Gesellschafters aus dieser Betriebstätte zugerechnet werden.

(8) Gehören zu den Gewinnen Einkünfte, die in anderen Artikeln dieses Abkommens behandelt werden, so werden die Bestimmungen jener Artikel durch die Bestimmungen dieses Artikels nicht berührt.

Artikel 8

(1) Gewinne aus dem Betrieb von Seeschiffen oder Luftfahrzeugen im internationalen Verkehr können nur in dem Vertragstaat besteuert werden, in dem sich der Ort der tatsächlichen Geschäftsleitung des Unternehmens befindet.

(2) Gewinne aus dem Betrieb von Schiffen, die der Binnenschifffahrt dienen, können nur in dem Vertragstaat besteuert werden, in dem sich der Ort der tatsächlichen Geschäftsleitung des Unternehmens befindet.

(3) Befindet sich der Ort der tatsächlichen Geschäftsleitung eines Unternehmens der See- oder Binnenschifffahrt an Bord eines Schiffes, so gilt er als in dem Vertragstaat gelegen, in dem der Heimathafen des Schiffes liegt, oder, wenn kein Heimathafen vorhanden ist, in dem Vertragstaat, in dem die Person, die das Schiff betreibt, ansässig ist.

(4) Die vorstehenden Bestimmungen gelten auch,

a) wenn der Betrieb der Schiff- oder Luftfahrt mit gecharterten oder gemieteten Fahrzeugen durchgeführt wird,
b) für Agenturen, soweit deren Tätigkeit unmittelbar mit dem Betrieb der Schiff- oder Luftfahrt oder dem Zubringerdienst zusammenhängt, und
c) für Beteiligungen von Unternehmen der Schiff- oder Luftfahrt an einem Pool, einer gemeinsamen Betriebsorganisation oder einer internationalen Betriebskörperschaft.

(5) Hat ein Unternehmen im Sinne dieses Artikels, das in Form einer Personengesellschaft betrieben wird, den Ort der tatsächlichen Geschäftsleitung in einem Vertragstaat, ist aber einer der Teilhaber in dem anderen Vertragstaat ansässig, so kann dieser andere Vertragstaat diesen Teilhaber für die Einkünfte aus seiner Beteiligung an dieser Personengesellschaft besteuern, gewährt aber für die im erstgenannten Vertragstaat erhobene Steuer Entlastung von seiner Steuer im Rahmen des Artikels 24.

Artikel 9

Wenn

a) ein Unternehmen eines Vertragstaates unmittelbar oder mittelbar an der Geschäftsleitung, der Kontrolle oder am Kapital eines Unternehmens des anderen Vertragstaates beteiligt ist, oder
b) dieselben Personen unmittelbar oder mittelbar an der Geschäftsleitung, der Kontrolle oder am Kapital eines Unternehmens eines Vertragstaates und eines Unternehmens des anderen Vertragstaates beteiligt sind,

und in diesen Fällen zwischen den beiden Unternehmen hinsichtlich ihrer kaufmännischen oder finanziellen Beziehungen Bedingungen vereinbart oder auferlegt werden, die von denen abweichen, die unabhängige Unternehmen miteinander vereinbaren würden, so dürfen die Gewinne, die eines der Unternehmen ohne diese Bedingungen erzielt hätte, wegen dieser Bedingungen aber nicht erzielt hat, den Gewinnen dieses Unternehmens zugerechnet und entsprechend besteuert werden.

Artikel 10

(1) Dividenden, die eine in einem Vertragstaat ansässige Gesellschaft an eine in dem anderen Vertragstaat ansässige Person zahlt, können in dem anderen Staat besteuert werden.

(2) Diese Dividenden können jedoch auch in dem Vertragsstaat, in dem die die Dividenden zahlende Gesellschaft ansässig ist, nach dem Recht dieses Staates besteuert werden; die Steuer darf aber nicht übersteigen:

a) 5 vom Hundert des Bruttobetrags der Dividenden, wenn sie von einer Gesellschaft gezahlt werden, die ein Kraftwerk zur Ausnutzung der Wasserkraft des Rheinstromes zwischen dem Bodensee und Basel betreibt (Grenzkraftwerk am Rhein);
b) 30 vom Hundert des Bruttobetrags der Dividenden, wenn es sich um Einnahmen aus Beteiligungen an einem Handelsgewerbe als stiller Gesellschafter im Sinne des deutschen Rechts, aus Genussrechten, aus Gewinnobligationen oder aus partiarischen Darlehen handelt und wenn diese Beträge bei der Gewinnermittlung des Schuldners abzugsfähig sind;
c) 15 vom Hundert des Bruttobetrags der Dividenden in Fällen die nicht unter Buchstabe a oder b fallen.

(3) Ungeachtet des Absatzes 2 dürfen Dividenden in dem Vertragsstaat, in dem die die Dividenden zahlende Gesellschaft ansässig ist, nicht besteuert werden, wenn der Empfänger der Dividenden eine im anderen Vertragsstaat ansässige Gesellschaft ist, die unmittelbar über mindestens 20 vom Hundert des Kapitals der die Dividenden zahlenden Gesellschaft verfügt.

(4) Der in diesem Artikel verwendete Ausdruck „Dividenden" bedeutet Einnahmen aus Aktien, Genussrechten (wie zum Beispiel Genussaktien oder Genussscheine), Anteilen an einer Gesellschaft mit beschränkter Haftung, Kuxen Gründeranteilen oder anderen Rechten – ausgenommen Forderungen – mit Gewinnbeteiligung sowie aus sonstigen Gesellschaftsanteilen stammende Einnahmen, die nach dem Steuerrecht des Staates, in dem die ausschüttende Gesellschaft ansässig ist, den Einnahmen aus Aktien gleichgestellt sind, einschließlich der Einnahmen aus Beteiligungen an einem Handelsgewerbe als stiller Gesellschafter im Sinne des deutschen Rechts, aus Gewinnobligationen oder aus partiarischen Darlehen sowie der Ausschüttungen auf die Anteilscheine von Kapitalanlegegesellschaften (Investmentfonds).

(5) Die Absätze 1 bis 3 sind nicht anzuwenden, wenn der in einem Vertragstaat ansässige Empfänger der Dividenden in dem anderen Vertragstaat, in dem die die Dividenden zahlende Gesellschaft ansässig ist, eine Betriebstätte hat und die Beteiligung, für die die Dividenden gezahlt werden, tatsächlich zu dieser Betriebstätte gehört. In diesem Fall ist Artikel 7 anzuwenden.

(6) Bezieht eine in einem Vertragstaat ansässige Gesellschaft Gewinne oder Einkünfte aus dem anderen Vertragstaat, so darf dieser andere Staat weder die Dividenden besteuern, die die Gesellschaft an nicht in diesem anderen Staat ansässige Personen zahlt, noch Gewinne der Gesellschaft einer Steuer für nicht ausgeschüttete Gewinne unterwerfen, selbst wenn die gezahlten Dividenden oder die nicht ausgeschütteten Gewinne ganz oder teilweise aus in dem anderen Staat erzielten Gewinnen oder Einkünften bestehen. Artikel 4 Absatz 10 bleibt vorbehalten.

Artikel 11

(1) Zinsen, die aus einem Vertragstaat stammen und an eine in dem anderen Vertragstaat ansässige Person gezahlt werden, können nur in dem anderen Staat besteuert werden.

(2) Der in diesem Artikel verwendete Ausdruck „Zinsen" bedeutet, vorbehaltlich Artikel 10 Absatz 4, Einnahmen aus öffentlichen Anleihen, aus Schuldverschreibungen einschließlich Wandelanleihen, auch wenn sie durch Pfandrechte an Grundstücken gesichert sind, und aus Forderungen jeder Art sowie alle anderen Einnahmen, die nach dem Steuerrecht des Staates, aus dem sie stammen, den Einnahmen aus Darlehen gleichgestellt sind.

(3) Absatz 1 ist nicht anzuwenden, wenn der in einem Vertragstaat ansässige Empfänger der Zinsen in dem anderen Vertragstaat, aus dem die Zinsen stammen, eine Betriebstätte hat und die Forderung, für die die Zinsen gezahlt werden, tatsächlich zu dieser Betriebstätte gehört. In diesem Fall ist Artikel 7 anzuwenden.

(4) Bestehen zwischen Schuldner und Gläubiger oder zwischen jedem von ihnen und einem Dritten besondere Beziehungen und übersteigen deshalb die gezahlten Zinsen, gemessen an der zugrunde liegenden Forderung, den Betrag, den Schuldner und Gläubiger ohne diese Beziehungen vereinbart hätten, so wird dieser Artikel nur auf diesen letzten Betrag angewendet. In diesem Fall kann der übersteigende Betrag nach dem Recht jedes Vertragstaates und unter Berücksichtigung der anderen Bestimmungen dieses Abkommens besteuert werden.

Artikel 12

(1) Lizenzgebühren, die aus einem Vertragstaat stammen und an eine in dem anderen Vertragstaat ansässige Person gezahlt werden, können nur in dem anderen Staat besteuert werden.

(2) Der in diesem Artikel verwendete Ausdruck „Lizenzgebühren" bedeutet Vergütungen jeder Art, die für die Benutzung oder für das Recht auf Benutzung von Urheberrechten an literarischen, künstlerischen oder wissenschaftlichen Werken, einschließlich kinematographischer Filme, von Patenten, Warenzeichen, Mustern oder Modellen, Plänen, geheimen Formeln oder Verfahren oder für die Benutzung oder das Recht auf Benutzung gewerblicher, kaufmännischer oder wissenschaftlicher Ausrüstungen oder für die Mitteilung gewerblicher, kaufmannischer oder wissenschaftlicher Erfahrungen gezahlt werden.

(3) Absatz 1 ist nicht anzuwenden, wenn der in einem Vertragstaat ansässige Empfänger der Lizenzgebühren in dem anderen Vertragstaat, aus dem die Lizenzgebühren stammen, eine Betriebstätte hat und die Rechte oder Vermögenswerte, für die die Lizenzgebühren gezahlt werden, tatsächlich zu dieser Betriebstätte gehören. In diesem Fall ist Artikel 7 anzuwenden.

(4) Bestehen zwischen Schuldner und Gläubiger oder zwischen jedem von ihnen und einem Dritten besondere Beziehungen und übersteigen deshalb die gezahlten Lizenzgebühren, gemessen an der zugrunde liegenden Leistung, den Betrag, den Schuldner und Gläubiger ohne diese Beziehungen vereinbart hätten, so wird dieser Artikel nur auf diesen letzten Betrag angewendet. In diesem Fall kann der übersteigende Betrag nach dem Recht jedes Vertragstaates und unter Berücksichtigung der anderen Bestimmungen dieses Abkommens besteuert werden.

Artikel 13

(1) Gewinne aus der Veräußerung unbeweglichen Vermögens im Sinne des Artikels 6 Absatz 2 können in dem Vertragstaat besteuert werden, in dem dieses Vermögen liegt.

(2) Gewinne aus der Veräußerung beweglichen Vermögens, das Betriebsvermögen einer Betriebstätte darstellt, die ein Unternehmen eines Vertragstaates in dem anderen Vertragstaat hat, oder das zu einer festen Einrichtung gehört, über die eine in einem Vertragstaat ansässige Person für die Ausübung eines freien Berufes in dem anderen Vertragstaat verfügt, einschließlich derartiger Gewinne, die bei der Veräußerung einer solchen Betriebstätte (allein oder zusammen mit dem übrigen Unternehmen) oder einer solchen festen Einrichtung erzielt werden, können in dem anderen Staat besteuert werden. Jedoch können Gewinne aus der Veräußerung des in Artikel 22 Absatz 3 genannten beweglichen Vermögens nur in dem Vertragstaat besteuert werden, in dem dieses bewegliche Vermögen nach dem angeführten Artikel besteuert werden kann.

(3) Gewinne aus der Veräußerung des in den Absätzen 1 und 2 nicht genannten Vermögens können nur in dem Vertragstaat besteuert werden, in dem der Veräußerer ansässig ist.

(4) Ungeachtet des Absatzes 3 können Gewinne aus der vollen oder teilweisen Veräußerung einer wesentlichen Beteiligung an einer Gesellschaft in dem Vertragstaat besteuert werden, in dem die Gesellschaft ansässig ist, sofern der in dem anderen Vertragstaat ansässige Veräußerer eine natürliche Person ist,

a) die im Laufe der fünf Jahre vor der Veräußerung im Sinne des Artikels 4 im erstgenannten Vertragstaat ansässig war und
b) die in dem anderen Staat für den Veräußerungsgewinn keiner Steuer unterliegt. Eine wesentliche Beteiligung ist gegeben, wenn der Veräußerer unmittelbar oder mittelbar zu mehr als einem Viertel am Kapital der Gesellschaft beteiligt war.

(5) Besteuert ein Vertragstaat bei Wegzug einer in diesem Staat ansässigen natürlichen Person den Vermögenszuwachs, der auf eine wesentliche Beteiligung an einer in diesem Staat ansässigen Gesellschaft entstanden ist, so wird bei späterer Veräußerung der Beteiligung, wenn der daraus erzielte Gewinn in dem anderen Staat gemäß Absatz 3 besteuert wird, dieser Staat bei der Ermittlung des Veräußerungsgewinns als Anschaffungskosten den Betrag zugrunde legen, den der erstgenannte Staat im Zeitpunkt des Wegzugs als Erlös angenommen hat.

Artikel 14

(1) Einkünfte, die eine in einem Vertragstaat ansässige Person aus einem freien Beruf oder aus sonstiger selbstständiger Tätigkeit ähnlicher Art bezieht, können nur in diesem Staat besteuert werden, es sei denn, dass die Person für die Ausübung ihrer Tätigkeit in dem anderen Vertragstaat regelmäßig über eine feste Einrichtung verfügt. Verfügt sie über eine solche feste Einrichtung, so können die Einkünfte in dem anderen Staat besteuert werden, jedoch nur insoweit, als sie dieser festen Einrichtung zugerechnet werden können.

(2) Der Ausdruck „freier Beruf“ umfasst insbesondere die selbstständig ausgeübte wissenschaftliche, literarische, künstlerische, erzieherische oder unterrichtende Tätigkeit sowie die selbstständige Tätigkeit der Ärzte, Rechtsanwälte, Ingenieure, Architekten, Zahnärzte und Bücherrevisoren.

Artikel 15

(1) Vorbehaltlich der Artikel 15a bis 19 können Gehälter, Löhne und ähnliche Vergütungen, die eine in einem Vertragstaat ansässige Person aus unselbstständiger Arbeit bezieht, nur in diesem Staat besteuert werden, es sei denn, dass die Arbeit in dem anderen Vertragstaat ausgeübt wird. Wird die Arbeit dort ausgeübt, so können die dafür bezogenen Vergütungen in dem anderen Staat besteuert werden.

(2) Ungeachtet des Absatzes 1 können Vergütungen, die eine in einem Vertragstaat ansässige Person für eine in dem anderen Vertragstaat ausgeübte unselbstständige Arbeit bezieht, nur in dem erstgenannten Staat besteuert werden, wenn

a) der Empfänger sich in dem anderen Staat insgesamt nicht länger als 183 Tage während des betreffenden Kalenderjahres aufhält,
b) die Vergütungen von einem Arbeitgeber oder für einen Arbeitgeber gezahlt werden, der nicht in dem anderen Staat ansässig ist, und
c) die Vergütungen nicht von einer Betriebstätte oder einer festen Einrichtung getragen werden, die der Arbeitgeber in dem anderen Staat hat.

(3) Ungeachtet der vorstehenden Bestimmungen dieses Artikels können Vergütungen für unselbstständige Arbeit, die an Bord eines Seeschiffes oder Luftfahrzeuges im internationalen Verkehr oder an Bord eines Schiffes, das der Binnenschifffahrt dient, ausgeübt wird, in dem Vertragstaat besteuert werden, in dem sich der Ort der tatsächlichen Geschäftsleitung des Unternehmens befindet. Werden diese Vergütungen in diesem Staat nicht besteuert, so können sie in dem anderen Vertragstaat besteuert werden.

(4) Vorbehaltlich des Absatzes 15a kann eine natürliche Person, die in einem Vertragstaat ansässig, aber als Vorstandsmitglied, Direktor, Geschäftsführer oder Prokurist einer in dem anderen Vertragstaat ansässigen Kapitalgesellschaft tätig ist, mit den Einkünften aus dieser Tätigkeit in diesem anderen Staat besteuert werden, sofern ihre Tätigkeit nicht so abgegrenzt ist, dass sie lediglich Aufgaben außerhalb dieses anderen Staates umfasst. Besteuert dieser andere Vertragstaat diese Einkünfte nicht, so können sie in dem Staat besteuert werden, in dem die natürliche Person ansässig ist.

Artikel 15a

(1) Ungeachtet des Artikels 15 können Gehälter, Löhne und ähnliche Vergütungen, die ein Grenzgänger aus unselbstständiger Arbeit bezieht, in dem Vertragstaat besteuert werden, in dem dieser ansässig ist. Zum Ausgleich kann der Vertragstaat, in dem die Arbeit ausgeübt wird, von diesen Vergütungen eine Steuer im Abzugsweg erheben. Diese Steuer darf 4,5 vom Hundert des Bruttobetrages der Vergütungen nicht übersteigen, wenn die Ansässigkeit durch eine amtliche Bescheinigung der zuständigen Finanzbehörde des Vertragstaates, in dem der Steuerpflichtige ansässig ist, nachgewiesen wird. Artikel 4 Absatz 4 bleibt vorbehalten.

(2) Grenzgänger im Sinne des Absatzes 1 ist jede in einem Vertragstaat ansässige Person, die in dem anderen Vertragstaat ihren Arbeitsort hat und von dort regelmäßig an ihren Wohnsitz zurückkehrt. Kehrt diese Person nicht jeweils nach Arbeitsende an ihren Wohnsitz zurück, entfällt die Grenzgängereigenschaft nur dann, wenn die Person bei einer Beschäftigung während des gesamten Kalenderjahres an mehr als 60 Arbeitstagen aufgrund ihrer Arbeitsausübung nicht an ihren Wohnsitz zurückkehrt.

(3) Der Vertragstaat, in dem der Grenzgänger ansässig ist, berücksichtigt die nach Absatz 1 Satz 3 erhobene Steuer ungeachtet des Artikels 24 wie folgt:

a) in der Bundesrepublik Deutschland wird die Steuer entsprechend § 36 Einkommensteuergesetz unter Ausschluss von § 34c Einkommensteuergesetz auf die deutsche Einkommensteuer angerechnet; die Steuer wird auch bei der Festsetzung von Einkommensteuer-Vorauszahlungen berücksichtigt;
b) in der Schweiz wird der Bruttobetrag der Vergütungen bei der Ermittlung der Bemessungsgrundlage um ein Fünftel herabgesetzt.

(4) Die zuständigen Behörden der Vertragstaaten verständigen sich über die weiteren Einzelheiten sowie die verfahrensmäßigen Voraussetzungen für die Anwendung der vorstehenden Absätze.

Artikel 16

Bezüge und Vergütungen, die eine in einem Vertragstaat ansässige Person von einer in dem anderen Vertragstaat ansässigen Gesellschaft in ihrer Eigenschaft als Mitglied des Aufsichts- oder Verwaltungsrates der Gesellschaft bezieht, können in dem anderen Staat besteuert werden.

Artikel 17

(1) Ungeachtet der Artikel 7, 14 und 15 können Einkünfte, die berufsmäßige Künstler, wie Bühnen-, Film-, Rundfunk- oder Fernsehkünstler und Musiker, sowie Sportler und Artisten für ihre in dieser Eigenschaft persönlich ausgeübte Tätigkeit beziehen, in dem Vertragstaat besteuert werden, in dem sie diese Tätigkeit ausüben. Das gilt auch für die Einkünfte, die einer anderen Person für die Tätigkeit oder Überlassung des Künstlers, Sportlers oder Artisten zufließen.

(2) Absatz 1 gilt nicht für Einkünfte aus Tätigkeiten berufsmäßiger Künstler, die in erheblichem Umfang unmittelbar oder mittelbar durch Zuwendungen aus öffentlichen Mitteln des Staates, in dem der Künstler ansässig ist, gefördert werden.

Artikel 18

Vorbehaltlich des Artikels 19 können Ruhegehälter und ähnliche Vergütungen, die einer in einem Vertragstaat ansässigen Person für frühere unselbstständige Arbeit gezahlt werden, nur in diesem Staat besteuert werden.

Artikel 19

(1) Vergütungen, einschließlich der Ruhegehälter, die von einem Vertragstaat, einem Land, Kanton, Bezirk, Kreis, einer Gemeinde oder einem Gemeindeverband oder von einer juristischen Person des öffentlichen Rechts dieses Staates unmittelbar oder aus einem Sondervermögen an eine natürliche Person für erbrachte Dienste gewährt werden, können nur in diesem Staat besteuert werden. Jedoch können Vergütungen, ausgenommen Ruhegehälter, für Dienste, die in dem anderen Vertragstaat von einem Staatsangehörigen dieses Staates erbracht werden, der nicht zugleich die Staatsangehörigkeit des erstgenannten Staates besitzt, nur in dem anderen Staat besteuert werden.

(2) Auf Vergütungen für Dienstleistungen, die im Zusammenhang mit einer kaufmännischen oder gewerblichen Tätigkeit eines der Vertragstaaten, eines Landes, Kantons, Bezirks, Kreises, einer Gemeinde, eines Gemeindeverbandes oder einer juristischen Person des öffentlichen Rechts dieses Staates erbracht werden, finden die Artikel 15 und 16 Anwendung.

(3) Absatz 1 findet ebenfalls Anwendung auf die Vergütungen, die von der Deutschen Bundesbank, der Deutschen Bundesbahn und der Deutschen Bundespost sowie von der Schweizerischen Nationalbank, den Schweizerischen Bundesbahnen, den schweizerischen Post-, Telephon- und Telegraphenbetrieben und der schweizerischen Verkehrszentrale gezahlt werden.

(4) Abweichend von den Absätzen 1 und 3 können Vergütungen der dort genannten Art, wenn sie von dem in den Grenzgebieten tätigen Personal der Bahn-, Post-, Telegrafen- und Zollverwaltungen der beiden Vertragstaaten bezogen werden, nur in dem Vertragstaat besteuert werden, in dem diese Personen ansässig sind.

(5) Artikel 15a gilt entsprechend für die in den Absätzen 1 und 3 genannten Vergütungen.

(6) Absatz 1 Satz 1 gilt entsprechend für Bezüge aus öffentlichen Mitteln für gegenwärtige oder frühere Erfüllung der Wehrpflicht, einschließlich der Unterhaltsbeiträge, die Angehörigen zum Wehrdienst Eingezogener gewährt werden.

(7) Ruhegehälter, Leibrenten und andere wiederkehrende oder nicht wiederkehrende Bezüge, die von einem der beiden Vertragstaaten oder einer anderen juristischen Person des öffentlichen Rechts eines der beiden Vertragstaaten als Vergütung für einen Schaden gewährt werden, der als Folge von Kriegshandlungen oder politischer Verfolgung entstanden ist, können nur in diesem Staat besteuert werden.

Artikel 20

Zahlungen, die ein Student, Praktikant, Volontär oder Lehrling, der in einem Vertragstaat ansässig ist oder vorher dort ansässig war und der sich in dem anderen Vertragstaat ausschließlich zum Studium oder zur Ausbildung aufhält, für seinen Unterhalt, sein Studium oder seine Ausbildung erhält, werden in dem anderen Staat nicht besteuert, sofern ihm diese Zahlungen aus Quellen außerhalb des anderen Staates zufließen.

Artikel 21

Die in den vorstehenden Artikeln nicht ausdrücklich erwähnten Einkünfte einer in einem Vertragstaat ansässigen Person können nur in diesem Staat besteuert werden.

Artikel 22

(1) Unbewegliches Vermögen im Sinne des Artikels 6 Absatz 2 kann in dem Vertragstaat besteuert werden, in dem dieses Vermögen liegt.

(2) Bewegliches Vermögen, das Betriebsvermögen einer Betriebstätte eines Unternehmens darstellt oder das zu einer der Ausübung eines freien Berufes dienenden festen Einrichtung gehört, kann in dem Vertragstaat besteuert werden, in dem sich die Betriebstätte oder die feste Einrichtung befindet.

(3) Seeschiffe und Luftfahrzeuge im internationalen Verkehr und Schiffe, die der Binnenschifffahrt dienen, sowie bewegliches Vermögen, das dem Betrieb dieser Schiffe und Luftfahrzeuge dient, können nur in dem Vertragstaat besteuert werden, in dem sich der Ort der tatsächlichen Geschäftsleitung des Unternehmens befindet.

(4) Beteiligungen an einem Handelsgewerbe als stiller Gesellschafter im Sinne des deutschen Rechts, Gewinnobligationen und partiarische Darlehen können in dem Vertragstaat besteuert werden, in dem der Schuldner ansässig ist. Besteuert dieser Staat nicht, so können diese Vermögenswerte in dem anderen Staat besteuert werden.

(5) Jeder der beiden Vertragstaaten behält sich das Recht vor, bewegliches Vermögen, an dem eine Nutznießung besteht, nach seiner eigenen Gesetzgebung zu besteuern. Sollte sich daraus eine Doppelbesteuerung ergeben, so werden sich die zuständigen Behörden der beiden Staaten über die Beseitigung dieser Doppelbesteuerung von Fall zu Fall verständigen.

(6) Alle anderen Vermögenswerte einer in einem Vertragstaat ansässigen Person können nur in diesem Staat besteuert werden.

Artikel 23

(1) Dieses Abkommen ist nicht so auszulegen, als hindere es einen Vertragsstaat, seine innerstaatlichen Rechtsvorschriften zur Verhinderung der Steuerumgehung oder Steuerhinterziehung anzuwenden.

(2) Führen die Bestimmungen des Absatzes 1 zu einer Doppelbesteuerung, beraten die zuständigen Behörden nach Artikel 26 Absatz 3 gemeinsam darüber, ob die Doppelbesteuerung zu vermeiden ist.

Artikel 24

(1) Bei einer Person, die in der Bundesrepublik Deutschland ansässig ist, wird die Doppelbesteuerung wie folgt vermieden:

1. Von der Bemessungsgrundlage der deutschen Steuer werden die folgenden aus der Schweiz stammenden Einkünfte, die nach den vorstehenden Artikeln in der Schweiz besteuert werden können, ausgenommen:
   a) Gewinne im Sinne des Artikels 7 aus eigener Tätigkeit einer Betriebstätte, soweit die Gewinne nachweislich durch Herstellung, Bearbeitung, Verarbeitung oder Montage von Gegenständen, Aufsuchen und Gewinnung von Bodenschätzen, Bank- und Versicherungsgeschäfte, Handel oder Erbringung von Dienstleistungen unter Teilnahme am allgemeinen Wirtschaftsverkehr erzielt werden; gleiches gilt für die Einkünfte aus unbeweglichem Vermögen, das einer solchen Betriebstätte dient (Artikel 6 Absatz 4), sowie für die Gewinne aus der Veräußerung dieses unbeweglichen Vermögens (Artikel 13 Absatz 1) und des beweglichen Vermögens, das Betriebsvermögen der Betriebstätte darstellt (Artikel 13 Absatz 2). Dies gilt nicht für Einkünfte aus einer stillen Beteiligung als Mitunternehmer an einem in der Schweiz ansässigen Unternehmen, soweit die Schweiz diese Einkünfte nicht nach Artikel 7 besteuert.
   b) Dividenden im Sinne des Artikels 10, die eine in der Schweiz ansässige Gesellschaft an eine in der Bundesrepublik Deutschland ansässige Gesellschaft ausschüttet, wenn die in der Bundesrepublik Deutschland ansässige Gesellschaft über mindestens 20 vom Hundert des Kapitals der die Dividenden zahlenden Gesellschaft verfügt und
   c) Einkünfte aus einem freien Beruf oder sonstiger selbstständiger Tätigkeit im Sinne des Artikels 14, soweit sie nicht unter Artikel 17 fallen; gleiches gilt für die Einkünfte aus unbeweglichem Vermögen, das der Ausübung des freien Berufes dient (Artikel 6 Absatz 4), sowie für die Gewinne aus der Veräußerung dieses unbeweglichen Vermögens (Artikel 13 Absatz 1) und des beweglichen Vermögens, das zur festen Einrichtung gehört (Artikel 13 Absatz 2);
   d) Gehälter, Löhne und ähnliche Vergütungen im Sinne des Artikels 15, soweit sie nicht unter Artikel 17 fallen, vorausgesetzt, die Arbeit wird in der Schweiz ausgeübt.

   Die Bundesrepublik Deutschland wird jedoch diese Einkünfte bei der Festsetzung des Satzes ihrer Steuer auf die Einkünfte, die nach dieser Vorschrift nicht von der Bemessungsgrundlage der deutschen Steuer auszunehmen sind, einbeziehen. Das Vorstehende gilt entsprechend für die in der Schweiz belegenen Vermögenswerte, wenn die daraus erzielten Einkünfte nach den Buchstaben a bis c von der Bemessungsgrundlage der deutschen Steuer auszunehmen sind oder auszunehmen wären.
2. Soweit Nummer 1 nicht anzuwenden ist, wird bei den aus der Schweiz stammenden Einkünften und bei den dort belegenen Vermögenswerten die in Übereinstimmung mit diesem Abkommen erhobene und nicht zu erstattende schweizerische Steuer nach Maßgabe der Vorschriften des deutschen Rechts über die Anrechnung ausländischer Steuern auf den Teil der deutschen Steuer (mit Ausnahme der Gewerbesteuer) angerechnet, der auf diese Einkünfte oder Vermögenswerte entfällt.

3. Bei einer nach deutschem Recht errichteten Offenen Handelsgesellschaft oder Kommanditgesellschaft, an der neben in der Bundesrepublik Deutschland ansässigen Personen auch Personen beteiligt sind, die nicht in der Bundesrepublik Deutschland ansässig sind, und die ihre Geschäftsleitung in der Bundesrepublik Deutschland hat, finden hinsichtlich der aus der Schweiz stammenden Einkünfte die Vorschriften des deutschen Rechts über die Anrechnung ausländischer Steuern auch auf den Teil der Einkünfte entsprechend Anwendung, der der deutschen Besteuerung unterliegt und der auf die nicht in der Bundesrepublik Deutschland ansässigen Personen entfällt.
4. Verwendet eine in der Bundesrepublik Deutschland ansässige Gesellschaft Einkünfte aus Quellen innerhalb der Schweiz zur Ausschüttung, so stehen die Nummern 1 bis 3 der Herstellung der Ausschüttungsbelastung nach den Vorschriften des Steuerrechts der Bundesrepublik Deutschland nicht entgegen.

(2) Bei einer Person, die in der Schweiz ansässig ist, wird die Doppelbesteuerung wie folgt vermieden:

1. Bezieht eine in der Schweiz ansässige Person Einkünfte oder hat sie Vermögen und können diese Einkünfte oder dieses Vermögen nach diesem Abkommen (ausgenommen Artikel 4 Absätze 3, 4 und 9 und Artikel 23) in der Bundesrepublik Deutschland besteuert werden, so nimmt die Schweiz diese Einkünfte (ausgenommen Dividenden) oder dieses Vermögen von der Besteuerung aus; die Schweiz kann aber bei der Festsetzung der Steuer für das übrige Einkommen oder das übrige Vermögen dieser ansässigen Person den Steuersatz anwenden, der anzuwenden wäre, wenn die betreffenden Einkünfte oder das betreffende Vermögen nicht von der Besteuerung ausgenommen wären.
2. Bezieht eine in der Schweiz ansässige Person Dividenden, die nach Artikel 10 in der Bundesrepublik Deutschland besteuert werden können, so gewährt die Schweiz dieser Person auf Antrag eine Entlastung. Diese Entlastung besteht
   a) in der Anrechnung der nach Artikel 10 in der Bundesrepublik Deutschland erhobenen Steuer auf die vom Einkommen dieser Person geschuldete schweizerische Steuer, wobei der anzurechnende Betrag jedoch den Teil der vor der Anrechnung ermittelten schweizerischen Steuer nicht übersteigen darf, der auf die Dividenden entfällt oder
   b) in einer pauschalen Ermäßigung der schweizerischen Steuer oder
   c) in einer vollen oder teilweisen Befreiung der Dividenden von der schweizerischen Steuer, mindestens aber im Abzug der in der Bundesrepublik Deutschland erhobenen Steuer vom Bruttobetrag der Dividenden.

   Die Entlastung besteht jedoch im Abzug der in der Bundesrepublik Deutschland erhobenen Steuer vom Bruttoertrag der Dividenden, wenn der in der Schweiz ansässige Empfänger gemäß Artikel 23 die in Artikel 10 vorgesehene Begrenzung der deutschen Steuer von den Dividenden nicht beanspruchen kann.
3. Bezieht eine in der Schweiz ansässige Person Zinsen, Lizenzgebühren oder Veräußerungsgewinne, die nach Artikel 23 in der Bundesrepublik Deutschland besteuert werden können, so gewährt die Schweiz den Abzug der in der Bundesrepublik Deutschland erhobenen Steuer vom Bruttoertrag der Zinsen, Lizenzgebühren oder Veräußerungsgewinne.
4. Ungeachtet der Nummer 1 nimmt die Schweiz die einer in der Schweiz ansässigen Person gehörenden Anteile an einer in der Bundesrepublik Deutschland ansässigen Gesellschaft mit beschränkter Haftung noch während fünf Jahren vom Zeitpunkt der

erstmaligen Anwendung dieses Abkommens an gerechnet von der schweizerischen Steuer vom Vermögen aus; sie behält aber das Recht, bei der Festsetzung der Steuer für das übrige Vermögen dieser ansässigen Person den Steuersatz anzuwenden, der anzuwenden wäre, wenn diese Anteile nicht von der Besteuerung ausgenommen wären.

5. Die Schweiz wird gemäß den Vorschriften über die Durchführung von zwischenstaatlichen Abkommen des Bundes zur Vermeidung der Doppelbesteuerung die Art der nach Nummer 2 vorgesehenen Entlastung bestimmen und das Verfahren ordnen.

Artikel 25

(1) Die Staatsangehörigen eines Vertragstaates dürfen in dem anderen Vertragstaat weder einer Besteuerung noch einer damit zusammenhängenden Verpflichtung unterworfen werden, die anders oder belastender sind als die Besteuerung und die damit zusammenhängenden Verpflichtungen, denen die Staatsangehörigen des anderen Staates unter gleichen Verhältnissen unterworfen sind oder unterworfen werden können.

(2) Die Besteuerung einer Betriebstätte, die ein Unternehmen eines Vertragstaates in dem anderen Vertragstaat hat, darf in dem anderen Staat nicht ungünstiger sein als die Besteuerung von Unternehmen des anderen Staates, die die gleiche Tätigkeit ausüben. Diese Bestimmung ist nicht so auszulegen, als verpflichte sie einen Vertragstaat, den in dem anderen Vertragstaat ansässigen Personen Steuerfreibeträge, Steuervergünstigungen und Steuerermäßigungen aufgrund des Personenstandes oder der Familienlasten zu gewähren, die er den in seinem Gebiet ansässigen Personen gewährt.

(3) Die Unternehmen eines Vertragstaates, deren Kapital ganz oder teilweise, unmittelbar oder mittelbar, einer in dem anderen Vertragstaat ansässigen Person oder mehreren solchen Personen gehört oder ihrer Kontrolle unterliegt, dürfen in dem erstgenannten Vertragstaat weder einer Besteuerung noch einer damit zusammenhängenden Verpflichtung unterworfen werden, die anders oder belastender sind als die Besteuerung und die damit zusammenhängenden Verpflichtungen, denen andere ähnliche Unternehmen des erstgenannten Staates unterworfen sind oder unterworfen werden können.

(4) In diesem Artikel bedeutet der Ausdruck „Besteuerung“ Steuern jeder Art und Bezeichnung.

Artikel 26

(1) Ist eine in einem Vertragstaat ansässige Person der Auffassung, dass die Maßnahmen eines Vertragstaates oder beider Vertragstaaten für sie zu einer Besteuerung geführt haben oder führen werden, die diesem Abkommen nicht entspricht, so kann sie unbeschadet der nach innerstaatlichem Recht dieser Staaten vorgesehenen Rechtsbehelfe ihren Fall der zuständigen Behörde des Vertragstaates unterbreiten, in dem sie ansässig ist.

(2) Hält diese zuständige Behörde die Einwendung für begründet und ist sie selbst nicht in der Lage, eine befriedigende Lösung herbeizuführen, so wird sie sich bemühen, den Fall durch Verständigung mit der zuständigen Behörde des anderen Vertragstaates so zu regeln, dass eine dem Abkommen nicht entsprechende Besteuerung vermieden wird.

(3) Die zuständigen Behörden der Vertragstaaten werden sich bemühen, Schwierigkeiten oder Zweifel, die bei der Auslegung oder Anwendung des Abkommens entstehen, in gegenseitigem Einvernehmen zu beseitigen. Sie können auch gemeinsam darüber beraten, wie eine Doppelbesteuerung in Fällen, die in den Abkommen nicht behandelt sind, vermieden werden kann.

(4) Die zuständigen Behörden der Vertragstaaten können zur Herbeiführung einer Einigung im Sinne der vorstehenden Absätze unmittelbar miteinander verkehren. Erscheint

ein mündlicher Meinungsaustausch für die Herbeiführung der Einigung zweckmäßig, so kann ein solcher Meinungsaustausch in einer Kommission durchgeführt werden, die aus Vertretern der zuständigen Behörden der Vertragstaaten besteht.

Artikel 27

(1) a) Die zuständigen Behörden der Vertragsstaaten können auf Verlangen diejenigen (gemäß den Steuergesetzgebungen der Vertragsstaaten im Rahmen der normalen Verwaltungspraxis erhältlichen) Auskünfte austauschen, die notwendig sind zur Durchführung dieses Abkommens, die eine unter das Abkommen fallende Steuer betreffen. Dies gilt auch für Auskünfte zur Feststellung der Voraussetzungen für die Besteuerung nach Artikel 15a.

b) Amtshilfe wird auch zur Durchrührung des innerstaatlichen Rechts bei Betrugsdelikten gewährt. Die Vertragsstaaten werden in ihrem innenstaatlichen Recht die zur Durchführung dieser Bestimmungen erforderlichen Maßnahmen ergreifen.

Jede auf diese Weise ausgetauschte Auskunft soll geheim gehalten und niemandem zugänglich gemacht werden, der sich nicht mit der Veranlagung, der Erhebung, der Rechtsprechung oder der Strafverfolgung hinsichtlich der unter dieses Abkommen falle3nden Steuern befasst. Auskünfte, die irgendein Handels- oder Geschäfts-, gewerbliches oder Berufsgeheimnis oder ein Geschäftsverfahren offenbaren würden, dürfen nicht ausgetauscht erden. Vorbehalten bleiben die im Protokoll genannten Einschränkungen des Bankgeheimnisses bei Betrugsdelikten.

(2) Die Bestimmungen dieses Artikels dürfen auf keinen Fall dahin ausgelegt werden, dass sie einem der Vertragstaaten die Verpflichtung auferlegen, Verwaltungsmaßnahmen durchzuführen, die von seinen eigenen Vorschriften oder von seiner Verwaltungspraxis abweichen oder die seiner Souveränität, seiner Sicherheit, seinen allgemeinen Interessen oder dem Ordre public widersprechen, oder Angaben zu vermitteln, die nicht aufgrund seiner eigenen und aufgrund der Gesetzgebung des ersuchenden Staates beschafft werden können.

Artikel 28

(1) Werden in einem der beiden Vertragstaaten die Steuern von Dividenden, Zinsen oder Lizenzgebühren im Abzugswege (an der Quelle) erhoben, so wird das Recht zur Vornahme des Steuerabzugs durch dieses Abkommen nicht berührt

(2) Die im Abzugswege (an der Quelle) einbehaltene Steuer ist jedoch auf Antrag zu erstatten, soweit ihre Erhebung durch das Abkommen eingeschränkt wird. Anstelle einer Erstattung kann bei Lizenzgebühren auf Antrag vom Abzug der Steuer abgesehen werden.

(3) Die Frist für den Antrag auf Erstattung beträgt drei Jahre nach Ablauf des Kalenderjahres, in dem die Dividenden, Zinsen oder Lizenzgebühren fällig geworden sind.

(4) Die Anträge müssen stets eine amtliche Bescheinigung des Staates, in dem der Steuerpflichtige ansässig ist, über die Erfüllung der Voraussetzungen für die unbeschränkte Steuerpflicht in diesem Staat enthalten.

(5) Die zuständigen Behörden werden sich über die weiteren Einzelheiten des Verfahrens gemäß Artikel 26 verständigen.

Artikel 29

(1) Dieses Abkommen berührt nicht die diplomatischen und konsularischen Vorrechte, die nach den allgemeinen Regeln des Völkerrechts oder aufgrund besonderer Vereinbarungen gewährt werden.

(2) Soweit Einkünfte oder Vermögenswerte wegen der einer Person nach den allgemeinen Regeln des Völkerrechts oder aufgrund besonderer zwischenstaatlicher Verträge zustehenden diplomatischen oder konsularischen Vorrechte im Empfangsstaat nicht besteuert werden, steht das Besteuerungsrecht dem Entsendestaat zu.

(3) Bei Anwendung des Abkommens gelten die Angehörigen einer diplomatischen oder konsularischen Vertretung, die ein Vertragstaat in dem anderen Vertragstaat oder in einem dritten Staat unterhält, und ihnen nahestehende Personen als im Entsendestaat ansässig, wenn sie die Staatsangehörigkeit des Entsendestaates besitzen und dort zu den Steuern vom Einkommen und vom Vermögen wie in diesem Staat ansässige Personen herangezogen werden.

(4) Das Abkommen gilt nicht für zwischenstaatliche Organisationen, ihre Organe oder Beamten sowie nicht für Angehörige diplomatischer oder konsularischer Vertretungen eines dritten Staates und ihnen nahestehende Personen, die in einem Vertragstaat anwesend sind, aber in keinem der beiden Vertragstaaten für Zwecke der Steuern vom Einkommen und vom Vermögen wie dort ansässige Personen behandelt werden.

Artikel 30

(1) Mit dem Inkrafttreten dieses Abkommens tritt das Abkommen zwischen dem Deutschen Reiche und der Schweizerischen Eidgenossenschaft zur Vermeidung der Doppelbesteuerung auf dem Gebiete der direkten Steuern und der Erbschaftssteuern vom 15. Juli 1931 in der Fassung des Zusatzprotokolls vom 20. März 1959 außer Kraft, soweit es sich nach seinem Abschnitt I auf die direkten Steuern bezieht. Seine diesbezüglichen Bestimmungen finden nicht mehr Anwendung auf Steuern, auf die dieses Abkommen nach seinem Artikel 32 anzuwenden ist.

(2) Das Zusatzprotokoll vom 6. Juli 1956 zum Abkommen zwischen dem Deutschen Reiche und der Schweizerischen Eidgenossenschaft vom 15. Juli 1931 zur Vermeidung der Doppelbesteuerung auf dem Gebiete der direkten Steuern und der Erbschaftssteuern bleibt neben diesem Abkommen bestehen.

Artikel 31

Dieses Abkommen gilt auch für das Land Berlin, sofern nicht die Regierung der Bundesrepublik Deutschland gegenüber dem Schweizerischen Bundesrat innerhalb von drei Monaten nach Inkrafttreten des Abkommens eine gegenteilige Erklärung abgibt.

Artikel 32

(1) Dieses Abkommen soll ratifiziert und die Ratifikationsurkunden sollen so bald wie möglich in Bern ausgetauscht werden.

(2) Dieses Abkommen tritt mit dem Austausch der Ratifikationsurkunden in Kraft und ist anzuwenden:

a) auf die im Abzugswege (an der Quelle) erhobenen Steuern von den nach dem 31. Dezember 1971 zugeflossenen Einkünften;

b) auf die sonstigen für das Jahr 1972 und die folgenden Jahre erhobenen Steuern.

(3) Jeder der beiden Vertragstaaten erlässt die für die Durchführung des Absatzes 2 notwendigen Vorschriften.

Artikel 33

Dieses Abkommen bleibt in Kraft, solange es nicht von einem der Vertragstaaten gekündigt wird. Jeder Vertragstaat kann das Abkommen auf diplomatischem Wege unter Einhaltung einer Frist von sechs Monaten zum Ende eines Kalenderjahres kündigen. In diesem Falle findet das Abkommen letztmals Anwendung:

a) auf die im Abzugswege (an der Quelle) erhobenen Steuern von den Einkünften, die bis Ablauf des Jahres, auf dessen Ende die Kündigung ausgesprochen worden ist, zugeflossen sind;
b) auf die sonstigen Steuern, die für das Jahr erhoben werden, auf dessen Ende die Kündigung ausgesprochen worden ist.

II. Abkommen zwischen der Bundesrepublik Deutschland und der Schweizerischen Eidgenossenschaft zur Vermeidung der Doppelbesteuerung auf dem Gebiet der Nachlass- und Erbschaftssteuern

(Vom 30.11.1978, BStBl I 1980, S. 243.) 2

Artikel 1

Dieses Abkommen gilt für Nachlässe von Erblassern, die im Zeitpunkt ihres Todes einen Wohnsitz in einem Vertragsstaat oder in beiden Vertragsstaaten hatten.

Artikel 2

(1) Dieses Abkommen gilt, ohne Rücksicht auf die Art der Erhebung, für Nachlass- und Erbschaftssteuern, die für Rechnung eines der beiden Vertragsstaaten, der Länder, Kantone, Bezirke, Kreise, Gemeinden oder Gemeindeverbände (auch in Form von Zuschlägen) erhoben werden.

(2) Als Nachlass- und Erbschaftssteuern gelten alle Steuern, die von Todes wegen als Nachlasssteuern, Erbanfallsteuern, Abgaben vom Vermögensübergang oder Steuern von Schenkungen auf den Todesfall erhoben werden.

(3) Zu den bestehenden Steuern, für die das Abkommen gilt, gehören

a) in der Bundesrepublik Deutschland: die Erbschaftssteuer;
b) in der Schweiz: die von den Kantonen, Bezirken, Kreisen und Gemeinden erhobenen Erbschaftssteuern (Erbanfall- und Nachlasssteuern).

(4) Das Abkommen gilt auch für alle Nachlass- und Erbschaftssteuern die nach der Unterzeichnung dieses Abkommens neben den bestehenden Steuern oder an deren Stelle erhoben werden.

Artikel 3

(1) Im Sinne dieses Abkommens

a) bedeutet der Ausdruck „Bundesrepublik Deutschland", im geographischen Sinne verwendet, das Gebiet des Geltungsbereichs des Grundgesetzes für die Bundesrepublik Deutschland sowie das an die Hoheitsgewässer der Bundesrepublik Deutschland angrenzende und steuerrechtlich als Inland bezeichnete Gebiet, in dem die Bundesrepublik Deutschland in Übereinstimmung mit dem Völkerrecht ihre Rechte hinsichtlich des Meeresgrundes und des Meeresuntergrundes sowie ihrer Naturschätze ausüben darf;
b) bedeutet der Ausdruck „Schweiz" die Schweizerische Eidgenossenschaft;
c) bedeuten die Ausdrücke „ein Vertragsstaat" und „der andere Vertragsstaat", je nach dem Zusammenhang die Bundesrepublik Deutschland oder die Schweiz;

d) bedeutet der Ausdruck „Staatsangehörige"
   aa) in Bezug auf die Bundesrepublik Deutschland: Deutsche im Sinne des Artikels 116 Absatz 1 des Grundgesetzes für die Bundesrepublik Deutschland und juristische Personen, Personengesellschaften und andere Personenvereinigungen, die nach dem in der Bundesrepublik Deutschland geltenden Recht errichtet worden sind;
   bb) in Bezug auf die Schweiz: natürliche Personen, die die schweizerische Staatsangehörigkeit besitzen, und juristische Personen, Personengesellschaften und andere Personenvereinigungen, die nach dem in der Schweiz geltenden Recht errichtet worden sind;
e) bedeutet der Ausdruck „zuständige Behörde"
   aa) in der Bundesrepublik Deutschland: der Bundesminister der Finanzen;
   bb) in der Schweiz: der Direktor der Eidgenössischen Steuerverwaltung oder sein bevollmächtigter Vertreter.

(2) Bei der Anwendung des Abkommens durch einen Vertragsstaat hat, wenn der Zusammenhang nichts anderes erfordert, jeder im Abkommen nicht determinierte Ausdruck die Bedeutung, die ihm nach dem Recht dieses Staates über die Steuern zukommt, für die das Abkommen gilt.

Artikel 4

(1) Einen Wohnsitz im Sinne dieses Abkommens hatte der Erblasser
a) in der Bundesrepublik Deutschland, wenn er Inländer im Sinne des Erbschaftsteuerrechts der Bundesrepublik Deutschland war;
b) in der Schweiz, wenn er dort im Sinne des schweizerischen Erbschaftsteuerrechts Wohnsitz oder ständigen Aufenthalt hatte oder wenn dort der Erbgang zu eröffnen ist.

(2) Hatte nach Absatz 1 ein Erblasser in beiden Vertragsstaaten einen Wohnsitz, so gilt folgendes:
a) Der Wohnsitz der Erblasser gilt als in dem Staat gelegen, in dem er über eine ständige Wohnstätte verfügte. Verfügte er in beiden Staaten über eine ständige Wohnstätte, so gilt sein Wohnsitz als in dem Staat gelegen, zu dem er die engeren persönlichen und wirtschaftlichen Beziehungen hatte (Mittelpunkt der Lebensinteressen).
b) Kann nicht bestimmt werden, in welchem Staat der Erblasser den Mittelpunkt seiner Lebensinteressen hatte, oder verfügte er in keinem der Staaten über eine ständige Wohnstätte, so gilt sein Wohnsitz als in dem Staat gelegen, in dem er seinen gewöhnlichen Aufenthalt hatte.
c) Hatte der Erblasser seinen gewöhnlichen Aufenthalt in beiden Staaten oder in keinem der Staaten, so gilt sein Wohnsitz als in dem Staat gelegen, dessen Staatsangehöriger er war.
d) War der Erblasser Staatsangehöriger beider Staaten oder keines der Staaten, so regeln die zuständigen Behörden der Vertragsstaaten die Frage in gegenseitigem Einvernehmen.

(3) Hatte ein Erblasser nach den Absätzen 1 und 2 seinen Wohnsitz in der Schweiz, verfügte er aber im Zeitpunkt seines Todes seit mindestens fünf Jahren in der Bundesrepublik Deutschland über eine ständige Wohnstätte, so kann das Nachlassvermögen ungeachtet der Artikel 5 bis 8 Absatz 1 nach dem Recht der Bundesrepublik Deutschland besteuert werden. Die nach dem Abkommen in der Schweiz zulässige Besteuerung bleibt unberührt. Artikel 10 Absatz 1 ist entsprechend anzuwenden.

(4) Hatte ein Erblasser im Zeitpunkt seines Todes seinen Wohnsitz in der Schweiz und hatte er vorher über eine ständige Wohnstätte in der Bundesrepublik Deutschland verfügt, so kann das Nachlassvermögen ungeachtet der Artikel 5 bis 8 Absatz 1 nach dem Recht der Bundesrepublik Deutschland besteuert werden, wenn der Erblasser in den letzten zehn Jahren vor der Aufgabe seiner letzten Wohnstätte in der Bundesrepublik Deutschland mindestens fünf Jahre über eine solche Wohnstätte verfügt hatte und sein Tod in dem Jahr, in dem er zuletzt über eine solche Wohnstätte verfügt hatte, oder in den folgenden fünf Jahren eingetreten ist. Dies gilt nicht, wenn der Erblasser

a) in der Schweiz einen Wohnsitz begründet hatte
   aa) wegen Aufnahme einer echten unselbstständigen Tätigkeit in der Schweiz für einen Arbeitgeber, an dem er über das Arbeitsverhältnis hinaus weder unmittelbar noch mittelbar durch Beteiligung oder in anderer Weise wirtschaftlich interessiert war, oder
   bb) wegen Eheschließung mit einem schweizerischen Staatsangehörigen oder
b) in dem Zeitpunkt, in dem er zuletzt über eine ständige Wohnstätte in der Bundesrepublik Deutschland verfügt hatte, schweizerischer Staatsangehöriger war.

Die nach dem Abkommen in der Schweiz zulässige Besteuerung bleibt unberührt. Artikel 10 Absatz 1 ist entsprechend anzuwenden.

(5) Als ständige Wohnstätte im Sinne dieses Artikels gelten nicht eine Wohnung oder Räumlichkeiten, die Erholungs-, Kur-, Studien- oder Sportzwecken dienen und nachweislich nur gelegentlich verwendet werden.

Artikel 5

(1) Unbewegliches Vermögen, das ein Erblasser, der im Zeitpunkt des Todes seinen Wohnsitz in einem Vertragsstaat hatte, im anderen Vertragsstaat besaß, kann im anderen Staat besteuert werden.

(2) Der Ausdruck „unbewegliches Vermögen“ hat die Bedeutung, die ihm nach dem Recht des Vertragsstaats zukommt, in dem das Vermögen liegt. Der Ausdruck umfasst in jedem Fall das Zubehör zum unbeweglichen Vermögen, das lebende und tote Inventar land- und forstwirtschaftlicher Betriebe, die Rechte, für die die Vorschriften des Privatrechts über Grundstücke gelten, Nutzungsrechte an unbeweglichem Vermögen sowie Rechte auf veränderliche oder feste Vergütungen für die Ausbeutung oder das Recht auf Ausbeutung von Mineralvorkommen, Quellen und anderen Bodenschätzen; Schiffe und Luftfahrzeuge gelten nicht als unbewegliches Vermögen.

(3) Die Absätze 1 und 2 gelten auch für unbewegliches Vermögen eines Unternehmens und für unbewegliches Vermögen, das der Ausübung eines freien Berufs oder einer sonstigen selbstständigen Tätigkeit ähnlicher Art dient.

Artikel 6

(1) Vermögen (ausgenommen das nach den Artikeln 5 und 7 zu behandelnde Vermögen), das Betriebsvermögen einer Betriebstätte eines Unternehmens ist, die ein Erblasser, der im Zeitpunkt des Todes seinen Wohnsitz in einem Vertragsstaat hatte, im anderen Vertragsstaat hatte, kann im anderen Staat besteuert werden.

(2) Der Ausdruck „Betriebstätte“ bedeutet eine feste Geschäftseinrichtung, in der die Tätigkeit eines Unternehmens ganz oder teilweise ausgeübt wird.

(3) Der Ausdruck „Betriebstätte“ umfasst insbesondere:

a) einen Ort der Leitung,
b) eine Zweigniederlassung,

c) eine Geschäftsstelle,
d) eine Fabrikationsstätte,
e) eine Werkstätte und
f) ein Bergwerk, ein Öl- oder Gasvorkommen, einen Steinbruch oder eine andere Stätte der Ausbeutung von Bodenschätzen.

(4) Eine Bauausführung oder Montage ist nur dann eine Betriebstätte, wenn ihre Dauer zwölf Monate überschreitet.

(5) Ungeachtet der vorstehenden Bestimmungen dieses Artikels gelten nicht als Betriebstätten:
a) Einrichtungen, die ausschließlich zur Lagerung, Ausstellung oder Auslieferung von Gütern oder Waren des Unternehmens benutzt werden;
b) Bestände von Gütern oder Waren des Unternehmens, die aus schließlich zur Lagerung, Ausstellung oder Auslieferung unter halten werden;
c) Bestände von Gütern oder Waren des Unternehmens die ausschließlich zu dem Zweck unterhalten werden, durch ein anderes Unternehmen bearbeitet oder verarbeitet zu werden;
d) eine feste Geschäftseinrichtung, die ausschließlich zu dem Zweck unterhalten wird, für das Unternehmen Güter oder Waren einzukaufen oder Informationen zu beschaffen;
e) eine feste Geschäftseinrichtung, die ausschließlich zu dem Zweck unterhalten wird, für das Unternehmen andere Tätigkeiten auszuüben, die vorbereitender Art sind oder eine Hilfstätigkeit darstellen;
f) eine feste Geschäftseinrichtung, die ausschließlich zu dem Zweck unterhalten wird, mehrere der unter den Buchstaben a bis e genannten Tätigkeiten auszuüben, vorausgesetzt, dass die sich dar aus ergebende Gesamttätigkeit der festen Geschäftseinrichtung vorbereitender Art ist oder eine Hilfstätigkeit darstellt.

(6) Ist eine Person – mit Ausnahme eines unabhängigen Vertreters im Sinne des Absatzes 7 – für ein Unternehmen tätig und besitzt sie in einem Vertragsstaat die Vollmacht, im Namen des Unternehmens Verträge abzuschließen, und übt sie die Vollmacht dort gewöhnlich aus so wird das Unternehmen ungeachtet der Absätze 2 und 3 so behandelt, als habe es in diesem Staat für alle von der Person für das Unternehmen ausgeübte Tätigkeiten eine Betriebstätte, es sei denn diese Tätigkeiten beschränken sich auf die in Absatz 5 genannten Tätigkeiten, die, würden sie durch eine feste Geschäftseinrichtung ausgeübt, diese Einrichtung nach dem genannten Absatz nicht zu einer Betriebstätte machen.

(7) Ein Unternehmen eines Vertragsstaats wird nicht schon deshalb so behandelt als habe es eine Betriebstätte in dem anderen Vertragsstaat, weil es dort seine Tätigkeit durch einen Makler, Kommissionär oder einen anderen unabhängigen Vertreter ausübt, sofern diese Personen im Rahmen ihrer ordentlichen Geschäftstätigkeit handeln.

(8) Vermögen (ausgenommen das nach Artikel 5 zu behandelnde Vermögen), das zu einer der Ausübung eines freien Berufs oder einer sonstigen selbstständigen Tätigkeit ähnlicher Art dienenden festen Einrichtung gehört, die ein Erblasser, der im Zeitpunkt des Todes seinen Wohnsitz in einem Vertragsstaat hatte, im anderen Vertragsstaat hatte, kann im anderen Staat besteuert werden.

(9) Dieser Artikel gilt auch für Beteiligungen an Personengesellschaften. Er erstreckt sich auch auf Darlehensforderungen, die dem Gesellschafter gegenüber der Gesellschaft zustehen, und auf Wirtschaftsgüter, die der Gesellschaft von dem Gesellschafter überlassen

worden sind sofern diese Gegenstände nach dem Recht des Vertragsstaats, in dem sich die Betriebstätte befindet, dem Betriebsvermögen der Betriebstätte zugerechnet werden.

Artikel 7

Seeschiffe und Luftfahrzeuge im internationalen Verkehr und der Binnenschifffahrt dienende Schiffe, die von einem Unternehmen betrieben werden, das einem Erblasser gehörte, der im Zeitpunkt des Todes seinen Wohnsitz in einem Vertragsstaat hatte, und bewegliches Vermögen, das dem Betrieb dieser Schiffe oder Luftfahrzeuge dient, können im anderen Vertragsstaat besteuert werden, wenn sich der Ort der tatsächlichen Geschäftsleitung des Unternehmens im anderen Staat befindet.

Artikel 8

(1) Das nicht nach den Artikeln 5 bis 7 zu behandelnde Vermögen kann nur in dem Vertragsstaat besteuert werden, in dem der Erblasser im Zeitpunkt des Todes seinen Wohnsitz hatte.

(2) Ungeachtet der Artikel 5 bis 7 und Absatz 1 dieses Artikels kann das Nachlassvermögen nach dem Recht der Bundesrepublik Deutschland besteuert werden, wenn der Erwerber im Zeitpunkt des Todes des Erblassers in der Bundesrepublik Deutschland über eine ständige Wohnstätte verfügte oder dort seinen gewöhnlichen Aufenthalt hatte. Die nach dem Abkommen in der Schweiz zulässige Besteuerung bleibt unberührt. Die Artikel 4 Absatz 5 und 10 Absatz 1 sind entsprechend anzuwenden. Die vorstehenden Bestimmungen gelten nicht, wenn im Zeitpunkt des Todes des Erblassers dieser und der Erwerber schweizerische Staatsangehörige waren.

Artikel 9

(1) Schulden, die mit einem bestimmten Vermögensgegenstand in wirtschaftlichem Zusammenhang stehen, werden vom Wert dieses Vermögens abgezogen.

(2) Die anderen Schulden werden vom Wert des Vermögens abgezogen, das nur in dem Vertragsstaat besteuert werden kann, in dem der Erblasser seinen Wohnsitz hatte. Diese Schulden werden bei der Anwendung des Artikels 4 Absätze 3 und 4 und des Artikels 8 Absatz 2 auch in der Bundesrepublik Deutschland abgezogen, wenn der Erblasser bzw. der Erwerber Inländer im Sinne des Erbschaftsteuerrechts der Bundesrepublik Deutschland waren. War der Erblasser nicht Inländer und besteuert die Bundesrepublik Deutschland nach Artikel 4 Absatz 4 Vermögen, das nach Artikel 8 Absatz 1 nur in der Schweiz besteuert werden kann, so wird vom Wert dieses Vermögens der Teil der nach diesem Absatz von der Schweiz zu berücksichtigenden Schulden abgezogen, der dem Verhältnis dieses Vermögens nach Berücksichtigung eines Schuldenausgleichs nach Absatz 3 zum gesamten Rohvermögen nach Abzug der unter Absatz 1 fallenden Schulden entspricht.

(3) Übersteigt eine Schuld den Wert des Vermögens, von dem sie in einem Vertragsstaat nach den Absätzen 1 und 2 abzuziehen ist, so wird der übersteigende Betrag vorn Wert des übrigen Vermögens, das in diesem Staat besteuert werden kann, abgezogen.

(4) Verbleibt nach den Abzügen, die aufgrund der vorstehenden Absätze vorzunehmen sind, ein Schuldenrest, wo wird dieser vom Wert des Vermögens, das im anderen Vertragsstaat besteuert werden kann, abgezogen.

(5) Die vorstehenden Bestimmungen über den Schuldenabzug gelten sinngemäß auch für den Abzug der Vermächtnisse.

Artikel 10

(1) Hatte der Erblasser im Zeitpunkt des Todes seinen Wohnsitz in der Bundesrepublik Deutschland, so wird die Doppelbesteuerung wie folgt vermieden:

a) Die Bundesrepublik Deutschland nimmt in der Schweiz gelegenes unbewegliches Vermögen im Sinne des Artikels 5 Absatz 2 von der Besteuerung aus, wenn der Erblasser im Zeitpunkt seines Todes schweizerischer Staatsangehöriger war. Sie kann aber bei der Festsetzung der Steuer für das Vermögen, für das sie das Besteuerungsrecht behält, den Steuersatz anwenden, der anzuwenden wäre, wenn das unbewegliche Vermögen nicht von der Besteuerung ausgenommen wäre.
b) Soweit Buchstabe a nicht anzuwenden ist, rechnet die Bundesrepublik Deutschland nach Maßgabe der Vorschriften des deutschen Rechts über die Anrechnung ausländischer Steuern auf die nach ihrem Recht festgesetzte Steuer die Steuer an, die in der Schweiz für das Vermögen gezahlt wird, das nach dem Abkommen in der Schweiz besteuert werden kann. Der anzurechnende Betrag darf jedoch den Teil der vor der Anrechnung ermittelten Steuer nicht übersteigen, der auf das Vermögen entfällt, das in der Schweiz besteuert werden kann.

(2) Hatte der Erblasser im Zeitpunkt des Todes seinen Wohnsitz in der Schweiz, so wird die Doppelbesteuerung wie folgt vermieden:

Die Schweiz nimmt das Vermögen, das nach den Artikeln 5, 6 und 7 in der Bundesrepublik Deutschland besteuert werden kann, von der Besteuerung aus. Sie kann aber bei der Festsetzung der Steuer für das Vermögen, für das sie das Besteuerungsrecht behält, den Steuersatz anwenden, der anzuwenden wäre, wenn das betreffende Vermögen nicht von der Besteuerung ausgenommen wäre.

Artikel 11

(1) Die Staatsangehörigen eines Vertragsstaats dürfen im anderen Vertragsstaat weder einer Besteuerung noch einer damit zusammenhängenden Verpflichtung unterworfen werden, die anders oder belastender sind als die Besteuerung und die damit zusammenhängenden Verpflichtungen, denen die Staatsangehörigen des anderen Staates unter gleichen Verhältnissen unterworfen sind oder unterworfen werden können.

(2) Die Besteuerung einer Betriebstätte, die ein Unternehmen eines Vertragstaats im anderen Vertragsstaat hat, darf im anderen Staat nicht ungünstiger sein, als die Besteuerung von Unternehmen des anderen Staates, die die gleiche Tätigkeit ausüben. Diese Bestimmung ist nicht so auszulegen, als verpflichte sie einen Vertragsstaat, den im anderen Vertragsstaat ansässigen Personen Steuerfreibeträge, -vergünstigungen und -ermäßigungen aufgrund des Personenstandes oder der Familienlasten zu gewähren, die er den in seinem Gebiet ansässigen Personen gewährt.

(3) Die Unternehmen eines Vertragsstaats, deren Kapital ganz oder teilweise, unmittelbar oder mittelbar, einer im anderen Vertragsstaat ansässigen Person oder mehreren solchen Personen gehört oder ihrer Kontrolle unterliegt, dürfen im erstgenannten Vertragsstaat weder einer Besteuerung noch einer damit zusammenhängenden Verpflichtung unterworfen werden, die anders oder belastender sind als die Besteuerung und die damit zusammenhängenden Verpflichtungen, denen andere ähnliche Unternehmen des erstgenannten Staates unterworfen sind oder unterworfen werden können.

(4) In diesem Artikel bedeutet der Ausdruck „Besteuerung" Steuern jeder Art und Bezeichnung.

Artikel 12

(1) Ist eine Person der Auffassung, dass Maßnahmen eines Vertragsstaats oder beider Vertragsstaaten für sie zu einer Besteuerung führen oder führen werden, die diesem Abkommen nicht entspricht, so kann sie unbeschadet der nach dem innerstaatlichen Recht dieser Staaten vorgesehenen Rechtsmittel ihren Fall der zuständigen Behörde eines der beiden Staaten unterbreiten.

(2) Hält die zuständige Behörde die Einwendung für begründet und ist sie selbst nicht in der Lage, eine befriedigende Lösung herbeizuführen, so wird sie sich bemühen, den Fall durch Verständigung mit der zuständigen Behörde des anderen Vertragsstaats so zu regeln, dass eine dem Abkommen nicht entsprechende Besteuerung vermieden wird.

(3) Die zuständigen Behörden der Vertragsstaaten werden sich bemühen, Schwierigkeiten oder Zweifel, die bei der Auslegung oder Anwendung des Abkommens entstehen, in gegenseitigem Einvernehmen zu beseitigen. Sie können auch gemeinsam darüber beraten, wie eine Doppelbesteuerung in Fällen vermieden werden kann, die im Abkommen nicht behandelt sind. Dies gilt auch für die Besteuerung von Schenkungen und Zweckzuwendungen unter Lebenden.

(4) Die zuständigen Behörden der Vertragsstaaten können zur Herbeiführung einer Einigung im Sinne der vorstehenden Absätze unmittelbar miteinander verkehren. Erscheint ein mündlicher Meinungsaustausch für die Herbeiführung der Einigung zweckmäßig, so kann ein solcher Meinungsaustausch in einer Kommission durchgeführt werden, die aus Vertretern der zuständigen Behörden der Vertragsstaaten besteht.

Artikel 13

(1) Die zuständigen Behörden der Vertragsstaaten können auf Verlangen diejenigen (gemäß den Steuergesetzgebungen der beiden Staaten im Rahmen der normalen Verwaltungspraxis erhältlichen) Auskünfte austauschen, die notwendig sind für eine richtige Durchführung dieses Abkommens. Jede auf diese Weise ausgetauschte Auskunft soll geheimgehalten und niemandem zugänglich gemacht werden, der sich nicht mit der Veranlagung, der Erhebung, der Rechtsprechung oder der Strafverfolgung hinsichtlich der unter dieses Abkommen fallenden Steuern befaßt. Auskünfte, die irgendein Handels- oder Bank-, gewerbliches oder Berufsgeheimnis oder ein Geschäftsverfahren offenbaren würden, dürfen nicht ausgetauscht werden.

(2) Die Bestimmungen dieses Artikels dürfen auf keinen Fall dahin ausgelegt werden, dass sie einem der Vertragsstaaten die Verpflichtung auferlegen, Verwaltungsmaßnahmen durchzuführen, die von seinen eigenen Vorschriften oder von seiner Verwaltungspraxis abweichen oder die seiner Souveränität, seiner Sicherheit, seinen allgemeinen Interessen oder dem Ordre public widersprechen, oder Angaben zu vermitteln, die nicht aufgrund seiner eigenen und aufgrund der Gesetzgebung des ersuchenden Staates beschafft werden können.

Artikel 14

Dieses Abkommen berührt nicht die steuerlichen Vorrechte, die den Mitgliedern einer diplomatischen Mission oder konsularischen Vertretung oder ihren Familienangehörigen nach den allgemeinen Regeln des Völkerrechts oder aufgrund besonderer Vereinbarungen zustehen. Soweit eine Nachlass- oder Erbschaftssteuer wegen dieser Vorrechte im Empfangsstaat nicht erhoben werden kann, steht das Besteuerungsrecht dem Entsendestaat zu.

Artikel 15

Mit dem Inkrafttreten dieses Abkommens tritt das Abkommen vom 15. 7. 1931 zwischen dem Deutschen Reich und der Schweizerischen Eidgenossenschaft zur Vermeidung der Doppelbesteuerung auf dem Gebiete der direkten Steuern und der Erbschaftssteuern in der zur Zeit gültigen Fassung außer Kraft. Es findet nicht mehr Anwendung auf Nachlässe, auf die dieses Abkommen nach Artikel 17 Absatz 2 anzuwenden ist.

Artikel 16

Dieses Abkommen gilt auch für das Land Berlin, sofern nicht die Regierung der Bundesrepublik Deutschland dem Schweizerischen Bundesrat innerhalb von drei Monaten nach Inkrafttreten des Abkommens eine gegenteilige Erklärung abgibt.

Artikel 17

(1) Dieses Abkommen bedarf der Ratifikation; die Ratifikationsurkunden werden so bald wie möglich in Bern ausgetauscht.

(2) Das Abkommen tritt am 30. Tag nach dem Tag in Kraft (das DBA ist am 28.09.80 in Kraft getreten, BGBl 1980 II S. 1341), an dem die Ratifikationsurkunden ausgetauscht werden. Seine Bestimmungen finden auf Nachlässe von Personen Anwendung, die an oder nach diesem Tag sterben.

Artikel 18

Dieses Abkommen bleibt in Kraft, solange es nicht von einem der Vertragsstaaten gekündigt worden ist. Jeder Vertragsstaat kann das Abkommen auf diplomatischem Weg unter Einhaltung einer Frist von mindestens sechs Monaten zum Ende eines Kalenderjahres, frühestens zum Ende des Jahres 1983, kündigen. In diesem Fall findet das Abkommen nicht mehr auf Nachlässe von Personen Anwendung, die nach Ablauf des Kalenderjahres verstorben sind, zu dessen Ende das Abkommen gekündigt worden ist.

III. Abkommen zwischen der Bundesrepublik Deutschland und der Republik Österreich zur Vermeidung der Doppelbesteuerung auf dem Gebiet der Steuern vom Einkommen und vom Vermögen

3 (BStBl I 2002, S. 584 ff, S. 958. Das Abkommen trat am 21.8.2002 einen Monat nach Austausch der Ratifikationsurkunden in Kraft. Es ist nach Art. 31 Abs. 2 DBA Österreich/Deutschland ab dem 1.1.2003 anwendbar.)

Artikel 1 Persönlicher Geltungsbereich

Dieses Abkommen gilt für Personen, die in einem Vertragsstaat oder in beiden Vertragsstaaten ansässig sind.

Artikel 2 Unter das Abkommen fallende Steuern

(1) Dieses Abkommen gilt, ohne Rücksicht auf die Art der Erhebung, für Steuern vom Einkommen und vom Vermögen, die für Rechnung eines Vertragsstaats oder seiner Gebietskörperschaften erhoben werden.

(2) Als Steuern vom Einkommen und vom Vermögen gelten alle Steuern, die vom Gesamteinkommen, vom Gesamtvermögen oder von Teilen des Einkommens oder des Vermögens erhoben werden, einschließlich der Steuern vom Gewinn aus der Veräußerung beweglichen oder unbeweglichen Vermögens, der Lohnsummensteuern sowie der Steuern vom Vermögenszuwachs.

(3) Zu den bestehenden Steuern, für die das Abkommen gilt, gehören insbesondere

a) in der Bundesrepublik Deutschland:
   1. die Einkommensteuer,
   2. die Körperschaftsteuer,
   3. die Gewerbesteuer und
   4. die Grundsteuer,

   einschließlich der hierauf erhobenen Zuschläge (im Folgenden als „deutsche Steuer" bezeichnet),

b) in der Republik Österreich:
   1. die Einkommensteuer,
   2. die Körperschaftsteuer,
   3. die Grundsteuer,
   4. die Abgabe von land- und forstwirtschaftlichen Betrieben und
   5. die Abgabe vom Bodenwert bei unbebauten Grundstücken,

   einschließlich der hierauf erhobenen Zuschläge (im Folgenden als „österreichische Steuer" bezeichnet).

(4) Das Abkommen gilt auch für alle Steuern gleicher oder im Wesentlichen ähnlicher Art, die nach der Unterzeichnung des Abkommens neben den bestehenden Steuern oder an deren Stelle erhoben werden. Die zuständigen Behörden der Vertragsstaaten teilen einander, soweit für die Abkommensanwendung erforderlich, am Ende eines jeden Jahres die in ihren Steuergesetzen eingetretenen Änderungen mit.

Artikel 3 Allgemeine Begriffsbestimmungen

(1) Im Sinne dieses Abkommens, wenn der Zusammenhang nichts anderes erfordert,

a) bedeutet der Ausdruck „ein Vertragsstaat" und „der andere Vertragsstaat", je nach dem Zusammenhang, die Bundesrepublik Deutschland oder die Republik Österreich,

b) bedeutet der Ausdruck „Bundesrepublik Deutschland" das Hoheitsgebiet der Bundesrepublik Deutschland sowie das an das Küstenmeer angrenzende Gebiet des Meeresbodens, seines Untergrunds und der darüber liegenden Wassersäule, in dem die Bundesrepublik Deutschland in Übereinstimmung mit dem Völkerrecht und ihren innerstaatlichen Rechtsvorschriften souveräne Rechte und Hoheitsbefugnisse zum Zwecke der Erforschung, Ausbeutung, Erhaltung und Bewirtschaftung der lebenden und nichtlebenden natürlichen Ressourcen ausübt,

c) bedeutet der Ausdruck „Republik Österreich" das Hoheitsgebiet der Republik Österreich,

d) umfasst der Ausdruck „Person" natürliche Personen, Gesellschaften und alle anderen Personenvereinigungen;

e) bedeutet der Ausdruck „Gesellschaft" juristische Personen oder Rechtsträger, die für die Besteuerung wie juristische Personen behandelt werden,

f) bedeuten die Ausdrücke „Unternehmen eines Vertragsstaats" und „Unternehmen des anderen Vertragsstaats", je nachdem, ein Unternehmen, das von einer in einem Vertragsstaat ansässigen Person betrieben wird, oder ein Unternehmen, das von einer im anderen Vertragsstaat ansässigen Person betrieben wird,

g) bedeutet der Ausdruck „internationaler Verkehr" jede Beförderung mit einem Seeschiff oder Luftfahrzeug, das von einem Unternehmen mit tatsächlicher Geschäftsleitung in einem Vertragsstaat betrieben wird, es sei denn, das Seeschiff oder Luftfahrzeug wird ausschließlich zwischen Orten im anderen Vertragsstaat betrieben,

h) bedeutet der Ausdruck „Staatsangehöriger"
   aa) in Bezug auf die Bundesrepublik Deutschland
   alle Deutschen im Sinne des Grundgesetzes der Bundesrepublik Deutschland sowie alle juristischen Personen, Personengesellschaften und anderen Personenvereinigungen, die nach dem in der Bundesrepublik Deutschland geltenden Recht errichtet worden sind,
   bb) in Bezug auf die Republik Österreich
      1. jede natürliche Person, die die Staatsangehörigkeit der Republik Österreich besitzt,
      2. jede juristische Person, Personengesellschaft und andere Personenvereinigung, die nach dem in der Republik Österreich geltenden Recht errichtet worden ist,
i) bedeutet der Ausdruck „zuständige Behörde"
   aa) in der Bundesrepublik Deutschland: das Bundesministerium der Finanzen oder die Behörde, auf die es seine Befugnisse delegiert hat,
   bb) in der Republik Österreich: den Bundesminister für Finanzen oder dessen bevollmächtigten Vertreter.

(2) Bei der Anwendung des Abkommens durch einen Vertragsstaat hat, wenn der Zusammenhang nichts anderes erfordert, jeder im Abkommen nicht definierte Ausdruck die Bedeutung, die ihm im Anwendungszeitraum nach dem Recht dieses Staates über die Steuern zukommt, für die das Abkommen gilt, wobei die Bedeutung nach dem in diesem Staat anzuwendenden Steuerrecht den Vorrang vor einer Bedeutung hat, die der Ausdruck nach anderem Recht dieses Staates hat.

Artikel 4 Ansässige Person

(1) Im Sinne dieses Abkommens bedeutet der Ausdruck „eine in einem Vertragsstaat ansässige Person" eine Person, die nach dem Recht dieses Staates dort aufgrund ihres Wohnsitzes, ihres ständigen Aufenthalts, des Ortes ihrer Geschäftsleitung oder eines anderen ähnlichen Merkmals steuerpflichtig ist, und umfasst auch diesen Staat, seine Gebietskörperschaften und andere juristische Personen des öffentlichen Rechts. Der Ausdruck umfasst jedoch nicht eine Person, die in diesem Staat nur mit Einkünften aus Quellen in diesem Staat oder mit in diesem Staat gelegenem Vermögen steuerpflichtig ist.

(2) Ist nach Absatz 1 eine natürliche Person in beiden Vertragsstaaten ansässig, so gilt Folgendes:

a) Die Person gilt als nur in dem Staat ansässig, in dem sie über eine ständige Wohnstätte verfügt, verfügt sie in beiden Staaten über eine ständige Wohnstätte, so gilt sie als nur in dem Staat ansässig, zu dem sie die engeren persönlichen und wirtschaftlichen Beziehungen hat (Mittelpunkt der Lebensinteressen);
b) kann nicht bestimmt werden, in welchem Staat die Person den Mittelpunkt ihrer Lebensinteressen hat, oder verfügt sie in keinem der Staaten über eine ständige Wohnstätte, so gilt sie als nur in dem Staat ansässig, in dem sie ihren gewöhnlichen Aufenthalt hat,
c) hat die Person ihren gewöhnlichen Aufenthalt in beiden Staaten oder in keinem der Staaten, so gilt sie als nur in dem Staat ansässig, dessen Staatsangehöriger sie ist,
d) ist die Person Staatsangehöriger beider Staaten oder keines der Staaten, so werden sich die zuständigen Behörden der Vertragsstaaten bemühen, die Frage in gegenseitigem Einvernehmen zu regeln.

(3) Ist nach Absatz 1 eine andere als eine natürliche Person in beiden Vertragsstaaten ansässig, so gilt sie als in dem Staat ansässig, in dem sich der Ort ihrer tatsächlichen Geschäftsleitung befindet.

Artikel 5 Betriebsstätte

(1) Im Sinne dieses Abkommens bedeutet der Ausdruck „Betriebsstätte“ eine feste Geschäftseinrichtung, durch die die Tätigkeit eines Unternehmens ganz oder teilweise ausgeübt wird.

(2) Der Ausdruck „Betriebsstätte“ umfasst insbesondere:

a) einen Ort der Leitung,
b) eine Zweigniederlassung,
c) eine Geschäftsstelle,
d) eine Fabrikationsstätte,
e) eine Werkstätte und
f) ein Bergwerk, ein Öl- oder Gasvorkommen, einen Steinbruch oder eine andere Stätte der Ausbeutung von Bodenschätzen.

(3) Eine Bauausführung oder Montage ist nur dann eine Betriebsstätte, wenn ihre Dauer zwölf Monate überschreitet.

(4) Ungeachtet der vorstehenden Bestimmungen dieses Artikels gelten nicht als Betriebsstätten:

a) Einrichtungen, die ausschließlich zur Lagerung, Ausstellung oder Auslieferung von Gütern oder Waren des Unternehmens benutzt werden,
b) Bestände von Gütern oder Waren des Unternehmens, die ausschließlich zur Lagerung, Ausstellung oder Auslieferung unterhalten werden,
c) Bestände von Gütern oder Waren des Unternehmens, die ausschließlich zu dem Zweck unterhalten werden, durch ein anderes Unternehmen bearbeitet oder verarbeitet zu werden,
d) eine feste Geschäftseinrichtung, die ausschließlich zu dem Zweck unterhalten wird, für das Unternehmen Güter oder Waren einzukaufen oder Informationen zu beschaffen,
e) eine feste Geschäftseinrichtung, die ausschließlich zu dem Zweck unterhalten wird, für das Unternehmen andere Tätigkeiten auszuüben, die vorbereitender Art sind oder eine Hilfstätigkeit darstellen,
f) eine feste Geschäftseinrichtung, die ausschließlich zu dem Zweck unterhalten wird, mehrere der unter den Buchstaben a bis e genannten Tätigkeiten auszuüben, vorausgesetzt, dass die sich daraus ergebende Gesamttätigkeit der festen Geschäftseinrichtung vorbereitender Art ist oder eine Hilfstätigkeit darstellt.

(5) Ist eine Person – mit Ausnahme eines unabhängigen Vertreters im Sinne des Absatzes 6 – für ein Unternehmen tätig und besitzt sie in einem Vertragsstaat die Vollmacht, im Namen des Unternehmens Verträge abzuschließen, und übt sie die Vollmacht dort gewöhnlich aus, so wird das Unternehmen ungeachtet der Absätze 1 und 2 so behandelt, als habe es in diesem Staat für alle von der Person für das Unternehmen ausgeübten Tätigkeiten eine Betriebsstätte, es sei denn, diese Tätigkeiten beschränken sich auf die in Absatz 4 genannten Tätigkeiten, die, würden sie durch eine feste Geschäftseinrichtung ausgeübt, diese Einrichtung nach dem genannten Absatz nicht zu einer Betriebsstätte machten.

(6) Ein Unternehmen wird nicht schon deshalb so behandelt, als habe es eine Betriebsstätte in einem Vertragsstaat, weil es dort seine Tätigkeit durch einen Makler, Kommissionär

oder einen anderen unabhängigen Vertreter ausübt, sofern diese Personen im Rahmen ihrer ordentlichen Geschäftstätigkeit handeln.

(7) Allein dadurch, dass eine in einem Vertragsstaat ansässige Gesellschaft eine Gesellschaft beherrscht oder von einer Gesellschaft beherrscht wird, die im anderen Vertragsstaat ansässig ist oder dort (entweder durch eine Betriebsstätte oder auf andere Weise) ihre Tätigkeit ausübt, wird keine der beiden Gesellschaften zur Betriebsstätte der anderen.

Artikel 6 Einkünfte aus unbeweglichem Vermögen

(1) Einkünfte, die eine in einem Vertragsstaat ansässige Person aus unbeweglichem Vermögen (einschließlich der Einkünfte aus land- und forstwirtschaftlichen Betrieben) bezieht, das im anderen Vertragsstaat liegt, dürfen im anderen Staat besteuert werden.

(2) Der Ausdruck „unbewegliches Vermögen" hat die Bedeutung, die ihm nach dem Recht des Vertragsstaats zukommt, in dem das Vermögen liegt. Der Ausdruck umfasst in jedem Fall das Zubehör zum unbeweglichen Vermögen, das lebende und tote Inventar land- und forstwirtschaftlicher Betriebe, die Rechte, für die die Vorschriften des Privatrechts über Grundstücke gelten, Nutzungsrechte an unbeweglichem Vermögen sowie Rechte auf veränderliche oder feste Vergütungen für die Ausbeutung oder das Recht auf Ausbeutung von Mineralvorkommen, Quellen und anderen Bodenschätzen; Schiffe und Luftfahrzeuge gelten nicht als unbewegliches Vermögen.

(3) Absatz 1 gilt für Einkünfte aus der unmittelbaren Nutzung, der Vermietung oder Verpachtung sowie jeder anderen Art der Nutzung unbeweglichen Vermögens.

(4) Die Absätze 1 und 3 gelten auch für Einkünfte aus unbeweglichem Vermögen eines Unternehmens und für Einkünfte aus unbeweglichem Vermögen, das der Ausübung einer selbstständigen Arbeit dient.

Artikel 7 Unternehmensgewinne

(1) Gewinne eines Unternehmens eines Vertragsstaats dürfen nur in diesem Staat besteuert werden, es sei denn, das Unternehmen übt seine Tätigkeit im anderen Vertragsstaat durch eine dort gelegene Betriebsstätte aus. Übt das Unternehmen seine Tätigkeit auf diese Weise aus, so dürfen die Gewinne des Unternehmens im anderen Staat besteuert werden, jedoch nur insoweit, als sie dieser Betriebsstätte zugerechnet werden können.

(2) Übt ein Unternehmen eines Vertragsstaats seine Tätigkeit im anderen Vertragsstaat durch eine dort gelegene Betriebsstätte aus, so werden vorbehaltlich des Absatzes 3 in jedem Vertragsstaat dieser Betriebsstätte die Gewinne zugerechnet, die sie hätte erzielen können, wenn sie eine gleiche oder ähnliche Tätigkeit unter gleichen oder ähnlichen Bedingungen als selbstständiges Unternehmen ausgeübt hätte und im Verkehr mit dem Unternehmen, dessen Betriebsstätte sie ist, völlig unabhängig gewesen wäre.

(3) Bei der Ermittlung der Gewinne einer Betriebsstätte werden die für diese Betriebsstätte entstandenen Aufwendungen, einschließlich der Geschäftsführungs- und allgemeinen Verwaltungskosten, zum Abzug zugelassen, gleichgültig, ob sie in dem Staat, in dem die Betriebsstätte liegt, oder anderswo entstanden sind.

(4) Soweit es in einem Vertragsstaat üblich ist, die einer Betriebsstätte zuzurechnenden Gewinne durch Aufteilung der Gesamtgewinne des Unternehmens auf seine einzelnen Teile zu ermitteln, schließt Absatz 2 nicht aus, dass dieser Vertragsstaat die zu besteuernden Gewinne nach der üblichen Aufteilung ermittelt; die gewählte Gewinnaufteilung muss jedoch derart sein, dass das Ergebnis mit den Grundsätzen dieses Artikels übereinstimmt.

(5) Auf Grund des bloßen Einkaufs von Gütern oder Waren für das Unternehmen wird einer Betriebsstätte kein Gewinn zugerechnet.

(6) Bei der Anwendung der vorstehenden Absätze sind die der Betriebsstätte zuzurechnenden Gewinne jedes Jahr auf dieselbe Art zu ermitteln, es sei denn, dass ausreichende Gründe dafür bestehen, anders zu verfahren.

(7) Dieser Artikel gilt auch für die Einkünfte aus der Beteiligung an einer Personengesellschaft. Er erstreckt sich auch auf Vergütungen, die ein Gesellschafter einer Personengesellschaft von der Gesellschaft für seine Tätigkeit im Dienst der Gesellschaft, für die Gewährung von Darlehen oder für die Überlassung von Wirtschaftsgütern bezieht, wenn diese Vergütungen nach dem Steuerrecht des Vertragsstaats, in dem die Betriebsstätte gelegen ist, den Einkünften des Gesellschafters aus dieser Betriebsstätte zugerechnet werden.

(8) Gehören zu den Gewinnen Einkünfte, die in anderen Artikeln dieses Abkommens behandelt werden, so werden die Bestimmungen jener Artikel durch die Bestimmungen dieses Artikels nicht berührt.

Artikel 8 Seeschifffahrt, Binnenschifffahrt und Luftfahrt

(1) Gewinne aus dem Betrieb von Seeschiffen oder Luftfahrzeugen im internationalen Verkehr dürfen nur in dem Vertragsstaat besteuert werden, in dem sich der Ort der tatsächlichen Geschäftsleitung des Unternehmens befindet.

(2) Gewinne aus dem Betrieb von Schiffen, die der Binnenschifffahrt dienen, dürfen nur in dem Vertragsstaat besteuert werden, in dem sich der Ort der tatsächlichen Geschäftsleitung des Unternehmens befindet.

(3) Für Zwecke dieses Artikels beinhalten die Begriffe „Gewinne aus dem Betrieb von Seeschiffen oder Luftfahrzeugen im internationalen Verkehr“ und „Gewinne aus dem Betrieb von Schiffen, die der Binnenschifffahrt dienen“, auch die Einkünfte aus der

a) gelegentlichen Vercharterung von Seeschiffen oder Luftfahrzeugen und
b) Einkünfte aus der Nutzung oder Vermietung von Containern (einschließlich Trailer und zugehöriger Ausstattung, die dem Transport der Container dient),

wenn diese Einkünfte den im Absatz 1 genannten Gewinnen zugerechnet werden können.

(4) Befindet sich der Ort der tatsächlichen Geschäftsleitung eines Unternehmens der See- oder Binnenschifffahrt an Bord eines Schiffes, so gilt er als in dem Vertragsstaat gelegen, in dem der Heimathafen des Schiffes liegt, oder, wenn kein Heimathafen vorhanden ist, in dem Vertragsstaat, in dem die Person ansässig ist, die das Schiff betreibt.

(5) Absatz 1 gilt auch für Gewinne aus der Beteiligung an einem Pool, einer Betriebsgemeinschaft oder einer internationalen Betriebsstelle.

Artikel 9 Verbundene Unternehmen

(1) Wenn

a) ein Unternehmen eines Vertragsstaats unmittelbar oder mittelbar an der Geschäftsleitung, der Kontrolle oder dem Kapital eines Unternehmens des anderen Vertragsstaats beteiligt ist oder
b) dieselben Personen unmittelbar oder mittelbar an der Geschäftsleitung, der Kontrolle oder dem Kapital eines Unternehmens eines Vertragsstaats und eines Unternehmens des anderen Vertragsstaats beteiligt sind

und in diesen Fällen die beiden Unternehmen in ihren kaufmännischen oder finanziellen Beziehungen an vereinbarte oder auferlegte Bedingungen gebunden sind, die von denen abweichen, die unabhängige Unternehmen miteinander vereinbaren würden, so dürfen die

Gewinne, die eines der Unternehmen ohne diese Bedingungen erzielt hätte, wegen dieser Bedingungen aber nicht erzielt hat, den Gewinnen dieses Unternehmens zugerechnet und entsprechend besteuert werden.

(2) Werden in einem Vertragsstaat den Gewinnen eines Unternehmens dieses Staates Gewinne zugerechnet – und entsprechend besteuert -, mit denen ein Unternehmen des anderen Vertragsstaats in diesem Staat besteuert worden ist, und handelt es sich bei den zugerechneten Gewinnen um solche, die das Unternehmen des erstgenannten Staates erzielt hätte, wenn die zwischen den beiden Unternehmen vereinbarten Bedingungen die gleichen gewesen wären, die unabhängige Unternehmen miteinander vereinbaren würden, so nimmt der andere Staat eine entsprechende Änderung der dort von diesen Gewinnen erhobenen Steuer vor. Bei dieser Änderung sind die übrigen Bestimmungen dieses Abkommens zu berücksichtigen; erforderlichenfalls werden die zuständigen Behörden der Vertragsstaaten einander konsultieren.

Artikel 10 Dividenden

(1) Dividenden, die eine in einem Vertragsstaat ansässige Gesellschaft an eine im anderen Vertragsstaat ansässige Person zahlt, dürfen im anderen Staat besteuert werden.

(2) Diese Dividenden dürfen jedoch auch in dem Vertragsstaat, in dem die die Dividenden zahlende Gesellschaft ansässig ist, nach dem Recht dieses Staates besteuert werden, die Steuer darf aber, wenn der Nutzungsberechtigte der Dividenden eine in dem anderen Vertragsstaat ansässige Person ist, nicht übersteigen:

a) 5 vom Hundert des Bruttobetrags der Dividenden, wenn der Nutzungsberechtigte eine Gesellschaft (jedoch keine Personengesellschaft) ist, die unmittelbar über mindestens 10 vom Hundert des Kapitals der die Dividenden zahlenden Gesellschaft verfügt,
b) 15 vom Hundert des Bruttobetrags der Dividenden in allen anderen Fällen.

Dieser Absatz berührt nicht die Besteuerung der Gesellschaft in Bezug auf die Gewinne, aus denen die Dividenden gezahlt werden.

(3) Der in diesem Artikel verwendete Ausdruck „Dividenden“ bedeutet Einkünfte aus Aktien, Genussrechten oder Genussscheinen, Kuxen, Gründeranteilen oder sonstige Einkünfte, die nach dem Recht des Staates, in dem die ausschüttende Gesellschaft ansässig ist, den Einkünften aus Aktien steuerlich gleichgestellt sind. Der Ausdruck „Dividenden“ umfasst auch Einkünfte eines stillen Gesellschafters aus seiner Beteiligung als stiller Gesellschafter, Einkünfte aus partiarischen Darlehen, Gewinnobligationen und ähnliche Vergütungen, wenn sie nach dem Recht des Staates, aus dem sie stammen, bei der Ermittlung des Gewinns des Schuldners nicht abzugsfähig sind, sowie Ausschüttungen auf Anteilscheine an einem Investmentvermögen.

(4) Die vorstehenden Absätze 1 und 2 sind nicht anzuwenden, wenn der in einem Vertragsstaat ansässige Nutzungsberechtigte im anderen Vertragsstaat, in dem die die Dividenden zahlende Gesellschaft ansässig ist, eine gewerbliche Tätigkeit durch eine dort gelegene Betriebsstätte oder eine selbstständige Arbeit durch eine dort gelegene feste Einrichtung ausübt und die Beteiligung, für die die Dividenden gezahlt werden, tatsächlich zu dieser Betriebsstätte oder festen Einrichtung gehört. In diesem Fall ist Artikel 7 beziehungsweise Artikel 14 anzuwenden.

(5) Bezieht eine in einem Vertragsstaat ansässige Gesellschaft Gewinne oder Einkünfte aus dem anderen Vertragsstaat, so darf dieser andere Staat weder die von der Gesellschaft gezahlten Dividenden besteuern, es sei denn, dass diese Dividenden an eine im anderen Staat ansässige Person gezahlt werden oder dass die Beteiligung, für die die Dividenden

gezahlt werden, tatsächlich zu einer im anderen Staat gelegenen Betriebsstätte oder festen Einrichtung gehört, noch Gewinne der Gesellschaft einer Steuer für nichtausgeschüttete Gewinne unterwerfen, selbst wenn die gezahlten Dividenden oder die nichtausgeschütteten Gewinne ganz oder teilweise aus im anderen Staat erzielten Gewinnen oder Einkünften bestehen.

Artikel 11 Zinsen

(1) Zinsen, die aus einem Vertragsstaat stammen und an eine im anderen Vertragsstaat ansässige Person gezahlt werden, dürfen, wenn diese Person der Nutzungsberechtigte ist, nur im anderen Staat besteuert werden.

(2) Einkünfte aus Rechten oder Forderungen mit Gewinnbeteiligung einschließlich der Einkünfte eines stillen Gesellschafters aus seiner Beteiligung als stiller Gesellschafter oder aus partiarischen Darlehen und Gewinnobligationen dürfen jedoch auch in dem Vertragsstaat, aus dem sie stammen, nach dem Recht dieses Staates besteuert werden.

(3) Der in diesem Artikel verwendete Ausdruck „Zinsen" bedeutet Einkünfte aus Forderungen jeder Art, auch wenn die Forderungen durch Pfandrechte an Grundstücken gesichert oder mit einer Beteiligung am Gewinn des Schuldners ausgestattet sind, und insbesondere Einkünfte aus öffentlichen Anleihen und aus Obligationen einschließlich der damit verbundenen Aufgelder und der Gewinne aus Losanleihen. Zuschläge für verspätete Zahlung gelten nicht als Zinsen im Sinne dieses Artikels. Der Ausdruck „Zinsen" umfasst nicht die in Artikel 10 behandelten Einkünfte.

(4) Die vorstehenden Absätze 1 und 2 sind nicht anzuwenden, wenn der in einem Vertragsstaat ansässige Nutzungsberechtigte im anderen Vertragsstaat, aus dem die Zinsen stammen, eine gewerbliche Tätigkeit durch eine dort gelegene Betriebsstätte oder eine selbstständige Arbeit durch eine dort gelegene feste Einrichtung ausübt und die Forderung, für die die Zinsen gezahlt werden, tatsächlich zu dieser Betriebsstätte oder festen Einrichtung gehört. In diesem Fall ist Artikel 7 beziehungsweise Artikel 14 anzuwenden.

(5) Zinsen gelten dann als aus einem Vertragsstaat stammend, wenn der Schuldner eine in diesem Staat ansässige Person ist. Hat aber der Schuldner der Zinsen, ohne Rücksicht darauf, ob er in einem Vertragsstaat ansässig ist oder nicht, in einem Vertragsstaat eine Betriebsstätte oder eine feste Einrichtung und ist die Schuld, für die die Zinsen gezahlt werden, für Zwecke der Betriebsstätte oder der festen Einrichtung eingegangen worden und trägt die Betriebsstätte oder die feste Einrichtung die Zinsen, so gelten die Zinsen als aus dem Staat stammend, in dem die Betriebsstätte oder die feste Einrichtung liegt.

(6) Bestehen zwischen dem Schuldner und dem Nutzungsberechtigten oder zwischen jedem von ihnen und einem Dritten besondere Beziehungen und übersteigen deshalb die Zinsen, gemessen an der zugrunde liegenden Forderung, den Betrag, den Schuldner und Nutzungsberechtigter ohne diese Beziehungen vereinbart hätten, so wird dieser Artikel nur auf den letzteren Betrag angewendet. In diesem Fall kann der übersteigende Betrag nach dem Recht eines jeden Vertragsstaats und unter Berücksichtigung der anderen Bestimmungen dieses Abkommens besteuert werden.

Artikel 12 Lizenzgebühren

(1) Lizenzgebühren, die aus einem Vertragsstaat stammen und an eine im anderen Vertragsstaat ansässige Person gezahlt werden, dürfen, wenn diese Person der Nutzungsberechtigte ist, nur im anderen Staat besteuert werden.

(2) Der in diesem Artikel verwendete Ausdruck „Lizenzgebühren" bedeutet Vergütungen jeder Art, die für die Benutzung oder für das Recht auf Benutzung von Urheberrechten

an literarischen, künstlerischen oder wissenschaftlichen Werken, einschließlich kinematographischer Filme, von Patenten, Marken, Mustern oder Modellen, Plänen, geheimen Formeln oder Verfahren oder für die Mitteilung gewerblicher, kaufmännischer oder wissenschaftlicher Erfahrungen gezahlt werden.

(3) Absatz 1 ist nicht anzuwenden, wenn der in einem Vertragsstaat ansässige Nutzungsberechtigte im anderen Vertragsstaat, aus dem die Lizenzgebühren stammen, eine gewerbliche Tätigkeit durch eine dort gelegene Betriebsstätte oder eine selbstständige Arbeit durch eine dort gelegene feste Einrichtung ausübt und die Rechte oder Vermögenswerte, für die die Lizenzgebühren gezahlt werden, tatsächlich zu dieser Betriebsstätte oder festen Einrichtung gehören. In diesem Fall ist Artikel 7 beziehungsweise Artikel 14 anzuwenden.

(4) Lizenzgebühren gelten dann als aus einem Vertragsstaat stammend, wenn der Schuldner eine in diesem Staat ansässige Person ist. Hat aber der Schuldner der Lizenzgebühren, ohne Rücksicht darauf, ob er in einem Vertragsstaat ansässig ist oder nicht, in einem Vertragsstaat eine Betriebsstätte oder eine feste Einrichtung und ist die Verpflichtung zur Zahlung der Lizenzgebühren für Zwecke der Betriebsstätte oder der festen Einrichtung eingegangen worden und trägt die Betriebsstätte oder die feste Einrichtung die Lizenzgebühren, so gelten die Lizenzgebühren als aus dem Staat stammend, in dem die Betriebsstätte oder die feste Einrichtung liegt.

(5) Bestehen zwischen dem Schuldner und dem Nutzungsberechtigten oder zwischen jedem von ihnen und einem Dritten besondere Beziehungen und übersteigen deshalb die Lizenzgebühren, gemessen an der zugrundeliegenden Leistung, den Betrag, den Schuldner und Nutzungsberechtigter ohne diese Beziehungen vereinbart hätten, so wird dieser Artikel nur auf den letzteren Betrag angewendet. In diesem Fall kann der übersteigende Betrag nach dem Recht eines jeden Vertragsstaats und unter Berücksichtigung der anderen Bestimmungen dieses Abkommens besteuert werden.

Artikel 13 Gewinne aus der Veräußerung von Vermögen

(1) Gewinne, die eine in einem Vertragsstaat ansässige Person aus der Veräußerung unbeweglichen Vermögens im Sinne des Artikels 6 bezieht, das im anderen Vertragsstaat liegt, dürfen im anderen Staat besteuert werden.

(2) Gewinne aus der Veräußerung von Aktien und sonstigen Anteilen an einer Gesellschaft, deren Aktivvermögen überwiegend aus unbeweglichem Vermögen in einem Vertragsstaat besteht, dürfen in diesem Staat besteuert werden.

(3) Gewinne aus der Veräußerung beweglichen Vermögens, das Betriebsvermögen einer Betriebsstätte ist, die ein Unternehmen eines Vertragsstaats im anderen Vertragsstaat hat, oder das zu einer festen Einrichtung gehört, die einer in einem Vertragsstaat ansässigen Person für die Ausübung einer selbstständigen Arbeit im anderen Vertragsstaat zur Verfügung steht, einschließlich derartiger Gewinne, die bei der Veräußerung einer solchen Betriebsstätte (allein oder mit dem übrigen Unternehmen) oder einer solchen festen Einrichtung erzielt werden, dürfen im anderen Staat besteuert werden.

(4) Gewinne aus der Veräußerung von Seeschiffen oder Luftfahrzeugen, die im internationalen Verkehr betrieben werden, von Schiffen, die der Binnenschifffahrt dienen, und von beweglichem Vermögen, das dem Betrieb dieser Schiffe oder Luftfahrzeuge dient, dürfen nur in dem Vertragsstaat besteuert werden, in dem sich der Ort der tatsächlichen Geschäftsleitung des Unternehmens befindet.

(5) Gewinne aus der Veräußerung des in den vorstehenden Absätzen 1 bis 4 nicht genannten Vermögens dürfen nur in dem Vertragsstaat besteuert werden, in dem der Veräußerer ansässig ist.

(6) Bei einer natürlichen Person, die in einem Vertragsstaat während mindestens fünf Jahren ansässig war und die im anderen Vertragsstaat ansässig geworden ist, berührt Absatz 5 nicht das Recht des erstgenannten Staates, bei Anteilen an Gesellschaften nach seinen innerstaatlichen Rechtsvorschriften bei der Person einen Vermögenszuwachs bis zu ihrem Ansässigkeitswechsel zu besteuern. Besteuert der erstgenannte Vertragsstaat bei Wegzug einer in diesem Staat ansässigen natürlichen Person den Vermögenszuwachs, so wird bei späterer Veräußerung der Anteile, wenn der daraus erzielte Gewinn in dem anderen Staat gemäß Absatz 5 besteuert wird, dieser Staat bei der Ermittlung des Veräußerungsgewinns als Anschaffungskosten den Betrag zugrunde legen, den der erstgenannte Staat im Zeitpunkt des Wegzugs als Erlös angenommen hat.

Artikel 14 Selbstständige Arbeit

(1) Einkünfte, die eine in einem Vertragsstaat ansässige Person aus einem freien Beruf oder aus sonstiger selbstständiger Tätigkeit bezieht, dürfen nur in diesem Staat besteuert werden, es sei denn, dass der Person im anderen Vertragsstaat für die Ausübung ihrer Tätigkeit gewöhnlich eine feste Einrichtung zur Verfügung steht. Steht ihr eine solche feste Einrichtung zur Verfügung, so dürfen die Einkünfte im anderen Staat besteuert werden, jedoch nur insoweit, als sie dieser festen Einrichtung zugerechnet werden können.

(2) Der Ausdruck „freier Beruf" umfasst insbesondere die selbstständig ausgeübte wissenschaftliche, literarische, künstlerische, erzieherische oder unterrichtende Tätigkeit sowie die selbstständige Tätigkeit der Ärzte, Rechtsanwälte, Ingenieure, Architekten, Zahnärzte und Buchsachverständigen.

Artikel 15 Unselbstständige Arbeit

(1) Vorbehaltlich der Artikel 16 bis 20 dürfen Gehälter, Löhne und ähnliche Vergütungen, die eine in einem Vertragsstaat ansässige Person aus unselbstständiger Arbeit bezieht, nur in diesem Staat besteuert werden, es sei denn, die Arbeit wird im anderen Vertragsstaat ausgeübt. Wird die Arbeit dort ausgeübt, so dürfen die dafür bezogenen Vergütungen im anderen Staat besteuert werden.

(2) Ungeachtet des Absatzes 1 dürfen Vergütungen, die eine in einem Vertragsstaat ansässige Person für eine im anderen Vertragsstaat ausgeübte unselbstständige Arbeit bezieht, nur im erstgenannten Staat besteuert werden, wenn

a) der Empfänger sich im anderen Staat insgesamt nicht länger als 183 Tage während des betreffenden Kalenderjahrs aufhält und
b) die Vergütungen von einem Arbeitgeber oder für einen Arbeitgeber gezahlt werden, der nicht im anderen Staat ansässig ist, und
c) die Vergütungen nicht von einer Betriebsstätte oder einer festen Einrichtung getragen werden, die der Arbeitgeber im anderen Staat hat.

(3) Die Bestimmungen des vorstehenden Absatzes 2 Buchstabe b finden keine Anwendung auf Vergütungen für Arbeit im Rahmen der Arbeitnehmerüberlassung, wenn sich der Arbeitnehmer im anderen Staat insgesamt nicht länger als 183 Tage während des betreffenden Kalenderjahres aufhält.

(4) Für Zwecke dieses Artikels gilt die Arbeit im anderen Vertragsstaat nur dann als ausgeübt, wenn die Vergütungen in Übereinstimmung mit diesem Abkommen im anderen Vertragsstaat besteuert worden sind.

(5) Ungeachtet der vorstehenden Bestimmungen dieses Artikels dürfen Vergütungen für unselbstständige Arbeit, die an Bord eines Seeschiffes oder Luftfahrzeuges, das im internationalen Verkehr betrieben wird, oder an Bord eines Schiffes, das der Binnenschifffahrt dient, ausgeübt wird, in dem Vertragsstaat besteuert werden, in dem sich der Ort der tatsächlichen Geschäftsleitung des Unternehmens befindet.

(6) Absatz 1 gilt nicht, wenn die Person
1. in dem einen Staat in der Nähe der Grenze ihren Wohnsitz und in dem anderen Staat in der Nähe der Grenze ihren Arbeitsort hat und
2. täglich von ihrem Arbeitsort an ihren Wohnsitz zurückkehrt (Grenzgänger).

(7) Beiträge, die für eine in einem Vertragsstaat unselbstständig tätige Person an eine in dem anderen Vertragsstaat errichtete und dort steuerlich anerkannte Einrichtung der Krankheits- und Altersvorsorge geleistet werden, sind in dem erstgenannten Staat bei der Ermittlung des von der Person zu versteuernden Einkommens in der gleichen Weise, unter den gleichen Bedingungen und Einschränkungen zu behandeln wie Bei träge an in diesem erstgenannten Staat steuerlich anerkannte Einrichtungen der Krankheits- und Altersvorsorge, sofern
a) die Person unmittelbar vor Aufnahme ihrer Tätigkeit nicht in diesem Staat ansässig war und bereits Beiträge an die Einrichtungen der Krankheits- und Altersvorsorge entrichtete, und
b) die zuständige Behörde dieses Vertragsstaats festgestellt hat, dass die Einrichtung der Krankheits- und Altersvorsorge allgemein denjenigen Einrichtungen entspricht, die in diesem Staat als solche für steuerliche Zwecke anerkannt sind.

Für die Zwecke dieses Absatzes
a) bedeutet „Einrichtung der Krankheitsvorsorge“ jede Einrichtung, bei der die unselbstständig tätige Person und ihre Angehörigen im Fall einer krankheitsbedingten vorübergehenden Unterbrechung ihrer unselbstständigen Arbeit zum Empfang von Leistungen berechtigt sind,
b) bedeutet „Einrichtung der Altersvorsorge“ eine Einrichtung, an der die Person teilnimmt, um sich im Hinblick auf die in diesem Absatz erwähnte unselbstständige Arbeit Ruhestandseinkünfte zu sichern,
c) ist eine „Einrichtung der Krankheits- und Altersvorsorge“ in einem Staat für steuerliche Zwecke anerkannt, wenn hinsichtlich der an diese Einrichtungen geleisteten Beiträge Steuerentlastungen zu gewähren sind.

Artikel 16 Aufsichtsrats- und Geschäftsführervergütungen

(1) Aufsichtsrats- oder Verwaltungsratsvergütungen und ähnliche Zahlungen, die eine in einem Vertragsstaat ansässige Person in ihrer Eigenschaft als Mitglied des Aufsichts- oder Verwaltungsrats einer Gesellschaft bezieht, die im anderen Vertragsstaat ansässig ist, dürfen im anderen Staat besteuert werden.

(2) Ungeachtet der Artikel 14 und 15 dürfen Vergütungen, die eine in einem Vertragsstaat ansässige Person in ihrer Eigenschaft als Geschäftsführer oder als Vorstandsmitglied einer Gesellschaft bezieht, die in dem anderen Vertragsstaat ansässig ist, im anderen Staat besteuert werden.

Artikel 17 Künstler und Sportler

(1) Ungeachtet der Artikel 7, 14 und 15 dürfen Einkünfte, die eine in einem Vertragsstaat ansässige Person als Künstler, wie Bühnen-, Film-, Rundfunk- und Fernsehkünstler sowie Musiker, oder als Sportler aus ihrer im anderen Vertragsstaat persönlich ausgeübten Tätig-

keit bezieht, im anderen Staat besteuert werden. Ungeachtet auch des Artikels 12 dürfen Vergütungen jeder Art, die für die Benutzung oder das Recht auf Benutzung des Namens, des Bildes oder sonstiger Persönlichkeitsrechte dieser Person gezahlt werden, im anderen Staat auch dann besteuert werden, wenn dort keine persönliche Tätigkeit ausgeübt wird. Entsprechendes gilt für Einkünfte aus der Duldung von Aufzeichnungen und Übertragungen von künstlerischen und sportlichen Darbietungen durch Rundfunk und Fernsehen.

(2) Fließen Einkünfte der in Absatz 1 genannten Art nicht dem Künstler oder Sportler selbst, sondern einer anderen Person zu, so dürfen deren Einkünfte ungeachtet der Artikel 7, 12, 14 und 15 in dem Vertragsstaat besteuert werden, aus dem sie stammen.

(3) Die Absätze 1 und 2 gelten nicht für Einkünfte aus der von Künstlern oder Sportlern in einem Vertragsstaat ausgeübten Tätigkeit, wenn der Aufenthalt in diesem Staat ganz oder überwiegend aus öffentlichen Mitteln des anderen Staates oder einem seiner Länder oder einer seiner Gebietskörperschaften oder von einer als gemeinnützig anerkannten Einrichtung unterstützt wird. In diesem Fall dürfen die Einkünfte nur in dem Vertragsstaat besteuert werden, in dem die Person ansässig ist.

Artikel 18 Ruhegehälter, Renten und ähnliche Zahlungen

(1) Erhält eine in einem Vertragsstaat ansässige Person Ruhegehälter und ähnliche Vergütungen oder Renten aus dem anderen Vertragsstaat, so dürfen diese Bezüge nur im erstgenannten Staat besteuert werden.

(2) Bezüge, die eine in einem Vertragsstaat ansässige Person aus der gesetzlichen Sozialversicherung des anderen Vertragsstaats erhält, dürfen abweichend von vorstehendem Absatz 1 nur in diesem anderen Staat besteuert werden.

(3) Wiederkehrende und einmalige Vergütungen, die ein Vertragsstaat oder eine seiner Gebietskörperschaften an eine in dem anderen Vertragsstaat ansässige Person für einen Schaden zahlt, für dessen Folgen die staatliche Gemeinschaft in Abgeltung eines besonderen Opfers oder aus anderen Gründen nach versorgungsrechtlichen Grundsätzen einsteht, oder der als Folge von Kriegshandlungen oder politischer Verfolgung oder des Wehr- oder Zivildiensts entstanden ist (einschließlich Wiedergutmachungsleistungen), dürfen abweichend von Absatz 1 nur im erstgenannten Staat besteuert werden.

(4) Der Begriff „Rente" bedeutet bestimmte Beträge, die regelmäßig zu festgesetzten Zeitpunkten lebenslänglich oder während eines bestimmten oder bestimmbaren Zeitabschnitts aufgrund einer Verpflichtung zahlbar sind, die diese Zahlungen als Gegenleistung für in Geld oder Geldeswert bewirkte angemessene Leistung vorsieht.

(5) Unterhaltszahlungen, einschließlich derjenigen für Kinder, die eine in einem Vertragsstaat ansässige Person an eine im anderen Vertragsstaat ansässige Person zahlt, sind in dem anderen Staat von der Steuer befreit. Das gilt nicht, soweit die Unterhaltszahlungen im erstgenannten Staat bei der Berechnung des steuerpflichtigen Einkommens des Zahlungsverpflichteten abzugsfähig sind, Steuerfreibeträge zur Milderung der sozialen Lasten gelten nicht als Abzug im Sinne dieser Bestimmung.

Artikel 19 Öffentlicher Dienst

(1) Vergütungen, ausgenommen Ruhegehälter, die von einem Vertragsstaat oder einer seiner Gebietskörperschaften oder einer anderen juristischen Person des öffentlichen Rechts dieses Staates an eine natürliche Person für diesem Staat, einer seiner Gebietskörperschaften oder einer anderen juristischen Person des öffentlichen Rechts geleistete Dienste gezahlt werden, dürfen nur in diesem Staat besteuert werden. Diese Vergütungen

dürfen jedoch nur im anderen Vertragsstaat besteuert werden, wenn die Dienste in diesem Staat geleistet werden und die natürliche Person in diesem Staat ansässig ist und

a) ein Staatsangehöriger dieses Staates ist oder
b) nicht ausschließlich deshalb in diesem Staat ansässig geworden ist, um die Dienste zu leisten.

(2) Ruhegehälter, die von einem Vertragsstaat, einer seiner Gebietskörperschaften oder einer anderen juristischen Person des öffentlichen Rechts dieses Staates an eine natürliche Person für diesem Staat, einer seiner Gebietskörperschaften oder einer anderen juristischen Person des öffentlichen Rechts geleistete Dienste gezahlt werden, dürfen abweichend von Artikel 18 nur in diesem Staat besteuert werden. Diese Ruhegehälter dürfen jedoch nur im anderen Vertragsstaat besteuert werden, wenn die natürliche Person in diesem Staat ansässig ist und ein Staatsangehöriger dieses Staates ist.

(3) Auf Vergütungen für Dienstleistungen und Ruhegehälter, die im Zusammenhang mit einer gewerblichen Tätigkeit eines Vertragsstaats oder einer seiner Gebietskörperschaften oder einer anderen juristischen Person des öffentlichen Rechts dieses Staates erbracht werden, sind die Artikel 15, 16, 17 und 18 anzuwenden.

(4) Dieser Artikel gilt auch für Löhne, Gehälter und ähnliche Vergütungen (sowie für Ruhegehälter), die an natürliche Personen für Dienste gezahlt werden, die dem Goethe-Institut, dem Deutschen Akademischen Austauschdienst (DAAD) und anderen ähnlichen, von den zuständigen Behörden der Vertragsstaaten im gegenseitigen Einvernehmen zu bestimmenden Einrichtungen geleistet werden, vorausgesetzt, dass diese Zahlungen in dem Vertragsstaat, aus dem sie stammen, der Besteuerung unterliegen.

Artikel 20 Gastprofessoren und -lehrer, Studenten und Auszubildende

(1) Eine natürliche Person, die sich auf Einladung eines Vertragsstaats oder einer Universität, Hochschule, Schule, eines Museums oder einer anderen kulturellen Einrichtung dieses Vertragsstaats oder im Rahmen eines amtlichen Kulturaustausches in diesem Vertragsstaat höchstens zwei Jahre lang lediglich zur Ausübung einer Lehrtätigkeit, zum Halten von Vorlesungen oder zur Ausübung einer Forschungstätigkeit bei dieser Einrichtung aufhält und die im anderen Vertragsstaat ansässig ist oder dort unmittelbar vor der Einreise in den erstgenannten Staat ansässig war, ist in dem erstgenannten Staat mit ihren für diese Tätigkeit bezogenen Vergütungen von der Steuer befreit, vorausgesetzt, dass diese Vergütungen von außerhalb dieses Staates bezogen werden.

(2) Zahlungen, die ein Student, Praktikant oder Lehrling, der sich in einem Vertragsstaat ausschließlich zum Studium oder zur Ausbildung aufhält und der im anderen Vertragsstaat ansässig ist oder dort unmittelbar vor der Einreise in den erstgenannten Staat ansässig war, für seinen Unterhalt, sein Studium oder seine Ausbildung erhält, dürfen im erstgenannten Staat nicht besteuert werden, sofern diese Zahlungen aus Quellen außerhalb dieses Staates stammen.

Artikel 21 Andere Einkünfte

(1) Einkünfte einer in einem Vertragsstaat ansässigen Person, die in den vorstehenden Artikeln nicht behandelt wurden, dürfen ohne Rücksicht auf ihre Herkunft nur in diesem Staat besteuert werden.

(2) Absatz 1 ist auf andere Einkünfte als solche aus unbeweglichem Vermögen im Sinne des Artikels 6 Absatz 2 nicht anzuwenden, wenn der in einem Vertragsstaat ansässige Empfänger im anderen Vertragsstaat eine gewerbliche Tätigkeit durch eine dort gelegene Betriebsstätte oder eine selbstständige Arbeit durch eine dort gelegene feste Einrichtung

ausübt und die Rechte oder Vermögenswerte, für die die Einkünfte gezahlt werden, tatsächlich zu dieser Betriebsstätte oder festen Einrichtung gehören. In diesem Fall ist Artikel 7 beziehungsweise Artikel 14 anzuwenden.

Artikel 22 Vermögen

(1) Unbewegliches Vermögen im Sinne des Artikels 6, das einer in einem Vertragsstaat ansässigen Person gehört und im anderen Vertragsstaat liegt, darf im anderen Staat besteuert werden.

(2) Bewegliches Vermögen, das Betriebsvermögen einer Betriebsstätte ist, die ein Unternehmen eines Vertragsstaats im anderen Vertragsstaat hat, oder das zu einer festen Einrichtung gehört, die einer in einem Vertragsstaat ansässigen Person für die Ausübung einer selbstständigen Arbeit im anderen Vertragsstaat zur Verfügung steht, darf im anderen Staat besteuert werden.

(3) Seeschiffe und Luftfahrzeuge, die im internationalen Verkehr betrieben werden, und Schiffe, die der Binnenschifffahrt dienen, sowie bewegliches Vermögen, das dem Betrieb dieser Schiffe oder Luftfahrzeuge dient, dürfen nur in dem Vertragsstaat besteuert werden, in dem sich der Ort der tatsächlichen Geschäftsleitung des Unternehmens befindet.

(4) Alle anderen Vermögensteile einer in einem Vertragsstaat ansässigen Person dürfen nur in diesem Staat besteuert werden.

Artikel 23 Vermeidung der Doppelbesteuerung

(1) Bei einer in der Bundesrepublik Deutschland ansässigen Person wird die Steuer wie folgt festgesetzt:

a) Von der Bemessungsgrundlage der deutschen Steuer werden die Einkünfte aus der Republik Österreich sowie die in der Republik Österreich gelegenen Vermögenswerte ausgenommen, die nach diesem Abkommen in der Republik Österreich besteuert werden dürfen und nicht unter Buchstabe b fallen. Die Bundesrepublik Deutschland behält aber das Recht, die so ausgenommenen Einkünfte und Vermögenswerte bei der Festsetzung des Steuersatzes für andere Einkünfte und Vermögenswerte zu berücksichtigen. Für Einkünfte aus Dividenden gelten die vorstehenden Bestimmungen nur dann, wenn diese Dividenden an eine in der Bundesrepublik Deutschland ansässige Gesellschaft (jedoch nicht an eine Personengesellschaft) von einer in der Republik Österreich ansässigen Gesellschaft gezahlt werden, deren Kapital zu mindestens 10 vom Hundert unmittelbar der deutschen Gesellschaft gehört, und bei der Ermittlung der Gewinne der ausschüttenden Gesellschaft nicht abgezogen worden sind.

Für die Zwecke der Steuern vom Vermögen werden von der Bemessungsgrundlage der deutschen Steuer ebenfalls Beteiligungen ausgenommen, deren Ausschüttungen, falls solche gezahlt werden würden, nach den vorhergehenden Sätzen von der Steuerbemessungsgrundlage auszunehmen wären.

b) Auf die deutsche Steuer vom Einkommen für die folgenden Einkünfte wird unter Beachtung der Vorschriften des deutschen Steuerrechts über die Anrechnung ausländischer Steuern die österreichische Steuer angerechnet, die nach österreichischem Recht und in Übereinstimmung mit diesem Abkommen für diese Einkünfte gezahlt worden ist:

  aa) Dividenden, die nicht unter Buchstabe a fallen,

  bb) Zinsen,

  cc) Lizenzgebühren,

dd) Einkünfte, die nach Artikel 13 Absatz 2 in der Republik Österreich besteuert werden dürfen,
ee) Einkünfte, die nach Artikel 15 Absatz 5 in der Republik Österreich besteuert werden dürfen,
ff) Vergütungen, die nach Artikel 16 Absatz 1 in der Republik Österreich besteuert werden dürfen,
gg) Einkünfte, die nach Artikel 17 in der Republik Österreich besteuert werden dürfen.

c) Einkünfte oder Vermögen einer in der Bundesrepublik Deutschland ansässigen Person, die nach dem Abkommen von der Besteuerung in der Bundesrepublik Deutschland auszunehmen sind, dürfen gleichwohl in der Bundesrepublik Deutschland bei der Festsetzung der Steuer für das übrige Einkommen oder Vermögen der Person einbezogen werden.

(2) Bei einer in der Republik Österreich ansässigen Person wird die Steuer wie folgt festgesetzt:

a) Bezieht eine in der Republik Österreich ansässige Person Einkünfte oder hat sie Vermögen und dürfen diese Einkünfte oder dieses Vermögen nach diesem Abkommen in der Bundesrepublik Deutschland besteuert werden, so nimmt die Republik Österreich vorbehaltlich der Buchstaben b und c diese Einkünfte oder dieses Vermögen von der Besteuerung aus.
b) Bezieht eine in der Republik Österreich ansässige Person Einkünfte, die nach den Artikeln 10, 11, 13 Absatz 2 und 17 Absatz 1 Satz 2 und 3 in der Bundesrepublik Deutschland besteuert werden dürfen, so rechnet die Republik Österreich auf die vom Einkommen dieser Person zu erhebende Steuer den Betrag an, der der in der Bundesrepublik Deutschland gezahlten Steuer entspricht. Der anzurechnende Betrag darf jedoch den Teil der vor der Anrechnung ermittelten Steuer nicht übersteigen, der auf die aus der Bundesrepublik Deutschland bezogenen Einkünfte entfällt.
c) Dividenden im Sinne des Artikels 10 Absatz 2 Buchstabe a, die von einer in der Bundesrepublik Deutschland ansässigen Gesellschaft an eine in der Republik Österreich ansässige Gesellschaft gezahlt werden und die bei Ermittlung der Gewinne der ausschüttenden Gesellschaft nicht abgezogen worden sind, sind, vorbehaltlich der entsprechenden Bestimmungen des innerstaatlichen Rechts der Republik Österreich, aber ungeachtet etwaiger nach diesem Recht abweichender Mindestbeteiligungserfordernisse, in der Republik Österreich von der Besteuerung ausgenommen.
d) Einkünfte oder Vermögen einer in der Republik Österreich ansässigen Person, die nach dem Abkommen von der Besteuerung in der Republik Österreich auszunehmen sind, dürfen gleichwohl in der Republik Österreich bei der Festsetzung der Steuer für das übrige Einkommen oder Vermögen der Person einbezogen werden.

Artikel 24 Gleichbehandlung

(1) Staatsangehörige eines Vertragsstaats dürfen im anderen Vertragsstaat keiner Besteuerung oder damit zusammenhängenden Verpflichtung unterworfen werden, die anders oder belastender ist als die Besteuerung und die damit zusammenhängenden Verpflichtungen, denen Staatsangehörige des anderen Staates unter gleichen Verhältnissen, insbesondere hinsichtlich der Ansässigkeit, unterworfen sind oder unterworfen werden können. Diese Bestimmung gilt ungeachtet des Artikels 1 auch für Personen, die in keinem Vertragsstaat ansässig sind.

(2) Staatenlose, die in einem Vertragsstaat ansässig sind, dürfen in keinem Vertragsstaat einer Besteuerung oder damit zusammenhängenden Verpflichtung unterworfen werden, die anders oder belastender ist als die Besteuerung und die damit zusammenhängenden Verpflichtungen, denen Staatsangehörige des betreffenden Staates unter gleichen Verhältnissen, insbesondere hinsichtlich der Ansässigkeit, unterworfen sind oder unterworfen werden können.

(3) Die Besteuerung einer Betriebsstätte, die ein Unternehmen eines Vertragsstaats im anderen Vertragsstaat hat, darf im anderen Staat nicht ungünstiger sein als die Besteuerung von Unternehmen des anderen Staates, die die gleiche Tätigkeit ausüben.

Diese Bestimmung ist nicht so auszulegen, als verpflichte sie einen Vertragsstaat, den im anderen Vertragsstaat ansässigen Personen Steuerfreibeträge, -vergünstigungen und -ermäßigungen aufgrund des Personenstandes oder der Familienlasten zu gewähren, die er seinen ansässigen Personen gewährt.

(4) Sofern nicht Artikel 9 Absatz 1, Artikel 11 Absatz 6 oder Artikel 12 Absatz 5 anzuwenden ist, sind Zinsen, Lizenzgebühren und andere Entgelte, die ein Unternehmen eines Vertragsstaats an eine im anderen Vertragsstaat ansässige Person zahlt, bei der Ermittlung der steuerpflichtigen Gewinne dieses Unternehmens unter den gleichen Bedingungen wie Zahlungen an eine im erstgenannten Staat ansässige Person zum Abzug zuzulassen. Dementsprechend sind Schulden, die ein Unternehmen eines Vertragsstaats gegenüber einer im anderen Vertragsstaat ansässigen Person hat, bei der Ermittlung des steuerpflichtigen Vermögens dieses Unternehmens unter den gleichen Bedingungen wie Schulden gegenüber einer im erstgenannten Staat ansässigen Person zum Abzug zuzulassen.

(5) Unternehmen eines Vertragsstaats, deren Kapital ganz oder teilweise unmittelbar oder mittelbar einer im anderen Vertragsstaat ansässigen Person oder mehreren solchen Personen gehört oder ihrer Kontrolle unterliegt, dürfen im erstgenannten Staat keiner Besteuerung oder damit zusammenhängenden Verpflichtung unterworfen werden, die anders oder belastender ist als die Besteuerung und die damit zusammenhängenden Verpflichtungen, denen andere ähnliche Unternehmen des erstgenannten Staates unterworfen sind oder unterworfen werden können.

(6) Dieser Artikel gilt ungeachtet des Artikels 2 für Steuern jeder Art und Bezeichnung.

Artikel 25 Verständigungsverfahren

(1) Ist eine Person der Auffassung, dass Maßnahmen eines Vertragsstaats oder beider Vertragsstaaten für sie zu einer Besteuerung führen oder führen werden, die diesem Abkommen nicht entspricht, so kann sie unbeschadet der nach dem innerstaatlichen Recht dieser Staaten vorgesehenen Rechtsmittel ihren Fall der zuständigen Behörde des Vertragsstaats, in dem sie ansässig ist, oder, sofern ihr Fall von Artikel 24 Absatz 1 erfasst wird, der zuständigen Behörde des Vertragsstaats unterbreiten, dessen Staatsangehöriger sie ist. Der Fall muss innerhalb von drei Jahren nach der ersten Mitteilung der Maßnahme unterbreitet werden, die zu einer dem Abkommen nicht entsprechenden Besteuerung führt.

(2) Hält die zuständige Behörde die Einwendung für begründet und ist sie selbst nicht in der Lage, eine befriedigende Lösung herbeizuführen, so wird sie sich bemühen, den Fall durch Verständigung mit der zuständigen Behörde des anderen Vertragsstaats so zu regeln, dass eine dem Abkommen nicht entsprechende Besteuerung vermieden wird. Die Verständigungsregelung ist ungeachtet der Fristen des innerstaatlichen Rechts der Vertragsstaaten durchzuführen.

(3) Die zuständigen Behörden der Vertragsstaaten werden sich bemühen, Schwierigkeiten oder Zweifel, die bei der Auslegung oder Anwendung des Abkommens entstehen, in gegenseitigem Einvernehmen zu beseitigen. Sie können auch gemeinsam darüber beraten, wie eine Doppelbesteuerung in Fällen vermieden werden kann, die im Abkommen nicht behandelt sind.

(4) Die zuständigen Behörden der Vertragsstaaten können zur Herbeiführung einer Einigung im Sinne der vorstehenden Absätze unmittelbar miteinander verkehren. Erscheint ein mündlicher Meinungsaustausch für die Herbeiführung der Einigung zweckmäßig, so kann ein solcher Meinungsaustausch in einer Kommission durchgeführt werden, die aus Vertretern der zuständigen Behörden der Vertragsstaaten besteht.

(5) Können Schwierigkeiten oder Zweifel, die bei der Auslegung oder Anwendung dieses Abkommens entstehen, von den zuständigen Behörden nicht im Verständigungsverfahren nach den vorstehenden Absätzen dieses Artikels innerhalb einer Frist von 3 Jahren ab der Verfahrenseinleitung beseitigt werden, sind auf Antrag der Person im Sinne des Absatzes 1 die Staaten verpflichtet, den Fall im Rahmen eines Schiedsverfahrens entsprechend Artikel 239 EG-Vertrag vor dem Gerichtshof der Europäischen Gemeinschaften anhängig zu machen.

Artikel 26 Informationsaustausch

(1) Die zuständigen Behörden der Vertragsstaaten tauschen die Informationen aus, die zur Durchführung dieses Abkommens oder des innerstaatlichen Rechts der Vertragsstaaten betreffend die unter das Abkommen fallenden Steuern erforderlich sind, soweit die diesem Recht entsprechende Besteuerung nicht dem Abkommen widerspricht. Der Informationsaustausch ist durch Artikel 1 nicht eingeschränkt. Alle Informationen, die ein Vertragsstaat erhalten hat, sind ebenso geheim zu halten wie die aufgrund des innerstaatlichen Rechts dieses Staates beschafften Informationen und dürfen nur den Personen oder Behörden (einschließlich der Gerichte und der Verwaltungsbehörden) zugänglich gemacht werden, die mit der Veranlagung oder Erhebung, der Vollstreckung oder Strafverfolgung oder mit der Entscheidung von Rechtsmitteln hinsichtlich der unter das Abkommen fallenden Steuern befasst sind. Diese Personen oder Behörden dürfen die Informationen nur für diese Zwecke verwenden. Sie dürfen die Informationen in einem öffentlichen Gerichtsverfahren oder in einer Gerichtsentscheidung offen legen, falls die zuständige Behörde des anderen Vertragsstaats keine Einwendungen dagegen erhebt. Die weitere Übermittlung an andere Stellen darf nur mit vorheriger Zustimmung der zuständigen Behörde des anderen Vertragsstaats erfolgen.

(2) Vorstehender Absatz 1 ist nicht so auszulegen, als verpflichte er einen Vertragsstaat,

a) zur Erteilung von Informationen Verwaltungsmaßnahmen durchzuführen, die von den Gesetzen und der Verwaltungspraxis dieses oder des anderen Vertragsstaats abweichen,
b) Informationen zu erteilen, die nach den Gesetzen oder im üblichen Verwaltungsverfahren dieses oder des anderen Vertragsstaats nicht beschafft werden können,

c) Informationen zu erteilen, die ein Handels-, Industrie-, Gewerbe- oder Berufsgeheimnis oder ein Geschäftsverfahren preisgeben würden oder deren Erteilung dem Ordre public widerspräche.

Artikel 27 Erstattung der Abzugsteuern

(1) Werden in einem Vertragsstaat die Steuern von Dividenden, Zinsen, Lizenzgebühren oder sonstigen von einer im anderen Vertragsstaat ansässigen Person bezogenen Einkünften im Abzugsweg (an der Quelle) erhoben, so wird das Recht des erstgenannten Staates

zur Vornahme des Steuerabzugs zu dem nach seinem innerstaatlichen Recht vorgesehenen Satz durch dieses Abkommen nicht berührt. Die im Abzugsweg (an der Quelle) erhobene Steuer ist auf Antrag des Steuerpflichtigen zu erstatten, wenn und soweit sie durch das Abkommen ermäßigt wird oder entfällt.

(2) Die Anträge auf Erstattung müssen vor dem Ende des vierten auf das Kalenderjahr der Festsetzung der Abzugssteuer auf Dividenden, Zinsen, Lizenzgebühren oder anderen Einkünfte folgenden Jahres eingereicht werden.

(3) Der Vertragsstaat, aus dem die Einkünfte stammen, kann eine Bescheinigung der zuständigen Behörde über die Ansässigkeit in dem anderen Vertragsstaat verlangen.

(4) Die zuständigen Behörden können in gegenseitigem Einvernehmen die Durchführung dieses Artikels regeln und gegebenenfalls andere Verfahren zur Durchführung der im Abkommen vorgesehenen Steuerermäßigungen oder -befreiungen festlegen.

Artikel 28 Anwendung des Abkommens in bestimmten Fällen

(1) Der Ansässigkeitsstaat vermeidet die Doppelbesteuerung durch Steueranrechnung nach Artikel 23 und nicht durch Steuerbefreiung nach dem genannten Artikel,

a) wenn in den Vertragsstaaten Einkünfte oder Vermögen unterschiedlichen Abkommensbestimmungen zugeordnet oder verschiedenen Personen zugerechnet werden (außer nach Artikel 9) und dieser Konflikt sich nicht durch ein Verfahren nach Artikel 25 regeln lässt und wenn aufgrund dieser unterschiedlichen Zuordnung oder Zurechnung die betreffenden Einkünfte oder Vermögenswerte unbesteuert blieben oder zu niedrig besteuert würden.
b) wenn die Bundesrepublik Deutschland nach gehöriger Konsultation und vorbehaltlich der Beschränkungen ihres innerstaatlichen Rechts der Republik Österreich auf diplomatischem Weg andere Einkünfte notifiziert hat, auf die sie diesen Absatz anzuwenden beabsichtigt, um die steuerliche Freistellung von Einkünften in beiden Vertragsstaaten oder sonstige Gestaltungen zum Missbrauch des Abkommens zu verhindern.

Im Fall einer Notifikation nach Buchstabe b kann die Republik Österreich vorbehaltlich einer Notifikation auf diplomatischem Weg diese Einkünfte aufgrund dieses Abkommens entsprechend der Qualifikation der Einkünfte durch die Bundesrepublik Deutschland qualifizieren. Eine Notifikation nach diesem Absatz wird erst ab dem ersten Tag des Kalenderjahrs wirksam, das auf das Jahr folgt, in dem die Notifikation übermittelt wurde und alle rechtlichen Voraussetzungen nach dem innerstaatlichen Recht des notifizierenden Staates für das Wirksamwerden der Notifikation erfüllt sind. Die Bundesrepublik Deutschland wird von dem Recht zur Notifikation nicht vor Ablauf von fünf Jahren nach Inkrafttreten des Abkommens Gebrauch machen.

(2) Der Ansässigkeitsstaat ist berechtigt, seine innerstaatlichen Rechtsvorschriften zur Abwehr von Steuerumgehungen anzuwenden, um missbräuchlichen Gestaltungen oder unfairem Steuerwettbewerb zu begegnen.

(3) Wenn die vorstehenden Bestimmungen zur Doppelbesteuerung führen, konsultieren die zuständigen Behörden einander nach Artikel 25 Absatz 3, wie die Doppelbesteuerung zu vermeiden ist.

Artikel 29 Mitglieder diplomatischer Missionen und konsularischer Vertretungen

(1) Dieses Abkommen berührt nicht die steuerlichen Vorrechte, die den Mitgliedern diplomatischer Missionen und konsularischer Vertretungen sowie internationaler Organisationen nach den allgemeinen Regeln des Völkerrechts oder aufgrund besonderer Übereinkünfte zustehen.

(2) Soweit Einkünfte oder Vermögen im Empfangsstaat wegen der den Diplomaten und Konsularbeamten nach den allgemeinen Regeln des Völkerrechts oder aufgrund besonderer zwischenstaatlicher Übereinkünfte zustehenden steuerlichen Vorrechte nicht besteuert werden, steht das Besteuerungsrecht dem Entsendestaat zu.

(3) Ungeachtet der Vorschriften des Artikels 4 gilt eine natürliche Person, die Mitglied einer diplomatischen Mission, einer konsularischen Vertretung oder einer Ständigen Vertretung eines Vertragsstaats ist, die im anderen Vertragsstaat oder in einem dritten Staat gelegen ist, für Zwecke des Abkommens als eine im Entsendestaat ansässige Person, wenn sie

a) nach dem Völkerrecht im Empfangsstaat mit Einkünften aus Quellen außerhalb dieses Staates oder mit außerhalb dieses Staates gelegenem Vermögen nicht steuerpflichtig ist und
b) im Entsendestaat den gleichen Verpflichtungen bezüglich der Steuern von ihrem gesamten Einkommen oder vom Vermögen unterworfen ist wie in diesem Staat ansässige Personen.

(4) Das Abkommen gilt nicht für zwischenstaatliche Organisationen, ihre Organe oder Beamte sowie nicht für Mitglieder diplomatischer Missionen oder konsularischer Vertretungen eines dritten Staates und ihnen nahestehende Personen, die sich in einem Vertragsstaat aufhalten, aber in keinem der beiden Vertragsstaaten für Zwecke der Steuern vom Einkommen und vom Vermögen wie dort ansässige Personen behandelt werden.

Artikel 30 Nebenurkunden

Das beiliegende Protokoll ist Bestandteil des Abkommens.

Artikel 31 Inkrafttreten

(1) Das Abkommen bedarf der Ratifikation, die Ratifikationsurkunden werden so bald wie möglich in Wien ausgetauscht.

(2) Dieses Abkommen tritt einen Monat nach Austausch der Ratifikationsurkunden in Kraft und ist in beiden Vertragsstaaten anzuwenden

a) bei den im Abzugsweg erhobenen Steuern von Dividenden, Zinsen und Lizenzgebühren auf die Beträge, die am oder nach dem 1. Januar des Kalenderjahrs gezahlt werden, das dem Jahr folgt, in dem das Abkommen in Kraft getreten ist,
b) bei den übrigen Steuern auf die Steuern, die für Zeiträume ab dem 1. Januar des Kalenderjahrs erhoben werden, das auf das Jahr folgt, in dem das Abkommen in Kraft getreten ist.

(3) Das zwischen der Republik Österreich und der Bundesrepublik Deutschland am 4. Oktober 1954 unterzeichnete Abkommen zur Vermeidung der Doppelbesteuerung auf dem Gebiete der Steuern vom Einkommen und vom Vermögen sowie der Gewerbesteuern und der Grundsteuern in der Fassung des Abkommens vom 8. Juli 1992 findet ab dem Zeitpunkt nicht mehr Anwendung, in dem dieses Abkommen gemäß Absatz 2 dieses Artikels Wirksamkeit erlangt.

Artikel 32 Registrierung

Die Registrierung dieses Abkommens beim Sekretariat der Vereinten Nationen nach Artikel 102 der Charta der Vereinten Nationen wird unverzüglich nach seinem In-KraftTreten von dem Vertragsstaat veranlasst, in dem die Unterzeichnung des Abkommens erfolgte. Der andere Vertragsstaat wird unter Angabe der VN-Registrierungsnummer von der erfolgten Registrierung unterrichtet, sobald dies vom Sekretariat der Vereinten Nationen bestätigt worden ist.

Artikel 33 Kündigung

Dieses Abkommen ist auf unbestimmte Zeit geschlossen, jedoch kann jeder der Vertragsstaaten bis zum 30.6. eines jeden Kalenderjahrs nach Ablauf von fünf Jahren, vom Tag des Inkrafttretens an gerechnet, das Abkommen gegenüber dem anderen Vertragsstaat auf diplomatischem Weg schriftlich kündigen. Maßgebend für die Berechnung der Frist ist der Tag des Einganges der Kündigung bei dem anderen Vertragsstaat. Im Fall der Kündigung ist das Abkommen nicht mehr anzuwenden

a) bei den im Abzugsweg erhobenen Steuern von Dividenden, Zinsen und Lizenzgebühren auf die Beträge, die am oder nach dem 1. Januar des Kalenderjahrs gezahlt werden, das auf das Kündigungsjahr folgt,
b) bei den übrigen Steuern auf die Steuern, die für Zeiträume ab dem 1. Januar des Kalenderjahrs erhoben werden, das auf das Kündigungsjahr folgt.

IV. Abkommen zwischen der Bundesrepublik Deutschland und der Italienischen Republik zur Vermeidung der Doppelbesteuerung auf dem Gebiet der Steuern vom Einkommen und vom Vermögen und zur Verhinderung der Steuerverkürzung (DBA Italien)

(Vom 18.10.1989, BGBl 1990 II S. 742; BStBl 1990 I S. 396. Das Abkommen trat am 27.12.1992, gleichzeitig mit dem Austausch der Ratifikationsurkunden, in Kraft.) 4

Artikel 1 Persönlicher Geltungsbereich

Dieses Abkommen gilt für Personen, die in einem Vertragsstaat oder in beiden Vertragsstaaten ansässig sind.

Artikel 2 Unter das Abkommen fallende Steuern

(1) Dieses Abkommen gilt, ohne Rücksicht auf die Art der Erhebung, für Steuern vom Einkommen und vom Vermögen, die für Rechnung eines Vertragsstaates, eines seiner Länder oder einer ihrer Gebietskörperschaften erhoben werden.

(2) Als Steuern vom Einkommen und vom Vermögen gelten alle Steuern, die vom Gesamteinkommen, vom Gesamtvermögen oder von Teilen des Einkommens oder des Vermögens erhoben werden, einschließlich der Steuern vom Gewinn aus der Veräußerung beweglichen oder unbeweglichen Vermögens, der Lohnsummensteuern sowie der Steuern vom Vermögenszuwachs.

(3) Zu den bestehenden Steuern, für die das Abkommen gilt, gehören

a) in der Italienischen Republik
   i) die Steuer vom Einkommen natürlicher Personen (imposta sul reddito delle persone fisiche),
   ii) die Steuer vom Einkommen juristischer Personen (imposta sul reddito delle persone giuridiche)
   iii) und die lokale Steuer vom Einkommen (imposta locale sui redditi),

   auch wenn sie im Abzugsweg erhoben werden (im folgenden als „italienische Steuer“ bezeichnet);
b) in der Bundesrepublik Deutschland
   i) die Einkommensteuer,
   ii) die Körperschaftsteuer,
   iii) die Vermögensteuer,

iv) die Gewerbesteuer
v) und die Grundsteuer
(im folgenden als „deutsche Steuer" bezeichnet).

(4) Das Abkommen gilt auch für alle Steuern gleicher oder im wesentlichen ähnlicher Art, die nach der Unterzeichnung des Abkommens neben den in Absatz 3 genannten Steuern oder an deren Stelle erhoben werden. Die zuständigen Behörden der Vertragsstaaten teilen einander die in ihren Steuergesetzen eingetretenen wesentlichen Änderungen mit.

Artikel 3 Allgemeine Begriffsbestimmungen

(1) Im Sinne dieses Abkommens, wenn der Zusammenhang nichts anderes erfordert,

a) bedeuten die Ausdrücke „ein Vertragsstaat" und „der andere Vertragsstaat" je nach dem Zusammenhang die Italienische Republik oder die Bundesrepublik Deutschland;
b) bedeutet der Ausdruck „Italienische Republik", im geographischen Sinne verwendet, das Gebiet der Italienischen Republik, in dem das Steuerrecht der Italienischen Republik gilt;
c) bedeutet der Ausdruck „Bundesrepublik Deutschland", im geographischen Sinne verwendet, das Gebiet der Bundesrepublik Deutschland, in dem das Steuerrecht der Bundesrepublik Deutschland gilt;
d) umfaßt der Ausdruck „Person" natürliche Personen, Gesellschaften und alle anderen Personenvereinigungen;
e) bedeutet der Ausdruck „Gesellschaft" juristische Personen oder Rechtsträger, die für die Besteuerung wie juristische Personen behandelt werden;
f) bedeuten die Ausdrücke „Unternehmen eines Vertragsstaats" und „Unternehmen des anderen Vertragsstaats", je nachdem, ein Unternehmen, das von einer in einem Vertragsstaat ansässigen Person betrieben wird, oder ein Unternehmen, das von einer im anderen Vertragsstaat ansässigen Person betrieben wird;
g) bedeutet der Ausdruck „internationaler Verkehr" jede Beförderung mit einem Seeschiff oder Luftfahrzeug, das von einem Unternehmen mit tatsächlicher Geschäftsleitung in einem Vertragsstaat betrieben wird, es sei denn, das Seeschiff oder Luftfahrzeug wird ausschließlich zwischen Orten im anderen Vertragsstaat betrieben;
h) bedeutet der Ausdruck „Staatsangehöriger"
   i) in bezug auf die Italienische Republik alle natürlichen Personen, die die italienische Staatsangehörigkeit besitzen;
   ii) in bezug auf die Bundesrepublik Deutschland alle Deutschen im Sinne des Artikels 116 Absatz 1 des Grundgesetzes für die Bundesrepublik Deutschland;
   iii) alle juristischen Personen, Personengesellschaften und anderen Personenvereinigungen, die nach dem in einem Vertragsstaat geltenden Recht errichtet worden sind;
i) bedeutet der Ausdruck „zuständige Behörde"
   i) in Italien das Finanzministerium;
   ii) in der Bundesrepublik Deutschland den Bundesminister der Finanzen.

(2) Bei der Anwendung des Abkommens durch einen Vertragsstaat hat, wenn der Zusammenhang nichts anderes erfordert, jeder im Abkommen nicht definierte Ausdruck die Bedeutung, die ihm nach dem Recht dieses Staates über die Steuern zukommt, für die das Abkommen gilt.

Artikel 4 Ansässige Person

(1) Im Sinne dieses Abkommens bedeutet der Ausdruck „eine in einem Vertragsstaat ansässige Person" eine Person, die nach dem Recht dieses Staates dort aufgrund ihres Wohnsitzes, ihres ständigen Aufenthalts, des Ortes ihrer Geschäftsleitung oder eines anderen ähnlichen Merkmals steuerpflichtig ist. Der Ausdruck umfaßt jedoch nicht eine Person, die in diesem Staat nur mit Einkünften aus Quellen in diesem Staat oder mit in diesem Staat gelegenem Vermögen steuerpflichtig ist.

(2) Ist nach Absatz 1 eine natürliche Person in beiden Vertragsstaaten ansässig, so gilt folgendes:

a) Die Person gilt als in dem Staat ansässig, in dem sie über eine ständige Wohnstätte verfügt; verfügt sie in beiden Staaten über eine ständige Wohnstätte, so gilt sie als in dem Staat ansässig, zu dem sie die engeren persönlichen und wirtschaftlichen Beziehungen hat (Mittelpunkt der Lebensinteressen);
b) kann nicht bestimmt werden, in welchem Staat die Person den Mittelpunkt ihrer Lebensinteressen hat, oder verfügt sie in keinem der Staaten über eine ständige Wohnstätte, so gilt sie als in dem Staat ansässig, in dem sie ihren gewöhnlichen Aufenthalt hat;
c) hat die Person ihren gewöhnlichen Aufenthalt in beiden Staaten oder in keinem der Staaten, so gilt sie als in dem Staat ansässig, dessen Staatsangehöriger sie ist;
d) ist die Person Staatsangehöriger beider Staaten oder keines der Staaten, so regeln die zuständigen Behörden der Vertragsstaaten die Frage in gegenseitigem Einvernehmen.

(3) Ist nach Absatz 1 eine andere als eine natürliche Person in beiden Vertragsstaaten ansässig, so gilt sie als in dem Staat ansässig, in dem sich der Ort ihrer tatsächlichen Geschäftsleitung befindet.

Artikel 5 Betriebsstätte

(1) Im Sinne dieses Abkommens bedeutet der Ausdruck „Betriebsstätte" eine feste Geschäftseinrichtung, in der die Tätigkeit des Unternehmens ganz oder teilweise ausgeübt wird.

(2) Der Ausdruck „Betriebsstätte" umfaßt insbesondere:

a) einen Ort der Leitung,
b) eine Zweigniederlassung,
c) eine Geschäftsstelle,
d) eine Fabrikationsstätte,
e) eine Werkstätte,
f) ein Bergwerk, einen Steinbruch oder eine andere Stätte der Ausbeutung von Bodenschätzen,
g) eine Bauausführung oder Montage, deren Dauer zwölf Monate überschreitet.

(3) Als Betriebsstätten gelten nicht:

a) Einrichtungen, die ausschließlich zur Lagerung, Ausstellung oder Auslieferung von Gütern oder Waren des Unternehmens benutzt werden;
b) Bestände von Gütern oder Waren des Unternehmens, die ausschließlich zur Lagerung, Ausstellung oder Auslieferung unterhalten werden;
c) Bestände von Gütern oder Waren des Unternehmens, die ausschließlich zu dem Zweck unterhalten werden, durch ein anderes Unternehmen bearbeitet oder verarbeitet zu werden;

d) eine feste Geschäftseinrichtung, die ausschließlich zu dem Zweck unterhalten wird, für das Unternehmen Güter oder Waren einzukaufen oder Informationen zu beschaffen;
e) eine feste Geschäftseinrichtung, die ausschließlich zu dem Zweck unterhalten wird, für das Unternehmen zu werben, Informationen zu erteilen, wissenschaftliche Forschung zu betreiben oder ähnliche Tätigkeiten auszuüben, die vorbereitender Art sind oder eine Hilfstätigkeit darstellen.

(4) Ist eine Person – mit Ausnahme eines unabhängigen Vertreters im Sinne des Absatzes 5 – in einem Vertragsstaat für ein Unternehmen des anderen Vertragsstaats tätig, so gilt eine im erstgenannten Staat gelegene Betriebsstätte als gegeben, wenn die Person eine Vollmacht besitzt, im Namen des Unternehmens Verträge abzuschließen, und die Vollmacht in diesem Staat gewöhnlich ausübt, es sei denn, daß sich ihre Tätigkeit auf den Einkauf von Gütern oder Waren für das Unternehmen beschränkt.

(5) Ein Unternehmen eines Vertragsstaats wird nicht schon deshalb so behandelt, als habe es eine Betriebsstätte im anderen Vertragsstaat, weil es dort seine Tätigkeit durch einen Makler, Kommissionär oder einen anderen unabhängigen Vermittler ausübt, sofern diese Personen im Rahmen ihrer ordentlichen Geschäftstätigkeit handeln.

(6) Allein dadurch, daß eine in einem Vertragsstaat ansässige Gesellschaft eine Gesellschaft beherrscht oder von einer Gesellschaft beherrscht wird, die im anderen Vertragsstaat ansässig ist oder dort (entweder durch eine Betriebsstätte oder auf andere Weise) ihre Tätigkeit ausübt, wird keine der beiden Gesellschaften zur Betriebsstätte der anderen.

Artikel 6 Einkünfte aus unbeweglichem Vermögen

(1) Einkünfte, die eine in einem Vertragsstaat ansässige Person aus unbeweglichem Vermögen (einschließlich der Einkünfte aus land- und forstwirtschaftlichen Betrieben) bezieht, das im anderen Vertragsstaat liegt, können im anderen Staat besteuert werden.

(2) Der Ausdruck „unbewegliches Vermögen“ hat die Bedeutung, die ihm nach dem Recht des Vertragsstaats zukommt, in dem das Vermögen liegt. Der Ausdruck umfaßt in jedem Fall das Zubehör zum unbeweglichen Vermögen, das lebende und tote Inventar land- und forstwirtschaftlicher Betriebe sowie die Rechte, für die die Vorschriften des Privatrechts über Grundstücke gelten. Als unbewegliches Vermögen gelten ferner Nutzungsrechte an unbeweglichem Vermögen sowie Rechte auf veränderliche oder feste Vergütungen für die Ausbeutung oder das Recht auf Ausbeutung von Mineralvorkommen, Quellen und anderen Bodenschätzen. Schiffe und Luftfahrzeuge gelten nicht als unbewegliches Vermögen.

(3) Absatz 1 gilt für Einkünfte aus der unmittelbaren Nutzung, der Vermietung oder Verpachtung sowie jeder anderen Art der Nutzung unbeweglichen Vermögens.

(4) Die Absätze 1 und 3 gelten auch für Einkünfte aus unbeweglichem Vermögen eines Unternehmens und für Einkünfte aus unbeweglichem Vermögen, das der Ausübung einer selbstständigen Arbeit dient.

Artikel 7 Unternehmensgewinne

(1) Gewinne eines Unternehmens eines Vertragsstaats können nur in diesem Staat besteuert werden, es sei denn, das Unternehmen übt seine Tätigkeit im anderen Vertragsstaat durch eine dort gelegene Betriebsstätte aus. Übt das Unternehmen seine Tätigkeit auf diese Weise aus, so können die Gewinne des Unternehmens im anderen Staat besteuert werden, jedoch nur insoweit, als sie dieser Betriebsstätte zugerechnet werden können.

(2) Übt ein Unternehmen eines Vertragsstaats seine Tätigkeit im anderen Vertragsstaat durch eine dort gelegene Betriebsstätte aus, so werden vorbehaltlich des Absatzes 3 in

jedem Vertragsstaat dieser Betriebsstätte die Gewinne zugerechnet, die sie hätte erzielen können, wenn sie eine gleiche oder ähnliche Tätigkeit unter gleichen oder ähnlichen Bedingungen als selbstständiges Unternehmen ausgeübt hätte und im Verkehr mit dem Unternehmen, dessen Betriebsstätte sie ist, völlig unabhängig gewesen wäre.

(3) Bei der Ermittlung der Gewinne einer Betriebsstätte werden die für diese Betriebsstätte entstandenen Aufwendungen – einschließlich der Geschäftsführungs- und allgemeinen Verwaltungskosten – zum Abzug zugelassen, gleichgültig, ob sie in dem Staat, in dem die Betriebsstätte liegt, oder anderswo entstanden sind.

(4) Soweit es in einem Vertragsstaat üblich ist, die einer Betriebsstätte zuzurechnenden Gewinne durch Aufteilung der Gesamtgewinne des Unternehmens auf seine einzelnen Teile zu ermitteln, schließt Absatz 2 nicht aus, daß dieser Vertragsstaat die zu besteuernden Gewinne nach der üblichen Aufteilung ermittelt; die gewählte Gewinnaufteilung muß jedoch derart sein, daß das Ergebnis mit den Grundsätzen dieses Artikels übereinstimmt.

(5) Auf Grund des bloßen Einkaufs von Gütern oder Waren für das Unternehmen wird einer Betriebsstätte kein Gewinn zugerechnet.

(6) Bei der Anwendung der vorstehenden Absätze sind die der Betriebsstätte zuzurechnenden Gewinne jedes Jahr auf dieselbe Art zu ermitteln, es sei denn, daß ausreichende Gründe dafür bestehen, anders zu verfahren.

(7) Gehören zu den Gewinnen Einkünfte, die in anderen Artikeln dieses Abkommens behandelt werden, so werden die Bestimmungen jener Artikel durch die Bestimmungen dieses Artikels nicht berührt.

Artikel 8 Seeschiffahrt und Luftfahrt

(1) Gewinne aus dem Betrieb von Seeschiffen oder Luftfahrzeugen im internationalen Verkehr können nur in dem Vertragsstaat besteuert werden, in dem sich der Ort der tatsächlichen Geschäftsleitung des Unternehmens befindet.

(2) Befindet sich der Ort der tatsächlichen Geschäftsleitung eines Unternehmens der Seeschiffahrt an Bord eines Schiffes, so gilt er als in dem Vertragsstaat gelegen, in dem der Heimathafen des Schiffes liegt, oder, wenn kein Heimathafen vorhanden ist, in dem Vertragsstaat, in dem die Person ansässig ist, die das Schiff betreibt.

(3) Absatz 1 gilt auch für Gewinne aus der Beteiligung an einem Pool, einer Betriebsgemeinschaft oder einer internationalen Betriebsstelle.

Artikel 9 Verbundene Unternehmen

Wenn

a) ein Unternehmen eines Vertragsstaats unmittelbar oder mittelbar an der Geschäftsleitung, der Kontrolle oder dem Kapital eines Unternehmens des anderen Vertragsstaats beteiligt ist oder
b) dieselben Personen unmittelbar oder mittelbar an der Geschäftsleitung, der Kontrolle oder dem Kapital eines Unternehmens eines Vertragsstaats und eines Unternehmens des anderen Vertragsstaats beteiligt sind

und in diesen Fällen die beiden Unternehmen in ihren kaufmännischen oder finanziellen Beziehungen an vereinbarte oder auferlegte Bedingungen gebunden sind, die von denen abweichen, die unabhängige Unternehmen miteinander vereinbaren würden, so dürfen die Gewinne, die eines der Unternehmen ohne diese Bedingungen erzielt hätte, wegen dieser Bedingungen aber nicht erzielt hat, den Gewinnen dieses Unternehmens zugerechnet und entsprechend besteuert werden.

Artikel 10 Dividenden

(1) Dividenden, die eine in einem Vertragsstaat ansässige Gesellschaft an eine im anderen Vertragsstaat ansässige Person zahlt, können im anderen Staat besteuert werden.

(2) Diese Dividenden können jedoch auch in dem Vertragsstaat, in dem die die Dividenden zahlende Gesellschaft ansässig ist, nach dem Recht dieses Staates besteuert werden; die Steuer darf aber, wenn der Empfänger der Dividenden der Nutzungsberechtigte ist, 15 vom Hundert des Bruttobetrags der Dividenden nicht übersteigen.

Dieser Absatz berührt nicht die Besteuerung der Gesellschaft in bezug auf die Gewinne, aus denen die Dividenden gezahlt werden.

Die zuständigen Behörden der Vertragsstaaten regeln in gegenseitigem Einvernehmen, wie diese Begrenzungsbestimmung durchzuführen ist.

(3) Abweichend von Absatz 2 darf die Steuer auf Dividenden, die eine in der Italienischen Republik ansässige Kapitalgesellschaft an eine Gesellschaft der Bundesrepublik Deutschland zahlt, die unmittelbar über mindestens 25 vom Hundert des Gesellschaftskapitals der erstgenannten Gesellschaft verfügt, 10 vom Hundert des Bruttobetrags der Dividenden nicht übersteigen.

(4) In der Italienischen Republik ansässige Personen, die nach dem Steuerrecht der Bundesrepublik Deutschland mit den Dividenden, die ihnen von einer in der Bundesrepublik Deutschland ansässigen Gesellschaft gezahlt werden, nicht unbeschränkt steuerpflichtig sind, haben Anspruch auf Vergütung des Erhöhungsbetrags der Körperschaftsteuer nach den in § 52 des Körperschaftsteuergesetzes der Bundesrepublik Deutschland vorgesehenen Regelungen.

(5) Eine Gesellschaft der Bundesrepublik Deutschland, die unmittelbar über mindestens 25 vom Hundert des Gesellschaftskapitals einer in der Italienischen Republik ansässigen Kapitalgesellschaft verfügt und die von dieser Kapitalgesellschaft ausgeschüttete Dividenden bezieht, hat vorbehaltlich des Abzugs der in Absatz 3 vorgesehenen Steuer Anspruch auf Erstattung eines Betrags in Höhe der „maggiorazione di conguaglio", die auf diese Dividenden entfällt, soweit diese „maggiorazione" von der Gesellschaft auf diese Dividenden tatsächlich gezahlt worden ist. Die Erstattung ist innerhalb der nach italienischem Recht vorgesehenen Fristen über die ausschüttende Gesellschaft zu beantragen, die in diesem Fall namens und für Rechnung der in der Bundesrepublik Deutschland ansässigen Gesellschaft handelt.

Diese Bestimmung findet Anwendung auf die Dividenden, deren Ausschüttung ab dem Datum des Inkrafttretens des Abkommens beschlossen worden ist.

Die ausschüttende Gesellschaft kann den Erstattungsbetrag an eine Gesellschaft der Bundesrepublik Deutschland gleichzeitig mit den der letztgenannten Gesellschaft zustehenden Dividenden auszahlen und den Betrag in der ersten auf die Zahlung folgenden Einkommenserklärung abziehen.

Eine Gesellschaft der Bundesrepublik Deutschland hat Anspruch auf Zahlung eines Betrags in Höhe der „maggiorazione di conguaglio", wenn sie im Zeitpunkt des Beschlusses über die Dividendenausschüttung Nutzungsberechtigter der Dividenden ist und wenn sie die Aktien für die Dauer von mindestens zwölf Monaten vor diesem Zeitpunkt gehalten hat.

Im Fall einer späteren Erhöhung des steuerpflichtigen Einkommens der ausschüttenden Gesellschaft oder im Fall einer Nachbesteuerung von Rücklagen oder anderen Mitteln beschränkt sich die Ermäßigung der Steuer, die die Gesellschaft für den Besteuerungszeitraum schuldet, in dem die Berichtigung bestandskräftig geworden ist, auf den Teil der Steuer, der auf die der „maggiorazione di conguaglio“ unterliegenden Dividenden entfällt (und tatsächlich an die Staatskasse gezahlt worden ist).

(6) Der in diesem Artikel verwendete Ausdruck „Dividenden“ bedeutet

a) Gewinnausschüttungen auf Aktien einschließlich Einkünfte aus Aktien, Genußrechten oder Genußscheinen, Kuxen, Gründeranteilen oder anderen Rechten – ausgenommen Forderungen – mit Gewinnbeteiligung (unter Einschluß der Einkünfte aus Beteiligungen an Gesellschaften mit beschränkter Haftung), und

b) sonstige Einkünfte, die nach dem Recht des Staates, in dem die ausschüttende Gesellschaft ansässig ist, den Gewinnausschüttungen auf Aktien steuerlich gleichgestellt sind, und für die Zwecke der Besteuerung in der Bundesrepublik Deutschland Einkünfte eines stillen Gesellschafters im Sinne des deutschen Steuerrechts aus seiner Beteiligung als stiller Gesellschafter an einem gewerblichen Unternehmen und Ausschüttungen auf Anteilscheine an einem Investmentvermögen.

(7) Die Absätze 1 bis 3 sind nicht anzuwenden, wenn der in einem Vertragsstaat ansässige Nutzungsberechtigte im anderen Vertragsstaat, in dem die die Dividenden zahlende Gesellschaft ansässig ist, eine gewerbliche Tätigkeit durch eine dort gelegene Betriebsstätte oder eine selbstständige Arbeit durch eine dort gelegene feste Einrichtung ausübt und die Beteiligung, für die die Dividenden gezahlt werden, tatsächlich zu dieser Betriebsstätte oder festen Einrichtung gehört. In diesem Fall können die Dividenden im anderen Vertragsstaat nach dem Recht dieses Staates besteuert werden.

(8) Bezieht eine in einem Vertragsstaat ansässige Gesellschaft Gewinne oder Einkünfte aus dem anderen Vertragsstaat, so darf dieser andere Staat weder die von der Gesellschaft gezahlten Dividenden besteuern, es sei denn, daß diese Dividenden an eine im anderen Staat ansässige Person oder an eine im anderen Staat gelegene Betriebsstätte oder feste Einrichtung gezahlt werden, noch Gewinne der Gesellschaft einer Steuer für nichtausgeschüttete Gewinne unterwerfen, selbst wenn die gezahlten Dividenden oder die nichtausgeschütteten Gewinne ganz oder teilweise aus im anderen Staat erzielten Gewinnen oder Einkünften bestehen.

Artikel 11 Zinsen

(1) Zinsen, die aus einem Vertragsstaat stammen und an eine im anderen Vertragsstaat ansässige Person gezahlt werden, können im anderen Staat besteuert werden.

(2) Diese Zinsen können jedoch auch in dem Vertragsstaat, aus dem sie stammen, nach dem Recht dieses Staates besteuert werden; die Steuer darf aber, wenn der Empfänger der Zinsen der Nutzungsberechtigte ist, 10 vom Hundert des Bruttobetrags der Zinsen nicht übersteigen.

Die zuständigen Behörden der Vertragsstaaten regeln in gegenseitigem Einvernehmen, wie diese Begrenzungsbestimmung durchzuführen ist.

(3) Ungeachtet des Absatzes 2 können die in Absatz 1 genannten Zinsen nur in dem Vertragsstaat, in dem der Empfänger der Zinsen ansässig ist, besteuert werden, wenn der Empfänger der Nutzungsberechtigte ist und die Zinsen

a) im Zusammenhang mit dem Verkauf von Gütern oder Waren, die von einem Unternehmen an ein anderes Unternehmen geliefert werden, auf Kredit,

b) im Zusammenhang mit dem Verkauf gewerblicher, kaufmännischer oder wissenschaftlicher Ausrüstungen auf Kredit,

c) für Schuldverschreibungen oder ähnliche Verpflichtungen der Regierung eines Vertragsstaats, einer seiner Länder oder einer ihrer Gebietskörperschaften oder
d) an die Regierung eines Vertragsstaates oder eines seiner Länder oder an eine ihrer Gebietskörperschaften oder an die Zentralbank eines Vertragsstaats

gezahlt werden.

(4) Der in diesem Artikel verwendete Ausdruck „Zinsen" bedeutet Einkünfte aus öffentlichen Anleihen, aus Obligationen, auch wenn sie durch Pfandrechte an Grundstücken gesichert oder mit einer Gewinnbeteiligung ausgestattet sind, und aus Forderungen jeder Art sowie alle anderen Einkünfte, die nach dem Steuerrecht des Staates, aus dem sie stammen, den Einkünften aus Darlehen gleichgestellt sind. Der Ausdruck „Zinsen" umfaßt jedoch nicht die in Artikel 10 genannten Einkünfte.

(5) Die Absätze 1, 2 und 3 sind nicht anzuwenden, wenn der in einem Vertragsstaat ansässige Nutzungsberechtigte im anderen Vertragsstaat, aus dem die Zinsen stammen, eine gewerbliche Tätigkeit durch eine dort gelegene Betriebsstätte oder eine selbstständige Arbeit durch eine dort gelegene feste Einrichtung ausübt und die Forderung, für die die Zinsen gezahlt werden, tatsächlich zu dieser Betriebsstätte oder festen Einrichtung gehört. In diesem Fall können die Zinsen im anderen Vertragsstaat nach dem Recht dieses Staates besteuert werden.

(6) Zinsen gelten dann als aus einem Vertragsstaat stammend, wenn der Schuldner dieser Staat selbst, eines seiner Länder oder eine ihrer Gebietskörperschaften oder eine in diesem Staat ansässige Person ist. Hat aber der Schuldner der Zinsen, ohne Rücksicht darauf, ob er in einem Vertragsstaat ansässig ist oder nicht, in einem Vertragsstaat eine Betriebsstätte oder eine feste Einrichtung und ist die Schuld, für die die Zinsen gezahlt werden, für Zwecke der Betriebsstätte oder der festen Einrichtung eingegangen worden und trägt die Betriebsstätte oder die feste Einrichtung die Zinsen, so gelten die Zinsen als aus dem Staat stammend, in dem die Betriebsstätte oder die feste Einrichtung liegt.

(7) Bestehen zwischen dem Schuldner und dem Nutzungsberechtigten oder zwischen jedem von ihnen und einem Dritten besondere Beziehungen und übersteigen deshalb die Zinsen, gemessen an der zugrundeliegenden Forderung, den Betrag, den Schuldner und Nutzungsberechtigter ohne diese Beziehungen vereinbart hätten, so wird dieser Artikel nur auf den letzteren Betrag angewendet. In diesem Fall kann der übersteigende Betrag nach dem Recht eines jeden Vertragsstaates und unter Berücksichtigung der anderen Bestimmungen dieses Abkommens besteuert werden.

Artikel 12 Lizenzgebühren

(1) Lizenzgebühren, die aus einem Vertragsstaat stammen und an eine im anderen Vertragsstaat ansässige Person gezahlt werden, können im anderen Staat besteuert werden.

(2) Diese Lizenzgebühren können jedoch auch in dem Vertragsstaat, aus dem sie stammen, nach dem Recht dieses Staates besteuert werden; die Steuer darf aber, wenn der Empfänger der Lizenzgebühren der Nutzungsberechtigte ist, 5 vom Hundert des Bruttobetrags der Lizenzgebühren nicht übersteigen.

Die zuständigen Behörden der Vertragsstaaten regeln in gegenseitigem Einvernehmen, wie diese Begrenzungsbestimmung durchzuführen ist.

(3) Ungeachtet des Absatzes 2 können Lizenzgebühren für Urheberrechte und andere ähnliche Zahlungen für die Schaffung oder die Vervielfältigung literarischer, dramaturgischer, musikalischer oder künstlerischer Werke, einschließlich kinematographischer Filme und Filme oder Bandaufnahmen für Rundfunk oder Fernsehen, die aus einem Vertragsstaat

stammen und an eine im anderen Vertragsstaat ansässige Person gezahlt werden, die der Nutzungsberechtigte der Lizenzgebühren ist, nur im anderen Staat besteuert werden.

(4) Der in diesem Artikel verwendete Ausdruck „Lizenzgebühren" bedeutet Vergütungen jeder Art, die für die Benutzung oder für das Recht auf Benutzung von Urheberrechten an literarischen, künstlerischen oder wissenschaftlichen Werken, einschließlich kinematographischer Filme und Filme oder Bandaufnahmen für Rundfunk oder Fernsehen, von Patenten, Warenzeichen, Mustern oder Modellen, Plänen, geheimen Formeln oder Verfahren oder für die Benutzung oder das Recht auf Benutzung gewerblicher, kaufmännischer oder wissenschaftlicher Ausrüstungen oder für die Mitteilung gewerblicher, kaufmännischer oder wissenschaftlicher Erfahrungen gezahlt werden.

(5) Die Absätze 1, 2 und 3 sind nicht anzuwenden, wenn der in einem Vertragsstaat ansässige Nutzungsberechtigte im anderen Vertragsstaat, aus dem die Lizenzgebühren stammen, eine gewerbliche Tätigkeit durch eine dort gelegene Betriebsstätte oder eine selbstständige Arbeit durch eine dort gelegene feste Einrichtung ausübt und die Rechte oder Vermögenswerte, für die die Lizenzgebühren gezahlt werden, tatsächlich zu dieser Betriebsstätte oder festen Einrichtung gehören. In diesem Fall können die Lizenzgebühren im anderen Vertragsstaat nach dem Recht dieses Staates besteuert werden.

(6) Lizenzgebühren gelten dann als aus einem Vertragsstaat stammend, wenn der Schuldner dieser Staat selbst, eines seiner Länder oder eine ihrer Gebietskörperschaften oder eine in diesem Staat ansässige Person ist. Hat aber der Schuldner der Lizenzgebühren ohne Rücksicht darauf, ob er in einem Vertragsstaat ansässig ist oder nicht, in einem Vertragsstaat eine Betriebsstätte oder feste Einrichtung und gehört die Verpflichtung zur Zahlung der Lizenzgebühren zu der Betriebsstätte oder festen Einrichtung und trägt die Betriebsstätte oder feste Einrichtung die Lizenzgebühren, so gelten die Lizenzgebühren als aus dem Staat stammend, in dem die Betriebsstätte oder feste Einrichtung liegt.

(7) Bestehen zwischen dem Schuldner und dem Nutzungsberechtigten oder zwischen jedem von ihnen und einem Dritten besondere Beziehungen und übersteigen deshalb die Lizenzgebühren, gemessen an der zugrundeliegenden Leistung, den Betrag, den Schuldner und Nutzungsberechtigter ohne diese Beziehungen vereinbart hätten, so wird dieser Artikel nur auf den letzteren Betrag angewendet. In diesem Fall kann der übersteigende Betrag nach dem Recht eines jeden Vertragsstaates und unter Berücksichtigung der anderen Bestimmungen dieses Abkommens besteuert werden.

Artikel 13 Gewinne aus der Veräußerung von Vermögen

(1) Gewinne, die eine in einem Vertragsstaat ansässige Person aus der Veräußerung unbeweglichen Vermögens im Sinne des Artikels 6 bezieht, das im anderen Vertragsstaat liegt, können im anderen Staat besteuert werden.

(2) Gewinne aus der Veräußerung beweglichen Vermögens, das Betriebsvermögen einer Betriebsstätte ist, die ein Unternehmen eines Vertragsstaats im anderen Vertragsstaat hat, oder das zu einer festen Einrichtung gehört, die einer in einem Vertragsstaat ansässigen Person für die Ausübung einer selbstständigen Arbeit im anderen Vertragsstaat zur Verfügung steht, einschließlich derartiger Gewinne, die bei der Veräußerung einer solchen Betriebsstätte (allein oder mit dem übrigen Unternehmen) oder einer solchen festen Einrichtung erzielt werden, können im anderen Staat besteuert werden.

(3) Gewinne aus der Veräußerung von Seeschiffen oder Luftfahrzeugen, die im internationalen Verkehr betrieben werden, und von beweglichem Vermögen, das dem Betrieb dieser

Schiffe oder Luftfahrzeuge dient, können nur in dem Vertragsstaat besteuert werden, in dem sich der Ort der tatsächlichen Geschäftsleitung des Unternehmens befindet.

(4) Gewinne aus der Veräußerung des in den Absätzen 1, 2 und 3 nicht genannten Vermögens können nur in dem Vertragsstaat besteuert werden, in dem der Veräußerer ansässig ist.

Artikel 14 Selbstständige Arbeit

(1) Einkünfte, die eine in einem Vertragsstaat ansässige Person aus einem freien Beruf oder aus sonstiger selbstständiger Tätigkeit bezieht, können nur in diesem Staat besteuert werden, es sei denn, daß der Person im anderen Vertragsstaat für die Ausübung ihrer Tätigkeit gewöhnlich eine feste Einrichtung zur Verfügung steht. Steht ihr eine solche feste Einrichtung zur Verfügung, so können die Einkünfte im anderen Staat besteuert werden, jedoch nur insoweit, als sie dieser festen Einrichtung zugerechnet werden können.

(2) Der Ausdruck „freier Beruf" umfaßt insbesondere die selbstständig ausgeübte wissenschaftliche, literarische, künstlerische, erzieherische oder unterrichtende Tätigkeit sowie die selbstständige Tätigkeit der Ärzte, Rechtsanwälte, Ingenieure, Architekten, Zahnärzte und Buchsachverständigen.

Artikel 15 Unselbstständige Arbeit

(1) Vorbehaltlich der Artikel 16, 18 und 19 können Gehälter, Löhne und ähnliche Vergütungen, die eine in einem Vertragsstaat ansässige Person aus unselbstständiger Arbeit bezieht, nur in diesem Staat besteuert werden, es sei denn, die Arbeit wird im anderen Vertragsstaat ausgeübt. Wird die Arbeit dort ausgeübt, so können die dafür bezogenen Vergütungen im anderen Staat besteuert werden.

(2) Ungeachtet des Absatzes 1 können Vergütungen, die eine in einem Vertragsstaat ansässige Person für eine im anderen Vertragsstaat ausgeübte unselbstständige Arbeit bezieht, nur im erstgenannten Staat besteuert werden, wenn

a) der Empfänger sich im anderen Staat insgesamt nicht länger als 183 Tage während des betreffenden Steuerjahrs aufhält und
b) die Vergütungen von einem Arbeitgeber oder für einen Arbeitgeber gezahlt werden, der nicht im anderen Staat ansässig ist, und
c) die Vergütungen nicht von einer Betriebsstätte oder einer festen Einrichtung getragen werden, die der Arbeitgeber im anderen Staat hat.

(3) Ungeachtet der vorstehenden Bestimmungen dieses Artikels können Vergütungen für unselbstständige Arbeit, die an Bord eines Seeschiffs oder Luftfahrzeugs, das im internationalen Verkehr betrieben wird, ausgeübt wird, in dem Vertragsstaat besteuert werden, in dem sich der Ort der tatsächlichen Geschäftsleitung des Unternehmens befindet.

Artikel 16 Aufsichtsrats- und Verwaltungsratsvergütungen

Aufsichtsrats- und Verwaltungsratsvergütungen und ähnliche Zahlungen, die eine in einem Vertragsstaat ansässige Person in ihrer Eigenschaft als Mitglied des Aufsichts- oder Verwaltungsrats einer Gesellschaft bezieht, die im anderen Vertragsstaat ansässig ist, können im anderen Staat besteuert werden.

Artikel 17 Künstler und Sportler

(1) Ungeachtet der Artikel 7, 14 und 15 können Einkünfte, die eine in einem Vertragsstaat ansässige Person als Künstler, wie Bühnen-, Film-, Rundfunk- und Fernsehkünstler sowie Musiker, oder als Sportler aus ihrer im anderen Vertragsstaat persönlich ausgeübten Tätigkeit bezieht, im anderen Staat besteuert werden.

(2) Fließen Einkünfte aus einer von einem Künstler oder Sportler in dieser Eigenschaft persönlich ausgeübten Tätigkeit nicht dem Künstler oder Sportler selbst, sondern einer anderen Person zu, so können diese Einkünfte ungeachtet der Artikel 7, 14 und 15 in dem Vertragsstaat besteuert werden, in dem der Künstler oder Sportler seine Tätigkeit ausübt.

(3) Die Absätze 1 und 2 gelten nicht, wenn der Aufenthalt der berufsmäßigen Künstler oder Sportler in einem Vertragsstaat ganz oder in wesentlichem Umfang aus öffentlichen Kassen des anderen Vertragsstaats, eines seiner Länder oder einer ihrer Gebietskörperschaften finanziert wird.

Artikel 18 Ruhegehälter

Vorbehaltlich des Artikels 19 Absätze 2, 3 und 4 können Ruhegehälter und ähnliche Vergütungen, die einer in einem Vertragsstaat ansässigen Person für frühere unselbstständige Arbeit gezahlt werden, nur in diesem Staat besteuert werden.

Artikel 19 Öffentlicher Dienst

(1)

a) Vergütungen, ausgenommen Ruhegehälter, die von einem Vertragsstaat, einem seiner Länder oder einer ihrer Gebietskörperschaften an eine natürliche Person für die diesem Staat, dem Land oder der Gebietskörperschaft geleisteten Dienste gezahlt werden, können nur in diesem Staat besteuert werden.

b) Diese Vergütungen können jedoch nur in dem Staat besteuert werden, in dem die Dienste geleistet werden, wenn der Empfänger der Vergütung in diesem Staat ansässig ist und
   i) Staatsangehöriger dieses Staates ist, ohne Staatsangehöriger des anderen Staates zu sein, oder,
   ii) ohne Staatsangehöriger des anderen Staates zu sein, im erstgenannten Staat ansässig war, bevor er dort Dienste leistete.

(2)

a) Ruhegehälter, die von einem Vertragsstaat, einem seiner Länder oder einer ihrer Gebietskörperschaften unmittelbar oder aus einem von dem Staat, dem Land oder der Gebietskörperschaft errichteten Sondervermögen an eine natürliche Person für die dem Staat, dem Land oder der Gebietskörperschaft geleisteten Dienste gezahlt werden, können nur in diesem Staat besteuert werden.

b) Diese Ruhegehälter können jedoch nur im anderen Vertragsstaat besteuert werden, wenn der Empfänger in diesem Staat ansässig und Staatsangehöriger dieses Staates ist, ohne Staatsangehöriger des Staates zu sein, aus dem die Ruhegehälter stammen.

(3) Auf Vergütungen und Ruhegehälter für Dienstleistungen, die im Zusammenhang mit einer gewerblichen Tätigkeit eines Vertragsstaats, eines seiner Länder oder einer ihrer Gebietskörperschaften erbracht werden, sind die Artikel 15, 16 und 18 anzuwenden.

Die Absätze 1 und 2 sind jedoch auf die Vergütungen und Ruhegehälter anzuwenden, die die folgenden Verwaltungen oder Organisationen an ihre Bediensteten zahlen:

a) auf seiten der Italienischen Republik
   - die „Banca d'Italia"
   - die „Ferrovie dello Stato (F.S.)"
   - die „Amministrazione delle poste e delle telecomunicazioni (PP.TT.)";

b) auf seiten der Bundesrepublik Deutschland
   - die Deutsche Bundesbank
   - die Deutsche Bundesbahn
   - die Deutsche Bundespost.

(4) Ruhegehälter und alle anderen wiederkehrenden oder einmaligen Bezüge, die aufgrund der Sozialversicherungsgesetzgebung eines Vertragsstaats von diesem Staat, einem seiner Länder, einer ihrer Gebietskörperschaften oder einer ihrer juristischen Personen des öffentlichen Rechts gezahlt werden, können nur in diesem Staat besteuert werden, wenn der Empfänger Staatsangehöriger dieses Staates ist, ohne Staatsangehöriger des anderen Vertragsstaats zu sein.

(5) Entschädigungen, die ein Vertragsstaat, eines seiner Länder oder eine ihrer Gebietskörperschaften in Form von Ruhegehältern, Leibrenten und anderen wiederkehrenden oder einmaligen Leistungen für Schäden zahlt, die als Folge von Kriegshandlungen oder politischer Verfolgung entstanden sind, können nur in diesem Staat besteuert werden.

Artikel 20 Studenten, Praktikanten und Lehrlinge

Zahlungen, die ein Student, Praktikant oder Lehrling, der sich in einem Vertragsstaat ausschließlich zum Studium oder zur Ausbildung aufhält und der im anderen Vertragsstaat ansässig ist oder dort unmittelbar vor der Einreise in den erstgenannten Staat ansässig war, für seinen Unterhalt, sein Studium oder seine Ausbildung erhält, dürfen im erstgenannten Staat nicht besteuert werden, sofern diese Zahlungen aus Quellen außerhalb dieses Staates stammen.

Artikel 21 Lehrer

Eine natürliche Person, die sich auf Einladung eines Vertragsstaats oder einer Universität, einer Hochschule, einer Schule, eines Museums oder einer anderen kulturellen Einrichtung dieses Vertragsstaats oder im Rahmen eines amtlichen Kulturaustausches in diesem Vertragsstaat höchstens zwei Jahre lang lediglich zur Ausübung einer Lehrtätigkeit, zum Halten von Vorlesungen oder zur Ausübung einer Forschungstätigkeit bei dieser Einrichtung aufhält und die im anderen Vertragsstaat ansässig ist oder dort unmittelbar vor der Einreise in den erstgenannten Staat ansässig war, ist in dem erstgenannten Staat mit ihren für diese Tätigkeit bezogenen Vergütungen von der Steuer befreit, vorausgesetzt, daß diese Vergütungen von außerhalb dieses Staates bezogen werden.

Artikel 22 Andere Einkünfte

(1) Einkünfte einer in einem Vertragsstaat ansässigen Person, die in den vorstehenden Artikeln nicht behandelt wurden, können ohne Rücksicht auf ihre Herkunft nur in diesem Staat besteuert werden.

(2) Absatz 1 ist auf andere Einkünfte als solche aus unbeweglichem Vermögen im Sinne des Artikels 6 Absatz 2 nicht anzuwenden, wenn der in einem Vertragsstaat ansässige Empfänger im anderen Vertragsstaat eine gewerbliche Tätigkeit durch eine dort gelegene Betriebsstätte oder eine selbstständige Arbeit durch eine dort gelegene feste Einrichtung ausübt und die Rechte oder Vermögenswerte, für die die Einkünfte gezahlt werden, tatsächlich zu dieser Betriebsstätte oder festen Einrichtung gehören. In diesem Fall können die Einkünfte im anderen Vertragsstaat nach dem Recht dieses Staates besteuert werden.

Artikel 23 Vermögen

(1) Unbewegliches Vermögen im Sinne des Artikels 6, das einer in einem Vertragsstaat ansässigen Person gehört und im anderen Vertragsstaat liegt, kann im anderen Staat besteuert werden.

(2) Bewegliches Vermögen, das Betriebsvermögen einer Betriebsstätte ist, die ein Unternehmen eines Vertragsstaats im anderen Vertragsstaat hat, oder das zu einer festen Einrichtung gehört, die einer in einem Vertragsstaat ansässigen Person für die Ausübung einer selbstständigen Arbeit im anderen Vertragsstaat zur Verfügung steht, kann im anderen Staat besteuert werden.

(3) Seeschiffe und Luftfahrzeuge, die im internationalen Verkehr betrieben werden, sowie bewegliches Vermögen, das dem Betrieb dieser Schiffe oder Luftfahrzeuge dient, können nur in dem Vertragsstaat besteuert werden, in dem sich der Ort der tatsächlichen Geschäftsleitung des Unternehmens befindet.

(4) Alle anderen Vermögensteile einer in einem Vertragsstaat ansässigen Person können nur in diesem Staat besteuert werden.

Artikel 24 Vermeidung der Doppelbesteuerung

(1) Es besteht Einverständnis darüber, daß die Doppelbesteuerung nach Maßgabe der folgenden Absätze vermieden wird.

(2)

a) Bezieht eine in der Italienischen Republik ansässige Person Einkünfte, die in der Bundesrepublik Deutschland besteuert werden können, so kann die Italienische Republik bei der Festsetzung der in Artikel 2 genannten Einkommensteuern diese Einkünfte vorbehaltlich des Buchstabens b in die Bemessungsgrundlage dieser Steuern einbeziehen, es sei denn, daß dieses Abkommen dem entgegenstehende Vorschriften enthält.
In diesem Fall zieht die Italienische Republik von den auf diese Weise festgesetzten Steuern die in der Bundesrepublik Deutschland gezahlte Einkommensteuer (gegebenenfalls einschließlich der Gewerbesteuer, soweit sie vom Ertrag erhoben wird) ab; der abzuziehende Betrag darf aber den Teil der italienischen Steuer nicht übersteigen, der dem Verhältnis der genannten Einkünfte zu den gesamten Einkünften entspricht. Kein Abzug wird jedoch gewährt, wenn die Einkünfte in der Italienischen Republik nach italienischem Recht auf Antrag des Empfängers der Einkünfte der im Abzugsweg erhobenen Steuer unterliegen.

b) Von der Bemessungsgrundlage der italienischen Steuer werden die Einkünfte aus Dividenden nach Artikel 10 Absatz 6 Buchstabe a ausgenommen, die an eine in der Italienischen Republik ansässige Gesellschaft (jedoch nicht an eine Personengesellschaft) von einer in der Bundesrepublik Deutschland ansässigen Gesellschaft gezahlt werden, deren Kapital zu mindestens 25 vom Hundert unmittelbar der italienischen Gesellschaft gehört.

(3) Bei einer in der Bundesrepublik Deutschland ansässigen Person wird die Steuer wie folgt festgesetzt:

a) Soweit nicht Buchstabe b anzuwenden ist, werden von der Bemessungsgrundlage der deutschen Steuer die Einkünfte aus der Italienischen Republik sowie die in der Italienischen Republik gelegenen Vermögenswerte ausgenommen, die nach diesem Abkommen in der Italienischen Republik besteuert werden können. Die Bundesre-

publik Deutschland behält aber das Recht, die so ausgenommenen Einkünfte und Vermögenswerte bei der Festsetzung des Steuersatzes zu berücksichtigen.
Auf die Einkünfte aus Dividenden nach Artikel 10 Absatz 6 Buchstabe a sind die vorstehenden Bestimmungen nur dann anzuwenden, wenn die Dividenden an eine in der Bundesrepublik Deutschland ansässige Gesellschaft (jedoch nicht an eine Personengesellschaft) von einer in der Italienischen Republik ansässigen Gesellschaft gezahlt werden, deren Kapital zu mindestens 10 vom Hundert unmittelbar der deutschen Gesellschaft gehört.
Für die Zwecke der Steuern vom Vermögen werden von der Bemessungsgrundlage der deutschen Steuer ebenfalls Beteiligungen ausgenommen, deren Dividenden, falls solche gezahlt werden, nach dem vorhergehenden Satz von der Steuerbemessungsgrundlage auszunehmen wären.

b) Die italienische Steuer, die nach dem Recht der Italienischen Republik und in Übereinstimmung mit diesem Abkommen von den nachstehenden Einkünften aus der Italienischen Republik erhoben wird, wird auf die deutsche Einkommensteuer oder Körperschaftsteuer von den nachstehenden Einkünften angerechnet:
   i) Dividenden im Sinne des Artikels 10, soweit sie nicht unter Buchstabe a genannt sind;
   ii) Zinsen im Sinne des Artikels 11;
   iii) Lizenzgebühren im Sinne des Artikels 12;
   iv) Einkünfte und Vergütungen, die unter die Artikel 16 und 17 fallen.

   Die aufgrund der vorstehenden Bestimmung anzurechnende italienische Steuer darf jedoch den Teil der vor der Anrechnung ermittelten deutschen Steuer nicht übersteigen, der auf die Einkünfte entfällt, die in der Italienischen Republik besteuert werden können.

Artikel 25 Gleichbehandlung

(1) Staatsangehörige eines Vertragsstaats dürfen im anderen Vertragsstaat keiner Besteuerung oder damit zusammenhängenden Verpflichtung unterworfen werden, die anders oder belastender ist als die Besteuerung und die damit zusammenhängenden Verpflichtungen, denen Staatsangehörige des anderen Staates unter gleichen Verhältnissen unterworfen sind oder unterworfen werden können. Diese Bestimmung gilt ungeachtet des Artikels 1 auch für Personen, die in keinem Vertragsstaat ansässig sind. Insbesondere werden den Staatsangehörigen eines Vertragsstaats, die der Besteuerung im anderen Vertragsstaat unterliegen, die Steuerbefreiungen, -freibeträge, -abzüge und -ermäßigungen aufgrund der Familienlasten gewährt, die den Staatsangehörigen des anderen Staates unter gleichen Verhältnissen gewährt werden.

(2) Die Besteuerung einer Betriebsstätte, die ein Unternehmen eines Vertragsstaats im anderen Vertragsstaat hat, darf im anderen Staat nicht ungünstiger sein als die Besteuerung von Unternehmen des anderen Staates, die die gleiche Tätigkeit ausüben. Diese Bestimmung ist nicht so auszulegen, als verpflichte sie einen Vertragsstaat, den im anderen Vertragsstaat ansässigen Personen Steuerfreibeträge, -vergünstigungen und -ermäßigungen zu gewähren, die er seinen ansässigen Personen gewährt.

(3) Sofern nicht Artikel 9, Artikel 11 Absatz 7 oder Artikel 12 Absatz 7 anzuwenden ist, sind Zinsen, Lizenzgebühren und andere Entgelte, die ein Unternehmen eines Vertragsstaats an eine im anderen Vertragsstaat ansässige Person zahlt, bei der Ermittlung der steuerpflichtigen Gewinne dieses Unternehmens unter den gleichen Bedingungen wie Zahlungen an eine im erstgenannten Staat ansässige Person zum Abzug zuzulassen. Dem-

entsprechend sind Schulden, die ein Unternehmen eines Vertragsstaats gegenüber einer im anderen Vertragsstaat ansässigen Person hat, bei der Ermittlung des steuerpflichtigen Vermögens dieses Unternehmens unter den gleichen Bedingungen wie Schulden gegenüber einer im erstgenannten Staat ansässigen Person zum Abzug zuzulassen.

(4) Unternehmen eines Vertragsstaates, deren Kapital ganz oder teilweise unmittelbar oder mittelbar einer im anderen Vertragsstaat ansässigen Person oder mehreren solchen Personen gehört oder ihrer Kontrolle unterliegt, dürfen im erstgenannten Staat keiner Besteuerung oder damit zusammenhängenden Verpflichtung unterworfen werden, die anders oder belastender ist als die Besteuerung und die damit zusammenhängenden Verpflichtungen, denen andere ähnliche Unternehmen des erstgenannten Staates unterworfen sind oder unterworfen werden können.

(5) Dieser Artikel gilt ungeachtet des Artikels 2 für Steuern jeder Art und Bezeichnung.

Artikel 26 Verständigungsverfahren

(1) Ist eine Person der Auffassung, daß Maßnahmen eines Vertragsstaates oder beider Vertragsstaaten für sie zu einer Besteuerung führen oder führen werden, die diesem Abkommen nicht entspricht, so kann sie unbeschadet der nach dem innerstaatlichen Recht dieser Staaten vorgesehenen Rechtsmittel ihren Fall der zuständigen Behörde des Vertragsstaates, in dem sie ansässig ist, oder, sofern ihr Fall von Artikel 25 Absatz 1 erfaßt wird, der zuständigen Behörde des Vertragsstaats unterbreiten, dessen Staatsangehöriger sie ist. Der Fall muß innerhalb von zwei Jahren nach der ersten Mitteilung der Maßnahme unterbreitet werden, die zu einer dem Abkommen nicht entsprechenden Besteuerung führt.

(2) Hält die zuständige Behörde die Einwendung für begründet und ist sie selbst nicht in der Lage, eine befriedigende Lösung herbeizuführen, so wird sie sich bemühen, den Fall durch Verständigung mit der zuständigen Behörde des anderen Vertragsstaats so zu regeln, daß eine dem Abkommen nicht entsprechende Besteuerung vermieden wird.

(3) Die zuständigen Behörden der Vertragsstaaten werden sich bemühen, Schwierigkeiten oder Zweifel, die bei der Auslegung oder Anwendung des Abkommens entstehen, in gegenseitigem Einvernehmen zu beseitigen.

(4) Die zuständigen Behörden der Vertragsstaaten können zur Herbeiführung einer Einigung im Sinne der vorstehenden Absätze unmittelbar miteinander verkehren. Erscheint ein mündlicher Meinungsaustausch für die Herbeiführung der Einigung zweckmäßig, so kann ein solcher Meinungsaustausch in einer Kommission durchgeführt werden, die aus Vertretern der zuständigen Behörden der Vertragsstaaten besteht.

Artikel 27 Informationsaustausch

(1) Die zuständigen Behörden der Vertragsstaaten tauschen die Informationen aus, die erforderlich sind, um dieses Abkommen oder das innerstaatliche Recht der Vertragsstaaten betreffend die unter das Abkommen fallenden Steuern, soweit die diesem Recht entsprechende Besteuerung nicht dem Abkommen widerspricht, durchzuführen und die Steuerverkürzung zu verhindern. Der Informationsaustausch ist durch Artikel 1 nicht eingeschränkt. Alle Informationen, die ein Vertragsstaat erhalten hat, sind ebenso geheimzuhalten wie die aufgrund des innerstaatlichen Rechts dieses Staates beschafften Informationen und dürfen nur den Personen oder Behörden (einschließlich der Gerichte und der Verwaltungsbehörden) zugänglich gemacht werden, die mit der Veranlagung oder Erhebung, der Vollstreckung oder Strafverfolgung oder mit der Entscheidung von Rechtsmitteln hinsichtlich der unter das Abkommen fallenden Steuern befaßt sind. Diese Personen oder

Behörden dürfen die Informationen nur für diese Zwecke verwenden. Sie dürfen die Informationen in einem öffentlichen Gerichtsverfahren oder in einer Gerichtsentscheidung offenlegen, falls die zuständige Behörde des anderen Vertragsstaates keine Einwendungen dagegen erhebt.

(2) Abs. 1 ist nicht so auszulegen, als verpflichte er einen Vertragsstaat,

a) Verwaltungsmaßnahmen durchzuführen, die von den Gesetzen und der Verwaltungspraxis dieses oder des anderen Vertragsstaates abweichen;
b) Informationen zu erteilen, die nach den Gesetzen oder im üblichen Verwaltungsverfahren dieses oder des anderen Vertragsstaats nicht beschafft werden können;
c) Informationen zu erteilen, die ein Handels-, Industrie-, Gewerbe- oder Berufsgeheimnis oder ein Geschäftsverfahren preisgeben würden oder deren Erteilung der öffentlichen Ordnung widerspräche.

Artikel 28 Mitglieder diplomatischer Missionen und konsularischer Vertretungen

Dieses Abkommen berührt nicht die steuerlichen Vorrechte, die den Mitgliedern diplomatischer Missionen und konsularischer Vertretungen nach den allgemeinen Regeln des Völkerrechts oder aufgrund besonderer Übereinkünfte zustehen.

Artikel 29 Antrag auf Erstattung

(1) Die in einem Vertragsstaat im Abzugsweg erhobenen Steuern werden auf Antrag des Steuerpflichtigen oder des Staates, in dem er ansässig ist, erstattet, wenn das Recht zur Erhebung dieser Steuern durch dieses Abkommen eingeschränkt ist.

(2) Den Erstattungsanträgen, die innerhalb der nach dem Recht des zur Erstattung verpflichteten Vertragsstaats festgelegten Fristen zu stellen sind, ist eine amtliche Bescheinigung des Vertragsstaats, in dem der Steuerpflichtige ansässig ist, beizufügen, aus der hervorgeht, daß die Voraussetzungen für die Gewährung der Befreiungen oder Ermäßigungen nach diesem Abkommen erfüllt sind.

(3) Die zuständigen Behörden der Vertragsstaaten regeln die Durchführung dieses Artikels nach Artikel 26 in gegenseitigem Einvernehmen.

Artikel 30 Berlin-Klausel

Dieses Abkommen gilt auch für das Land Berlin, sofern nicht die Regierung der Bundesrepublik Deutschland gegenüber der Regierung der Italienischen Republik innerhalb von drei Monaten nach Inkrafttreten des Abkommens eine gegenteilige Erklärung abgibt.

Artikel 31 Inkrafttreten

(1) Dieses Abkommen bedarf der Ratifikation; die Ratifikationsurkunden werden so bald wie möglich in Rom ausgetauscht.

(2) Das Abkommen tritt einen Monat nach Austausch der Ratifikationsurkunden in Kraft und ist anzuwenden auf

a) die Steuern vom Einkommen und vom Vermögen, die für die Steuerjahre erhoben werden, die am oder nach dem ersten Januar des Kalenderjahrs beginnen, das auf das Kalenderjahr folgt, in dem die Ratifikationsurkunden ausgetauscht werden;
b) die im Abzugsweg erhobenen Steuern von Dividenden, Zinsen und Lizenzgebühren, die am oder nach dem ersten Januar des Kalenderjahrs gezahlt werden, das auf das Kalenderjahr folgt, in dem die Ratifikationsurkunden ausgetauscht werden.

(3) Das am 31.10.1925 in Rom unterzeichnete Abkommen zwischen dem Deutschen Reiche und Italien zur Vermeidung der Doppelbesteuerung und zur Regelung anderer Fragen auf dem Gebiete der direkten Steuern tritt mit Inkrafttreten dieses Abkommens außer

Kraft und findet nicht mehr Anwendung auf die Steuern, auf die dieses Abkommen nach Absatz 2 anzuwenden ist. Das gleiche gilt für das am 17.9.1968 in Rom unterzeichnete Abkommen zwischen der Bundesrepublik Deutschland und der Italienischen Republik zur Vermeidung der Doppelbesteuerung auf dem Gebiet der direkten Steuern bei den Unternehmungen der Luftfahrt.

(4) Ist aber in dem Abkommen vom 31.10.1925 eine günstigere steuerliche Behandlung als in den Artikeln 11 und 12 dieses Abkommens vorgesehen, so kann das erstgenannte Abkommen auf Antrag der Betroffenen bis zum 31.12.1992 Anwendung finden, vorausgesetzt, daß der Empfänger der in Frage stehenden Einkünfte der Nutzungsberechtigte im Sinne der Nummer 9 des Protokolls zu diesem Abkommen ist.

Artikel 32 Kündigung

Dieses Abkommen bleibt in Kraft, solange es nicht von einem Vertragsstaat gekündigt wird. Jeder Vertragsstaat kann das Abkommen vom fünften Jahr nach dem Jahr des Inkrafttretens an auf diplomatischem Weg unter Einhaltung einer Frist von mindestens sechs Monaten zum Ende eines Kalenderjahrs kündigen. In diesem Fall findet das Abkommen letztmals Anwendung auf

a) die im Abzugsweg erhobenen Steuern von den Einkünften, die bis zum 31. Dezember des Kündigungsjahrs zu zahlen sind;
b) die anderen Einkommen- und Vermögensteuern, die für spätestens am 31. Dezember des genannten Jahres endende Veranlagungszeiträume erhoben werden.

1. Anlagenübersicht

zum Abkommen zwischen der Bundesrepublik Deutschland und der Italienischen Republik zur Vermeidung der Doppelbesteuerung auf dem Gebiet der Steuern vom Einkommen und vom Vermögen und zur Verhinderung der Steuerverkürzung (DBA Italien)

2. Protokoll

Anläßlich der Unterzeichnung des am heutigen Tage geschlossenen Abkommens zwischen der Bundesrepublik Deutschland und der Italienischen Republik zur Vermeidung der Doppelbesteuerung auf dem Gebiet der Steuern vom Einkommen und vom Vermögen und zur Verhinderung der Steuerverkürzung haben die Unterzeichneten die nachstehenden Bestimmungen vereinbart, die Bestandteil des Abkommens sind.

(1) Zu Artikel 2

Es besteht Einverständnis darüber, daß bei Einführung einer Vermögensteuer in der Italienischen Republik das Abkommen auch auf diese Steuer Anwendung findet.

(2) Zu den Artikeln 4 bis 23

Eine Personengesellschaft gilt im Sinne des Artikels 4 Absatz 1 als in dem Vertragsstaat ansässig, wenn sie nach dem Recht dieses Staates gegründet worden ist oder sich der Hauptgegenstand ihrer Tätigkeit in diesem Staat befindet. Die in den Artikeln 6 bis 23 vorgesehenen Beschränkungen des Besteuerungsrechts des anderen Vertragsstaats gelten jedoch nur insoweit, als die Einkünfte aus diesem Staat oder das dort gelegene Vermögen der Besteuerung im erstgenannten Staat unterworfen sind.

(3) Zu Artikel 4

Gilt eine natürliche Person in einem Vertragsstaat nur während eines Teils des Jahres und im anderen Vertragsstaat während des übrigen Jahres als ansässig im Sinne des Artikels 4 (Wohnsitzwechsel), so endet die Steuerpflicht, sofern für diese die Ansässigkeit maßgebend ist, im erstgenannten Staat mit Ablauf des Tages, an dem der Wohnsitzwechsel stattgefunden hat. Im anderen Staat beginnt die Steuerpflicht, sofern für diese die Ansässigkeit maßgebend ist, am Tag nach dem Wohnsitzwechsel.

(4) Zu den Artikeln 6 und 24

Bei der Besteuerung von Einkünften aus deutschem Grundvermögen im Sinne des Artikels 6, die in der Bundesrepublik Deutschland der Steuer unterliegen, wird die Italienische Republik die Steuerbemessungsgrundlagen, die der deutschen Besteuerung zugrunde gelegt werden, übernehmen, soweit sich nicht nach italienischem Recht eine niedrigere Besteuerung ergibt.

(5) Zu Artikel 7

a) Einer Betriebsstätte, die ganz oder teilweise aus einer Bauausführung oder Montage besteht, dürfen in dem Vertragsstaat, in dem sich die Betriebsstätte befindet, aufgrund ihrer Bau- oder Montagetätigkeit nur die sich aus dieser Tätigkeit unmittelbar ergebenden Gewinne zugerechnet werden. Ihr dürfen aufgrund dieser Tätigkeit insbesondere keine Gewinne zugerechnet werden, die aus einer mit dieser Tätigkeit im Zusammenhang stehenden oder davon unabhängig erfolgten Materiallieferung der Hauptbetriebsstätte oder einer anderen Betriebsstätte des Unternehmens oder einer dritten Person herrühren.

b) Bei Verträgen, insbesondere Verträgen über die Planung, die Lieferung, den Einbau oder die Fertigung von Ausrüstungen gewerblicher, kaufmännischer oder wissenschaftlicher Einrichtungen, oder bei öffentlichen Bauarbeiten werden, wenn das Unternehmen eine Betriebsstätte hat, die Gewinne der Betriebsstätte nicht unter Zugrundelegung des gesamten Vertragswerts, sondern nur unter Zugrundelegung desjenigen Teils des Vertrags ermittelt, der tatsächlich von der Betriebsstätte in dem Staat ausgeführt wird, in dem die Betriebsstätte liegt. Die Gewinne, die auf den Teil des Vertrags entfallen, der in dem Staat ausgeführt wird, in dem sich der Ort der tatsächlichen Geschäftsleitung befindet, können nur in diesem Staat besteuert werden.

c) In bezug auf Absatz 3 besteht Einverständnis darüber, daß der Ausdruck „die für diese Betriebsstätte entstandenen Aufwendungen" solche Aufwendungen bedeutet, die mit der eigentlichen Tätigkeit der Betriebsstätte tatsächlich zusammenhängen.

(6) Zu Artikel 8

Dieser Artikel ist auch für die Gewinne anzuwenden, die ein Unternehmen eines Vertragsstaates aus der Vermietung von Containern für die Beförderung von Gütern oder Waren im internationalen Verkehr bezieht.

(7) Zu Artikel 9

Berichtigt ein Vertragsstaat die Gewinne eines Unternehmens nach Artikel 9, so nimmt der andere Staat eine Gegenberichtigung der Gewinne des verbundenen Unternehmens in diesem anderen Staat vor, soweit er anerkennt, daß die Berichtigung Bedingungen entspricht, die zwischen unabhängigen Unternehmen vereinbart worden wären. Die Gegenberichtigung wird nur gemäß den Bestimmungen des Artikels 26 über das Verständigungsverfahren und den diesbezüglichen Bestimmungen dieses Protokolls vorgenommen.

(8) Zu den Artikeln 10 und 11

Abweichend von den Artikeln 10 und 11 können Dividenden und Zinsen in dem Vertragsstaat, aus dem sie stammen, nach dem Recht dieses Staates besteuert werden, wenn sie

a) auf Rechten oder Forderungen mit Gewinnbeteiligung (einschließlich der Einkünfte eines stillen Gesellschafters aus seiner Beteiligung oder der Einkünfte aus partiarischen

Darlehen oder Gewinnobligationen im Sinne des Rechts der Bundesrepublik Deutschland) beruhen und

b) bei der Gewinnermittlung des Schuldners der Dividenden oder Zinsen abzugsfähig sind.

(9) Zu den Artikeln 10, 11 und 12

Der Empfänger von Dividenden, Zinsen und Lizenzgebühren ist Nutzungsberechtigter im Sinne der Artikel 10, 11 und 12, wenn ihm das diesen Zahlungen zugrundeliegende Recht zusteht und ihm die Einkünfte hieraus nach dem Steuerrecht beider Staaten zuzurechnen sind.

(10) Zu den Artikeln 10, 11, 12 und 22

In bezug auf Artikel 10 Absatz 7, Artikel 11 Absatz 5, Artikel 12 Absatz 5 und Artikel 22 Absatz 2 gilt, daß der darin enthaltene letzte Satz nicht so ausgelegt werden kann, daß die in den Artikeln 7 und 14 des Abkommens enthaltenen Grundsätze unberücksichtigt bleiben.

(11) Zu Artikel 11

Zinsen im Sinne des Artikels 11 Absatz 1, die für Darlehen jeder Art gezahlt werden, die ein Bankinstitut einem anderen Bankinstitut gewährt, sind in dem Vertragsstaat, aus dem sie stammen, von der Steuer befreit. Wird das innerstaatliche Recht eines der Vertragsstaaten geändert, so können die zuständigen Behörden gemeinsam beraten, um die in der vorstehenden Bestimmung vorgesehene Befreiung zu ändern.

(12) Zu Artikel 13

Besteuert ein Vertragsstaat anläßlich des Wegzugs einer in diesem Staat ansässigen natürlichen Person den Wertzuwachs einer wesentlichen Beteiligung an einer in diesem Staat ansässigen Gesellschaft, so legt der andere Staat im Falle einer späteren Veräußerung dieser Beteiligung, sofern er den Gewinn aus einer solchen Veräußerung nach Absatz 4 besteuert, als Anschaffungskosten für die Ermittlung des Veräußerungsgewinns den Betrag zugrunde, den der erstgenannte Staat als fiktiven Wert der Beteiligung im Zeitpunkt des Wegzugs der natürlichen Person ermittelt hat. Der Ausdruck „wesentliche Beteiligung" bedeutet eine Beteiligung von mindestens 25 vom Hundert am Kapital der Gesellschaft.

(13) Zu den Artikeln 15 und 24

Ungeachtet des Artikels 15 können die Vergütungen, die ein in einem Vertragsstaat ansässiger Arbeitnehmer aufgrund einer unselbstständigen Arbeit erhält, die er im anderen Vertragsstaat im Rahmen eines Vertrags mit einem Arbeitnehmerverleiher ausübt, im anderen Staat besteuert werden. Diese Vergütungen können ungeachtet des Artikels 24 auch in dem Staat besteuert werden, in dem der Arbeitnehmer ansässig ist. Dieser Staat rechnet die Steuer des anderen Staates nach den Grundsätzen des Artikels 24 Absatz 2 Buchstabe a oder Absatz 3 Buchstabe b an. Die Vertragsstaaten können die Zahlung der auf diese Vergütungen entfallenden Steuer nach Maßgabe ihres innerstaatlichen Rechts vom Verleiher oder vom Entleiher verlangen oder sie dafür haftbar machen.

(14) Zu Artikel 19

a) Artikel 19 Absätze 1 und 2 sind auch auf die Vergütungen und Ruhegehälter anzuwenden, die das „Ente Nazionale Italiano per il Turismo (E.N.I.T.)" und das „Istituto Nazionale per il Commercio Estero (I.C.E.)" an ihre Bediensteten zahlen. Dieselben Bestimmungen sind auch auf die Vergütungen und Ruhegehälter anzuwenden, die die Deutsche Zentrale für Tourismus und die Deutsch-Italienische Handelskammer an ihre Bediensteten zahlen, sofern die Vergütungen und Ruhegehälter aus deutschen öffentlichen Kassen gezahlt werden und in der Bundesrepublik Deutschland der Besteuerung unterliegen.

b) Artikel 19 Absatz 1 Buchstabe b Ziffer i ist nur auf die nach dem 1.1.1990 geschlossenen Verträge anzuwenden.

c)
   i) Artikel 19 Absatz 1 ist auch auf Vergütungen anzuwenden, die an Personen italienischer Staatsangehörigkeit (auch wenn sie zugleich die deutsche Staatsangehörigkeit besitzen), die ihre Tätigkeit bei italienischen kulturellen Einrichtungen oder an Schulen ausüben, gezahlt werden, sofern diese Vergütungen aus italienischen öffentlichen Kassen gezahlt werden und in der Italienischen Republik der Besteuerung unterliegen.
   ii) Artikel 19 Absatz 1 ist auch auf Vergütungen anzuwenden, die an Personen deutscher Staatsangehörigkeit (auch wenn sie zugleich die italienische Staatsangehörigkeit besitzen) gezahlt werden, die ihre Tätigkeit bei deutschen kulturellen Einrichtungen oder an Schulen ausüben, sofern diese Vergütungen aus deutschen öffentlichen Kassen gezahlt werden und in der Bundesrepublik Deutschland der Besteuerung unterliegen.

d) Die zuständigen Behörden der Vertragsstaaten können die Bestimmungen dieses Artikels auch auf die Bediensteten anderer ähnlicher Einrichtungen ausdehnen.

e) Bei Ruhegehältern und allen anderen wiederkehrenden oder einmaligen Bezügen, die aufgrund der Sozialversicherungsgesetzgebung eines Vertragsstaats an Personen gezahlt werden, die im anderen Vertragsstaat ansässig sind und dessen Staatsangehörigkeit besitzen,
   i) wird die italienische Steuer nur auf den Betrag erhoben, der nach deutschem Recht zu besteuern wäre, wenn der Empfänger in der Bundesrepublik Deutschland ansässig wäre;
   ii) darf die nach deutschem Recht ermittelte Bemessungsgrundlage der deutschen Steuer den Betrag nicht übersteigen, der der italienischen Steuer unterliegen würde.

   Die zuständigen Behörden regeln in gegenseitigem Einvernehmen, wie diese Begrenzungsbestimmung durchzuführen ist.

(15) Zu Artikel 22

Die Vergütungen, die von einer in einem Vertragsstaat ansässigen Person für den Unterhalt einer im anderen Vertragsstaat ansässigen Person, auch eines Kindes, gezahlt werden, können nur im erstgenannten Staat besteuert werden.

(16) Zu Artikel 24

a) Wird in der Italienischen Republik eine Vermögensteuer eingeführt, so wird die in Übereinstimmung mit dem Abkommen erhobene deutsche Vermögensteuer nach Artikel 24 Absatz 2 von der italienischen Vermögensteuer abgezogen.

b) Verwendet eine in einem Vertragsstaat ansässige Gesellschaft Einkünfte aus Quellen innerhalb des anderen Vertragsstaats zur Ausschüttung von Dividenden, so schließt Artikel 24 die Herstellung der Ausschüttungsbelastung nach den Vorschriften des Steuerrechts des einen oder des anderen Vertragsstaats nicht aus.

c) Der von einem Vertragsstaat nach Artikel 24 Absatz 2 oder Absatz 3 Buchstabe b anzurechnende Gesamtbetrag wird nicht ermäßigt, wenn der andere Vertragsstaat zum Ausgleich einer Erhöhung des Körperschaftsteuersatzes seine im Abzugsweg erhobene Steuer auf Dividenden aufhebt.

d) Für die Zwecke des Artikels 24 Absatz 3 Buchstabe a gelten die Einkünfte einer in einem Vertragsstaat ansässigen Person als aus dem anderen Vertragsstaat stammend, wenn sie im anderen Vertragsstaat in Übereinstimmung mit dem Abkommen effektiv besteuert worden sind.
e) Bezieht eine in einem der Vertragsstaaten ansässige Person zwischen dem 1.1.1989 und dem Zeitpunkt, ab dem das Abkommen nach Artikel 31 Absatz 2 anzuwenden ist, Einkünfte aus unselbstständiger Arbeit im Sinne des Artikels 15 Absatz 2, so können diese Einkünfte ungeachtet der Artikel 7 und 11 des Abkommens vom 31.10.1925 auch in diesem Staat besteuert werden. Dieser Staat vermeidet eine Doppelbesteuerung dadurch, daß er die im Staate der Arbeitsausübung erhobene Steuer auf seine eigene Steuer von diesen Einkünften anrechnet. Die Grundsätze des Artikels 24 Absatz 2 und Absatz 3 Buchstabe b gelten entsprechend.

(17) Zu den Artikeln 24 und 6 bis 22

Es besteht Einverständnis darüber, daß die Artikel 24 und 6 bis 22 des Abkommens die Bundesrepublik Deutschland nicht hindern,

a) bei deutschen Staatsangehörigen, die unter die §§ 2, 3 und 5 des Außensteuergesetzes vom 8.9.1972 fallen, aus der Bundesrepublik Deutschland stammende Einkünfte und dort belegenes Vermögen nach den Vorschriften des deutschen Steuerrechts zu besteuern; dies gilt auch für deutsche Staatsangehörige, die nach Artikel 4 Absatz 2 des Abkommens als in der Italienischen Republik ansässig gelten und lediglich deshalb nicht unter die §§ 2, 3 und 5 des Außensteuergesetzes vom 8.9.1972 fallen, weil sie in der Bundesrepublik Deutschland noch einen Wohnsitz oder ihren gewöhnlichen Aufenthalt haben.
Hierbei besteht Einverständnis darüber, daß die in der Italienischen Republik erhobene Einkommensteuer keine niedrige Besteuerung im Sinne des § 2 Absatz 2 Nummer 1 des Außensteuergesetzes vom 8.9.1972 darstellt. Das gilt nicht für Personen, die nur mit den Einkünften aus italienischen Quellen besteuert werden;
b) die Beträge zu besteuern, die nach dem Vierten Teil des Außensteuergesetzes vom 8.9.1972 einer in der Bundesrepublik Deutschland ansässigen Person zuzurechnen sind.
Die Besteuerung dieser Einkünfte oder dieser Vermögenswerte durch die Italienische Republik nach den Bestimmungen des Abkommens bleiben hiervon unberührt.
Die Bundesrepublik Deutschland rechnet in entsprechender Anwendung der Vorschriften des deutschen Steuerrechts über die Anrechnung ausländischer Steuern die italienische Steuer an, die nach den Bestimmungen des Abkommens von diesen Einkünften oder Vermögenswerten erhoben wird. Die deutsche Steuer kann jedoch in der Höhe erhoben werden, wie sie sich aus der Anwendung des Abkommens ergäbe.

(18) Zu den Artikeln 24 und 26

In bezug auf Artikel 24 Absatz 3 und Artikel 26 gilt folgende Regelung: Werden Einkünfte in der Italienischen Republik und in der Bundesrepublik Deutschland unterschiedlich qualifiziert oder unterschiedlich zugerechnet und kann dieser Unterschied nicht durch ein Verständigungsverfahren nach Artikel 26 beseitigt werden, so gilt folgendes:

a) Würden die betreffenden Einkünfte doppelt besteuert, so vermeidet die Bundesrepublik Deutschland diese Doppelbesteuerung durch Steueranrechnung nach den Grundsätzen des Artikels 24 Absatz 3 Buchstabe b;
b) würden die betreffenden Einkünfte in der Italienischen Republik nicht oder nur ermäßigt besteuert und gleichzeitig von der deutschen Steuer befreit, so gewährt die Bun-

desrepublik Deutschland für diese Einkünfte nicht eine Steuerbefreiung nach Artikel 24 Absatz 3 Buchstabe a, sondern eine Steueranrechnung nach den Grundsätzen des Artikels 24 Absatz 3 Buchstabe b.

(19) Zu Artikel 26

Der Ausdruck „unbeschadet der nach dem innerstaatlichen Recht ... vorgesehenen Rechtsmittel" in Artikel 26 Absatz 1 bedeutet, daß die Eröffnung des Verständigungsverfahrens das innerstaatliche Rechtsmittel nicht ersetzen kann.

(20) Zu Artikel 27

In bezug auf den in Artikel 27 vorgesehenen Informationsaustausch besteht Einverständnis darüber, daß dieser Austausch nach Maßgabe des innerstaatlichen Rechts beider Vertragsstaaten erfolgt, durch das die Richtlinie 77/799/EWG vom 19.12.1977 über die gegenseitige Amtshilfe zwischen den zuständigen Behörden der Mitgliedstaaten im Bereich der direkten Steuern umgesetzt worden ist oder zukünftige EWG-Richtlinien auf diesem Gebiet umgesetzt werden.

(21) Zu Artikel 29

a) Der Quellensteuerabzug für Lizenzgebühren nach Artikel 12 des Abkommens kann auf Antrag des Gläubigers der Lizenzgebühren zu dem im Abkommen vorgesehenen Satz statt dem im innerstaatlichen Recht der Vertragsstaaten vorgesehenen Satz vorgenommen werden. Der Antrag kann jedoch auch vom Schuldner der Lizenzgebühren oder von einem Dritten gestellt werden, wenn diese von dem Gläubiger hierzu schriftlich bevollmächtigt sind und die Vollmacht der zuständigen Steuerbehörde vorgelegt wird. Für die Anträge sind die hierzu vorgesehenen Vordrucke zu verwenden, die vollständig ausgefüllt, unterschrieben und mit der Wohnsitzbestätigung des Staates, in dem der beschränkt steuerpflichtige Gläubiger der Lizenzgebühren ansässig ist, versehen sein müssen.

   Für alle anderen Einkünfte, die einem Quellensteuerabzug unterliegen, kann ein ähnliches Verfahren nach Artikel 29 Absatz 3 eingeführt werden.

b) Artikel 29 Absatz 3 schließt nicht die Auslegung aus, wonach die zuständigen Behörden der Vertragsstaaten in gegenseitigem Einvernehmen auch andere Verfahren für die Anwendung der Steuerermäßigungen, zu denen das Abkommen berechtigt, festlegen können.

(22) Zu Artikel 31

a) Artikel 5 Absatz 2 Buchstabe g findet nur auf Bauausführungen und Montagen Anwendung, die nach Inkrafttreten des Abkommens begonnen werden.

b) Abweichend von Artikel 31 Absatz 2 Buchstabe a des Abkommens findet Nummer 16 Buchstabe e dieses Protokolls ab 1.1.1989 Anwendung.

(23)

Die zuständigen Behörden der Vertragsstaaten werden sich bemühen, die besonderen Schwierigkeiten, die sich ergeben können, wenn das Abkommen zu einer neuen Aufteilung der Besteuerungsrechte führt, in gegenseitigem Einvernehmen zu beseitigen. Dies gilt auch in den Fällen, in denen das alte Abkommen unterschiedlich ausgelegt wurde.

B. Wichtige Verwaltungsanweisungen

I. BMF-Schreiben betr. Schenkung von Geschäftsbetrieben

(BMF-Schreiben v. 7.4.1988, IV C 6 – S 1301 Schz – 25/88, DB 1988, 938) 5

Die DBA Schweiz von 1931/59 und von 1978 gelten für Nachlass- und Erbschaftsteuern. Auf Grund des Art. 13 Abs. 2 des DBA 1931/59 und des Art. 12 Abs. 3 DBA 1978 ist mit der eidgenössischen Steuerverwaltung für die Besteuerung von Schenkungen folgende Verständigungsregelung vereinbart worden: Die für Erbschaftsfälle geltenden Regelungen der beiden Abkommen sind auch für Schenkungen von Geschäftsbetrieben entsprechend anzuwenden. Dies bedeutet:

Bei Anwendung des DBA 1931/59 kann nach Art. 10 das unbewegliche Betriebsvermögen nur im Belegenheitsstaat und nach Art. 1 das übrige Betriebsvermögen nur im Wohnsitzstaat besteuert werden. Bei Anwendung des DBA 1978 kann unbewegliches Betriebsvermögen im Belegenheitsstaat (Art. 5 Abs. 3) und (sonstiges) Betriebsvermögen einer Betriebsstätte im Betriebsstättenstaat besteuert werden (Art. 6); bei Personengesellschaften ist Art. 6 Abs. 9 zu beachten. Die Doppelbesteuerung ist im Wohnsitzstaat nach Art. 10 zu vermeiden. Das übrige Betriebsvermögen kann nach Art. 8 Abs. 1 nur im Wohnsitzstaat besteuert werden. Bei Ansässigkeit des Erwerbers in der Bundesrepublik Deutschland ist jedoch Art. 8 Abs. 2 anzuwenden.

II. BMF-Schreiben betr. Besteuerung von Schenkungen im Verhältnis zur Schweiz

(BMF-Schreiben IV C 6 – S 1301 – Schz – 103/89 vom 7. Februar 1990.) 6

Die Unterzeichnung des Zusatzprotokolls zum deutsch-schweizerischen Doppelbesteuerungsabkommen haben der Deutsche Industrie- und Handelstag sowie der Bundesverband der Deutschen Industrie in einer gemeinsamen Eingabe zum Anlaß genommen, sich für eine allgemeine Verständigungsregelung mit der Schweiz zur Vermeidung von Doppelbesteuerungen bei Schenkungen einzusetzen.

Wie Ihnen bekannt ist, wurde mit der Schweiz im Jahre 1988 eine allgemein geltende Verständigungsregelung für die Besteuerung von Schenkungen im gewerblichen Bereich getroffen (BMF-Schreiben vom 7. April 1988 – IV C 6 – S 1301 Schz – 25/88). Diese Verständigungsregelung war das Ergebnis eines längeren Meinungsaustausches mit der Eidgenössischen Steuerverwaltung. Diese hat dabei zu einer auf Artikel 12 Abs. 3 DBA 1978 gestützten allgemeinen Verständigungsregelung, wie sie von Ihnen gewünscht wird, folgende Auffassung vertreten:

„Aus diesen Bestimmungen eine generelle Ausdehnung der Abkommensbestimmungen auf die Schenkungsteuern ableiten zu wollen, ist unseres Erachtens jedoch nicht zulässig; es ist nicht Sache der Steuerbehörden, den Geltungsbereich der Abkommen in einer Weise auszuweiten, die den Vorstellungen der beiden Vertragsparteien beim Vertragsabschluß nicht entsprochen hat und nicht Gegenstand der Beratungen der gesetzgebenden Behörden war. Die Schweiz und die Bundesrepublik Deutschland haben in den Abkommensverhandlungen ausdrücklich darauf verzichtet, die Schenkungsteuern in den Geltungsbereich der Abkommen aufzunehmen und damit die für die Nachlass- und Erbschaftsteuern geltenden Regelungen generell auch auf die Schenkungsteuern auszudehnen. Nach dem Abkommen von 1978 haben die Steuerbehörden die Befugnis, in Einzelfällen Verständigungsverfahren zwecks Vermeidung der Doppelbesteuerung lediglich bei Schenkungsteuern durchzuführen".

Zu einer auf das Betriebsvermögen beschränkten allgemeinen Verständigungsregelung hat sich seinerzeit die Schweiz deshalb bereitfinden können, weil sie darin lediglich eine Erstreckung einer in einem Einzelfall getroffenen Regelung auf Vergleichsfälle sah, die sie im Interesse einer gleichmäßigen Behandlung der Steuerpflichtigen für geboten hielt.

Ich halte es angesichts der eingehenden Erörterung der Angelegenheit in der Vergangenheit für aussichtslos, wegen dieser Frage erneut an die Schweiz heranzutreten. Hinzu kommt, dass in der Vergangenheit nur zwei Schenkungsteuerfälle in Verständigungsverfahren an mich herangetragen worden sind. Es ist somit davon auszugehen, dass kein großes Bedürfnis für eine allgemeine Verständigungsregelung besteht. Ich beabsichtige gleichwohl, in möglichen Revisionsverhandlungen über das DBA 1971 auch die Besteuerung von Schenkungen erneut aufzugreifen, um diese in das Erbschaftsteuer-DBA von 1978 einzubeziehen. Ich wäre Ihnen für eine Mitteilung dankbar, ob Sie aufgrund Ihrer Erfahrungen zur praktischen Bedeutung von Schenkungsteuerfällen im Verhältnis zur Schweiz Näheres zu etwa aufgetauchten Problemen erläutern können. Denn erfahrungsgemäß wird die schweizerische Seite fragen, in welchen Fällen oder Fallgruppen Doppelbesteuerungen eingetreten sind oder wegen des Drohens von Doppelbesteuerungen sinnvolle Gestaltungen unterlassen werden mussten. Selbstverständlich böte ein Einzelfall auch die Gelegenheit, eine Verständigungslösung zu suchen und diese dann wiederum zu verallgemeinern.

III. BMF-Schreiben betr. Anwendung des § 2 AStG bei Wohnsitzwechsel nach Österreich

7 (BMF-Schreiben v. 15.3.1996, IV C 6 – S 1343 – 1/96, BStBl I 1996, 161.)

Unter Bezugnahme auf das Ergebnis der Erörterung mit den Vertretern der obersten Finanzbehörden der Länder gilt für die Anwendung des § 2 AStG bei Wohnsitzwechsel nach Österreich folgendes:

§ 2 Abs. 1 Nr. 1 i.V.m. § 2 Abs. 2 Nr. 1 AStG

Österreich gehört nicht zu den niedrig besteuernden Ländern im Sinne des § 2 Abs. 1 Nr. 1 i.V.m. § 2 Abs. 2 Nr. 1 AStG, weil die Belastung durch die in Österreich erhobene Einkommensteuer bei einem steuerpflichtigen Einkommen von umgerechnet 150.000,00 DM nicht um mehr als ein Drittel geringer ist als die entsprechende deutsche Einkommensteuer.

§ 2 Abs. 1 Nr. 1 i.V.m. § 2 Abs. 2 Nr. 2 AStG

Bis 1993 war Österreich niedrig besteuerndes Land im Sinne des § 2 Abs. 1 Nr. 1 i.V.m. § 2 Abs. 2 Nr. 2 AStG, weil es bis dahin eine generelle Vorzugsbesteuerung für Zuzügler gab (§ 103 öst. EStG in der vor 1994 geltenden Fassung – a.F.).

Ab 1994 ist eine niedrige Besteuerung im Sinne von § 2 Abs. 2 Nr. 2 AStG nur noch anzunehmen

- bei Zuzüglern, die in Wissenschaft und Forschung tätig sind (§ 103 öst EStG 1994),
- bei Zuzüglern, denen vor dem 1. Januar 1994 eine Zuzugsbegünstigung erteilt oder
- schriftlich in Aussicht gestellt worden ist,
- bei Zuzüglern, die als Sportler tätig sind.

Zur Besteuerung der Sportler nach dem DBA-Österreich wird ergänzend darauf hingewiesen, dass nach Art. 8 des Doppelbesteuerungsabkommens mit Österreich das Besteuerungsrecht für Vergütungen aus in der Bundesrepublik ausgeübter sportlerischer Tätigkeit sowie den damit in Zusammenhang stehenden anderen Vergütungen der Bundesrepublik Deutschland zusteht.

IV. BMF-Schreiben betr. Ansässigkeit nach Art. 4 DBA Schweiz

(BMF-Schr. v. 25.1.2000 – IV B 3 – S 1301 Schz – 1/10.) 8

Im Einvernehmen mit den obersten Finanzbehörden der Länder wird zu der Frage, ob ein Steuerpflichtiger, der seinen Wohnsitz in Frankreich hat, in Deutschland weder über einen Wohnsitz verfügt, noch seinen gewöhnlichen Aufenthalt hat, aber nach § 1 Abs. 3 EStG auf Antrag als unbeschränkt einkommensteuerpflichtig behandelt wird, einen Anspruch auf Rückerstattung der schweizerischen Verrechnungssteuer nach dem DBA Schweiz hat, wie folgt Stellung genommen:

Nach Art. 4 DBA Schweiz bedeutet der Ausdruck „eine in einem Vertragstaat ansässige Person“ eine Person, die nach dem in diesem Staat geltenden Recht dort unbeschränkt steuerpflichtig *ist*. Anknüpfungsmerkmal für die Frage der Ansässigkeit i.S. des DBA Schweiz ist damit das deutsche Einkommensteuerrecht (hier: § 1 EStG).

Personen, die in Deutschland über keinen Wohnsitz oder gewöhnlichen Aufenthalt verfügen, können auf Antrag nach § 1 Abs. 3 EStG als unbeschränkt einkommensteuerpflichtig *behandelt* werden. Voraussetzung hierfür ist das Vorliegen beschränkt steuerpflichtiger inländischer Einkünfte i.S. des § 49 EStG. Die „originäre“ unbeschränkte Einkommensteuerpflicht, die an den Tatbestand eines Wohnsitzes anknüpft, verbleibt dabei im ausländischen Wohnsitzstaat.

Dies ist der wesentliche Unterschied zu der unbeschränkten Einkommensteuerpflicht nach § 1 Abs. 2 EStG. Die hier betroffene Personengruppe, die ebenfalls weder in Deutschland wohnt, noch sich hier gewöhnlich aufhält, ist im tatsächlichen ausländischen Wohnsitzstaat aufgrund völkerrechtlicher Vereinbarungen fiktiv nichtansässig. Sie wird dort lediglich in einem der beschränkten Einkommensteuerpflicht ähnlichen Umfang zu einer Steuer vom Einkommen herangezogen (§ 1 Abs. 2 Satz 2 EStG) und daher in Deutschland nicht nur als unbeschränkt einkommensteuerpflichtig behandelt.

Der deutsche Gesetzgeber hat diese Personengruppe mit unbeschränkt Steuerpflichtigen, die im Inland einen Wohnsitz oder gewöhnlichen Aufenthalt haben (§ 1 Abs. 1 EStG) ausdrücklich gleichgestellt. Diese Personengruppe *ist* hier unbeschränkt einkommensteuerpflichtig.

Für die Auslegung des Art. 4 Abs. 1 DBA Schweiz führen diese Differenzierungen dazu, dass Personen, die unter § 1 Abs. 1 oder 2 EStG fallen, unter DBA-rechtlichen Gesichtspunkten in Deutschland ansässig sind. Personen hingegen, die nach § 1 Abs. 3 EStG als unbeschränkt einkommensteuerpflichtig behandelt werden, können nicht nach Art. 4 Abs. 1 DBA Schweiz als in Deutschland ansässig angesehen werden. Eine Ansässigkeit besteht im tatsächlichen ausländischen Wohnsitzstaat. Damit besteht kein Anspruch auf Rückerstattung der schweizerischen Verrechnungssteuer nach dem DBA Schweiz. Um eventuelle Doppelbesteuerungen zu vermeiden, wird angeregt, einen Anspruch auf Rückerstattung der schweizerischen Verrechnungssteuer nach dem DBA Frankreich-Schweiz zu prüfen.

V. BMF-Schreiben betr. Grundsätze zum Datenzugriff und zur Prüfbarkeit digitaler Unterlagen (GDPdU)

9 (BMF-Schr. v. 16.7.2001 – IV D 2 – S 0316 – 136/01.)

Unter Bezugnahme auf das Ergebnis der Erörterungen mit den obersten Finanzbehörden der Länder gilt für die Anwendung der Regelungen zum Datenzugriff und zur Prüfbarkeit digitaler Unterlagen (§ 146 Abs. 5, § 147 Abs. 2, 5, 6, § 200 Abs. 1 AO und § 14 Abs. 4 UStG) Folgendes:

I. Datenzugriff

Nach § 147 Abs. 6 AO ist der Finanzbehörde das Recht eingeräumt, die mit Hilfe eines Datenverarbeitungssystems erstellte Buchführung des Steuerpflichtigen durch Datenzugriff zu prüfen. Diese neue Prüfungsmethode tritt neben die Möglichkeiten der herkömmlichen Prüfung. Das Recht auf Datenzugriff steht der Finanzbehörde nur im Rahmen steuerlicher Außenprüfungen zu. Durch die Regelungen zum Datenzugriff wird der sachliche Umfang der Außenprüfung (§ 194 AO) nicht erweitert; er wird durch die Prüfungsanordnung (§ 196 AO, § 5 BpO) bestimmt. Gegenstand der Prüfung sind wie bisher nur die nach § 147 Abs. 1 AO aufbewahrungspflichtigen Unterlagen. Es ist jedoch erforderlich, die Prüfungsmethoden den modernen Buchführungstechniken anzupassen. Dies gilt um so mehr, als in zunehmendem Maße der Geschäftsverkehr papierlos abgewickelt wird und ab dem 1. Januar 2002 der Vorsteuerabzug aus elektronischen Abrechnungen mit qualifizierter elektronischer Signatur und Anbieter-Akkreditierung nach dem Signaturgesetz möglich ist. Die Einführung dieser neuen Prüfungsmethode ermöglicht zugleich rationellere und zeitnähere Außenprüfungen.

1. Umfang und Ausübung des Rechts auf Datenzugriff nach § 147 Abs. 6 AO

Das Recht auf Datenzugriff beschränkt sich ausschließlich auf Daten, die für die Besteuerung von Bedeutung sind (steuerlich relevante Daten).

Die Daten der Finanzbuchhaltung, der Anlagenbuchhaltung und der Lohnbuchhaltung sind danach für den Datenzugriff zur Verfügung zu halten.

Soweit sich auch in anderen Bereichen des Datenverarbeitungssystems steuerlich relevante Daten befinden, sind sie durch den Steuerpflichtigen nach Maßgabe seiner steuerlichen Aufzeichnungs- und Aufbewahrungspflichten zu qualifizieren und für den Datenzugriff in geeigneter Weise vorzuhalten.

Bei unzutreffender Qualifizierung von Daten kann die Finanzbehörde im Rahmen ihres pflichtgemäßen Ermessens verlangen, dass der Steuerpflichtige den Datenzugriff auf diese steuerlich relevanten Daten nachträglich ermöglicht. Das allgemeine Auskunftsrecht des Prüfers (§§ 88, 199 Abs. 1 AO) und die Mitwirkungspflichten des Steuerpflichtigen (§§ 90, 200 AO) bleiben unberührt.

a) Bei der Ausübung des Rechts auf Datenzugriff stehen der Finanzbehörde nach dem Gesetz drei Möglichkeiten zur Verfügung. Die Entscheidung, von welcher Möglichkeit des Datenzugriffs die Finanzbehörde Gebrauch macht, steht in ihrem pflichtgemäßen Ermessen; falls erforderlich, kann sie auch mehrere Möglichkeiten in Anspruch nehmen:Sie hat das Recht, selbst unmittelbar auf das Datenverarbeitungssystem dergestalt zuzugreifen, dass sie in Form des Nur-Lesezugriffs Einsicht in die gespeicherten Daten nimmt und die vom Steuerpflichtigen oder von einem beauftragten Dritten eingesetzte Hard- und Software zur Prüfung der gespeicherten Daten einschließlich der Stammdaten und Verknüpfungen (Daten) nutzt (unmittelbarer Datenzugriff). Dabei darf sie nur mit Hilfe dieser Hard- und Software auf die elektronisch gespeicherten Daten zugreifen. Dies schließt eine Fernabfrage (Online-Zugriff) auf das Datenverarbeitungssystem des Steuerpflichtigen durch die Finanzbehörde aus.

Der Nur-Lesezugriff umfasst das Lesen, Filtern und Sortieren der Daten gegebenenfalls unter Nutzung der im Datenverarbeitungssystem vorhandenen Auswertungsmöglichkeiten.

b) Sie kann vom Steuerpflichtigen auch verlangen, dass er an ihrer Stelle die Daten nach ihren Vorgaben maschinell auswertet oder von einem beauftragten Dritten maschinell auswerten lässt, um den Nur-Lesezugriff durchführen zu können (mittelbarer Datenzugriff). Es kann nur eine maschinelle Auswertung unter Verwendung der im Datenverarbeitungssystem des Steuerpflichtigen oder des beauftragten Dritten vorhandenen Auswertungsmöglichkeiten verlangt werden.

c) Sie kann ferner verlangen, dass ihr die gespeicherten Unterlagen auf einem maschinell verwertbaren Datenträger zur Auswertung überlassen werden (Datenträgerüberlassung). Der zur Auswertung überlassene Datenträger ist spätestens nach Bestandskraft der aufgrund der Außenprüfung ergangenen Bescheide an den Steuerpflichtigen zurückzugeben oder zu löschen.

2. Umfang der Mitwirkungspflicht nach §§ 147 Abs. 6 und 200 Abs. 1 Satz 2 AO

Der Steuerpflichtige hat die Finanzbehörde bei Ausübung ihres Rechts auf Datenzugriff zu unterstützen (§ 200 Abs. 1 AO). Im Einzelnen gilt Folgendes:

a) Beim unmittelbaren Datenzugriff (Abschnitt I Nr. 1 Buchstabe a) hat der Steuerpflichtige dem Prüfer die für den Datenzugriff erforderlichen Hilfsmittel zur Verfügung zu stellen und ihn für den Nur-Lesezugriff in das DV-System einzuweisen. Die Zugangsberechtigung muss so ausgestaltet sein, dass dem Prüfer dieser Zugriff auf alle steuerlich relevanten Daten eingeräumt wird. Sie umfasst u.a. auch die Nutzung der im DV-System vorhandenen Auswertungsprogramme. Enthalten elektronisch gespeicherte Datenbestände andere, z.B. steuerlich nicht relevante personenbezogene oder dem Berufsgeheimnis (§ 102 AO) unterliegende Daten, so obliegt es dem Steuerpflichtigen oder dem von ihm beauftragten Dritten, durch geeignete Zugriffsbeschränkungen sicherzustellen, dass der Prüfer nur auf steuerlich relevante Daten des Steuerpflichtigen zugreifen kann. Die Zugangsberechtigung hat auch die Nutzung der im DV-System vorhandenen Auswertungsprogramme zu umfassen. Das Datenverarbeitungssystem muss die Unveränderbarkeit des Datenbestandes gewährleisten (§ 146 Abs. 4 AO; Abschnitt V des BMF-Schreibens zu den Grundsätzen ordnungsgemäßer DV-gestützter Buchführungssysteme (GoBS) vom 7. November 1995, BStBl I S. 738). Eine Veränderung des Datenbestandes und des Datenverarbeitungssystems durch die Finanzbehörde ist somit ausgeschlossen.

b) Beim mittelbaren Datenzugriff (Abschnitt I Nr. 1 Buchstabe b) gehört zur Mithilfe des Steuerpflichtigen beim Nur-Lesezugriff (Abschnitt I Nr. 1 Buchstabe a Abs. 2) neben der Zurverfügungstellung von Hard- und Software die Unterstützung durch mit dem Datenverarbeitungssystem vertraute Personen. Der Umfang der zumutbaren Mithilfe richtet sich nach den betrieblichen Begebenheiten des Unternehmens. Hierfür können z.B. seine Größe oder Mitarbeiterzahl Anhaltspunkte sein.

c) Bei der Datenträgerüberlassung (Abschnitt I Nr. 1 Buchstabe c) sind der Finanzbehörde mit den gespeicherten Unterlagen und Aufzeichnungen alle zur Auswertung der Daten notwendigen Informationen (z.B. über die Dateistruktur, die Datenfelder sowie interne und externe Verknüpfungen) in maschinell auswertbarer Form zur Verfügung zu stellen. Dies gilt auch in den Fällen, in denen sich die Daten bei Dritten befinden.

3. Grundsatz der Verhältnismäßigkeit

Die Finanzbehörde hat bei Anwendung der Regelungen zum Datenzugriff den Grundsatz der Verhältnismäßigkeit zu beachten. Dies bedeutet u.a.:

a) Bei **vor dem 1. Januar 2002** archivierten Daten kann sie beim unmittelbaren Datenzugriff (Abschnitt I Nr. 1 Buchstabe a Abs. 1) und beim mittelbaren Datenzugriff (Abschnitt I Nr. 1 Buchstabe b) nicht verlangen, dass diese Daten für Zwecke ihrer maschinellen Auswertung (§ 147 Abs. 2 Nr. 2 AO i.V.m. § 147 Abs. 6 AO) nochmals in das Datenverarbeitungssystem eingespeist (reaktiviert) werden, wenn dies mit unverhältnismäßigem Aufwand für den Steuerpflichtigen verbunden wäre. Dies kommt z.B. in Betracht bei fehlender Speicherkapazität, nochmaliger Erfassung der Daten, Archivierung der Daten außerhalb des aktuellen Datenverarbeitungssystems, Wechsel des Hard- oder Software-Systems. Müssen hiernach die Daten nicht reaktiviert werden, braucht der Steuerpflichtige auch nicht die für eine maschinelle Auswertung der betreffenden Daten erforderliche Hard- und Software zur Verfügung zu halten, wenn sie nicht mehr im Einsatz ist. Dies gilt auch, wenn die Aufbewahrungsfrist (§ 147 Abs. 3 AO) noch nicht abgelaufen ist. Diese für die maschinelle Auswertbarkeit der Daten erforderliche technische, organisatorische und zeitliche Einschränkung bezieht sich nicht auf die Pflicht des Steuerpflichtigen zur Lesbarmachung der Daten (§ 147 Abs. 2 Nr. 2 AO, § 147 Abs. 5 AO). Die Lesbarmachung muss während der ganzen Aufbewahrungsfrist sichergestellt sein.

b) Bei **nach dem 31. Dezember 2001** archivierten Daten ist beim unmittelbaren Datenzugriff (Abschnitt I Nr. 1 Buchstabe a Abs. 1) und beim mittelbaren Datenzugriff (Abschnitt I Nr. 1 Buchstabe b) die maschinelle Auswertbarkeit (§ 147 Abs. 2 Nr. 2 und Abs. 6 AO) in Form des Nur-Lesezugriffs (Abschnitt I Nr. 1 Buchstabe a Abs. 2) sicherzustellen. Im Falle eines Systemwechsels ist es nicht erforderlich, die ursprüngliche Hard- und Software vorzuhalten, wenn die maschinelle Auswertbarkeit auch für die nach dem 31. Dezember 2001, aber vor dem Systemwechsel archivierten Daten durch das neue oder ein anderes System gewährleistet ist.

c) Für die Datenträgerüberlassung (Abschnitt I Nr. 1 Buchstabe c) kann die Finanzbehörde nicht verlangen, **vor dem 1. Januar 2002** auf nicht maschinell auswertbaren Datenträgen (z.B. Mikrofilm) archivierten Daten auf maschinell auswertbare Datenträger aufzuzeichnen.

II. Prüfbarkeit digitaler Unterlagen

1. Elektronische Abrechnungen im Sinne des § 14 Abs. 4 Satz 2 UStG

Die qualifizierte elektronische Signatur mit Anbieter-Akkreditierung nach § 15 Abs. 1 des Signaturgesetzes ist Bestandteil der elektronischen Abrechnung.[1] Der Originalzustand des übermittelten ggf. noch verschlüsselten Dokuments muss jederzeit überprüfbar sein.

1 Anpassung des § 14 Abs. 4 Satz 2 UStG 1999 an das Signaturgesetz vom 16. Mai 2001 (BGBl I S. 876) ist im Entwurf eines Steueränderungsgesetzes 2001 vorgesehen.

Dies setzt neben den Anforderungen nach Abschnitt VIII Buchstabe b) Nr. 2 der GoBS (a.a.O.) insbesondere voraus, dass

- vor einer weiteren Verarbeitung der elektronischen Abrechnung die qualifizierte elektronische Signatur im Hinblick auf die Integrität der Daten und die Signaturberechtigung geprüft werden und das Ergebnis dokumentiert wird;
- die Speicherung der elektronischen Abrechnung auf einem Datenträger erfolgt, der Änderungen nicht mehr zulässt. Bei einer temporären Speicherung auf einem änderbaren Datenträger muss das DV-System sicherstellen, dass Änderungen nicht möglich sind;
- bei Umwandlung (Konvertierung) der elektronischen Abrechnung in ein unternehmenseigenes Format (sog. Inhouse-Format) beide Versionen archiviert und nach den GoBS mit demselben Index verwaltet werden sowie die konvertierte Version als solche gekennzeichnet wird;
- der Signaturprüfschlüssel aufbewahrt wird;
- bei Einsatz von Kryptographietechniken die verschlüsselte und die entschlüsselte Abrechnung sowie der Schlüssel zur Entschlüsselung der elektronischen Abrechnung aufbewahrt wird;
- der Eingang der elektronischen Abrechnung, ihre Archivierung und ggf. Konvertierung sowie die weitere Verarbeitung protokolliert werden;
- die Übertragungs-, Archivierungs- und Konvertierungssysteme den Anforderungen der GoBS, insbesondere an die Dokumentation, an das interne Kontrollsystem, an das Sicherungskonzept sowie an die Aufbewahrung entsprechen;
- das qualifizierte Zertifikat des Empfängers aufbewahrt wird.

2. Sonstige aufbewahrungspflichtige Unterlagen

- Bei sonstigen aufbewahrungspflichtigen Unterlagen i.S.d. § 147 Abs. 1 AO, die digitalisiert sind und nicht in Papierform übermittelt werden, muss das dabei angewendete Verfahren den GoBS entsprechen.
- Der Originalzustand der übermittelten ggf. noch verschlüsselten Daten muss erkennbar sein (§ 146 Abs. 4 AO). Die Speicherung hat auf einem Datenträger zu erfolgen, der Änderungen nicht mehr zulässt. Bei einer temporären Speicherung auf einem änderbaren Datenträger muss das Datenverarbeitungssystem sicherstellen, dass Änderungen nicht möglich sind.
- Bei Einsatz von Kryptographietechniken sind die verschlüsselte und die entschlüsselte Unterlage aufzubewahren.
- Bei Umwandlung (Konvertierung) der sonstigen aufbewahrungspflichtigen Unterlagen in eine unternehmenseigenes Format (sog. Inhouse-Format) sind beide Versionen zu archivieren und nach den GoBS mit demselben Index zu verwalten sowie die konvertierte Version als solche zu kennzeichnen.
- Wenn Signaturprüfschlüssel oder kryptographische Verfahren verwendet werden, sind die verwendeten Schlüssel aufzubewahren.
- Bei sonstigen aufbewahrungspflichtigen Unterlagen sind der Eingang, ihre Archivierung und ggf. Konvertierung sowie die weitere Verarbeitung zu protokollieren.

III. Archivierung digitaler Unterlagen

1. Originär digitale Unterlagen nach § 146 Abs. 5 AO sind auf maschinell verwertbaren Datenträgern zu archivieren. Originär digitale Unterlagen sind die in das Datenverarbeitungssystem in elektronischer Form eingehenden und die im Datenverarbeitungssystem erzeugten Daten; ein maschinell verwertbarer Datenträger ist ein maschinell

lesbarer und auswertbarer Datenträger. Die originär digitalen Unterlagen dürfen nicht ausschließlich in ausgedruckter Form oder auf Mikrofilm aufbewahrt werden. Somit reicht die Aufzeichnung im COM-Verfahren (Computer-Output-Microfilm) nicht mehr aus. Diese Einschränkung gilt nicht, wenn die vor der Übertragung auf Mikrofilm vorhandenen Daten vorgehalten werden, die eine maschinelle Auswertbarkeit durch das Datenverarbeitungssystem gewährleisten. Nicht ausreichend ist auch die ausschließliche Archivierung in maschinell nicht auswertbaren Formaten (z.B. pdf-Datei).

Eine Pflicht zur Archivierung einer Unterlage i.S. des § 147 Abs. 1 AO in maschinell auswertbarer Form (§ 147 Abs. 2 Nr. 2 AO) besteht nicht, wenn diese Unterlage zwar DV-gestützt erstellt wurde, sie aber nicht zur Weiterverarbeitung in einem DV-gestützten Buchführungssystem geeignet ist (z.B. Textdokumente).

2. Originär in Papierform angefallene Unterlagen, z.B. Eingangsrechnungen, können weiterhin mikroverfilmt werden.
3. Kann im Falle eines abweichenden Wirtschaftsjahrs die Archivierung ab 1. Januar 2002 nachweisbar aus technischen Gründen nicht auf einem maschinell auswertbaren Datenträger (§ 147 Abs. 2 Nr. 2 AO) erfolgen, wird dies nicht beanstandet, wenn der Steuerpflichtige bis spätestens zu Beginn des anschließenden abweichenden Wirtschaftsjahrs den Archivierungspflichten gemäß § 147 Abs. 2 Nr. 2 AO nachkommt.

IV. Anwendung

1. Die Regelungen zum Datenzugriff (Abschnitt I) sind bei steuerlichen Außenprüfungen anzuwenden, die nach dem 31. Dezember 2001 beginnen.
2. Die Regelungen zur Prüfbarkeit digitaler Unterlagen (Abschnitt II) gelten
   a) für elektronische Abrechnungen mit Inkrafttreten des § 14 Abs. 4 Satz 2 UStG (1. Januar 2002) und
   b) für sonstige aufbewahrungspflichtige Unterlagen, die nach dem 31. Dezember 2001 erstellt werden.

Im Übrigen bleiben die Regelungen des BMF-Schreibens zu den Grundsätzen ordnungsmäßiger DV-gestützter Buchführungssysteme (GoBS) vom 7. November 1995 (BStBl I S. 738) unberührt.

VI. BMF-Schreiben betr. zwischenstaatliche Amtshilfe bei der Steuererhebung (Beitreibung)

10 (BMF-Schreiben v. 20.1.2000, IV B 4 – S 1320 – 1/00, BStBl I 2000, 102 (ohne Inhaltsverzeichnis und Anlagen abgedruckt)).

Unter Bezugnahme auf das Ergebnis der Erörterungen mit den Vertretern der obersten Finanzbehörden der Länder gelten für die Amtshilfe, die sich in- und ausländische Finanzbehörden bei der Steuererhebung leisten, die nachfolgenden Grundsätze. Dieses Schreiben gilt nicht für die in die Zuständigkeit der Zollverwaltung fallenden Abgaben.

1 Allgemeines

1.1 Zwischenstaatliche Amtshilfe bei der Steuererhebung

Die deutschen Finanzbehörden beanspruchen und gewähren zwischenstaatliche Amtshilfe bei der Steuererhebung nach Maßgabe der in diesem Schreiben dargestellten Grundsätze.

1.2 Rechtsgrundlagen

1.2.1 Überblick

Regelungen über die zwischenstaatliche Amtshilfe bei der Steuererhebung enthalten völkerrechtliche Vereinbarungen mit zahlreichen Staaten sowie Europäisches Unionsrecht (vgl. § 117 Abs. 2 AO). Die völkerrechtlichen Vereinbarungen werden durch Zustimmungsgesetz innerstaatliches Recht (Artikel 59 Abs. 2 Satz 1 GG). Rechtsgrundlage für die Gewährung von Amtshilfe bei der Steuererhebung nach Europäischem Unionsrecht ist das EG-Beitreibungsgesetz (EG-BeitrG).

1.2.2 Abkommen zur Vermeidung der Doppelbesteuerung (DBA)

Die DBA mit Belgien, Dänemark, Frankreich, Luxemburg, den Niederlanden, Norwegen, Schweden und den USA enthalten Vereinbarungen über die Amtshilfe bei der Steuererhebung. Die Amtshilfe erfasst die Steuern, für die das jeweilige DBA gilt, in der Regel also die Einkommen- und Körperschaftsteuer, zum Teil auch die Gewerbe-, Vermögen-, Nachlass-/Erbschaft-/Schenkung- und Grundsteuer, ausnahmsweise auch die Kirchensteuer (Anlage 1).

1.2.3 Amts- und Rechtshilfeabkommen

Vereinbarungen über die Amtshilfe bei der Steuererhebung enthalten die Amts- und Rechtshilfeabkommen mit Finnland, Italien und Österreich. Der Anwendungsbereich dieser Abkommen geht – mit Ausnahme von Italien – über die in den DBA genannten Steuern hinaus (Anlage 1).

1.2.4. EG-Beitreibungsrichtlinie (EG-BeitrRL) und EG-Beitreibungsgesetz (EG-BeitrG)

Die Finanzbehörden der Mitgliedstaaten der EU (derzeitige Mitgliedstaaten vgl. Anlage 1) leisten sich gegenseitig Amtshilfe bei der Steuererhebung nach Maßgabe der EG-BeitrRL sowie den dazu ergangenen Durchführungsbestimmungen der EG-Kommission (Anlagen 7, 8). Die deutschen Finanzbehörden gewähren Amtshilfe bei der Steuererhebung nach dem EG-BeitrG (Anlage 1). Die Amtshilfe erstreckt sich auf die Umsatzsteuer (ohne Verspätungszuschläge) und Abgaben, die von Bundesfinanzbehörden verwaltet werden.

1.3 Arten der Amtshilfeersuchen

Folgende Ersuchen kommen in Betracht:
- Vollstreckungsersuchen;
- Ersuchen um Sicherungsmaßnahmen (einschließlich Ersuchen zur Vollziehung des dinglichen Arrests);
- Auskunftsersuchen zu Vollstreckungszwecken;
- Zustellungsersuchen.

1.4 Zuständigkeiten

1.4.1. Grundsatz

Das Bundesministerium der Finanzen (BMF) hat seine Zuständigkeit für die zwischenstaatliche Amtshilfe bei der Steuererhebung gemäß § 5 Abs. 1 Nr. 5 FVG durch Erlass vom 13. Dezember 1976 – Z C 3 – O 1755 – 59/76 – (BStBl 1977 I S. 33) auf das Bundesamt für Finanzen (BfF) übertragen. Das BfF übermittelt inländische Ersuchen an die zuständige ausländische Behörde und nimmt entsprechende ausländische Ersuchen entgegen. Es führt darüber hinaus den zur Abwicklung eines Ersuchens notwendigen Schriftverkehr mit den zuständigen ausländischen Behörden.

Die Finanzämter führen den direkten Schriftverkehr mit dem BfF stets über die Oberfinanzdirektion, die insbesondere die Einhaltung der Formvorschriften prüft.

Die Gemeinden stellen ihre Ersuchen direkt an das BfF.

1.4.2 Ausnahmen

Nach Artikel 4 Abs. 1 des deutsch-österreichischen Vertrages über Rechtsschutz und Rechtshilfe in Abgabesachen vom 4. Oktober 1954, BStBl 1955 I S. 434, sind für die Entgegennahme und Übermittlung von Amtshilfeersuchen die Oberfinanzdirektionen zuständig. In dringenden Fällen können die Finanzämter auch unmittelbar miteinander verkehren (Artikel 4 Abs. 2 i.V.m. Artikel 13).

1.5 Steuergeheimnis

Das Steuergeheimnis steht einem Ersuchen (Tz. 1.3) an eine ausländische Finanzbehörde nicht entgegen. Die mit dem Ersuchen verbundene notwendige Mitteilung steuerlicher Verhältnisse ist nach § 30 Abs. 4 Nr. 1 AO zulässig. Ebenso wenig verbietet das Steuergeheimnis die Erledigung ausländischer Ersuchen, sofern die Mitteilung steuerlicher Verhältnisse an die ausländische Finanzbehörde durch völkerrechtliche Vereinbarungen oder das EG-BeitrG ausdrücklich zugelassen ist (§ 30 Abs. 4 Nr. 2 AO).

Alle Angaben, die den deutschen Finanzbehörden im Zusammenhang mit einem Ersuchen zugehen, unterliegen dem Steuergeheimnis. Außerdem unterliegen sie dem besonderen Geheimhaltungsschutz der völkerrechtlichen Vereinbarungen und der EG-BeitrRL.

1.6 Verjährungsfragen

Die Verjährung richtet sich ausschließlich nach dem Recht des Staates, in dem die ersuchende Behörde ihren Sitz hat. Maßnahmen einer ausländischen (ersuchten) Behörde haben für die Unterbrechung der Verjährung (§ 231 AO) die gleiche Wirkung wie entsprechende Maßnahmen einer deutschen Finanzbehörde.

1.7 Kosten

Es entspricht einem allgemein anerkannten Grundsatz der zwischenstaatlichen Amtshilfe, dass der ersuchte Staat die üblichen durch die Unterstützungsleistung entstehenden Kosten trägt. Außergewöhnliche Kosten, z.B. Entschädigungen, die Auskunftspersonen zu gewähren sind, gehen jedoch zu Lasten des ersuchenden Staates. Die Abkommen mit Dänemark, Finnland, Italien, Österreich und Schweden enthalten ausdrücklich entsprechende Regelungen. Unberührt bleibt das Recht des ersuchten Staates, entsprechend seinen Rechtsvorschriften vom Vollstreckungsschuldner Kosten zu erheben. Für Amtshilfe bei der Umsatzsteuer, die aufgrund der EG-BeitrRL geleistet wird, kommt eine Kostenerstattung für Unterstützungsmaßnahmen nicht in Betracht. Eine Weiterbelastung von Kosten eines finanzgerichtlichen oder zivilgerichtlichen Verfahrens ist ebenfalls ausgeschlossen.

1.8 Sonstiges

Im Schriftverkehr mit ausländischen Behörden sollten keine Abkürzungen benutzt werden.

2 Ausgehende Ersuchen

2.1 Allgemeines

Die Finanzämter können an Finanzbehörden der in der Anlage 1 aufgeführten Länder Ersuchen der in Tz. 1.3 genannten Art richten, wenn der Vollstreckungsschuldner oder Haftungsschuldner dort seinen Wohnsitz hat oder anzunehmen ist, dass er dort über Vermögenswerte verfügt.

Eventuell notwendige Übersetzungen veranlasst das BfF.

2.1.1 Bedeutung der Entstehung der Forderung

Ersuchen können ohne Rücksicht auf den Zeitpunkt der Entstehung der Forderung gestellt werden. Finnland, Österreich und Schweden leisten auf der Grundlage der EG-BeitrRL Amtshilfe auch für Umsatzsteuerforderungen, die vor dem Beitritt zur EU begründet worden sind.

2.1.2 Unzureichende Erledigung eines Ersuchens

Ist ein Ersuchen nach Auffassung des Finanzamts nicht ausreichend erledigt worden, beantragt es – in Fällen der EG-BeitrRL innerhalb eines Monats nach Erhalt der Erledigungsmitteilung – die Fortsetzung der gewünschten Maßnahme.

2.1.3 Staatsangehörigkeitsvorbehalt für Ersuchen nach Finnland und Italien

Ersuchen nach Finnland und Italien nach den Amts- und Rechtshilfeabkommen sind nicht zulässig, wenn der Vollstreckungsschuldner finnischer bzw. italienischer Staatsangehöriger ist und seinen Wohnsitz oder dauernden Aufenthalt in Finnland bzw. Italien hat. Das gilt nicht,

a) wenn der Vollstreckungsschuldner im Zeitpunkt der Entstehung der Forderung deutscher Staatsangehöriger war oder den Wohnsitz, den dauernden Aufenthalt oder eine Betriebsstätte in der Bundesrepublik Deutschland hatte

oder

b) wenn das Ersuchen einen Fall betrifft, in dem eine Doppelbesteuerung aufgrund des deutsch-finnischen bzw. deutsch-italienischen DBA beseitigt oder gemildert ist.

Die Einschränkungen gelten für juristische Personen und Personenvereinigungen sinngemäß.

Die Ausnahmeregelung unter a) gilt bezüglich Finnland nicht für Sicherungsmaßnahmen.

Ersuchen, die sich auf einen Ausnahmetatbestand stützen, sind zu begründen.

Die Staatsangehörigkeitsvorbehalte gelten nicht für Ersuchen bei der Umsatzsteuer, die auf der Grundlage der EG-BeitrRL gestellt werden.

2.2 Vollstreckungsersuchen

2.2.1 Zulässigkeit

2.2.1.1 Allgemeine Voraussetzungen

Vollstreckungsersuchen sind unter folgenden Voraussetzungen zulässig:

a) Die Voraussetzungen für die Vollstreckung müssen gegeben sein (§§ 251, 254 AO).
b) Im Inland gegebene Vollstreckungsmöglichkeiten müssen ausgeschöpft sein. Vollstreckungsersuchen sind unverzüglich zu stellen, wenn im Inland Vollstreckungsversuche offensichtlich aussichtslos sein werden.
c) Der zu vollstreckende Verwaltungsakt oder das Leistungsgebot muss formell bestandskräftig (unanfechtbar, vgl. AEAO, vor §§ 172 bis 177, Nr. 1) sein. Für Vollstreckungsersuchen aufgrund der EG-BeitrRL reicht es aus, dass der zu vollstreckende Verwaltungsakt oder das Leistungsgebot nicht angefochten ist.

Der Begriff der formellen Bestandskraft entspricht der Rechtskraft in Artikel 23 Abs. 1 des deutsch-französischen DBA. Formell bestandskräftig werden auch Steuerbescheide unter dem Vorbehalt der Nachprüfung einschließlich der Vorauszahlungsbescheide (§ 164 AO), vorläufige Bescheide (§ 165 AO) sowie Steueranmeldungen (§ 167 AO). Vor Eintritt der formellen Bestandskraft kann um Sicherungsmaßnahmen ersucht werden (Tz. 2.3).

2.2.1.2 Mindestbeträge

Für Vollstreckungsersuchen aufgrund der EG-BeitrRL ist in der Durchführungsrichtlinie 77/794/EWG für den einzuziehenden Rückstand ein Mindestbetrag von 1.500 EUR (2933,745 DM) vorgesehen; Ersuchen aufgrund von DBA oder Amts- und Rechtshilfeabkommen sollen ebenfalls nur gestellt werden, wenn dieser Mindestbetrag erreicht ist.

Ersuchen, die auf die EG-BeitrRL einerseits und auf DBA oder Amts- und Rechtshilfeabkommen andererseits gestützt werden müssen, können nicht zusammengefasst werden, um den jeweiligen Mindestbetrag zu erreichen.

2.2.2 Form und Inhalt des Vollstreckungsersuchens

2.2.2.1 Vollstreckungsersuchen aufgrund der EG-BeitrRL

Das Ersuchen ist vom Vorsteher des Finanzamts als berechtigtem Bediensteten zu unterzeichnen, mit dem Dienststempelabdruck zu versehen und der Oberfinanzdirektion unter Beifügung der Rückstandsanzeige (ggf. auch erläuternder Anlagen) in dreifacher Ausfertigung vorzulegen (Vorlagebericht in zweifacher Ausfertigung). Die Oberfinanzdirektion prüft das Vorliegen der Voraussetzungen für das Ersuchen und dessen Richtigkeit und leitet die erforderlichen Unterlagen an das BfF weiter. Es soll enthalten:

- Name und Anschrift der Person, gegen die vollstreckt werden soll;
- Angaben darüber, ob diese Person als Schuldner oder Haftender in Anspruch genommen wird;
- Angaben über die Art der Forderung;
- Höhe des Rückstandes, in Euro bzw. umgerechnet in die Währung des ersuchten Staates (zur Berechnungsmethode Hinweis auf das Euro-Einführungsschreiben des BMF vom 15. Dezember 1998, BStBl I S. 1625; die Euro-Teilnehmerstaaten sind in Anlage 1 aufgeführt) und aufgeschlüsselt nach Hauptforderung(en), Zinsen, Säumniszuschlägen und Kosten;
- Datum der Vollstreckbarkeit (§ 254 AO) sowie des Eintritts der Verjährung (§ 228 AO) der Hauptforderung; sollen mehrere Einzelforderungen beigetrieben werden, ist das Vollstreckbarkeitsdatum für die zuletzt vollstreckbar gewordene Forderung anzugeben; sofern verschiedene Verjährungsdaten vorliegen, ist das Datum für die Forderung anzugeben, die zuerst verjährt;
- ggf. genaue Angaben über Vermögenswerte, insbesondere wenn diese sich bei Dritten befinden;
- ggf. vorhandene Kopien verwertbarer Dokumente (Bankbelege, Geschäftspapiere, Verträge, Registerauszüge usw.);
- Erklärung, dass die Voraussetzungen für das Vollstreckungsersuchen (Tz. 2.2.1.1) vorliegen.

Als „Vordrucke“ stehen zur Verfügung:

- Rückstandsanzeige nebst Anlage (Anlagen 4, 4 a)
- Beitreibungsersuchen nach EU-Recht (Anlage 2)
- Vorlagebericht an das BfF (Anlage 6).

2.2.2.2 Vollstreckungsersuchen in anderen Fällen (aufgrund von DBA, Amts- und Rechtshilfeabkommen)

Die Mitgliedstaaten der EU mit Ausnahme Österreichs verlangen keine förmlichen Ersuchen der Finanzämter. Es genügt deshalb die Vorlage einer Rückstandsanzeige. Die Rückstandsanzeige ist der Oberfinanzdirektion in dreifacher Ausfertigung vorzulegen. Die Oberfinanzdirektion leitet die erforderlichen Unterlagen nach Prüfung an das BfF weiter.

Für Ersuchen nach Österreich ist der Oberfinanzdirektion die Rückstandsanzeige in dreifacher Ausfertigung formlos vorzulegen. Für die Ersuchen sind grundsätzlich die Muster der Verwaltungsanordnung vom 21. März 1958 in der Fassung vom 18. November 1963 (BStBl 1958 I S. 76 und BStBl 1963 I S. 795) zu benutzen.

2.2.3 Rückstandsanzeige

Als Vollstreckungstitel genügt die Ausfertigung einer Rückstandsanzeige, in der die einzelnen Ansprüche aufgeführt sind (Muster Anlage 4). Die Rückstandsanzeige soll die Angaben enthalten, die sich aus dem Muster der Anlage 4 ergeben. Sie hat außerdem eine Erklärung über die Vollstreckbarkeit und Bestandskraft des Gesamtanspruchs zu enthalten (Tz. 2.2.1.1).

Eine Weiterberechnung von Säumniszuschlägen durch die ersuchte Behörde ist nicht vorzusehen. Ggf. kann zu einem späteren Zeitpunkt ein neues Ersuchen gestellt werden, wenn weitere Säumniszuschläge angefallen sind und im Übrigen die Voraussetzungen für ein Vollstreckungsersuchen vorliegen.

Zusätzliche sachdienliche Informationen sind in eine besondere Anlage aufzunehmen. Werden sie nachträglich bekannt, ist zu berichten.

2.2.4 Gesamtschuld

Soll die Abgabenschuld bei mehreren im ersuchten Staat ansässigen Gesamtschuldnern (§ 44 AO) beigetrieben werden, müssen die Rückstandsanzeige und ggf. das Ersuchen nach Tz. 2.2.2.1 bzw. Tz. 2.2.2.2 das Gesamtschuldverhältnis erkennen lassen. Insbesondere muss erkennbar sein, inwieweit die Zahlung eines Betrages durch einen Gesamtschuldner zur Entlastung der anderen Gesamtschuldner führt. Es ist zweckmäßig, das Wesen der Gesamtschuld kurz zu erläutern. Auch bei Ehegatten als Gesamtschuldner ist ggf. auf das Gesamtschuldverhältnis hinzuweisen.

2.2.5 Umrechnung

Bei Ersuchen aufgrund der EG-BeitrRL sind die Hauptforderung und die Nebenforderungen in Euro oder – soweit der ersuchte Staat nicht zum Euro-Währungsgebiet gehört – in die Währung des ersuchten Staates umzurechnen. In allen anderen Fällen ist eine Umrechnung der Forderung in die nationale Währung des ersuchten Staates nicht erforderlich. Für die Umrechnung ist der am Tag der Unterzeichnung des Ersuchens in Frankfurt am Main festgestellte EZB-Referenzkurs maßgebend; er ist am Tag nach der Unterzeichnung des Ersuchens der Tagespresse zu entnehmen, wobei die Umrechnung sodann nachzutragen ist. Der Kurs kann auch beim BfF erfragt werden (Tel. 0228/4062682).

2.2.6 Rechtsbehelfe, Erlassantrag

Wird im Fall eines Ersuchens aufgrund der EG-BeitrRL der zu vollstreckende Verwaltungsakt oder das Leistungsgebot nach Ausgang des Ersuchens angefochten, ist unverzüglich zu berichten. Gleichzeitig ist mitzuteilen, ob um Sicherungsmaßnahmen ersucht werden soll. In anderen Fällen ist wegen eines eingelegten Rechtsbehelfs nur zu berichten, wenn dadurch ein Anlass für die Aussetzung von Vollstreckungsmaßnahmen gegeben ist.

Entsprechendes gilt bei einem Antrag auf Erlass aus Billigkeitsgründen, wenn der Antrag nicht offensichtlich unbegründet ist.

2.2.7 Änderung der rückständigen Beträge

Erhöht sich nachträglich der Rückstand, so ist ein ergänzendes Ersuchen zu stellen. Tzn. 2.2.1.2 und 2.2.5 sind zu beachten.

Ermäßigt sich nachträglich der Rückstand, so ist unverzüglich zu berichten. Das Gleiche gilt, wenn das Ersuchen gegenstandslos geworden ist.

2.2.8 Getilgte Beträge

In Fällen der EG-BeitrRL gilt – soweit ein nicht zum Euro-Währungsgebiet gehörender Staat um Beitreibung ersucht wird – der im Ersuchen ausgewiesene Gesamtbetrag in Höhe des Betrages als getilgt, der dem in ausländischer Währung beigetriebenen Betrag bei Anwendung des Kurses nach Tz. 2.2.5 entspricht. In anderen Fällen richtet sich der getilgte Betrag nach dem bei Eingang des Ersuchens bei der zuständigen ausländischen Behörde maßgebenden Kurs. Als Zahlungstag gilt der Tag der Zahlung an die zuständige ausländische Behörde.

2.3 Ersuchen um Sicherungsmaßnahmen

2.3.1 Zulässigkeit

Um Sicherungsmaßnahmen kann ersucht werden, wenn

a) die Voraussetzungen für die Vollstreckung (§§ 251, 254 AO) gegeben sind, der zu vollstreckende Verwaltungsakt oder das Leistungsgebot noch nicht formell bestandskräftig oder bereits angefochten ist und zu befürchten ist, dass ohne Sicherungsmaßnahmen die Vollstreckung vereitelt oder wesentlich erschwert werden würde;

b) ein angeordneter dinglicher Arrest im Ausland vollzogen werden soll.

Das Ersuchen ist, ggf. in einer besonderen Anlage, kurz zu begründen. Im Fall des Arrests ist eine Kopie der Arrestanordnung beizufügen.

Wird um Sicherungsmaßnahmen aufgrund einer Arrestanordnung ersucht, ist das Ersuchen innerhalb der Vollziehungsfrist des § 324 Abs. 3 Satz 1 AO dem BfF, bei Ersuchen nach Österreich der Oberfinanzdirektion (Tz. 1.4.2), vorzulegen.

2.3.2 Form und Inhalt

Die Tzn. 2.2.1.2, 2.2.2, 2.2.3, 2.2.4, 2.2.5 und 2.2.7 gelten sinngemäß.

2.4 Auskunftsersuchen zu Vollstreckungszwecken

2.4.1 Zulässigkeit

Die EG-BeitrRL erwähnt ausdrücklich Auskunftsersuchen zur Ermittlung von Vollstreckungsmöglichkeiten. Sie sind auch in anderen Fällen möglich. Auskunftsersuchen sind regelmäßig nicht erforderlich, wenn ein Vollstreckungsersuchen oder ein Ersuchen um Sicherungsmaßnahmen (Tz. 2.3) gestellt werden kann.

2.4.2 Form und Inhalt

Form und Inhalt richten sich in Fällen der EG-BeitrRL nach dem Muster der Durchführungsrichtlinie 77/794/EWG, geändert durch die Richtlinie 85/479/EWG (Muster Anlage 3).

2.5 Zustellungsersuchen

Nach Artikel 5 Abs. 1 EG-BeitrRL kann die ausländische Finanzbehörde um Zustellung aller mit einer Forderung oder deren Vollstreckung zusammenhängenden Verfügungen und Entscheidungen ersucht werden. Die Zustellung richtet sich nach den Rechtsvorschriften für die Zustellung entsprechender Rechtsakte der ersuchten Behörde.

3 Eingehende Ersuchen

3.1 Allgemeines

Das BfF leitet eingehende Ersuchen, nachdem es die Zulässigkeit geprüft hat, an die zuständige Oberfinanzdirektion weiter. Die Oberfinanzdirektion veranlasst und überwacht die Erledigung durch das zuständige Finanzamt. Tz. 1.4.2 bleibt unberührt.

Das Finanzamt leitet unverzüglich die zur Erledigung des Ersuchens erforderlichen Maßnahmen ein. Es berichtet umgehend, wenn Anhaltspunkte vorliegen, dass

a) der ersuchende Staat die ihm zur Verfügung stehenden Vollstreckungsmöglichkeiten nicht ausgeschöpft hat;
b) bei Durchführung der erbetenen Vollstreckungsmaßnahmen aus Gründen, die auf die Verhältnisse des Vollstreckungsschuldners zurückzuführen sind, Schwierigkeiten wirtschaftlicher oder sozialer Art in der Bundesrepublik Deutschland hervorgerufen werden könnten (z.B. Verlust von Arbeitsplätzen infolge der Vollstreckung);
c) bei der Begründung des Steueranspruchs, bei der Behandlung von Rechtsbehelfen oder bei der Abrechnung erkennbare erhebliche Verfahrensmängel vorliegen;
d) das Ersuchen unzulässig ist.

3.2 Vollstreckungsersuchen

3.2.1 Anzuwendendes Recht

Ausländische Vollstreckungsersuchen sind wie inländische Vollstreckungsersuchen zu erledigen. Maßgebend sind die Vorschriften der AO, der Vollstreckungsanweisung, der Vollziehungsanweisung sowie ggf. des EG-BeitrG. Wird dem Vollstreckungsschuldner Zahlungsaufschub gewährt, sollte er darauf hingewiesen werden, dass bei Teilzahlungen weitere Säumniszuschläge oder Verzugszinsen anfallen können. Die angesichts dieses Zahlungsaufschubs nach dem Recht des ersuchenden Staates erhobenen Säumniszuschläge und Zinsen sind an den Staat, in dem die ersuchende Behörde ihren Sitz hat, zu überweisen.

Unberührt bleibt die Verantwortlichkeit der ersuchenden ausländischen Behörde für die Rechtmäßigkeit der Forderung.

3.2.2 Einleitung von Vollstreckungsmaßnahmen

Bevor Vollstreckungsmaßnahmen eingeleitet werden, ist der Vollstreckungsschuldner mit einer 14-tägigen Frist zur Zahlung aufzufordern (Muster Anlage 5).

3.2.3 Währung, Umrechnung

Ausländische Forderungen werden in Deutsche Mark (bzw. in Euro) vollstreckt. In Vollstreckungsersuchen aufgrund der EG-BeitrRL ist der einzuziehende Betrag in Deutsche Mark bzw. Euro angegeben. Sofern die ausländische Forderung nicht in Deutsche Mark angegeben ist, rechnet das Finanzamt diese Forderung in Deutsche Mark (bzw. in Euro) um. Das BfF teilt, soweit erforderlich, den EZB-Referenzkurs vom Tag des Eingangs des Ersuchens mit. Ist der EZB-Referenzkurs am Tag der Zahlung günstiger, so ist dieser anzuwenden. Kurse können beim BfF erfragt werden (Tz. 2.2.5).

3.2.4 Ausländische Steuerforderungen in Insolvenzverfahren

Das Finanzamt kann die ausländische Steuerforderung zur Tabelle anmelden.

Im Verhältnis zu Österreich gilt Artikel 19 Abs. 3 des deutsch-österreichischen Vertrages auf dem Gebiet des Konkurs- und Vergleichsrechts vom 25. Mai 1979 fort (BGBl 1985 II S. 413).

3.2.5 Aufrechnung

Eine Aufrechnung des Vollstreckungsschuldners mit Forderungen gegen die deutsche Finanzverwaltung ist nicht zulässig, weil in diesen Fällen die Voraussetzungen für eine Aufrechnung nach § 226 AO (Gläubiger/Schuldneridentität) nicht gegeben sind.

3.2.6 Rechtsbehelfe

Rechtsbehelfe gegen die Rechtmäßigkeit der ausländischen Forderung sind bei der zuständigen ausländischen Finanzbehörde einzulegen.

Sobald die ersuchende Behörde mitteilt, dass der Vollstreckungsschuldner einen Rechtsbehelf eingelegt hat, und nicht gleichzeitig das Ersuchen zurückzieht, setzt das Finanzamt das Vollstreckungsverfahren aus bzw. sieht von der Einleitung der Vollstreckung ab. Ist zu befürchten, dass dadurch die Vollstreckung vereitelt oder wesentlich erschwert wird, kann das Finanzamt in Fällen der EG-BeitrRL gemäß § 7 Abs. 2 EG-BeitrG Sicherungsmaßnahmen nach den Vorschriften über die Vollziehung des dinglichen Arrests treffen (§ 324 Abs. 3 AO). Einer Arrestanordnung bedarf es nicht.

Sicherungsmaßnahmen können auch von der ersuchenden Behörde beantragt werden. Sicherungsmaßnahmen unterbleiben, wenn der zu vollstreckende Betrag hinterlegt oder auf andere Weise Sicherheit geleistet wird (vgl. §§ 241 ff. AO). Bereits getroffene Sicherungsmaßnahmen sind in diesem Fall aufzuheben.

Absatz 2 gilt entsprechend, wenn der Vollstreckungsschuldner mitteilt, dass er bei der ersuchenden Behörde einen Rechtsbehelf eingelegt hat. In diesem Fall ist zu berichten.

3.2.7 Aufteilung einer Gesamtschuld

Das Finanzamt setzt das Vollstreckungsverfahren aus und berichtet, wenn der Vollstreckungsschuldner Einwendungen erhebt, die nach deutschem Recht die Aufteilung einer Gesamtschuld rechtfertigen würden (§§ 268 ff. AO). Das BfF bittet die ersuchende Behörde um Mitteilung, wie sich das der Besteuerung zugrunde liegende Einkommen und die rückständige Steuer auf die Ehegatten verteilen.

3.2.8 Vollstreckungskosten

Die nach den §§ 337 ff. AO zu erhebenden Vollstreckungskosten sind erst zu vereinnahmen, wenn die Forderung der ersuchenden Behörde beigetrieben ist.

3.2.9 Überweisung eingezogener Beträge

Eingezogene Beträge sind ausschließlich auf das im Ersuchen angegebene Bankkonto zu überweisen. Sind in Fällen von Ersuchen aufgrund von DBA oder Amts- und Rechtshilfeersuchen Teilzahlungen bewilligt worden, so sind diese zu sammeln und halbjährlich zu überweisen.

3.2.10 Änderung der rückständigen Beträge

Teilt die ersuchende Behörde mit, dass sich der Rückstand geändert hat, so ist das Vollstreckungsverfahren, ggf. nach Vorlage von geänderten Vollstreckungsunterlagen (z.B. Rückstandsanzeigen), hinsichtlich der geänderten Forderung weiterzuführen. Erhöht sich der Rückstand, ist über den Differenzbetrag eine Zahlungsaufforderung zu erteilen (Tz. 3.2.2). Ermäßigt sich der Rückstand, sind die zu viel erhobenen Beträge zu erstatten, wenn sie noch nicht weitergeleitet worden sind.

3.2.11 Zwischen- und Abschlussberichte

Das Finanzamt berichtet nach Erledigung eines Vollstreckungsersuchens über das Ergebnis. Der Bericht soll enthalten:

- den Tag der Zahlung des Rückstandes und den Tag der Überweisung an die ersuchende Behörde;
- den maßgebenden Umrechnungskurs, wenn die ausländische Forderung umzurechnen war;
- die Gründe, warum Vollstreckungsmaßnahmen ganz oder teilweise erfolglos verlaufen sind.

Ein Zwischenbericht ist zu erstatten, wenn das Vollstreckungsersuchen nach Ablauf von neun Monaten nicht erledigt werden konnte. Bei voraussichtlich langer Dauer des Beitreibungsverfahrens wegen Ratenzahlungsvereinbarung oder Lohnpfändung mit nur einem geringen Tilgungsbeitrag soll auf die voraussichtliche Dauer hingewiesen werden, weitere Zwischenberichte sind nicht mehr notwendig.

3.3 Ersuchen um Sicherungsmaßnahmen

Die zuständige ausländische Behörde kann um Sicherungsmaßnahmen ersuchen, wenn die Forderung noch nicht formell bestandskräftig oder bereits angefochten ist. Die Sicherung erfolgt regelmäßig durch Anordnung und Vollziehung des dinglichen Arrests (§ 324 AO). Die Vollziehung der Arrestanordnung kann mit Genehmigung der Vollstreckungsbehörde auch in anderer Weise als durch Hinterlegung von Geld, z.B. durch Sicherheitsleistung (vgl. §§ 241 ff. AO), abgewendet werden. Kommt das Finanzamt zu der Auffassung, dass kein Arrestgrund vorliegt, ist das Ersuchen mit entsprechender Begründung zurückzugeben.

Die Anordnung des dinglichen Arrests obliegt dem Finanzamt, in dessen Bezirk der Vollstreckungsschuldner ansässig ist oder Vermögen besitzt, in das vollstreckt werden soll. Kommen mehrere Finanzämter in Betracht, so ist das zuerst mit der Angelegenheit befasste Finanzamt zuständig. Die – erst nach Eingang eines Vollstreckungsersuchens zulässige – Zahlungsaufforderung (Tz. 3.2.2) und die Mitteilung der Verwertungsabsicht (§ 327 AO) obliegen dem für die Arrestvollziehung zuständigen Finanzamt.

Die Tzn. 3.2.1, 3.2.3, 3.2.4, 3.2.5, 3.2.6, 3.2.9 und 3.2.10 gelten sinngemäß.

3.4 Ersuchen um Auskunft

Nach § 3 Abs. 1 EG-BeitrG kann zur Vorbereitung der Vollstreckung um Ermittlung der Einkommens- und Vermögensverhältnisse des Vollstreckungsschuldners ersucht werden. Auskunftsersuchen sind aber auch in anderen Fällen möglich. Es genügt, die Auskunft auf die Aktenlage zu beschränken. Eine Auskunft kann verweigert werden, wenn durch die Erteilung der Auskunft die Sicherheit oder die öffentliche Ordnung verletzt sein könnte oder ein Handels-, Gewerbe- oder Berufsgeheimnis preisgegeben würde (§ 3 Abs. 2 EG-BeitrG). Der Vollstreckungsschuldner ist ggf. anzuhören (§ 117 Abs. 4 AO).

Über die Erledigung ist spätestens nach 3 Monaten zu berichten.

3.5 Zustellungsersuchen

Auf Antrag der ersuchenden Behörde veranlasst die Vollstreckungsbehörde die Zustellung aller mit einer Forderung oder mit deren Vollstreckung zusammenhängenden Verfügungen und Entscheidungen, die von dem Staat ausgehen, in dem die ersuchende Behörde ihren Sitz hat (§ 3 Abs. 3 EG-BeitrG). Die Zustellung richtet sich nach den Vorschriften des Verwaltungszustellungsgesetzes.

3.6 Änderung der örtlichen Zuständigkeit

Ändert sich die örtliche Zuständigkeit, ist bei einer Wohnsitzverlegung des Vollstreckungsschuldners innerhalb des Landes das Ersuchen an das nunmehr örtlich zuständige Finanzamt weiterzuleiten und die Oberfinanzdirektion hiervon in Kenntnis zu setzen. Verlegt der Vollstreckungsschuldner seinen Wohnsitz in ein anderes Bundesland, erfolgt die Weiterleitung über die zuständigen Oberfinanzdirektionen.

Ersuchen der österreichischen Finanzverwaltung sind von dem ersuchten Finanzamt bei einem Wechsel der örtlichen Zuständigkeit direkt an das nunmehr zuständige deutsche Finanzamt weiterzuleiten. Die ersuchende Finanzbehörde ist hiervon unverzüglich unmittelbar zu benachrichtigen. Die bisher zuständige Oberfinanzdirektion ist ebenfalls zu unterrichten.

4 Besonderheiten zu einzelnen Vertragsstaaten

4.1 Dänemark

Ersuchen, die sich auf die Umsatzsteuer beziehen, sollen auf die EG-BeitrRL gestützt werden. Umsatzsteuer und direkte Steuern können demzufolge auch nicht in einem Ersuchen zusammengefasst werden. Für die Amtshilfe bei der Umsatzsteuer ist zudem eine andere Behörde zuständig.

Ersuchen nach Dänemark können auch Kirchensteuerbeträge enthalten.

4.2 Finnland

Bei Ersuchen für den DBA-Bereich sind die Verjährungsdaten für jede Steuer bzw. jeden Teilsteuerbetrag anzugeben.

4.3 Griechenland

Wegen des andersartigen Aufbaus des griechischen Melderegisters haben Vollstreckungsersuchen dann größere Aussichten auf Erfolg, wenn sie zusätzlich – soweit bekannt – den Namen des Vaters des Vollstreckungsschuldners enthalten.

Die Beschlagnahme und Pfändung von Bankguthaben sind in Griechenland unzulässig. Sicherungsersuchen sind daher nur bei anderen bekannten Vermögenswerten sinnvoll.

4.4 Großbritannien

Den Ersuchen sind stets (in zweifacher Ausfertigung) beglaubigte Ablichtungen der zugrunde liegenden Steuer- oder Haftungsbescheide sowie eine formlose Abrechnung der Finanzkasse beizufügen. Als Abrechnung der Finanzkasse genügen maschinell erstellte Kontoauszüge nicht.

Es können nur bestehende, keine zukünftigen Forderungen gepfändet werden.

Die EG-BeitrRL ist nicht für die Isle of Man, Gibraltar sowie die Kanalinseln anwendbar. Sicherungsersuchen nach Großbritannien sind nicht zulässig.

4.5 Irland

Den Ersuchen sind stets (in zweifacher Ausfertigung) beglaubigte Ablichtungen der zugrunde liegenden Steuer- oder Haftungsbescheide sowie eine formlose Abrechnung der Finanzkasse beizufügen. Als Abrechnung der Finanzkasse genügen maschinell erstellte Kontoauszüge nicht.

Sicherungsersuchen nach Irland sind nicht zulässig.

4.6 Italien

Das Amts- und Rechtshilfeabkommen mit Italien findet keine Anwendung auf Ersuchen zur Vollziehung des dinglichen Arrests.

4.7 Luxemburg

Das DBA mit Luxemburg gilt nicht für Holdinggesellschaften.

Sicherungsmaßnahmen werden nur für Ersuchen aufgrund der EG-BeitrRL durchgeführt.

Soll eine Kontopfändung durchgeführt werden, müssen Beweise vorgelegt werden, die den Vollstreckungsschuldner als Kontoinhaber ausweisen.

Bei Ersuchen für den DBA-Bereich ist das Verjährungsdatum des jeweiligen Forderungsbetrages mitzuteilen.

4.8 Niederlande

Mit dem Königreich der Niederlande besteht noch keine umfassende Amtshilfe bei der Erhebung der Lohn- und Einkommensteuer. Eine Ausnahme gilt lediglich im Grenzgängerbereich gemäß Artikel 2 des Zusatzprotokolls vom 13. März 1980 zum DBA mit den Niederlanden. Vollstreckungsersuchen müssen daher den Hinweis enthalten, dass es sich um einen Fall des Grenzgängerbereichs handelt.

Betrifft ein Ersuchen eine Haftungsschuld, ist eine beglaubigte Abschrift des Haftungsbescheides beizufügen.

4.9 Norwegen

Bei Ersuchen für den DBA-Bereich sind die Verjährungsdaten für jede Steuer bzw. jeden Teilsteuerbetrag anzugeben.

4.10 Österreich

Ersuchen, die die Umsatzsteuer betreffen, sollen grundsätzlich auf das Rechtshilfeabkommen gestützt werden.

Gemäß Artikel 12 des Rechtshilfeabkommens ist vereinbart, dass aufgrund von vollstreckbaren, jedoch noch nicht unanfechtbaren Verfügungen (einschließlich der Sicherstellungs- bzw. Arrestanordnungen) um Vornahme von Sicherungsmaßnahmen ersucht werden kann. Bei vorliegender Sicherstellungsanordnung bedarf es keiner weiteren Arrestanordnung durch das ersuchte Amt.

Das Rechtshilfeabkommen bezieht sich nicht auf Geldstrafen mit Strafcharakter. Erstreckt sich ein Vollstreckungsersuchen auf Geldstrafen, ist ggf. die zuständige Behörde um Erläuterung des Anspruchs zu bitten.

4.11 Schweden

Nach Artikel 33 Abs. 1 des DBA mit Schweden müssen die Ersuchen immer Angaben über die Verjährungsfristen enthalten.

4.12 Spanien

Nach spanischem Recht sind Sicherungsmaßnahmen nur für die Dauer von eineinhalb Monaten zulässig.

4.13 USA

Das DBA mit den USA gilt nur bei abkommenswidriger Inanspruchnahme von DBA-Vergünstigungen (Artikel 26 Abs. 2 DBA 1989).

Dieses Schreiben wird in die AO-Kartei zu § 117 AO aufgenommen. Es ersetzt das Merkblatt zur zwischenstaatlichen Amtshilfe bei der Steuererhebung (Beitreibung) vom 14. April 1987 – IV C 5 – S 1320 – 8/87 – (BStBl I S. 402).

VII. Erlass betr. Auskünfte deutscher Finanzbehörden ohne Ersuchen im Rechts- und Amtshilfeverkehr mit ausländischen Staaten (Spontanauskünfte)

11 (Senator für Finanzen Bremen, Erlass v. 21.3.2000 – S 1320 – 121.)

Das Bundesministerium der Finanzen hat mit Schreiben vom 3.2.1999 – IV B 4 – S 1320 – 3/99 – die Grundsätze dargestellt, die für die Amtshilfe gelten, die in- und ausländische Finanzbehörden einander zur Festsetzung ihrer Steuern durch Auskunftsaustausch leisten.

Teil dieses Amtshilfeverkehrs sind Auskünfte ohne Ersuchen. Bei der Erteilung dieser so genannten Spontanauskünfte wird gebeten, folgendes zu beachten:

I. Ermessensausübung

Die Auskunftserteilung ist grundsätzlich eine Ermessensentscheidung. Sie liegt aber im überwiegend öffentlichen Allgemeininteresse, wenn die Bundesrepublik Deutschland in einem DBA auf die Besteuerung von Einkünften zugunsten eines anderen Staates verzichtet. Der deutsche Steuerverzicht beruht auf der Erwartung der Besteuerung im anderen Staat, so dass in solchen Fällen stets eine Spontanauskunft zu erteilen ist, soweit dies grundsätzlich zulässig ist (Hinweis auf Abschn. II. dieses Erlasses).

II. Voraussetzungen, Empfängerstaaten

1. Spontanauskünfte können erteilt werden, wenn Finanzbehörden Feststellungen treffen, deren tatsächliche Anhaltspunkte die Vermutung rechtfertigen, dass
   a) Steuern im anderen Staat verkürzt worden sind oder werden könnten;
   b) zum Zwecke der Steuerumgehung Geschäftsbeziehungen über dritte Staaten geleitet worden sind;
   c) insgesamt eine niedrigere Steuerbelastung dadurch eintreten kann, dass Gewinne zwischen nahe stehenden Personen nicht wie zwischen nicht nahe stehenden Personen abgegrenzt werden;
   d) ein Sachverhalt, aufgrund dessen eine Steuerermäßigung oder eine Steuerbefreiung gewährt worden ist, für den Steuerpflichtigen zu einer Besteuerung oder Steuererhöhung im anderen Staat führen könnte;
   e) ein im Zusammenhang mit der Auskunftserteilung eines anderen Staates ermittelter Sachverhalt für die zutreffende Festsetzung der Steuern in diesem Staat erheblich ist.

   Die Auskünfte sollen sich auf steuerlich bedeutsame Fälle beschränkten (z.B. hohe Zahlungsbeträge oder Verdacht einer Steuerstraftat oder -ordnungswidrigkeit). Die Übersendung einer Spontanauskunft ist nicht grundsätzlich vom Überschreiten bestimmter Betragsgrenzen abhängig. In Fällen der Auskunftserteilung über freigestellten Arbeitslohn sind aber die Grenzen des BMF-Schreibens vom 3.6.1996, BStBl I 1996, 644, zu berücksichtigen.

   Danach ist eine Mitteilung für die ausländische Steuerverwaltung nur zu fertigen, wenn der auf die Zeit der Entsendung entfallende Arbeitslohn 20.000 DM übersteigt.
2. Unter diesen Voraussetzunge können Spontanauskünfte erteilt werden gegenüber den Mitgliedstaaten der EU und den Nicht-EU-Staaten, mit denen eine große Auskunftsklausel vereinbart worden ist. Hierbei handelt es sich um Australien, Island, Kanada, Liberia, Neuseeland, Norwegen, die Russische Föderation, die Türkei und die USA.

   Außerdem sind Spontanauskünfte zulässig gegenüber Staaten, mit denen eine kleine Auskunftsklausel vereinbart worden ist, soweit diese Auskünfte der Durchführung der

DBA dienen, wie z.B. in den Fällen, der Freistellung des Arbeitslohns vom Steuerabzug aufgrund eines DBA. Dies gilt für alle oben nicht genannten Staaten, mit denen eine große Auskunftsklausel vereinbart worden ist. Hierbei handelt es sich um Australien, Island, Kanada, Liberia, Neuseeland, Norwegen, die Russische Föderation, die Türkei und die USA.

Außerdem sind Spontanauskünfte zulässig gegenüber Staaten, mit denen eine kleine Auskunftsklausel vereinbart worden ist, soweit diese Auskünfte der Durchführung des DBA dienen, wie z.B. in den Fällen der Freistellung des Arbeitslohns vom Steuerabzug aufgrund eines DBA. Dies gilt für alle oben nicht genannten Staaten, mit denen Deutschland ein DBA abgeschlossen hat.

III. Rechtliches Gehör

Bei der Übermittlung von Spontanauskünften hat eine Anhörung des inländischen Beteiligten stets stattzufinden, wenn nicht eine der Ausnahmen nach § 91 Abs. 2 oder 3 AO (z.B. bei Gefahr in Verzug oder wenn der Anhörung ein zwingendes öffentliches Interesse entgegensteht) vorliegt.

Eine Anhörung entfällt insbesondere:

- bei Beschaffung von allgemein zugänglichem Material und dessen Weiterleitung an ausländische Finanzbehörden;
- bei Weitergabe von Informationen, die auf tatsächlichen Angaben eines Steuerpflichtigen beruhen, die dieser in einem Antrag oder einer Erklärung gemacht hat; dies jedoch bei unbeschränkt Steuerpflichtigen nur insoweit, als es sich um die Freistellung von Arbeitslohn aufgrund eines DBA handelt.

Die Anhörung kann schriftlich oder mündlich erfolgen. Bei mündlicher Anhörung sind die Anhörung und die Stellungnahme des Beteiligten aktenkundig zu machen. Für eine schriftliche Anhörung kann die Anlage 7 (Anhörung § 117 AO [10/98]) des BMF-Schreibens vom 3.2.1999 benutzt werden.

IV. Verfahren bei Einwendungen der Steuerpflichtigen gegen die Erteilung einer Spontanauskunft

Einwendungen gegen die Erteilung einer Spontanauskunft können der örtlich zuständigen Finanzbehörde vorgetragen werden. Hält diese die Einwendungen für begründet, so kann sie von der Weiterleitung der Auskunft absehen. Ansonsten ist die Stellungnahme des inländischen Beteiligten der Spontanauskunft beizufügen.

Über die eventuelle Einlegung von Rechtsmitteln ist umgehend zu berichten.

V. Zuständigkeiten

Der Verkehr mit den ausländischen Finanzbehörden ist für die folgenden Staaten auf das Bundesamt für Finanzen übertragen:

- Mitgliedstaaten der EU,
- Australien,
- Island,
- Kanada,
- Neuseeland,
- Norwegen
- USA.

Mit Österreich ist der unmittelbare Verkehr zwischen dem Senator für Finanzen (in den anderen Bundesländern den Oberfinanzdirektionen) und den österreichischen Finanzlandesdirektionen zulässig.

Für alle nicht genannten Staaten obliegt der Verkehr mit den ausländischen Finanzbehörden dem Bundesministerium der Finanzen.

VI. Form der Spontanauskünfte

Spontanauskünfte sind grundsätzlich (zu Einkünften aus nichtselbstständiger Arbeit siehe unten) unter Verwendung des Musters der Anlage 5 (Mitteilung 10/98) des o.g. BMF-Schreibens zu erteilen. Dabei ist der der Auskunft zugrunde liegende und für eine sachgerechte Information erforderliche, vollständige Sachverhalt gestrafft und unter Vermeidung von materiell-rechtlichen oder steuersystematischen Fachbegriffen in möglichst leicht verständlicher Form in den Vordruck aufzunehmen.

Es wird gebeten zu beachten, dass die Auskünfte vollständig und unter Angabe der Rechtsgrundlage, die die Zulässigkeit der Amtshilfe genau bezeichnen (z.B. Art. XIX Abs. 1 DBA Großbritannien, § 2 Abs. 2 Nr. 1 EG-Amtshilfe-Gesetz), übersandt werden. Auch bei für Österreich bestimmten Spontanauskünften, die vom Senator für Finanzen unmittelbar an die dortigen Steuerbehörden weitergeleitet werden, ist das Muster nach Anlage 1 zu verwenden.

Für Spontanauskünfte über Vergütungen aus nichtselbstständiger Arbeit ist das Muster nach Anlage 4 zu benutzen.

Der Spontanauskunft vorzuheften ist der Vorlagebericht nach dem Muster der Anlage 6 des genannten BMF-Schreibens (Übersendung einer Mitteilung [5/98]). Dieser Vorlagebericht ist nicht Bestandteil der Spontanauskunft, es sind daher sowohl der Bericht als auch die Auskunft zu unterschreiben. Ferner ist stets auf die Anhörung des Steuerpflichtigen einzugehen (zum rechtlichen Gehör Hinweis auf Abschn. III. dieses Erlasses).

Spontanauskünfte sind dem Senator für Finanzen unabhängig vom weiteren Dienstweg in dreifacher Ausfertigung vorzulegen.

Die Verfügung der Oberfinanzdirektion Bremen vom 22.2.1995 – S 1320 – St 2210 – wird hiermit aufgehoben.

VIII. Erlass betr. Anrechnung ausländischer Nachlasssteuer

12 (Erlass FinM Nordrhein-Westfalen S 3831 – 2 – V A 2 – vom 25. Januar 1991).

Wird eine ausländische Erbschaftsteuer als Nachlasssteuer erhoben, so ist nach dem BFH-Urteil vom 6.3.1990 – II R 32/86 – (BStBl II, 786) als die auf den Erwerber anfallende ausländische Steuer i.S. des § 21 Abs. 1 ErbStG diejenige Steuer anzusehen, die anteilig auf die von ihm als Nachlassbegünstigten (Erbbegünstigten) erworbene Rechtsposition entfällt. Es reicht nach Auffassung des Bundesfinanzhofes aus, dass diese Nachlasssteuer den Nachlass als solchen und damit alle Nachlassteile (gleichmäßig) belastet. Eine unmittelbare wirtschaftliche Belastung des Erwerbers ist für eine Anrechnung nicht erforderlich.

Diese Grundsätze gelten auch dann, wenn ein Pflichtteil von dem um die ausländische Nachlasssteuer verminderten Nachlasswert berechnet worden ist, oder ein Vermächtnis nach dem Testament des Erblassers nicht um die anteilige ausländische Nachlasssteuer gekürzt werden darf. Die anteilige ausländische Nachlasssteuer ist dann allerdings nach § 10 Abs. 2 ErbStG dem Erwerb des Pflichtteilsberechtigten oder des Vermächtnisnehmers hinzuzurechnen.

Dieser Erlass ergeht im Einvernehmen mit den obersten Finanzbehörden der anderen Länder und ist auf alle noch nicht bestandskräftig abgeschlossenen Fällen anzuwenden.

Die entgegenstehende Weisung in meinem Erlass vom 11.2.1977 – S 3802 – 5 – V A 2 – wir hiermit aufgehoben.

IX. Verordnung des öst. BMF betr. inländische Zweitwohnsitze

(VO des öst. BMF-Schreiben veröffentlicht im newsletter des öst. BMF v. 20.11.2003; abrufbar unter www.bmf.gv.at/steuern/Einkommensteuer/Verordnungen/Zweitws vo.pdf.) 13

Auf Grund des § 1 des Einkommensteuergesetzes 1988 wird verordnet:

§ 1. (1) Bei Abgabepflichtigen, deren Mittelpunkt der Lebensinteressen sich länger als 5 Kalenderjahre im Ausland befindet, begründet eine inländische Wohnung nur in jenen Jahren einen Wohnsitz im Sinn des § 1 des Einkommensteuergesetzes 1988, in denen diese Wohnung allein oder gemeinsam mit anderen inländischen Wohnungen an mehr als 70 Tagen benutzt wird.

(2) Absatz 1 ist nur anzuwenden, wenn ein Verzeichnis geführt wird, aus dem die Tage der inländischen Wohnungsbenutzung ersichtlich sind.

§ 2. Die Wirkungen des § 1 treten bei Auswärtsverlagerungen des Mittelpunktes der Lebensinteressen erstmals im folgenden Kalenderjahr und bei Einwärtsverlagerungen letztmals im vorhergehenden Kalenderjahr ein.

§ 3. Eine Benutzung des inländischen Wohnsitzes des unbeschränkt steuerpflichtigen (Ehe-) Partners, von dem der Abgabepflichtige nicht dauernd getrennt lebt, begründet einen zur unbeschränkten Steuerpflicht führenden Wohnsitz für den Abgabepflichtigen.

§ 4. Die Verordnung ist ab 1. Jänner 2004 anzuwenden.

X. BMF-Schreiben zur Mitteilungspflicht bei grenzüberschreitenden Steuergestaltungen vom 29.3.2021 – Auszug

14 (BMF-Schreiben v. 29.3.2021, IV A 3 – S 0304/19/10006 :010)
– Auszug –

Bundesministerium der Finanzen

POSTANSCHRIFT Bundesministerium der Finanzen, 11016 Berlin

Nur per E-Mail

Oberste Finanzbehörden
der Länder

Bundeszentralamt für Steuern

HAUSANSCHRIFT

TEL

FAX

E-MAIL

DATUM 29. März 2021

BETREFF **Anwendung der Vorschriften über die Pflicht zur Mitteilung grenzüberschreitender Steuergestaltungen**

ANLAGEN 1 Anlage

GZ **IV A 3 - S 0304/19/10006 :010**
IV B 1 - S 1317/19/10058 :011

DOK **2021/0289747**
(bei Antwort bitte GZ und DOK angeben)

Durch das Gesetz zur Einführung einer Pflicht zur Mitteilung grenzüberschreitender Steuergestaltungen vom 21. Dezember 2019 (BGBl. I S. 2875) wurde die Richtlinie (EU) 2018/822 vom 25. Mai 2018, ABl. L 139 vom 5. Juni 2018 S. 1, zur Änderung der EU-Amtshilferichtlinie in nationales Recht umgesetzt.

Für die Anwendung der mit diesem Gesetz eingeführten und geänderten Vorschriften gilt im Einvernehmen mit den obersten Finanzbehörden der Länder Folgendes:

Seite 2

Inhaltsverzeichnis

Seite 4

Seite 5

Seite 6

Seite 7

I. Sachlicher und persönlicher Anwendungsbereich der Mitteilungspflicht

1. Allgemeines

1 Die Richtlinie (EU) 2018/822 sieht vor, dass die Mitgliedstaaten der Europäischen Union (EU-Mitgliedstaaten) bis zum 31. Dezember 2019 eine Pflicht zur Mitteilung grenzüberschreitender Steuergestaltungen sowie einen diesbezüglichen zwischenstaatlichen Informationsaustausch einführen müssen. Die Richtlinie (EU) 2018/822 ist ab dem 1. Juli 2020 anzuwenden. Danach sind auch solche Fälle mitzuteilen, bei denen der erste Schritt der Umsetzung nach dem 24. Juni 2018 erfolgt ist.

2 Deutschland hat zu diesem Zweck mit dem Gesetz zur Einführung einer Pflicht zur Mitteilung grenzüberschreitender Steuergestaltungen vom 21. Dezember 2019, BGBl. I S. 2875, die Abgabenordnung (AO), das Einführungsgesetz zur Abgabenordnung (EGAO), das EU-Amtshilfegesetz (EUAHiG) und das Finanzverwaltungsgesetz (FVG) mit Wirkung ab dem 1. Januar 2020 ergänzt und geändert.

3 Ziel der Richtlinie (EU) 2018/822 und der sie umsetzenden nationalen Rechtsvorschriften ist zum einen, die nationalen Gesetzgeber in die Lage zu versetzen, im Interesse einer gerechten Besteuerung im Binnenmarkt auf unerwünschte Steuergestaltungen früher als bisher reagieren zu können (rechtspolitische Auswertung). Zum anderen sollen die Finanzverwaltungen der EU-Mitgliedstaaten die mit den Mitteilungen erlangten Informationen im Veranlagungsverfahren der Nutzer grenzüberschreitender Steuergestaltungen verwenden können, sei es durch allgemeine Verwaltungsanweisungen oder durch individuelle Ermittlungsmaßnahmen bei den Nutzern (veranlagungsunterstützende Auswertung).

4 Auf das mit der Entgegennahme und Auswertung der Mitteilungen über grenzüberschreitende Steuergestaltungen verbundene Verwaltungsverfahren sind ungeachtet der vorgenannten dualen Zweckbestimmung einheitlich die Vorschriften der AO, insbesondere die §§ 2a, 29b, 29c, 30, 87b, 87d, 93 und 97 AO, unmittelbar anwendbar (vgl. § 138j Abs. 5 AO).

5 Bei Streitigkeiten über Verwaltungsakte, die die §§ 138d bis 138k AO umsetzen, ist nach § 347 Abs. 1 Nr. 1 und Abs. 2 AO der Einspruch statthaft und nach § 33 Abs. 1 Nr. 1 und Abs. 2 FGO der Finanzrechtsweg gegeben.

Seite 8

2. Sachliche Voraussetzungen der Mitteilungspflicht (§ 138d AO)

2.1 Überblick

6 Bei der Prüfung, ob eine Mitteilungspflicht nach den §§ 138d - 138k AO besteht, ist folgendermaßen vorzugehen:

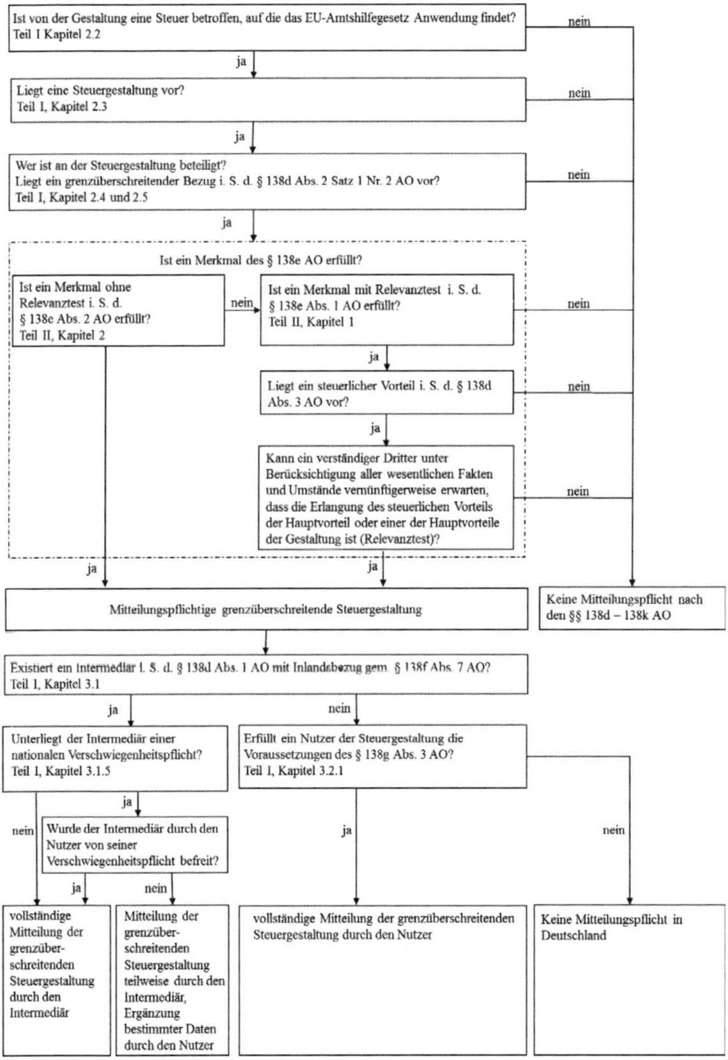

Seite 9

2.2 Steuern, auf die das EU-Amtshilfegesetz Anwendung findet

7 Die §§ 138d -138k AO sowie die Regelungen des EUAHiG sind auf alle Steuern anzuwenden, die von einem oder für einen EU-Mitgliedstaat bzw. von oder für gebiets- oder verwaltungsmäßige Gliederungseinheiten eines EU-Mitgliedstaats, einschließlich der lokalen Behörden, erhoben werden. Die Kirchensteuer fällt auch im Falle einer Verwaltung durch die staatlichen Behörden nicht unter diese Regelungen. Die Regelungen gelten daneben entsprechend § 1 Abs. 2 EUAHiG nicht für

- die Umsatzsteuer, einschließlich der Einfuhrumsatzsteuer,
- Zölle,
- harmonisierte Verbrauchsteuern, sofern diese in Art. 1 Abs. 1 der Richtlinie 2008/118/EG des Rates vom 16. Dezember 2008 über das allgemeine Verbrauchsteuersystem und zur Aufhebung der Richtlinie 92/12/EWG (ABl. L 9 vom 14.1.2009, S. 12), die zuletzt durch die Richtlinie 2010/12/EU (ABl. L 50 vom 27.2.2010, S. 1) geändert worden ist, in der jeweils geltenden Fassung genannt werden,
- Beiträge und Umlagen sowie damit verbundene Abgaben und Gebühren nach dem Sozialgesetzbuch, den in § 68 des Ersten Buches Sozialgesetzbuch (SGB I) genannten Gesetzen, dem Aufwendungsausgleichsgesetz und
- Gebühren.

8 In den Anwendungsbereich der §§ 138d – 138k AO sowie des EUAHiG fallen damit insbesondere die

- Einkommensteuer,
- Körperschaftsteuer,
- Gewerbesteuer,
- Grunderwerbsteuer,
- Kraftfahrzeugsteuer,
- Versicherungsteuer,
- Grundsteuer,
- Erbschaft- und Schenkungsteuer,
- Luftverkehrsteuer und
- nicht-harmonisierten Verbrauchsteuern (z. B. Kaffeesteuer).

Erfasst sind auch Steuern anderer Mitgliedstaaten, die in den Anwendungsbereich der EU-Amtshilferichtlinie fallen.

2.3 Steuergestaltung

9 Bei einer Steuergestaltung handelt es sich um einen bewussten, das (reale und/oder rechtliche) Geschehen mit steuerlicher Bedeutung verändernden Schaffensprozess durch Transaktionen, Regelungen, Handlungen, Vorgänge, Vereinbarungen, Zusagen, Verpflichtungen oder ähnliche Ereignisse. Durch den Nutzer oder für den Nutzer wird dabei eine bestimmte Struktur, ein bestimmter Prozess oder eine bestimmte Situation bewusst und aktiv herbeigeführt

Seite 10

oder verändert. Diese Struktur, dieser Prozess oder diese Situation bekommt dadurch eine steuerrechtliche Bedeutung, die ansonsten nicht eintreten würde. Eine Steuergestaltung liegt nicht vor, wenn ein Steuerpflichtiger lediglich den Ablauf einer gesetzlichen Frist oder eines gesetzlichen Zeitraums abwartet, nach welchem er eine Transaktion steuerfrei oder nicht steuerbar realisieren kann. Unerheblich ist, ob die Gestaltung modellhaft angelegt ist.

10 Beispiele für Gestaltungen mit steuerlicher Bedeutung, die nur unter Berücksichtigung der weiteren Tatbestandsvoraussetzungen des § 138d AO eine Mitteilungspflicht auslösen:

- die Schaffung, die Zuordnung, der Erwerb oder die Übertragung von Einkünften oder deren Quellen auf einen anderen Rechtsträger;
- die Gründung oder der Erwerb einer die Einkünfte erzielenden juristischen Person;
- Anpassung vertraglicher Konditionen nicht ausschließlich unter Fremdvergleichsgrundsätzen.

Beispiel:
Im Jahr 2019 wurde zwischen der deutschen Muttergesellschaft und ihrer ausländischen Tochtergesellschaft (100 Prozent-Beteiligung) ein Darlehensvertrag mit einer fremdüblichen Zinsvereinbarung mit einem Zinssatz von 3 Prozent geschlossen. Aufgrund der allgemeinen Zinsentwicklung wird im Jahr 2022 der Zinssatz angepasst und auf 1 Prozent gemindert. Dieser Zinssatz ist auch als fremdüblich anzusehen.

Die allein durch den Fremdvergleichsgrundsatz gebotene Anpassung der Darlehenskonditionen stellt keine Steuergestaltung dar.

2.4 Beteiligte der Steuergestaltung

11 Als Beteiligte der Steuergestaltung kommen in Betracht: der Nutzer (vgl. Teil I, Kapitel 2.4.1), andere Beteiligte (vgl. Teil I, Kapitel 2.4.2) sowie ggf. der Intermediär (vgl. Teil I, Kapitel 2.4.3).

2.4.1 Nutzer i. S. d. § 138d Abs. 5 AO

12 Statt des in Art. 3 Nr. 22 der durch die Richtlinie (EU) 2018/822 geänderten EU-Amtshilferichtlinie (EU-Amtshilferichtlinie) verwendeten Begriffs des relevanten Steuerpflichtigen wird in § 138d Abs. 5 AO der inhaltlich identische Begriff des Nutzers verwendet.

13 Nutzer einer grenzüberschreitenden Steuergestaltung kann nach § 138d Abs. 5 AO jede natürliche oder juristische Person, Personengesellschaft, Gemeinschaft oder Vermögensmasse sein. Die Voraussetzungen des § 138d Abs. 5 AO liegen vor, wenn bei ihm mindestens eine der nachfolgenden Voraussetzungen im Hinblick auf eine mitteilungspflichtige grenzüberschrei-

Seite 11

tende Steuergestaltung erfüllt ist. In Anlehnung an den in der EU-Amtshilferichtlinie verwendeten Begriff des sog. relevanten Steuerpflichtigen ist der Nutzer zudem regelmäßig die steuerpflichtige Person, auf deren Besteuerung sich die Steuergestaltung auswirken soll.

2.4.1.1 Bereitstellung zur Umsetzung (§ 138d Abs. 5 Nr. 1 AO)

14 Eine grenzüberschreitende Steuergestaltung wird einem Nutzer zur Umsetzung bereitgestellt, wenn dem Nutzer alle erforderlichen Unterlagen und Informationen vorgelegt werden, die er benötigt, um die grenzüberschreitende Steuergestaltung zu verwirklichen. Es muss eine erkennbare Absicht des Nutzers bestehen, die ihm individuell dargelegte grenzüberschreitende Steuergestaltung umsetzen zu wollen. Eine solche Absicht kann insbesondere unterstellt werden, sobald die den Einzelfall betreffenden vertraglichen Unterlagen an den Nutzer überreicht oder anderweitig zur Verfügung gestellt wurden. Spätestens zu diesem Zeitpunkt obliegt die alleinige Entscheidungsgewalt über die Verwendung dieser grenzüberschreitenden Steuergestaltung dem Nutzer. Unverbindliche und reine Werbemaßnahmen, mit denen ein Intermediär auf eine Beauftragung abzielt, fallen nicht unter den Anwendungsbereich dieses Ereignisses.

> Beispiel:
> Steuerberater S präsentiert seiner Mandantin T im Beratungsgespräch verschiedene steuerliche Handlungsoptionen, die jeweils als grenzüberschreitende Steuergestaltungen anzusehen und mitteilungspflichtig wären.
>
> Allein durch die Darlegung von Handlungsoptionen oder Gestaltungsmöglichkeiten ist eine Steuergestaltung noch nicht zur Umsetzung bereitgestellt. T wäre in diesem Fall nur als Nutzerin im Sinne des § 138d Abs. 5 Nr. 1 AO anzusehen, wenn nur die Informationen in dem Beratungsgespräch mit S sie in die Lage versetzen würden, eine der dargestellten Handlungsoptionen unmittelbar umzusetzen. Dies wäre der Fall, wenn die Umsetzung der Gestaltung nach dem Gespräch mit S ausschließlich von ihrer Entscheidung abhinge.

15 Es kommt nicht darauf an, ob der Nutzer die grenzüberschreitende Steuergestaltung tatsächlich umsetzt.

2.4.1.2 Bereitschaft zur Umsetzung (§ 138d Abs. 5 Nr. 2 AO)

16 Die Bereitschaft zur Umsetzung einer grenzüberschreitenden Steuergestaltung ist gegeben, sobald die tatsächliche Umsetzung der Steuergestaltung nur noch von der abschließenden Entscheidung des Nutzers abhängig ist. § 138d Abs. 5 Nr. 2 AO kommt insbesondere zur Anwendung, wenn die Steuergestaltung vom Nutzer selbst, also ohne Beteiligung eines Intermediärs, konzipiert worden ist (Inhouse-Gestaltung) und damit keine Unterlagen zur Umsetzung bereitgestellt werden müssen. In Unternehmen ist hierbei auf die für die Entscheidung über die Implementierung der Steuergestaltung zuständigen Personen abzustellen.

Seite 12

2.4.1.3 Verwirklichung des ersten Schritts der Umsetzung (§ 138d Abs. 5 Nr. 3 AO)

17 § 138d Abs. 5 Nr. 3 AO erfasst als Auffangtatbestand Fallgestaltungen, in denen weder § 138d Abs. 5 Nr. 1 AO noch § 138d Abs. 5 Nr. 2 AO erfüllt ist.

18 Dies ist beispielsweise der Fall, wenn ein Vertrag vorliegt, dessen Wirkung von einer Bedingung abhängig gemacht wird (aufschiebende Bedingung i. S. d. § 158 BGB). Eine Person ist in diesem Fall Nutzer i. S. d. § 138d Abs. 5 Nr. 3 AO, sobald sie erste Schritte zur Umsetzung der grenzüberschreitenden Gestaltung vornimmt.

2.4.2 Andere an der Gestaltung Beteiligte

19 Zu den an der Gestaltung Beteiligten i. S. d. § 138d Abs. 2 Satz 1 Nr. 2 Buchst. a) bis d) AO gehören neben dem Nutzer bzw. den Nutzern auch

- die ihnen nahestehenden Personen i. S. d. § 1 Abs. 2 des Außensteuergesetzes (AStG) sowie
- ihre jeweiligen Geschäfts- oder Vertragspartner,

wenn sie in die jeweilige Steuergestaltung aktiv eingebunden sind. Das bedeutet nicht, dass dem anderen an der Gestaltung Beteiligten bekannt sein muss, dass er an einer grenzüberschreitenden Steuergestaltung mitwirkt. Die gesellschaftsrechtliche Zustimmung eines mittelbaren oder unmittelbaren Gesellschafters zur Durchführung einer Steuergestaltung führt isoliert nicht dazu, dass der Gesellschafter in die Gestaltung aktiv eingebunden ist.

Beispiele:

- Käufer oder Verkäufer eines Wirtschaftsguts
- Mieter oder Vermieter eines Wirtschaftsguts
- Leasinggeber oder –nehmer
- Darlehensgeber oder –nehmer

2.4.3 Rolle des Intermediärs

20 Zur Definition des Intermediärs vgl. Teil I, Kapitel 3.1.1.

21 Übt der Intermediär im Zusammenhang mit einer von ihm konzipierten, organisierten, vermarkteten, zur Nutzung bereit gestellten oder verwalteten grenzüberschreitenden Steuergestaltung ausschließlich eine der vorgenannten Tätigkeiten aus, gilt er nach § 138d Abs. 7 AO nicht als an der Gestaltung Beteiligter. Dies hat insbesondere zur Folge, dass keine mitteilungspflichtige grenzüberschreitende Steuergestaltung vorliegt, wenn alle Beteiligten der Steuergestaltung (d. h. ohne den ausschließlich Tätigkeiten i. S. d. § 138d Abs. 1 AO ausübenden reinen Intermediär) in demselben (fremden) Steuerhoheitsgebiet ansässig sind und keine der weiteren Voraussetzungen des § 138d Abs. 2 Satz 1 Nr. 2 Buchst. b) bis e) AO erfüllen und nur der reine Intermediär einen Inlandsbezug i. S. d. § 138f Abs. 7 AO aufweist.

Seite 13

2.4.4 Besonderheiten bei Personengesellschaften und Gemeinschaften

22 Nutzer der grenzüberschreitenden Steuergestaltung i. S. d. § 138d Abs. 5 AO ist grundsätzlich die Personengesellschaft oder Gemeinschaft, bei der sich die grenzüberschreitende Steuergestaltung auswirken soll. Eine steuerliche Auswirkung in diesem Sinn liegt auch vor, wenn sich die grenzüberschreitende Steuergestaltung auf ein Feststellungsverfahren auswirkt. Die Gesellschafter und Gemeinschafter sind unabhängig davon, ob sie aktiv in die jeweilige Gestaltung eingebunden sind, andere an der Gestaltung Beteiligte, wenn ihre steuerliche Behandlung (z. B. durch Ansässigkeit oder Steuerpflicht) für die Steuergestaltung von Bedeutung ist. Sie können ausnahmsweise auch Nutzer der Steuergestaltung sein, wenn sich die grenzüberschreitende Steuergestaltung nicht ausschließlich bei der Personengesellschaft oder Gemeinschaft, sondern darüber hinaus auch unmittelbar beim Gesellschafter oder Gemeinschafter steuerlich auswirken soll und dieser eine der Voraussetzungen des § 138d Abs. 5 AO erfüllt.

2.4.5 Besonderheiten im Konzern

23 Innerhalb einer Konzernstruktur können die rechtlich und steuerrechtlich eigenständigen Unternehmenseinheiten unabhängig voneinander Intermediär (vgl. Teil I, Kapitel 3.1.1), Nutzer (vgl. Teil I, Kapitel 2.4.1) oder anderer an der Gestaltung Beteiligter sein (vgl. Teil I, Kapitel 2.4.2).

24 Hat eine Konzerngesellschaft für andere Konzerngesellschaften Steuergestaltungen konzipiert (oder konzipieren lassen), sie für andere Konzerngesellschaften organisiert, zur Umsetzung an andere Konzerngesellschaften bereitgestellt oder verwaltet sie deren Umsetzung, ist sie Intermediär. Ist die Konzerngesellschaft darüber hinaus in die Gestaltung eingebunden, kann sie unter den weiteren Voraussetzungen des § 138d Abs. 5 AO Nutzerin oder andere an der Gestaltung Beteiligte sein. Die betroffenen Konzerngesellschaften hingegen sind Nutzer, soweit sich die Steuergestaltung bei ihnen steuerlich auswirken soll. Weitere Konzerngesellschaften, die keine Nutzer sind, sind nur dann andere an der Gestaltung Beteiligte, wenn sie in die Steuergestaltung eingebunden sind.

25 Wird die Steuergestaltung einer Konzern(ober)gesellschaft zur Umsetzung bereitgestellt, ist sie zur Umsetzung bereit oder hat sie den ersten Umsetzungsschritt gemacht (vgl. § 138d Abs. 5 AO), ist dies auch den ihr nachgeschalteten Konzerngesellschaften zuzurechnen, wenn sich diese Gestaltung nicht nur bei ihr, sondern auch bei nachgeschalteten Konzerngesellschaften steuerlich auswirken soll; dies gilt nur, wenn die Konzern(ober)gesellschaft mittelbar oder unmittelbar über die Mehrheit der Stimmrechte an den nachgeschalteten Konzerngesellschaften verfügt.

Beispiel 1:
Der M-Konzern besteht aus der in Deutschland ansässigen M-GmbH und deren Tochtergesellschaften TG 1 und TG 2 mit Sitz im Ausland. Die M-GmbH beauftragt

Seite 14

Steuerberater S mit der Konzeption einer Steuergestaltung (deren Mitteilungspflicht sei unterstellt). Der S händigt der Geschäftsführung der M-GmbH alle zur Umsetzung der Steuergestaltung nötigen Unterlagen und Informationen aus. Die Steuergestaltung soll sich bei der M-GmbH und der TG 1 steuerlich auswirken.

Die M-GmbH ist Nutzerin, da ihr die Steuergestaltung durch S zur Umsetzung bereitgestellt wird und die Steuergestaltung sich auf ihre Besteuerung auswirkt. Auch die TG 1 ist Nutzerin der Steuergestaltung i. S. d. § 138d Abs. 5 Nr. 1 AO, weil sich die Steuergestaltung auch bei ihr auswirken soll. Ihr ist die Bereitstellung zur Umsetzung an die M-GmbH unabhängig davon zuzurechnen, ob ihr die Unterlagen von der M-GmbH weitergeleitet wurden. TG 2 ist weder Nutzerin noch andere an der Gestaltung beteiligte Person. Zum maßgeblichen Ereignis vgl. Beispiel Teil III, Kapitel 1.2.2.

2.4.6 Besonderheiten bei Investmentfonds und Spezial-Investmentfonds

26 Nutzer der grenzüberschreitenden Steuergestaltung i. S. d. § 138d Abs. 5 AO ist grundsätzlich der Investmentfonds i. S. d. § 1 Abs. 2 des Investmentsteuergesetzes (InvStG) oder der Spezial-Investmentfonds i. S. d. § 26 InvStG, bei dem sich die grenzüberschreitende Steuergestaltung steuerlich auswirken soll. Wirkt sich die grenzüberschreitende Steuergestaltung beim Investmentfonds oder Spezial-Investmentfonds nicht aus, ist er gleichwohl Nutzer, wenn sich die dem Investmentfonds zur Umsetzung bereitgestellte oder durch ihn umgesetzte grenzüberschreitenden Steuergestaltung ausschließlich auf der Ebene des Anlegers steuerlich auswirken soll.

27 Bei einem Spezial-Investmentfonds ist auch der Anleger, bei dem sich die grenzüberschreitende Steuergestaltung steuerlich auswirken soll, Nutzer i. S. d. § 138d Abs. 5 AO.

28 Wird ein Investmentfonds im Rahmen einer grenzüberschreitenden Steuergestaltung durch den Anleger zur Erzielung einer steuerlichen Auswirkung eingesetzt, ist der Anleger, der eine der in § 138d Abs. 5 Nr. 1 bis 3 AO genannten Voraussetzungen erfüllt, Nutzer. Der von der Steuergestaltung betroffene Investmentfonds ist in diesen Fällen unabhängig davon, ob er selbst an der Steuergestaltung mitwirkt oder ihm seine Mitwirkung an der grenzüberschreitenden Steuergestaltung bekannt ist, anderer an der Gestaltung Beteiligter.

29 Eine Kapitalverwaltungsgesellschaft oder eine sonstige Verwaltungsgesellschaft i. S. d. § 1 Abs. 14 des Kapitalanlagegesetzbuches (KAGB), die eine Steuergestaltung vermarktet, sie für einen Investmentfonds oder für einen Spezial-Investmentfonds und dessen Anleger konzipiert, zur Nutzung bereitstellt oder die Umsetzung der grenzüberschreitenden Steuergestaltung verwaltet, ist der Intermediär.

30 Eine intern verwaltete Investmentgesellschaft, die eine Steuergestaltung für sich konzipiert, ist Nutzer. Soweit die intern verwaltete Investmentgesellschaft i. S. d. § 1 Abs. 12 KAGB eine

Seite 15

Steuergestaltung konzipiert, vermarktet oder sie zur Nutzung bereitstellt, bei der sich die steuerlichen Auswirkungen auf der Anlegerebene ergeben, so ist sie (ggf. zusätzlich) Intermediär.

Beispiel 1:
Einem Spezial-Investmentfonds wird eine Steuergestaltung von einem Steuerberater bzw. einer Kapitalverwaltungsgesellschaft zur Nutzung bereitgestellt.

Beim Steuerberater bzw. bei der Kapitalverwaltungsgesellschaft handelt es sich um den Intermediär. Der Spezial-Investmentfonds ist Nutzer i. S. d. § 138d AO, unabhängig davon, ob sich die Steuergestaltung steuerlich bei ihm auswirken soll. Der Anleger ist nur dann Nutzer, wenn sich bei ihm eine steuerliche Auswirkung ergeben soll.

Abwandlung Beispiel 1:
Es handelt sich um einen Investmentfonds.

Beim Steuerberater bzw. bei der Kapitalverwaltungsgesellschaft handelt es sich um den Intermediär. Der Investmentfonds ist Nutzer i. S. d. § 138d AO, unabhängig davon, ob sich die Steuergestaltung steuerlich bei ihm auswirken soll. Der Anleger des Investmentfonds ist auch dann kein Nutzer, wenn sich die Steuergestaltung steuerlich bei ihm auswirken soll.

Beispiel 2:
Ein Steuerberater konzipiert eine Steuergestaltung für den Anleger eines Investmentfonds, die sich beim Anleger steuerlich auswirken soll. Diese Steuergestaltung setzt keine Mitwirkung bzw. kein bestimmtes Anlageverhalten des Investmentfonds voraus. Vielmehr wird die Steuergestaltung ausschließlich auf der Anlegerebene umgesetzt.

Beim Steuerberater handelt es sich um den Intermediär. Der Anleger des Investmentfonds ist Nutzer i. S. d. § 138d Abs. 5 AO. Wirkt sich die Steuergestaltung nicht auf Ebene des Investmentfonds aus und erfüllt er keine der Voraussetzungen i. S. d. § 138d Abs. 5 AO, so ist der Investmentfonds nicht Nutzer. In diesem Fall ist der Investmentfonds anderer an der Gestaltung Beteiligter.

2.5 Grenzüberschreitender Bezug (§ 138d Abs. 2 Satz 1 Nr. 2 und Satz 2 AO)

31 Eine Steuergestaltung ist grenzüberschreitend, wenn sie mehr als einen EU-Mitgliedstaat oder mindestens einen EU-Mitgliedstaat und einen oder mehrere Drittstaaten betrifft (§ 138d Abs. 2 Satz 1 Nr. 2 AO). Der Begriff der Betroffenheit ist weit auszulegen und setzt keine steuerliche Auswirkung voraus. Ob die Steuergestaltung grenzüberschreitend ist, richtet sich darüber hinaus grundsätzlich nach der Ansässigkeit oder der Tätigkeit der Beteiligten, d. h.

Seite 16

des Nutzers, der anderen an der Gestaltung Beteiligten und ausnahmsweise des Intermediärs (wenn er über die Tätigkeiten i. S. d. § 138d Abs. 1 AO hinaus an der Steuergestaltung beteiligt ist). Hierzu muss mindestens einer der folgenden Sachverhalte vorliegen:

- nicht alle an der Gestaltung Beteiligten sind im selben Steuerhoheitsgebiet ansässig;
- einer oder mehrere der an der Gestaltung Beteiligten sind gleichzeitig in mehreren Steuerhoheitsgebieten ansässig;
- einer oder mehrere der an der Gestaltung Beteiligten gehen in einem anderen Steuerhoheitsgebiet über eine dort gelegene Betriebstätte einer Geschäftstätigkeit nach und die Gestaltung ist Teil der Geschäftstätigkeit der Betriebstätte oder macht deren gesamte Geschäftstätigkeit aus;
- einer oder mehrere der an der Gestaltung Beteiligten gehen in einem anderen Steuerhoheitsgebiet einer Tätigkeit nach, ohne dort ansässig zu sein oder eine Betriebstätte zu begründen.

32 Die steuerliche Ansässigkeit i. S. d. § 138d Abs. 2 Satz 1 Nr. 2 Buchst. a) und b) AO bestimmt sich nach dem nationalen Recht der jeweils beteiligten Steuerhoheitsgebiete. Anknüpfungspunkte für eine Ansässigkeit einer natürlichen oder juristischen Person sowie einer Personengesellschaft, Gemeinschaft oder Vermögensmasse können Wohnsitz (vgl. § 8 AO), gewöhnlicher Aufenthalt (vgl. § 9 AO), Ort der Geschäftsleitung (vgl. § 10 AO), Sitz (vgl. § 11 AO) oder Staatsangehörigkeit sein.

Beispiel 1:
Die A-GmbH (ansässig in Deutschland) verkauft Anteile an der B-GmbH (ansässig im Ausland) an die C-GmbH (ansässig in Deutschland). Im Ausland ergeben sich durch die Übertragung der Anteile an der B-GmbH keine steuerlichen Auswirkungen.

Die Ansässigkeit der B-GmbH hat keine materielle Relevanz für die Transaktion. Die B-GmbH ist damit keine weitere an der Gestaltung beteiligte Person. Die an der Gestaltung beteiligten A-GmbH und C-GmbH sind beide in Deutschland ansässig und ein grenzüberschreitender Bezug ist nicht gegeben.

33 Steuerhoheitsgebiet bezeichnet sowohl Staaten als auch nicht-staatliche Rechtsgebiete mit steuerlicher Autonomie.

34 Eine gleichzeitige Ansässigkeit in mehreren Steuerhoheitsgebieten i. S. d. § 138d Abs. 2 Satz 1 Nr. 2 Buchst. b) AO liegt auch dann vor, wenn aufgrund des im konkreten Fall anzuwendenden Abkommens zur Vermeidung der Doppelbesteuerung (DBA) das Besteuerungsrecht hinsichtlich des der mitteilungspflichtigen Steuergestaltung zu Grunde liegenden Sachverhalts allein einem der Vertragsstaaten zugewiesen ist. Dies gilt nur, soweit die sich aus dem konkreten DBA ergebende Ansässigkeit für die Steuergestaltung von Bedeutung ist.

Seite 17

35 Betriebsstätte i. S. d. § 138d Abs. 2 Satz 1 Nr. 2 Buchst. c) und d) AO ist sowohl eine Betriebsstätte i. S. d. § 12 AO als auch eine Betriebstätte i. S. d. im konkreten Fall anzuwendenden DBA. Dadurch werden auch solche Fälle erfasst, in denen eine Steuergestaltung auf der Nutzung von Unterschieden zwischen dem abkommensrechtlichen und dem innerstaatlichen Betriebsstättenbegriff beruht.

36 Die Tätigkeit i. S. d. § 138d Abs. 2 Satz 1 Nr. 2 Buchst. d) AO muss in einer Gesamtschau unter Berücksichtigung der übrigen Tatbestandsvarianten des § 138d Abs. 2 Satz 1 Nr. 2 AO und nach dem Sinn und Zweck der Richtlinie (EU) 2018/822 steuerlich erheblich sein. Tätigkeiten, die sich nach dem Recht aller beteiligten Steuerhoheitsgebiete steuerlich nicht auswirken, sind daher unerheblich. Andererseits setzt die Tätigkeit in einem Steuerhoheitsgebiet keine körperliche Präsenz voraus. Eine Tätigkeit in diesem Sinn liegt daher beispielsweise auch bei (grenzüberschreitenden) digitalen Dienstleistungen vor. Es sind nur solche Tätigkeiten zu berücksichtigen, die für die konkrete Steuergestaltung relevant sind.

> Beispiel 2:
> Die A-GmbH erwirbt von der B-GmbH ein bebautes Grundstück im Inland. Die Übertragung ist als Steuergestaltung anzusehen. Die A-GmbH und die B-GmbH sind beide (allein) in Deutschland ansässig. Die A-GmbH erbringt digitale Dienstleistungen an Kunden in Deutschland, aber auch in Italien.
>
> Die Erbringung der digitalen Dienstleistungen der A-GmbH in Italien ist für die rechtliche Beurteilung des Grundstückserwerbs der A-GmbH irrelevant. Für die Beurteilung des grenzüberschreitenden Bezugs i. S. d. § 138d Abs. 2 Satz 1 Nr. 2 AO ist sie daher nicht zu berücksichtigen.

37 Außerdem gelten nach § 138d Abs. 2 Satz 1 Nr. 2 Buchst. e) AO auch solche Steuergestaltungen als grenzüberschreitend, die Auswirkungen auf den automatischen Informationsaustausch über Finanzkonten in Steuersachen nach dem gemeinsamen Meldestandard oder die Identifizierung der wirtschaftlichen Eigentümer haben können.

38 Besteht eine Steuergestaltung aus einer Reihe von Gestaltungen, gilt sie nach § 138d Abs. 2 Satz 2 AO als grenzüberschreitende Steuergestaltung, wenn mindestens ein Schritt oder Teilschritt der Reihe grenzüberschreitend i. S. d. § 138d Abs. 2 Satz 1 Nr. 2 AO ist. In diesem Fall hat die Mitteilung nach § 138d Abs. 1 AO die gesamte Steuergestaltung zu umfassen.

39 Ob eine grenzüberschreitende Steuergestaltung in Deutschland mitteilungspflichtig ist, richtet sich danach, ob der Intermediär nach § 138f Abs. 7 AO - oder im Fall der Mitteilungspflicht des Nutzers (vgl. § 138g Abs. 1 und 3 AO) dieser - einen Inlandsbezug aufweist (vgl. Teil I, Kapitel 3.1.4).

Seite 18

2.6 Merkmal i. S. d. § 138d Abs. 2 Satz 1 Nr. 3 AO

40 Eine grenzüberschreitende Steuergestaltung setzt außerdem voraus, dass die Gestaltung ein bedingtes Kennzeichen i. S. d. § 138e Abs. 1 AO oder ein unbedingtes Kennzeichen i. S. d. § 138e Abs. 2 AO aufweist.

41 Bei bedingten Kennzeichen ist - anders als bei unbedingten Kennzeichen - weitere Voraussetzung für das Vorliegen einer grenzüberschreitenden Steuergestaltung i. S. d. § 138d Abs. 2 AO, dass ein verständiger Dritter unter Berücksichtigung aller wesentlichen Fakten und Umstände vernünftigerweise erwarten kann, dass der Hauptvorteil oder einer der Hauptvorteile der Gestaltung die Erlangung eines steuerlichen Vorteils i. S. d. § 138d Abs. 3 AO ist („Main benefit"-Test = Relevanztest).

42 Hierzu sowie zu den Kennzeichen i. S. d. § 138e AO siehe Teil II.

2.7 Dauersachverhalte

43 Für die Beurteilung, ob eine Steuergestaltung i. S. d. § 138d Abs. 2 AO vorliegt, sind nur solche Sachverhalte zu berücksichtigen, die nach dem 24. Juni 2018 verwirklicht worden sind. Vor dem 25. Juni 2018 verwirklichte und nicht mitteilungspflichtige Dauersachverhalte (z. B. Lizenz- und Darlehensverträge) führen daher nur zu einer Steuergestaltung i. S. d. § 138d Abs. 2 AO, wenn nach dem 24. Juni 2018 wesentliche Änderungen eingetreten sind, welche isoliert betrachtet als Steuergestaltung i. S. d. § 138d Abs. 2 AO anzusehen sind, da sie insbesondere ein Kennzeichen des § 138e AO erfüllen.

44 Reine Umsetzungshandlungen in Erfüllung einer vertraglichen Abrede (z. B. der reine Zahlungsvorgang zur Bedienung bereits bestehender, vertraglicher Verpflichtungen) analog zu Teil II, Einführung, Rz. 106 sind nicht als (neue) Gestaltung zu werten.

> Beispiel:
> Eine Finanzierungsgesellschaft stattet über verschiedene zwischengeschaltete Gesellschaften eine Akquisitionsgesellschaft mit Kapital (Eigen- und Fremdkapital) aus. Aufgrund von Liquiditätsengpässen erfolgt eine Nachfinanzierung. Erfüllt die erste Finanzierung die Merkmale einer mitteilungspflichtigen grenzüberschreitenden Steuergestaltung und wird ordnungsgemäß mitgeteilt, ist die Nachfinanzierung nicht erneut mitzuteilen, weil sie nicht als wesentliche Änderung bzw. neue Gestaltung anzusehen ist.

2.8 Änderungen steuerlicher Rahmenbedingungen

45 Außerhalb der Einflusssphäre der Beteiligten stehende Änderungen der steuerlichen Rahmenbedingungen (z. B. Gesetzesänderungen, Abschluss eines DBA), infolge derer eine Gestaltung erst nachträglich in den Anwendungsbereich eines Kennzeichens hineinwächst, führen

Seite 19

grundsätzlich nicht zum (erneuten) Vorliegen einer mitteilungspflichtigen Steuergestaltung. Das gilt allerdings nicht, wenn die künftige Änderung der steuerlichen Rahmenbedingungen für die Steuergestaltung wesentlich ist und bewusst berücksichtigt wurde.

3. Persönliche Voraussetzungen der Mitteilungspflicht

46 Nach § 138d Abs. 1 AO ist vorrangig der Intermediär, also derjenige, der eine grenzüberschreitende Steuergestaltung vermarktet, für Dritte konzipiert, organisiert oder zur Nutzung bereitstellt oder ihre Umsetzung durch Dritte verwaltet, gegenüber dem Bundeszentralamt für Steuern zur Mitteilung verpflichtet. Siehe hierzu Teil I, Kapitel 3.1.

47 In Fällen, in denen kein mitteilungspflichtiger Intermediär vorhanden ist oder in denen die grenzüberschreitende Steuergestaltung durch den Nutzer der Steuergestaltung selbst konzipiert worden ist (Inhouse-Gestaltung), obliegt die Mitteilungspflicht dem Nutzer der grenzüberschreitenden Steuergestaltung selbst. Zur Mitteilungspflicht des Nutzers einer grenzüberschreitenden Steuergestaltung siehe Teil I, Kapitel 3.2. Zum partiellen Übergang der Mitteilungspflicht auf den Nutzer siehe Teil I, Kapitel 3.1.5.3.

3.1 Vorrangige Verpflichtung des Intermediärs zur Mitteilung einer grenzüberschreitenden Steuergestaltung

3.1.1 Der Begriff des Intermediärs

48 Intermediär ist gemäß § 138d Abs. 1 AO derjenige, der eine grenzüberschreitende Steuergestaltung vermarktet, sie für Dritte konzipiert, organisiert oder zur Nutzung bereitstellt oder ihre Umsetzung durch Dritte verwaltet. Intermediär ist nicht, wem die steuerliche Bedeutung des Schaffensprozesses nicht bewusst ist, z. B. weil er lediglich eingesetzt wird, den in der Gestaltung vorgesehenen Betriebsübergang arbeitsrechtlich zu begleiten oder er für Umsetzungsfragen etwa des Gesellschaftsrechts oder des Kapitalmarktrechts eingeschaltet wird.

49 Intermediär kann jede natürliche oder juristische Person, (partiell) rechtsfähige Personenvereinigung oder Vermögensmasse sein. Ist der Intermediär keine natürliche Person, ist das Handeln der für die jeweilige Gesellschaft handelnden Vertreter/Organe der Gesellschaft zuzurechnen.

50 Die Intermediärseigenschaft erfordert keine Zugehörigkeit zu einer bestimmten Berufsgruppe. Intermediäre können insbesondere Angehörige der steuerberatenden Berufe, Rechtsanwälte, Wirtschaftsprüfer, Finanzdienstleister oder sonstige Berater sein.

51 Die Qualifikation als Intermediär setzt eine aktive Tätigkeit im unmittelbaren Zusammenhang mit einer grenzüberschreitenden Steuergestaltung voraus. Im Einzelnen:

Seite 20

3.1.1.1 Vermarkten

52 Eine grenzüberschreitende Steuergestaltung wird vermarktet, sobald sie auf den Markt gebracht und dort gegen Entgelt gegenüber Dritten angeboten wird. Das setzt voraus, dass eine bestimmte, in der Regel marktfähige Steuergestaltung zunächst ohne konkreten Bezug zu einem bestimmten Nutzer entwickelt wird, wobei die Entwicklung nicht durch den Vermarkter erfolgen muss. Der Vermarkter ist derjenige, der die Steuergestaltung am Markt mit dem Ziel der Anbahnung einer Geschäftsbeziehung zwischen dem Vermarkter und einem noch unbestimmten Nutzer vertreibt. Eine Steuergestaltung ist auch dann am Markt angeboten, wenn nur ein begrenzter potenzieller Nutzerkreis vorhanden ist.

Beispiel 1:
Im Rahmen einer Fortbildungsveranstaltung wird den Teilnehmern durch den Vortragenden V eine marktfähige Steuergestaltung präsentiert. Die Teilnahme an der Fortbildungsveranstaltung ist kostenpflichtig und der V erhält eine Vergütung für seine Vortragstätigkeit.

Die Steuergestaltung wird durch V nicht vermarktet im Sinne von § 138d Abs. 1 AO. Zwar bringt er die Gestaltung durch seinen Vortrag an den Markt und erhält eine Gegenleistung für seine Vortragstätigkeit. Er tut dies jedoch nicht mit dem Ziel, eine Geschäftsbeziehung mit den Teilnehmern der Veranstaltung einzugehen und diese beispielsweise bei der Umsetzung der Steuergestaltung gegen Entgelt zu beraten.

Beispiel 2:
Steuerberater A veröffentlicht eine Ausarbeitung zu verschiedenen Optionen zur grenzüberschreitenden Steueroptimierung in einer Fachzeitschrift und erhält hierfür ein Honorar. Die Gestaltungsoptionen sind im Aufsatz des A so konkret dargelegt, dass ein verständiger Leser hierdurch in die Lage versetzt wird, die Gestaltung umzusetzen.

Die Autorentätigkeit des A ist kein Vermarkten i. S. d. § 138d Abs. 1 AO, da die Veröffentlichung seines Aufsatzes nicht unmittelbar mit dem Ziel erfolgt, potenzielle Mandanten bei der Umsetzung der dargelegten Optionen zu beraten.

53 Vom Vermarkten abzugrenzen ist das Angebot, eine maßgeschneiderte Steuergestaltung für einen bestimmten, bereits feststehenden Nutzer zu konzipieren (s. hierzu Teil I, Kapitel 3.1.1.2).

3.1.1.2 Konzipieren

54 Konzipieren ist das Planen, Entwerfen oder Entwickeln einer konkreten, regelmäßig maßgeschneiderten Steuergestaltung in Bezug zu einem bestimmten Nutzer oder zu einer Mehrzahl von Nutzern, soweit es sich bei diesen Dritten um eigene Geschäftspartner (o. ä.) des

Seite 21

Konzipierenden handelt. Wird das Konzept durch einen Nutzer an einen Dritten weitergeleitet, der kein weiterer Geschäftspartner des Intermediärs ist, ist der Konzipierende insoweit nicht Intermediär.

Beispiel 1:
Steuerberater S konzipiert im Auftrag seiner Mandantin M für diese eine Steuergestaltung, deren Mitteilungspflicht unterstellt sei. Nachdem S das Konzept der M übermittelt hat, gibt diese es einem befreundeten Nachbarn N weiter, der dieses umsetzt. N ist kein Geschäftspartner des S.

S ist für die durch den N umgesetzte Steuergestaltung kein Intermediär. Unter den Voraussetzungen des § 138d Abs. 1 AO käme M als Intermediärin der durch N umgesetzten Steuergestaltung in Betracht. Erfüllt keine andere Person eine der Voraussetzungen des § 138d Abs. 1 AO wäre N als Nutzer der Steuergestaltung selbst zu deren Mitteilung verpflichtet.

55 Hierzu gehört nicht die bloße Beurteilung einer vom Nutzer oder von einem Dritten geplanten, entworfenen oder entwickelten steuerlichen Konzeption (z. B. Erstellung von Gutachten allein zu den steuerrechtlichen Rechtsfolgen einer vorgegebenen Gestaltung). Gleiches gilt für die bloße Wiedergabe oder Darstellung des Gesetzeswortlauts, der Auffassung der Finanzverwaltung, der Rechtsprechung der (Finanz-)Gerichte etc. zu abstrakten einzelnen Rechtsfragen.

Beispiel 2:
Steuerberater S wird vom ausländischen Investor I beauftragt, eine steuerliche Analyse zu erstellen, mit welcher Gesellschaftsstruktur und ggf. Finanzierungsstruktur der Kauf einer deutschen Unternehmensgruppe vollzogen werden soll. Diese Akquisitionsstruktur erfüllt im konkreten Fall die Voraussetzungen einer mitteilungspflichtigen grenzüberschreitenden Steuergestaltung. Parallel beauftragt I die Anwaltskanzlei A, ihn bei der Verhandlung des Unternehmenskaufvertrags zu beraten und S bei der Umsetzung der Akquisitionsstruktur durch das Aufsetzen von Gesellschaften, Unternehmensverträgen oder Darlehensverträgen zu unterstützen.

Da die Akquisitionsstruktur von S für den Dritten I konzipiert wird, ist S Intermediär. A berät den Nutzer I bzw. unterstützt den S bei einzelnen Rechtsfragen, ist dadurch aber nicht selbst Intermediär.

56 Auch die Beratung zum Bestehen oder Nichtbestehen einer Mitteilungspflicht für eine vom Nutzer oder einem Dritten konzipierte Steuergestaltung erfüllt nicht den Tatbestand des Konzipierens i. S. d. § 138d Abs. 1 AO.

Seite 22

3.1.1.3 Organisieren

57 Die Organisation einer grenzüberschreitenden Steuergestaltung für Dritte stellt insbesondere auf administrative Aspekte ab und beinhaltet die umfassende und systematische Vorbereitung und Planung einer möglichen Umsetzung der Steuergestaltung in Bezug auf einen bestimmten Nutzer oder eine Mehrzahl von Nutzern bis hin zur Bereitstellung zur Nutzung.

Fortführung der Lösung zu Beispiel 2 (aus Teil I, Kapitel 3.1.1.2):
Die Unterstützung des S durch A stellt kein Organisieren i. S. d. § 138d Abs. 1 AO dar. A erbringt lediglich eine partielle, unterstützende Rechtsberatung, nicht jedoch eine umfassende und systematische Organisation bzw. administrative Vorbereitung der Umsetzung der Steuergestaltung.

3.1.1.4 Bereitstellen zur Nutzung

58 Eine grenzüberschreitende Steuergestaltung ist einem Dritten zur Nutzung bereitgestellt, wenn der Intermediär einem potenziellen Nutzer die für eine Umsetzung einer bestimmten grenzüberschreitenden Steuergestaltung erforderlichen Informationen oder (Vertrags-)Unterlagen ausgehändigt oder anderweitig individuell zugänglich gemacht hat. Hierbei kommt es nicht darauf an, dass der Nutzer die grenzüberschreitende Steuergestaltung tatsächlich umsetzt, er muss hierzu aber durch die ihm zur Verfügung gestellten Informationen und Unterlagen objektiv in der Lage sein.

59 Die bloße Verbreitung allgemeiner Informationen über eine Steuergestaltung, z. B. durch Veröffentlichung unverbindlicher Informationen im Internet oder durch öffentliches Auslegen oder Ausgeben allgemein zugänglicher Prospekte, ist dagegen noch keine Bereitstellung zur Nutzung; ggf. können im Einzelfall die Voraussetzungen für ein Vermarkten vorliegen. Gleiches gilt auch beispielsweise für die Präsentation möglicher Gestaltungsoptionen in einem Mandantengespräch oder Ausschreibungsverfahren (sog. Pitches), soweit der Nutzer hierdurch nicht in die Lage versetzt wird, eine konkrete grenzüberschreitende Steuergestaltung zu nutzen.

3.1.1.5 Verwalten der Umsetzung

60 Die Verwaltung der Umsetzung durch Dritte erfasst die verantwortliche Leitung der konkreten Umsetzung der Steuergestaltung durch einen anderen als den Nutzer der Steuergestaltung selbst. Nicht unter die Verwaltung der Umsetzung fällt regelmäßig die bloße Abbildung der steuerlichen Konsequenzen aus der Umsetzung der Steuergestaltung im Rahmen der Erstellung der entsprechenden Steuererklärungen, sofern die Steuergestaltung hierdurch nicht insgesamt umgesetzt wird.

Seite 23

3.1.2 Abgrenzung von Intermediär und anderen an der Gestaltung Beteiligten

61 Wer eine Gestaltung, die ein Kennzeichen i. S. d. § 138e Abs. 1 AO erfüllt, vermarktet, konzipiert, organisiert, zur Nutzung bereitstellt oder deren Umsetzung verwaltet, ist kein Intermediär, wenn er nicht wusste, dass für den Nutzer oder einen potentiellen Nutzer einer der Hauptvorteile die Erzielung eines steuerlichen Vorteils i. S. d. § 138d Abs. 3 AO ist, und keine objektiven Anhaltspunkte dafür vorlagen, dass dies der Fall ist. Hierbei sind alle vorliegenden relevanten Fakten (d. h. alle Sachverhaltsinformationen, die für die rechtliche Beurteilung der Steuergestaltung und die Prüfung einer Mitteilungspflicht nach der AO erforderlich sind) sowie das einschlägige Fachwissen und Verständnis, das für die Erbringung solcher Dienstleistungen erforderlich ist, zu berücksichtigen. Weitergehende Ermittlungen sind nicht geboten.

62 Wer lediglich an der Verwirklichung einzelner Teilschritte einer grenzüberschreitenden Steuergestaltung mitgewirkt hat, erbringt grundsätzlich keine Tätigkeit i. S. d. § 138d Abs. 1 AO.

> Beispiel:
> Ein Kreditinstitut vergibt ein Darlehen, das Teilschritt einer grenzüberschreitenden Steuergestaltung ist. In die Vermarktung, Konzeption, Organisation oder Verwaltung der Umsetzung weiterer Teilschritte der Steuergestaltung ist das Kreditinstitut nicht eingebunden.
>
> Allein durch die Darlehensvergabe erbringt das Kreditinstitut keine Tätigkeit i. S. d. § 138d Abs. 1 AO. Das Kreditinstitut ist hier ein anderer an der Steuergestaltung Beteiligter. Die Mitteilungspflicht dieser grenzüberschreitenden Steuergestaltung obliegt dem Intermediär oder dem Nutzer.

3.1.3 Erfüllungsgehilfen

63 Intermediäre haben sich die Tätigkeiten der für sie handelnden Personen (insbesondere von Erfüllungsgehilfen i. S. d. § 278 BGB) zurechnen zu lassen. Wer z. B. als Arbeitnehmer eines Steuerberaters die Umsetzung einer grenzüberschreitenden Steuergestaltung für einen Mandanten verwaltet, ist kein Intermediär i. S. d. § 138d Abs. 1 AO. Intermediär ist in diesem Fall der Steuerberater, in dessen Namen die Umsetzung für den Mandanten verwaltet wird; das richtet sich nach der Ausgestaltung der Mandatsverträge im jeweiligen Einzelfall.

3.1.4 Inlandsbezug des Intermediärs (§ 138f Abs. 7 AO)

64 Ein Intermediär ist nur mitteilungspflichtig nach den §§ 138d ff. AO, wenn bei ihm ein Inlandsbezug i. S. d. § 138f Abs. 7 AO gegeben ist. In diesem Fall besteht eine Mitteilungspflicht in Deutschland selbst dann, wenn die grenzüberschreitende Steuergestaltung an sich keinen Inlandsbezug aufweist, z. B. weil sie keinen in Deutschland ansässigen Nutzer und auch keine deutschen Steueransprüche betrifft.

Seite 24

3.1.4.1 Wohnsitz oder gewöhnlicher Aufenthalt

65 Der Inlandsbezug des Intermediärs besteht insbesondere dann, wenn er im Geltungsbereich der AO seinen Wohnsitz (§ 8 AO) oder seinen gewöhnlichen Aufenthalt (§ 9 AO) bzw. bei juristischen Personen, (partiell) rechtsfähigen Personenvereinigungen oder Vermögensmassen seine Geschäftsleitung (§ 10 AO) oder seinen Sitz (§ 11 AO) hat (§ 138f Abs. 7 Satz 1 Nr. 1 AO).

66 Liegt kein Inlandsbezug nach § 138f Abs. 7 Satz 1 Nr. 1 AO vor und ist der Intermediär in einem anderen EU-Mitgliedstaat ansässig, hat er seiner Mitteilungspflicht in diesem Staat nach dem dort geltenden Recht nachzukommen (Art. 8ab Abs. 3 Buchst. a EU-Amtshilferichtlinie). Dies gilt auch dann, wenn die grenzüberschreitende Steuergestaltung in Deutschland ansässige Nutzer und deutsche Steueransprüche betrifft.

3.1.4.2 Inlandsbezug aus anderen Gründen

67 Ist ein Intermediär weder im Geltungsbereich der AO noch in einem anderen EU-Mitgliedstaat ansässig, hat er jedoch aus anderen Gründen einen Inlandsbezug, besteht unter den Voraussetzungen des § 138f Abs. 7 Satz 1 Nr. 2 AO eine Mitteilungspflicht gegenüber dem Bundeszentralamt für Steuern. Dies gewährleistet eine in Deutschland zu erfüllende Mitteilungspflicht solcher Intermediäre, die nicht in der Europäischen Union ansässig sind.

68 Ein weder im Geltungsbereich der AO noch in einem anderen EU-Mitgliedstaat ansässiger Intermediär unterliegt nach der abschließenden Aufzählung des § 138f Abs. 7 Satz 1 Nr. 2 AO der Mitteilungspflicht nach den §§ 138d ff. AO, wenn er im Geltungsbereich der AO eine Betriebstätte unterhält, durch die Dienstleistungen im Zusammenhang mit der grenzüberschreitenden Steuergestaltung erbracht werden (§ 138f Abs. 7 Satz 1 Nr. 2 Buchst. a) und Satz 2 AO). Es kommt konkret darauf an, von welchem Ort aus der an der Steuergestaltung beteiligte Intermediär tätig wird, z. B. wo die konkrete Ausarbeitung von Unterlagen zur Vorbereitung einer bestimmten Steuergestaltung durchgeführt wird. Unter der Betriebstätte in diesem Sinn sind sowohl die Betriebstätte i. S. d. § 12 AO als auch die Betriebstätte i. S. eines im konkreten Fall anwendbaren DBA zu verstehen.

69 Ein weder im Geltungsbereich der AO noch in einem anderen EU-Mitgliedstaat ansässiger Intermediär unterliegt zudem der Mitteilungspflicht, wenn er im Geltungsbereich der AO in das Handelsregister oder in ein öffentliches berufsrechtliches Register eingetragen ist (§ 138f Abs. 7 Satz 1 Nr. 2 Buchst. b) AO). Öffentliche berufsrechtliche Register in diesem Sinn sind beispielsweise das

- Berufsregister für Wirtschaftsprüfer und Wirtschaftsprüfungsgesellschaften (§ 37 Abs. 1 Satz 1 der Wirtschaftsprüferordnung (WPO)),
- bei der Bundessteuerberaterkammer geführte elektronische Verzeichnis nach § 3b des Steuerberatungsgesetzes (StBerG) über die Dienstleister aus anderen EU-Mitgliedstaaten, den Vertragsstaaten des Abkommens über den Europäischen Wirtschaftsraum

Seite 25

oder der Schweiz, die nach § 3a StBerG in Deutschland zur vorübergehenden und gelegentlichen Hilfeleistung in Steuersachen befugt sind oder

- bei den Rechtsanwaltskammern geführte elektronische Verzeichnis der im jeweiligen Bezirk zugelassenen Rechtsanwälte und Syndikusrechtsanwälte nach § 31 der Bundesrechtsanwaltsordnung (BRAO).

70 Ein weder im Geltungsbereich der AO noch in einem anderen EU-Mitgliedstaat ansässiger Intermediär ist auch mitteilungspflichtig, wenn er im Geltungsbereich der AO bei einem Berufsverband für juristische oder beratende Dienstleistungen registriert ist (§ 138f Abs. 7 Satz 1 Nr. 2 Buchst. c) AO). Hierunter fallen sowohl Berufsverbände, deren Mitgliedschaft zwingend ist (z. B. Berufsgenossenschaften) als auch Berufsverbände, deren Mitgliedschaft freiwillig ist (z. B. Interessenverbände).

Beispiel:
Die Beratungs-LLP (LLP) mit Sitz und Verwaltungssitz in London (Vereinigtes Königreich (VK)) ist eine Limited Liability Partnership nach englischem Recht, die mit einer (deutschen) Personengesellschaft vergleichbar ist. Die deutschen Büros sind steuerlich als Betriebstätten der LLP anzusehen. Der in Deutschland ansässige Mandant (M) wird durch die LLP steuerlich beraten. Die Mandatsvereinbarung, die der M zu Beginn der Beratungstätigkeit unterzeichnet, sieht vor, dass die Beratungsleistung durch die LLP erbracht wird.

In den deutschen Büros der LLP wird für M eine mitteilungspflichtige Steuergestaltung i. S. d. § 138d AO konzipiert, die dem M im Oktober 2020 zur Nutzung bereitgestellt wird.

Als rechtsfähige Personengesellschaft kann auch die LLP unter den Voraussetzungen des § 138d Abs. 1 AO Intermediär sein. Die LLP ist Vertragspartner des M und die deutschen Büros konzipieren in ihrem Auftrag und Namen eine mitteilungspflichtige Steuergestaltung für den M. Die Konzeption und Bereitstellung zur Nutzung der grenzüberschreitenden Steuergestaltung i. S. d. § 138d AO sind der LLP zuzurechnen und sie ist damit Intermediär i. S. d. § 138d Abs. 1 AO.

Die LLP wäre als Intermediär in Deutschland nur unter den Voraussetzungen des § 138f Abs. 7 AO (Inlandsbezug) zur Mitteilung der Steuergestaltung verpflichtet. Da die LLP ihren Sitz im VK hat und VK bis zum 31. Dezember 2020 noch als EU-Mitgliedstaat gilt, erfüllt sie weder die Voraussetzungen des § 138f Abs. 7 Satz 1 AO noch die des § 138f Abs. 7 Satz 1 Nr. 2 AO. Die LLP hat die Steuergestaltung im VK nach den dortigen nationalen Vorschriften zur Umsetzung der Richtlinie (EU) 2018/822 mitzuteilen, sofern sie danach als Intermediär mitteilungspflichtig ist.

Seite 26

Nach § 138g Abs. 1 Satz 1 AO wäre der M als Nutzer der grenzüberschreitenden Steuergestaltung gem. § 138d Abs. 5 Nr. 1 AO zur Mitteilung der grenzüberschreitenden Steuergestaltung verpflichtet, da er in Deutschland ansässig ist (§ 138g Abs. 3 Nr. 1 AO). Die Mitteilungspflicht des M besteht jedoch nicht, wenn er nachweisen kann, dass die Mitteilung durch LLP bereits im VK erfolgt ist (§ 138g Abs. 1 Satz 2 AO). Diesen Nachweis kann er durch die der LLP im VK mitgeteilten Registriernummer führen; vgl. hierzu Teil I, Kapitel 3.2.1.2.

Abwandlung 1:
Die grenzüberschreitende Steuergestaltung wird dem M im Sommer 2022 von der LLP zur Nutzung bereitgestellt.

Bis zum 31. Dezember 2020 gilt das VK gem. § 1 Brexit-Übergangsgesetz (BrexitÜG) als EU-Mitgliedstaat. Ab dem 1. Januar 2021 ist das VK kein EU-Mitgliedstaat mehr. Die LLP ist wie im Ausgangsfall Intermediär i. S. d. § 138d Abs. 1 AO. Sie erfüllt die Voraussetzungen des § 138f Abs. 7 Satz 1 Nr. 2 Buchst. a) AO, da sie eine Betriebsstätte (Büros) in Deutschland hat und durch diese Dienstleistungen im Zusammenhang mit der grenzüberschreitenden Steuergestaltung erbracht werden. Die LLP ist demnach in Deutschland unter den Voraussetzungen des § 138f Abs. 7 Satz 1 Nr. 2 AO mitteilungspflichtig.

Abwandlung 2:
Nach interner Abstimmung übernimmt der für das deutsche Büro der LLP tätige und in die Konzeption und Bereitstellung zur Nutzung involvierte deutsche Steuerberater (St) das Mandat als selbständiger Steuerberater. Zwischen M und St wird hierfür eine gesonderte Mandatsvereinbarung unterzeichnet.

Es liegt eine Beratungsleistung zwischen dem deutschen Berater und dem Mandanten vor. St konzipiert für den M eine grenzüberschreitende Steuergestaltung i. S. d. § 138d AO und stellt sie ihm zur Nutzung bereit, wodurch er die Voraussetzungen des § 138d Abs. 1 AO erfüllt. St ist in Deutschland zur Mitteilung verpflichtet, da er hier seinen Wohnsitz hat (§ 138f Abs. 7 Satz 1 Nr. 1 AO).

Das vollständige BMF-Schreiben ist zu finden auf der Homepage des Bundesfinanzministeriums/Anwendung der Vorschriften über die Pflicht zur Mitteilung grenzüberschreitender Steuergestaltungen (bundesfinanzministerium.de).

Stichwortverzeichnis